中国法学会后期资助项目文丛
BOOK SERIES FUNDED BY CHINA LAW SOCIETY

当代海商法价值论

The Values of Modern Maritime Law

孙思琪◎著

法律出版社
LAW PRESS·CHINA
——北京——

图书在版编目(CIP)数据

当代海商法价值论 / 孙思琪著. -- 北京：法律出版社，2023
(中国法学会后期资助项目文丛)
ISBN 978-7-5197-7645-9

Ⅰ. ①当… Ⅱ. ①孙… Ⅲ. ①海商法—研究—中国 Ⅳ. ①D923.993.4

中国国家版本馆CIP数据核字(2023)第038777号

当代海商法价值论
DANGDAI HAISHANGFA JIAZHI LUN

孙思琪 著

策划编辑 黄倩倩
责任编辑 黄倩倩 杨悦芊
装帧设计 李 瞻

出版发行 法律出版社
编辑统筹 学术·对外出版分社
责任校对 晁明慧
责任印制 陶 松
经　　销 新华书店

开本 710毫米×1000毫米 1/16
印张 28.75 **字数** 365千
版本 2023年6月第1版
印次 2023年6月第1次印刷
印刷 三河市兴达印务有限公司

地址：北京市丰台区莲花池西里7号(100073)
网址：www.lawpress.com.cn
投稿邮箱：info@lawpress.com.cn
举报盗版邮箱：jbwq@lawpress.com.cn

销售电话：010-83938349
客服电话：010-83938350
咨询电话：010-63939796

书号：ISBN 978-7-5197-7645-9　　**定价**：115.00元

凡购买本社图书，如有印装错误，我社负责退换。电话：010-83938349

中国法学会后期资助项目文丛

文丛说明

为进一步落实中央《关于加强中国特色新型智库建设的意见》，充分发挥中国法学会作为党和政府联系法学法律界桥梁和纽带的作用，着力实现中国法学会作为国家法治建设领域核心智库的发展目标，为专家学者开展法学研究和成果转化提供支持，不断丰富和发展中国特色社会主义法治理论体系，中国法学会特决定设立后期资助项目，对具有重要理论和实践价值的优秀法学研究成果予以后期资助，纳入“中国法学会后期资助项目文丛”出版。2015 年中国法学会后期资助项目设立以来，累计立项 80 余项成果，已交付出版 70 余部。

中国法学会研究部

2021 年 1 月

當代海商法價值論

金怡雯題

作者简介

孙思琪，1992年5月生于上海，博士，上海海事大学法学院副教授、硕士研究生导师。

主要从事海商法学的研究，专攻海商法基础理论、海上运输法、邮轮旅游法，兼及中国海商法史；业余从事体育法学的研究，主要关注搏击运动的法律调整，国际空手道联盟极真会馆指导，国际公认黑带三段、国际裁判员；业余从事非物质文化遗产保护及其法律调整的研究，主要关注传统戏曲保护的制度构建。

出版《邮轮旅游法律要论》（法律出版社2018年版）、《海上货物运输法教程》（法律出版社2022年版）、《〈海商法〉修改基本理论与主要制度研究》（合著，法律出版社2021年版）、*Legal Aspects of Cruises*（合著，Springer 2022年版）等学术专著多部。

已在《民商法论丛》《国际法研究》《国际经济法学刊》《中国海商法研究》《天津体育学院学报》等CSSCI刊物及其他刊物发表学术论文七十余篇，部分被《新华文摘》（数字版）、"中国人民大学复印报刊资料"全文转载。

主持国家社科基金青年项目、中国法学会部级法学研究课题后期资助项目、上海市人民政府决策咨询研究邮轮经济专项课题、上海市艺术科学规划项目等国家级、省部级以及上海市体育决策咨询研究课题等其他科研项目多项。

曾获2019年文化和旅游优秀研究成果专著类一等奖、2017年全国旅游优秀论文二等奖（一等奖空缺）等科研奖项。入选中国法学会研究会青年人才。另有决策咨询成果多篇。

张永坚教授序

日前收到孙思琪博士的微信，告知他的博士学位论文作为中国法学会部级法学研究课题后期资助项目的成果行将出版，并约请我写一篇序言。

2019 年 6 月 15 日，我曾有幸参加了对孙思琪先生的博士论文答辩。他的学位论文给我留下的印象非常深刻。

在那篇论文中，作者以“当代海商法价值论”为题，对这一构建海商法体系的基础理论进行了深入细致的研究和全面系统的论述。其中的独到见解和理论创新，引人深思，很有意义，颇具价值。该论文比较系统和完整地构建了当代海商法的价值理论，在一定程度上填补了海商法基础理论研究在这方面的空白；全面、深入地分析了海商法的价值概念、价值体系、传统价值与新兴价值、价值实现的障碍与价值冲突；同时，还尝试着为我国《海商法》的修改、海商法体系的完善、海商法的理论研究以及海商法学科的建设和发展，提供重要的理论基础。

海商法历史悠久又与时俱进，充满活力。海商法体系丰富而复杂。然而，迄今为止，在海商法领域，国内外学者们的研究或是聚焦于对其中某项具体制度的解释，或是侧重于其中某个具体规定或原则该如何应用的层面；而鲜有人将海商法作为一个有机的整体，对其基础理论做深入、系统、全面的探讨。虽然法学基础理论研究对于该法律体系及其学科的发展至关重要且意义重大，我国海商法领域的研究成果已经“繁花似锦”，但是，关于海商法基础理论的研究，在很大程度上，几乎还处于近似空白的状态。

在构建海商法基础理论的结构中，海商法的价值应该是一个重大的命题。孙思琪博士以价值哲学以及法理学的法律价值理论为基础，综合运用价值分析、历史研究、实证分析、比较研究等研究方法，首次提出并系统和完整地构建了当代海商法的价值理论。

现在呈现给大家的这部专著，是作者在其博士论文原有结构的基础上对内容做了进一步的补充并加强了部分的论证而成的。作者在成书时对原论文中的一些细节做了必要的修改，但是在总体上仍保持了其论文原貌。通过这部专著，作者对其“当代海商法价值论”的研究成果做了全面、深入和系统的介绍，在详细论述的基础上构建了属于他自己的理论体系。他的这项研究成果充分展示了作者所具有的坚实的法学理论基础，以及宽阔的学术视野和独立研究的能力。

本书选题契合海商法研究领域的现实需要，所论证的是当前国内外海商法理论界和实务界共同面临的且迫切需要回答和解决的问题。作者的这一开拓性的研究成果，无论是对于海商法理论的发展，还是对于海商法应用的具体实践，都具有重要的价值；同时，对于我国《海商法》的修改、海商法体系的完善、海商法的研究和该学科的建设与发展，也具有值得重视的基础理论价值和科学意义。

辛勤耕耘终有收获。现在，孙思琪先生的博士论文作为中国法学会的后期资助项目，由法律出版社出版，从而得以与本书的读者们分享他的研究成果。本书的问世也是对丰富我国海商法基础理论体系的一个贡献。

在分享本书作者的研究成果的同时，我们或许可以进一步思考：既然海商法价值论的前提是将海商法作为一个相对独立的法律部门，那么海商法的自体性表现在哪些方面？如果继续深入研究，将来还需要做哪些针对性的理论探讨？作为海商法的基础理论，除了价值论，还应包括哪些方面的理论？如何建立海商法基础理论体系？这应该是一个非常浩大的系统工程，需要继续探索和开拓。现在，这项工作已经有了一个可喜的开端，然而后面还有很长的路要走，还需要大批有志于海商法研究的学人们共同努力。

根据我对本书作者的了解，相信他会以现有的研究成果为基础，进一步完善、丰富他所构建的海商法价值理论，同时从其他不同角度继续进行海商法基础理论的研究，特别是关于海商法自体性等重大命题的研究。同时，以其勤奋和努力，我更相信他一定会不断取得更骄人的成绩，还会奉献出更多的研究成果。在此，衷心祝愿孙思琪先生在学术道路上不断开拓，踏实创新，走得更远。

现在，我国《海商法》的修法工作仍在进行中。这次修法工作，既暴露了我们海商法研究领域中存在的不足，也为我们学习和研究海商法提出了一些新的课题。例如，关于海商法历史沿革的研究，其中各种制度的创立缘由及其来龙去脉；海商法体系中不同法律制度之间的关联性及逻辑关系；关于海商法基础理论及法理体系的研究；如此等等，都还存在不少模糊不清或有待探讨的领域。对此，还需要继续拓展思路，做深入细致的研究。因此，本书非常值得称道的另一个重要的价值和意义在于，这是针对海商法基础理论研究的专著。

孙思琪先生在学习上勤奋刻苦，认真踏实，耐得住寂寞，守得住本真，善于思考，勇于质疑，富有批判精神。这些都是作为一位学者所应具有的素养和品格。此外，他还有一大嗜好，就是喜欢搜集和收藏书籍。每次淘到了绝版的专业书籍，他都如获至宝，欣喜若狂。他博览群书，勤于思考，笔耕不辍，成果不断，近年来陆续发表了不少颇有价值的学术论文，还出版了关于邮轮法律研究的专著。

在撰写此文时，我有一种强烈的感觉，即我国一大批有志于海商法研究的新生代学者正在迅速成长起来。他们的学术成果和前进步伐已经在不断地超越前人，其形势喜人，势不可当。我国的海商法事业后继有人。他们是我们海商法事业持续蓬勃发展和繁荣兴旺的重要保障。

海商法研究应秉持“海纳百川”的理念，提倡“百花齐放，百家争鸣”，欢迎质疑，鼓励争辩，保持批判精神。如此生动活泼的学术氛围有利于研究的深入和学术的发展。希望大家共同努力。

我们有理由对我国海商法事业的未来充满信心。

是为序。

张永坚

大连海事大学法学院教授、博士生导师

2021 年中秋

於世成教授序

孙思琪博士的新作《当代海商法价值论》，是在其博士学位论文基础上修改而成，并得到中国法学会资助出版。

本书以法理学的法律价值论为基础，探讨海商法的法律价值，尝试构建当代海商法的价值论，为我国海商法的基础理论研究作出了作者自己的创新性贡献。

我国海商法的理论与实践，随着国家改革开放几十年来国际贸易和国际航运事业的快速发展而兴旺发达。但是，纵观国内已经发表、出版的有关海商法方面的论文、专著等，绝大多数都侧重于法律制度和具体条文的阐述，各高校在海商法的教学中亦然。与其他法律相比，对海商法的基础理论研究，存在不小的差距。这就导致了从事海商法教学与研究的我们，面对与海事有关的法律、法规为什么要这样或那样规定或修改的疑问时，有时处于难以以理服人的窘境，有时甚至只能以这是航运惯例或是海商法的特殊性予以应对。

这种情况在当下正在进行的《海商法》修改工作中也有所表现。在一些《海商法》修改的热点问题上，各方意见难以统一，似乎都有所据。但静下心来细想，恐怕与修改热点问题背后的相关法学理论研究不够、不透有关，缺乏令人信服的理论研究成果的支撑，自然难以取得共识。没有扎实的法学基础理论研究，就难以进一步提高我国海商法的学术水平，以及我国海事立法和司法的质量。

本书的出版，将对我国海商法学界重视海商法的基础理论研究起到积极的促进作用。作者在书中的观点和见解，难免存在不足之处和可以进一步讨论的地方。期待作者在该领域新的研究成果的问世。

於世成
上海海事大学法学院教授、博士生导师
2021 年 10 月 9 日

胡正良教授序

海商法基础理论是对海商法学起到支撑作用的最为基础的理论和一般的原理。如果说海商法是一座大厦，海商法基础理论就是大厦的地基。海商法基础理论关注的重点超越具体的海商法律现象、规范和制度蕴含的具体规律，旨在从各类海商法律现象、规范和制度之中抽象出普遍适用于海商法各个方面的基础理论或一般原理。重视海商法基础理论的研究，对于完善海商法理论体系，引导海商立法和海事司法实践以及航运实践，均有重要的基础性理论指导意义和支撑作用。

受海商法起源于航运习惯和英美海商法实用主义的影响，我国海商法基础理论研究一直未受到应有的重视。由于缺乏基础理论的支撑，目前我国海商法基础理论研究，除海商法的自体性等少数主题偶有成果问世外，总体上仍然处于空白状态。这种现状在一定程度上制约着我国海商法重要制度性问题理论研究的突破，甚至影响海商立法和海事司法的发展。以海事审判实践必然涉及的法律解释学为例，我国《海商法》的许多规定源自国际海事条约、国际海事惯例乃至航运标准格式合同，范围和程度远甚于民商事法律的其他领域。如果这类规定的理解在司法实践中产生争议，是否应当考虑国际公约等“母本”在国际上的通行解释？又应该如何处理法意解释、比较法解释与文义解释等其他解释方法之间的关系？对此，我国海商法学界尚无系统的研究成果，甚至缺少必要的理论关注。我国《海商法》修改已列入国家立法规划，在《海商法》修改的研究中存在的一些重大或者疑难问题，与欠缺海商法基础理论的支撑有关。我国海商法基础理论研究薄弱，也是长期以来海商法理论研究几乎游离于法学大家庭的原因之一。

2017 年 3 月，我和孙思琪共同在《中国海商法研究》上发表了《海商法基础理论的内涵、研究现状与研究意义》一文，在国内首次提出应当重视海商法基础理论的研究，提出的海商法基础理论的主要命题包括海商法的概念、调整对象、法律关系、地位、价值目标、基本原则、法源、生成、沿革、制度体系和解释等。但是，我国海商法学界对于海商法基础理论研究意义的认可程度仍有待提高，这一领域的研究依然前路漫漫。从事这一领域的研究，不但需要扎实的法学理论功底和丰富的海商法专业知识，更需要对于这一领域研究的浓厚兴趣和长期的艰苦努力。

孙思琪是我指导的硕士和博士研究生，我也是他本科毕业论文的指导教师。在他入门之初，鉴于我国需要有才华、有事业心的青年海商法学者系统研究海商法基础理论，我便建议他以海商法基础理论作为主要研究方向。他的本科毕业论文《论海商法与一般民事法律的协调性与矛盾性》，硕士学位论文《论当代海商法国家自主性与国际统一性之关系》，以及即将出版的专著《当代海商法价值论》（由博士学位论文修改而来），选题均属海商法基础理论的范畴。这种学位论文选题的连续性在我国海商法学界并不多见，可谓一脉相承。由于我国海商法基础理论研究基础薄弱，这一领域的研究具有相当的难度。孙思琪在攻读博士学位期间已出版邮轮法律专著，在这一海商法新领域已经取得可观的研究成果，但仍然选择另起炉灶，以“当代海商法价值论”为题撰写博士论文，一定程度上缘于他对海商法特别是海商法基础理论的使命感。

《当代海商法价值论》一书入选 2020 年中国法学会部级法学研究课题后期资助项目，位列当年立项的八部成果之一，可见法学界对于这部海商法基础理论著作的认可。本书的出版，在一定程度上标志着孙思琪在我国海商法基础理论领域的研究跻身学界前列，填补这一领域的一个空白。

海商法基础理论研究应当成为今后一个时期我国海商法研究的一个重要方向。海商法基础理论涉及的命题众多，而且理论层次较之具体法律制度的研究更深，需要海商法学界，尤其是致力于海商法事业的青年学者的共同努力，充分发挥海商法基础理论对于我国海商法理论体系和海商立法的完善，以及对于海事司法实践和航运实践的重要作用。同时，希望孙思琪以本书的出版为新的起点，继续致力于海商法基础理论研究。

是为序。

胡正良

上海海事大学教授、博士生导师、海商法研究中心主任

2021 年 10 月 7 日

前　言

本书是在作者的同题博士学位论文的基础上修改而成，研究主题是当代海商法的价值，属于海商法基础理论的重大命题。本书基于价值哲学以及法理学的法律价值理论，结合海商法的具体立场，较为全面、详尽地分析了当代海商法的价值，并且实际运用于《海商法》修改的理论研究，以此构建了相对完整的海商法价值理论。除绪论与结论外，本书主体部分分为以下六章：

第一章是“海商法价值的概念”，主要研究海商法价值的定义、存在形式及其与海商法的作用、基本原则等其他基础理论命题的关系。海商法的价值主要是指目的价值，即海商法在当代实现社会调整的过程中能够增进和维护的价值。海商法的价值与海商法的作用、基本原则等相关概念存在一定区别。

第二章是“海商法的价值体系”，主要研究传统海商法的价值体系构成，以及当代海商法价值的演变原因与体系构成。传统海商法的价值体系构成以商法的价值为基础，主要包括公平、秩序、效率三项法律的一般价值，以及作为海商法特有价值的鼓励航运业发展。随着海上相对风险的逐渐降低、海洋环境保护问题的提出和发展，以及船员权益保障水平的不断提高，海商法的价值体系在当代发生演变，继承并发展传统海商法诸项价值的同时，产生了安全、人权、自由等新兴价值。

第三章是“海商法的传统价值”，主要研究公平、秩序、效率、鼓励航运业发展四项传统价值的基本内涵与具体表现。海商法的公平价值既有普遍性又有特殊性，后者主要源于船货利益平衡对于实质公平的追求，重点表现在海上货物运输承运人的过失免责、船方的赔偿责任限制、共同海损等方面；海商法的秩序价值重点在于维护航运经济秩序，具体体现在运输单证流转、船舶物权登记等方面；海商法的效率价值遵循商事法律对于效率的追求，具体表现为时效短期化、交易定型化、权利证券化三项特征；鼓励航运业发展价值作为海商法的特有价值，是指海商法律制度的规范设置以有利于航运产业的发展为基本倾向之一。

第四章是“海商法的新兴价值”，主要研究安全、人权、自由三项新兴价值的基本内涵与具体表现。海商法的安全价值包括维护海上航行安全和保护海洋环境安全两个方面，前者主要体现在船舶残骸打捞清除、共同海损等制度，后者主要体现在船舶污染损害赔偿、海上货物运输、海难救助等领域；海商法的人权价值集中体现在船员权益保障和海上人身损害赔偿两个方面；海商法的自由价值遵循民商事法律自由价值的内涵，具体表现在合同自由、所有权自由、过错责任三个方面，并且对于当事人意思自治必要而合理的限制也是海商法自由价值的重要内容。

第五章是“海商法的价值实现”，主要研究法律价值实现的概念与方式、海商法价值实现的障碍，以及海商法的价值冲突。海商法的价值实现是海商法的价值目标得以现实化、海商法价值研究发挥现实意义的过程，重点在于海商法的制定与实施的价值贯彻。海商法价值实现的障碍主要表现在法律制度的设置障碍和转换障碍两个方面。海商法的价值冲突是海商法的各项价值之间互相矛盾而不尽协调的状态，突出表现为秩序与效率的冲突、自由与秩序的冲突以及鼓励航运业发展与公平的冲突三种情形，同时也包括海商法与其他法律领域的价值冲突，如海商法在航运企业跨境破产、海运搬家合同、帆船运动碰撞事故等领域，分别与破产法、消费者权益保护法、体育法存在交集以及价值冲突。

第六章是“《海商法》修改的法律价值维度”，主要从法律价值的角度研究《海商法》修改的必要性，同时结合已经形成的三个草案，即 2018 年 3 月修订征求意见稿、2018 年 11 月修订征求意见稿、2020 年 5 月修改送审稿，分析《海商法》修改对于公平、秩序、效率、安全、人权、自由以及鼓励航运业发展等诸项价值目标的应有设定。

本书涉及的各类资料，截至 2022 年 2 月 28 日。

孙思琪

2022 年 2 月 28 日

目　录

Contents

图表目录

Contents

图目录

表目录

绪　论

一、研究内容

“人类的进步，一向凭借两大动力：追求真理，创造价值。”① 本书研究当代海商法的价值，应是海商法基础理论的重大命题。所谓海商法的基础理论，是指对于海商法学起到支撑作用的最为基础或一般的原理，也即关于各种海商法律现象内在蕴含的普遍性规律的抽象理论概括。以更为形象的角度分析，如果将海商法比作一栋大楼，海商法基础理论便是地基之所在。地基如不牢固，大楼便会摇摇欲坠，甚至成为空中楼阁。②

（一）研究对象

作为海商法基础理论的主要内容之一，本书所称海商法的价值，是指海商法的目的价值或称价值目标，即探究海商法在发挥社会作用的过程之中，能够保护和促进何种值得期冀的或者美好的事物。③

法律价值是古今中外法理学颇为重要的研究领域。任何一个法理学学

---

① 李德顺：《价值论》（第3版），中国人民大学出版社2013年版，封底。

② 参见胡正良、孙思琪：《海商法基础理论的内涵、研究现状与研究意义》，载《中国海商法研究》2017年第1期，第4页。

③ 参见张文显主编：《法理学》（第5版），高等教育出版社2018年版，第311页。

者，无论是否直接使用“法律价值”的概念，必然皆在自己的理论框架体系之内对于法律价值的相关问题有所关涉。考察法理学的研究内容，归根结底无非在于回答两个层面的问题，一是“法律是什么”，二是“法律应当是什么”。对于第二个问题的回答，必然将会进入法律价值的研究领域。①

具体至海商法的价值，也即海商法在发挥社会作用的过程之中应当遵循的理念，其包括法律的一般价值在海商法领域的具体内涵，以及海商法的特有价值，重点在于海商法价值在当代的发展与变化，尤其是在传统的公平、秩序、效率、鼓励航运业发展等价值的基础之上，逐渐产生了安全、自由、人权等新兴价值，进而共同构成了多元化的价值体系，以及不同价值之间的冲突与协调，② 乃至海事立法、司法对于海商法价值的贯彻。

本书遵循法律价值理论的基本框架，通过结合法理学的一般原理与海商法的特定立场，研究当代海商法的价值。此种研究既是法律价值理论在海商法领域具体运用的结果，也是海商法价值体系发现与构建的过程。具体而言，本书主要分为以下六个部分：

第一，海商法价值的概念，主要目的在于梳理、阐述海商法的价值涉及的基础性、背景性问题，包括海商法价值的定义、存在形式，以及海商法的价值与海商法的作用、海商法的基本原则等其他海商法基础理论命题之间的关系。

第二，海商法的价值体系，即海商法作为客体产生的价值组合而成的价值系统，③ 主要是以法律以及商法的价值体系为前提，基于传统海商法的价值体系，结合海商法价值在当代的演变，研究当代海商法的价值体系

---

① 参见付子堂主编：《法理学高阶》（第 2 版），高等教育出版社 2018 年版，第 207 页。

② 参见胡正良、孙思琪：《海商法基础理论的内涵、研究现状与研究意义》，载《中国海商法研究》2017 年第 1 期，第 4 ~5 页。

③ 参见卓泽渊：《法的价值论》（第 3 版），法律出版社 2018 年版，第 115 页。

构成。

第三，海商法的传统价值，主要研究传统海商法最为突出的四项价值目标，即作为一般价值的公平、秩序、效率，以及作为特有价值的鼓励航运业发展。

第四，海商法的新兴价值，主要研究海商法在当代产生的新兴价值目标，包括安全、人权、自由。

第五，海商法的价值实现，是指海商法的价值目标得以现实化的过程与结果，[①] 包括海商法价值的实现方式及其障碍克服，以及海商法的价值冲突与协调，包括海商法与其他法律领域的价值冲突。

第六，《中华人民共和国海商法》（以下简称《海商法》）修改的法律价值维度，主要从法律价值的角度分析我国《海商法》修改的必要性，进而提出该法修改对于当代海商法具有的公平、秩序、效率、安全、人权、自由、鼓励航运业发展等价值的应有设定。

值得特别说明的是，本书题名中的“当代”二字可能引起一些疑问：现代、近代海商法的价值如何？古代海商法的价值又是怎样？当代海商法的价值是否与之有着本质的不同？但是，本书之所以强调“当代”一语，原因在于海商法价值在当代的发展变化也是本书研究的重点之一。当代海商法的价值是在传统海商法价值基础之上的发展与丰富，因而是以延续为前提，而非否定乃至颠覆。传统海商法具有的公平、秩序、效率、鼓励航运业发展等价值目标仍然是当代海商法的重要价值，对于传统海商法价值的研究也是本书的题中之义。正如近代民法的特征是抽象人格平等、无限制私有权、契约自由、过失责任原则，而现代民法则以限制所有权、限制契约自由、从单一过错责任向归责原则多元化转化为特征，但现代民法与近代民法并无本质区别，而是在近代民法的法律结构基础之上修正与发展

---

① 参见卓泽渊：《法的价值论》（第3版），法律出版社2018年版，第419页。

的结果。[①] 质言之，“当代海商法价值论”的语意与指向，正是现时的海商法价值理论，也即当前阶段从法学基础理论而非纯粹历史的角度研究海商法价值的应然状态。因此，本书题目之表述斟酌再三，仍然保留了“当代”一语。[②] 至于“当代”在海商法场域的具体界定，可以认为其肇端于20世纪初期，也即国际海事立法蓬勃发展的开始，重点在于20世纪下半叶以来船舶污染损害赔偿以及船员权益保障等制度的快速发展。

（二）研究思路

本书之研究致力于构建当代海商法的价值理论，着重解决三个问题：

第一，什么是当代海商法的价值？也即当代海商法价值的概念。

第二，当代海商法具有哪些价值？也即当代海商法的价值体系。

第三，当代海商法的价值理论如何运用于实践？重点在于我国《海商法》的修改应当怎样设定当代海商法的各项价值目标。

基于以上研究重点，本书秉持“发现问题—分析问题—解决问题”的法学研究逻辑，遵循“价值概念—价值体系—具体价值—价值实现—价值立法”的写作思路，始自最为抽象的海商法价值的概念，终于最为具体的《海商法》修改的价值设定，尝试构建相对完整的海商法价值理论；至于本书第三章、第四章对于当代海商法各项具体价值目标的研究，则是依据“法律价值—民商法价值—海商法价值—具体表现”的研究路径，同样体现了从抽象到具体的研究思路。

值得注意的是，本书的研究大量基于具体的海商法律制度展开，例如，研究人权价值的重点便是考察船员权益保障制度的应然与实然状态。

---

① 参见王利明：《民法总则研究》（第3版），中国人民大学出版社2018年版，第38~45页。

② 在本书作为作者的博士学位论文参加预答辩期间，答辩委员会专家针对是否采用“当代”一词作为限定提出了诸多有益的修改意见，虽然本书最终并未尽数采纳各位专家的建议，但仍应致以诚挚的感谢！

此种研究形式是由海商法鲜明的实践品格决定。正如朱庆育所言，部门法研究和法理研究长期以来在我国的沟壑应是人为所致，事实上并不存在脱离部门法的纯粹法理学。[①] 尤其对于诸如海商法之类高度重视提炼实践经验的法律领域，脱离具体法律制度讨论法律价值的意义颇为值得怀疑。因此，依托具体海商法律制度的法律价值研究，应是构建当代海商法价值理论之正道。

此外，法律价值本是一个富有逻辑联系的体系，当代海商法的各项具体价值目标之间往往存在交错，即同一法律制度、规则可能同时体现多项价值。例如，海事诉讼时效制度同时体现了秩序和效率两项价值，而海上货物运输承运人责任制度既有鼓励航运业发展的考量，同时又契合公平、自由等价值目标。据此，本书在论述各项价值目标的具体表现时，主要选择特定海商法律制度、规则最能体现的价值目标，但不意味着此项制度、规则不再体现其他价值目标。

二、研究方法

本书综合运用法学的各类研究方法，其中最为主要的研究方法应是价值分析、历史研究、比较研究、实证分析。

（一）价值分析的方法

价值分析方法是通过认知和评价社会现象的价值属性，从而揭示、批判或者确证一定社会价值或理想的方法。法律作为调整社会生活的规范体系，终极意义并不在于法律的存在本身，而是实现一定价值的手段。价值分析方法之所以成为法学的基本方法，根本原因在于法学的基本任务之一

---

① 参见朱庆育：《名家访谈：朱庆育之旧时光，新生活，法学依旧》，载微信公众号“法律那些事儿”2016 年 3 月 9 日，https://mp.weixin.qq.com/s/e3HPTV_q2sodnt1r4Fi2sA。

便是揭示法的应然状态或者价值属性。[1]

价值分析方法在法学研究中的运用，是以“法律应该如何”的某种价值立论作为出发点，对于实在法或者拟议实在法进行认识、分析或者评价。[2] 本书既然研究当代海商法的价值，广泛运用价值分析方法的必要性自不待言，而且贯穿本书研究之首尾。例如，本书对于运输单证流转、船舶物权变动、海事诉讼时效等诸多海商法律制度的价值研究，即是运用了价值分析的方法。

（二）历史研究的方法

历史研究的方法是指通过系统收集和客观评价历史上曾经发生的事件或者社会现象，考察该事件、现象的因果关系或者趋势，从而能够对其作出一定的描述或者给出合理的解释，进而解释和评价现实中研究对象以及与之相关问题的现状或者预测未来的发展趋势。[3]

一切事物均有产生、发展的过程，对于研究对象进行历史考察是最为合乎科学的方法之一。[4] 列宁认为：“在社会科学问题上有一种最可靠的方法，它是真正养成正确分析这个问题的本领而不被淹没在一大堆细节或大量政治意见之中所必需的，对于用科学眼光分析这个问题来说是最重要的，那就是不要忘记基本的历史联系，考察每个问题都要看某种现象在历史上怎样产生、在发展中经过了哪些主要阶段，并根据它的这种发展去考察这一事物现在是怎样的。”[5] 历史研究方法在法学研究中作为一种辅助性

---

① 参见张文显主编：《法理学》（第 5 版），高等教育出版社 2018 年版，第 11 页。

② 参见胡德胜主编：《法学研究方法论》，法律出版社 2017 年版，第 185 页。

③ 参见胡德胜主编：《法学研究方法论》，法律出版社 2017 年版，第 302 页。

④ 参见沈宗灵主编：《法理学》，北京大学出版社 2014 年版，第 16 页。

⑤ 中共中央马克思、恩格斯、列宁、斯大林著作编译局编译：《列宁全集》（第 37 卷），人民出版社 1986 年版，第 61 页。

的方法，可以用于研究法律制度的产生、发展、演变。[①]

本书研究当代海商法的价值，对于海商法价值在当代的演变与多元化趋势，尤需关注海商法整体以及各项具体海商法律制度的历史变化。例如，海难救助法律制度从《1910 年统一海难援助和救助某些法律规定公约》到《1989 年国际救助公约》的发展，尤其是特别补偿制度的产生，即是当代海商法安全价值侧重保护海洋环境安全的重要表现。

（三）比较研究的方法

比较研究方法是对事物之间的相似性或相异程度的研究与判断的方法，[②] 而在法学领域主要体现为比较法学的研究。比较法学是从超国家的角度，运用比较研究的方法，以外国法和本国的法律为研究对象的学科领域。[③] 基于海商法的国际统一性，以及 20 世纪以来国际海事立法的丰硕成果，各国海商法趋同之处已不在少数，但仍有较为明显的差别。但是，海商法的比较法研究不仅长期以来在中国海商法学界鲜受关注，即使在世界范围之内的研究现状也大体相同。

比较海商法研究长期以来在中国未能受到重视，最为主要的原因应可分为两个方面：一是海商法基于国际条约的广泛制定已经形成了较高的国际统一程度，加之又有《约克—安特卫普规则》等受到普遍认可的国际惯例，以及租船合同等领域大量适用标准格式合同；二是英国法虽然作为国内法，但也由于历史、法律和语言等方面的原因在航运领域得到了最为普遍的适用，[④] 不仅租船合同、船舶建造合同、船舶买卖合同等各类海商合同大量约定适用英国法，英国《1906 年海上保险法》也已成为各国海上保

---

① 参见梁慧星：《法学学位论文写作方法》，法律出版社 2017 年版，第 114 页。

② 参见李天生：《船货利益平衡原则研究》，法律出版社 2012 年版，第 7 页。

③ 参见米健：《比较法学导论》，商务印书馆 2013 年版，第 6 页。

④ 参见林源民：《船舶建造》，上海浦江教育出版社 2013 年版，第 11 页。

险立法的重要范本。上述两项因素分别在国际法和国内法层面产生影响，似乎使在海商法领域通过比较法研究进一步寻求世界共同法的必要性存在疑问。

但是，国际立法对于海商立法和司法的国际统一作用仍有不足，不仅不同法域移植同一国际立法仍有产生差异的可能，而且海商法实质上远未达到足以摒弃比较法研究的国际统一程度，国际条约对于国内立法的影响范围也与学界的既有印象存在一定差距；英国法在航运领域虽有难以替代的广泛影响力，但主要体现在作为准据法的适用，即法律生成以后当事人之间作出的法律选择，而英国法作为国内法对于其他法域立法的影响毕竟有限，英国法院的判决在普通法系国家或地区内部的影响力近来也在逐渐衰退。因此，比较法学的研究方法对于海商法仍然有其功能，包括在海事立法层面为立法争议问题的方案选择提供参考依据，为新兴制度创设的立法技术提供借鉴模式，以及用于海商法律的解释和海商法理论研究、海商法教育。

比较法学研究方法在本书中的运用，着重表现为通过梳理主要法域对于特定事项的立法态度差异，分析其中体现的海商法价值目标及其发展趋势。例如，德国、日本、韩国等法域新近完成的海商法修改，对于航海过失免责存废的不同处理，以及其中体现的海商法的公平、鼓励航运业发展等价值目标。

（四）实证分析的方法

所谓实证分析，是指按照一定的程序观察经验事实，并且结合量化分析，检验或者建立旨在研究的理论命题的科学研究方法。[①] 经验事实作为可以通过人们的直接或间接观察而发现的确定的事实因素，此类事实

① 参见胡德胜主编：《法学研究方法论》，法律出版社 2017 年版，第 344 页。

因素的确定性决定了由此作出的关于“是什么”的判断具有高度的可靠性，即使发生争议也较易复核、检验，很少出现分歧严重、永无止境的争议。①

实证研究方法在本书研究过程的运用，主要体现在通过已经初步构建的当代海商法价值体系，分析我国《海商法》应当针对何种制度作出修改。同时，本书亦以实证研究的方法，通过个案实例反映的海商法的价值冲突，分析海事立法乃至海事司法实践在设定各项具体价值目标时的合理与不合理之处，进而为海商法的价值整合提供必要的事实基础。

三、研究意义

海商法的价值作为海商法基础理论的重大命题之一，既有海商法基础理论研究的共性意义，同时也具备有别于其他海商法基础理论命题而特有的研究意义。对于任何一门法学学科的兴衰，基础理论的建设应有难以替代的重要影响。基础理论研究如能不断推进，学科的持续发展将会获得良好的理论基础；基础理论研究如果停滞不前，学科的整体发展恐怕也难有生气。② 基础理论先于具体理论的研究模式，符合法学研究的逻辑次序，有利于构建系统而扎实的理论体系，更能使立法和司法具有充分的理论基础。

海商法作为导源于公元前航海贸易习惯的法律部门，限于产生当时的法学研究环境，确实并不具备基础理论研究先行的发展条件，但时至今日，海商法缺乏基础理论研究积淀的弊端越发凸显。海商法长期以来难以融入法学界，甚至成为一些法学学者眼中粗鄙的研究领域，其中虽然不乏对于海商法专业性的隔膜与误读，但也必须承认海商法自身的理论构建存

① 参见张文显主编：《法理学》（第5版），高等教育出版社2018年版，第12页。

② 参见李龙：《宪法基础理论研究》，武汉大学出版社1994年版，第1页。

在欠缺。张永坚在《法之家庭的游子——我国海商法研究的回归与发展》一文中对此曾有颇为深入的论述：

在我国业已刊行的不同版本的海商法专著和教科书中，以及许多大大小小的文章中，关于海商法的定义、性质、表现形式、立法原则等方面的论述已经很多。虽然众说纷纭、莫衷一是，但是人们似乎都在努力从不同角度论述和证明同一个迄今几乎无人质疑的问题，即海商法与其他各法的不同，亦即其特殊性。海商法的特点由此得到了充分的重视，并被总结和发掘得淋漓尽致。获得普遍接受的观点是，海商法具有完全不同于其他任何法律部门的鲜明特点和诸多独立的属性，拥有一套独立的法学理论，实行的是一套独立的立法原则，甚至由其所调整的都是特殊的法律关系，如此等等，不一而足。当海商法的种种特殊性被归纳和论述推向于极致的时候，便形成了这样一种观点，即海商法是一个完全不同于法的体系中的任何法的特殊法，应该独立于任何一个法的部门而自成体系。以至于在我国的海商法学界还一直流传着海商法技术性和业务性的特点突出而法味不浓之说。

我国的海商法及其研究，长期以来在特定的历史条件下，或者更确切地说是受到特定历史条件的限制，走了一条相当独特的发展道路，也就是重实务和实际应用，强调个性化和行业特殊性，偏重表象、程序、具体业务；却比较忽视对这些典型特征所反映的法律实质、法的基本理论及其发展规律的学习和探讨，也比较忽视对海商法与法的体系中其他相关各法之间内在联系的研究。……

海商法固然有自己的理论，但是即使是那些被归纳和总结出的种种特点以及与之相伴而生的各种解释、原则、标准等，究其实质，则多为法学基础理论在海商法领域中具体化运用的表现形式。特别是在整个法学体系中的各相关法学理论相互影响、相互借鉴、相互融通、共同发展的今天，即使是那些相对特殊或独特的海商法的理论和原则，亦有其基础理论，即一般法学理论的支撑。当人们在多角度、多层次地努力说明海商法与其他各法的区别的同时，正在共同昭示着这样一个事实，那就是，海商法与其他各法亦即整个法的体系之间，有着血脉相通的内在联系。

海商法的研究领域广阔，无论是对于海商法本身的理论与体系，还是对于海商法本身的特点、性质、特殊性，以及其众多的具体问题，不言而喻，都有继续认真研究与深入探讨的余地和必要。然而，那种游离于法的体系之外，对海商法进行孤立的、自我封闭式的研究倾向，则应该引起我们的注意和反思。因为，海商法中的任何一项制度或者一个原则的论证，都难以从海商法自身获得最终圆满的解决。脱离了整个法学理论体系的支撑，海商法有可能成为无源之水、无本之木，从而蜕化为一堆毫无生气的操作规则的堆积。

……

我们并不是一般地反对在海商法的学术领域内和该学科发展的进程中突出和注重对海商法本身特殊性的研究，以及将该法与其他各相关法进行对比、区分的差异性研究，这些无疑都是非常重要和必须的，也是我们今后仍然应该继续研究的重要课题。我们只是希望指出，海商法的研究与发展不应局限在自我封闭的有限范围内孤立地进行；而应该与其他各相关法，特别是民商法有机地结合，应该主动地融入整个法学体系之中，在保持与整个法学体系的同一性和相关性的前提下，构建海商法独特的理论体系。这里的重点是提倡一种研究方法的转变，而不仅仅是对海商法研究内容的弥补。①

近年我国海商法学界大张旗鼓推进的海法理论，试图以海商法为基础而将涉海的法律领域一网打尽，导致的结果恐怕只能是海商法在法学界的

① 张永坚：《法之家庭的游子——我国海商法研究的回归与发展》，载北京大学法学院海商法研究中心主办：《海商法研究》2001年第2辑，法律出版社2001年版，第220~225页。

进一步边缘化，而于海商法基础理论的构建无甚助益。弥补基础理论研究的不足，实现海商法知识的重大转型，应是当代海商法研究尤其是中国海商法研究的重点所在。具体而言，研究海商法基础理论特别是海商法价值的意义，可以分为理论意义和实践意义两个方面，其中前者主要在于完善海商法的理论体系，后者则包括指导海事法律实践，以及引导航运实践。

（一）完善海商法理论体系

法律价值研究对于我国法学理论整体的升华具有不容忽视的重要意义。长期以来，我国法学基本以注释型研究为主。感性的议论有余，理性的思考不足；简单的解说有余，复杂的思辨不足。[①] 我国的海商法理论研究历来也是更多着眼于各个具体海商法律制度以及相应的实在法规则，很少探求海商法律的共性理论、阐明不同制度之间内在的法理与逻辑联系，使海商法理论研究缺乏系统性，不同制度的理论研究难免各自为政，甚或支离破碎。海商法基础理论研究的目的之一在于探究不同海商法律制度之间的共性与联系，应是完善海商法理论体系的必经路径。

以海商法律规范的解释论为主导的海商法理论研究，由于航运实践的快速发展以及由此导致的海商法律的变化，长远意义而言本就有其先天缺陷，即此种研究必须追随海商法律规范的变化，属于被动型的理论研究。德国法学家、法官尤利乌斯·冯·基尔希曼（Julius von Kirchmann）曾有名言："既然法学只关注偶然，它自己也就变成了一种'偶然'，'立法者'这三个更正字就可以使所有的文献成为废纸。"[②] 不同于海商法律规范

① 参见卓泽渊：《法的价值论》（第3版），法律出版社2018年版，第37～38页。

② ［德］尤利乌斯·冯·基尔希曼：《作为科学的法学的无价值性——在柏林法学会的演讲》，赵阳译，商务印书馆2016年版，第31～32页。该句后段时常被更通俗地翻译为"立法者三句修改的话，全部藏书就会变成废纸"。

的解释论，海商法基础理论以法理为本位，而法理相对持久的稳定性使海商法基础理论不必动辄由于法律规范的变化而必须作出相应变化。海商法基础理论研究有助于把握研究海商法律制度的正确方向，而研究海商法律制度又能反作用于海商法基础理论的研究，促进后者不断实现完善。唯有将基础理论和具体制度的研究两相结合，方能促使海商法的理论研究在获得完整性的同时不断发展。

此外，海商法理论研究虽需注重对于航运实践发展的把握，但客观上仍然要求良好的基础法学素养，尤其无法回避法理学、民商法学等基础法学原理的理解和运用。因此，海商法基础理论的深入研究是实现从注释海商法学到理论海商法学提升的必然选择，有助于切实提升我国海商法的理论研究品位。

（二）指导海商法律实践

理论来源于实践，同时又指导、影响实践。法律实践既是法律规范在社会现象中的体现，也是法律适用主体对于法律规范的实际运用，主要包含立法实践和司法实践两个方面。法学基础理论是法学理论重要的、基础性的构成部分。法理学对于法学理论与法律实践的关系早有共识，即法学理论是法律实践的经验总结，同时又对法律实践具有引导作用。法学研究在阐明法律的本质、规律性的基础之上，致力于阐明提高法律调整效率的途径和方法，提出具有科学依据的预测，多方面地、直接地服务于法律实践。①

从法学理论与立法实践的关系来看，法律的制定活动必须接受法学理论的指导，而立法理论在法学理论中既是立法实践的经验总结，又是各个具体立法的学理依据，因而法学对于整个法制发展具有引导性。法律的制

---

① 参见孙国华、朱景文主编：《法理学》（第4版），中国人民大学出版社2015年版，第2页。

定并非盲目，而是必须接受法学的指导。[①] 司法实践则是国家司法机关及其工作人员依照法定职权和法定程序，具体运用法律处理案件的专门活动。从法学理论与司法实践的关系来看，司法实践者只有掌握法学理论，方能将法学理论的实践功能运用于司法实践，对于正确认定案件事实和适用法律具有重要意义。特别是法官掌握法理学说，运用法律解释学、法律论证等理论方法解释和适用法律，将使具体个案的论证更加客观和准确。因此，无论在法律制定和完善立法方面，抑或在对现行法作出科学的解释、改进法律实施、合理利用法律技术方面，法学研究都是为现实的法律研究服务。[②] 海商法基础理论的研究亦然。海商法的立法与实施，应以完备的海商法基础理论作为理论基础与思想先导，借此充分反映海商法的本旨和规律，引导立法机关和司法机关准确把握海商法的价值、功能与基本理念。

1. 指导海事立法实践

法律的价值是任何法律在创制时必须考虑的重大问题，也是立法的动力根据。“任何自觉的活动都追求一定的价值，都受价值判断的支配，都包含着相应的价值取向。在这里只有一种价值与另一种价值的区别，没有价值的有与无的区别。不仅如此，而且任何自觉的活动本身都被活动者认作对自己的‘以某种角色进行的某种自我实现’有正价值。”[③] 法律上的大量问题首先便是价值问题，法律上的失误首要也是价值的失误。[④] 具体至海商法领域，海商法的价值应是海事立法的价值先导。严格意义上的海事立法活动均是在一定的海商法价值指导之下的国家行为。此种行为的动

① 参见卓泽渊：《法学导论》（第 2 版），法律出版社 2014 年版，第 178 页。

② 参见孙国华、朱景文主编：《法理学》（第 4 版），中国人民大学出版社 2015 年版，第 2 页。

③ 刘永富：《价值哲学的新视野》，中国社会科学出版社 2002 年版，第 173 页。

④ 参见卓泽渊：《法的价值论》（第 3 版），法律出版社 2018 年版，第 32 页。

因、意图、目标无不是由一定的价值需要决定，并且为此种价值需要服务。[①]

我国《海商法》制定时遵循了五项具体原则：一是从我国海上运输、经济贸易等实际情况出发；二是以当时通行的国际海事条约为基础；三是吸收体现国际海事惯例的民间规则；四是借鉴有广泛影响的标准格式合同；五是适当考虑国际海事立法的发展趋势。[②] 对上述具体原则的遵循，至少在该法出台之时基本保障了该法的行业特点、中国特色、与国际接轨性以及内容的先进性。但是，《海商法》通过近三十年来的实践证明，该法存在较多不完善之处，其中不少与该法制定之时我国缺乏海商法基础理论的研究不无关系。《海商法》一定程度上是航运实务规则汇总的认识定位，一方面表明该法的制定体现了海商法的实践品格，另一方面也反映出该法的制定缺乏丰富的海商法理论的指导。关于海商法基础理论对于海事立法的指导作用，较为典型的可有以下两例。

第一，根据《海商法》第 71 条的规定，承运人需凭正本提单交付货物，[③] 由此产生两个问题：一是承运人是否可以不凭提单交付货物；二是《海商法》修改时应否吸收《2008 年联合国全程或者部分海上国际货物运输合同公约》也即《鹿特丹规则》关于不凭运输单证或电子运输记录交付货物的规定。[④] 此一问题的实质是海商法价值体系中秩序与效率两项价值目标的冲突及其协调。凭单交付货物固然有利于维护交易秩序，但可能妨碍交易效率，而不凭单交付货物恰好相反。因此，签发不可转让运输单证

① 参见刘建辉：《环境法价值论》，人民出版社 2006 年版，第 26 页。

② 参见司玉琢主编：《〈中华人民共和国海商法〉问答》，人民交通出版社 1993 年版，第 2 ~3 页。

③ 《海商法》第 71 条规定："提单，是指用以证明海上货物运输合同和货物已经由承运人接收或者装船，以及承运人保证据以交付货物的单证。提单中载明的向记名人交付货物，或者按照指示人的指示交付货物，或者向提单持有人交付货物的条款，构成承运人据以交付货物的保证。"

④ 主要见于《鹿特丹规则》第 45 条至第 47 条。

的场合可以不凭单交付货物，成为通常认为对于上述价值冲突进行协调可供考虑的较为理性选择。

第二，《海商法》制定时遵循的第二项具体原则，即以当时通行的国际海事条约为基础，表现为吸收或移植获得广泛认可的国际海事条约的主要内容。不同于一国海商法是国家意志性的体现，即具有突出的国家自主性，国际海事条约是国际社会成员之间不同利益妥协的产物，因而许多无法达成妥协的内容，只能留待各国的国内海商立法进行规定，导致的结果是条约内容往往体系性较弱，或者体系宏大的条约大多难以获得普遍认可。因此，如果《海商法》某一制度的外延仅限于吸收或移植的国际海事条约规定的内容，该项制度在司法实践中难免也会体现一定的不完整性。例如，《海商法》第 192 条参照《1989 年国际救助公约》第 5 条“公共当局控制的救助作业”规定：“国家有关主管机关从事或者控制的救助作业，救助方有权享受本章规定的关于救助作业的权利和补偿。”① 该条规定在司法实践中引发了海事局等行政管理机构是否具有救助报酬请求权的争议。由于不同国家的实际诉求不同，《1989 年国际救助公约》制定当时各方对于公共当局是否具有救助报酬请求权的问题未能达成较为一致的意见，也未形成能够获得多数认可的妥协方案，因而该公约第 5 条第 1 款和第 3 款将该问题留待各国的国内立法解决，但《海商法》在吸收《1989 年国际救助公约》的同时并未对此作出具体规定。据此可以说明：根据立法科学性原则体现的理性化特征的要求，《海商法》修改之时对于国际海事条约、国际海事惯例乃至外国立法例的参照、借鉴或者移植，应当建立在审慎考量、充分评判的基础之上，必须符合海事立法乃至立法学的一般理论，避

① 《1989 年国际救助公约》第 5 条“公共当局控制的救助作业”规定：“1. 本公约不影响国内法或国际公约有关由公共当局从事或控制的救助作业的任何规定。2. 然而，从事此种救助作业的救助人，有权享有本公约所规定的有关救助作业的权利和补偿。3. 负责进行救助作业的公共当局所能享有的本公约规定的权利和补偿的范围，应根据该当局所在国的法律确定。”

免盲目照搬，同时应当较好地设定当代海商法的各项价值目标。

2. 指导海事司法实践

我国首批海事法院自1984年成立至今已有三十余年，目前每年审理的海事海商案件数量约占全球的一半，而海事司法实践产生的不少问题也应在很大程度上归结于作为海商法基础理论的海商法解释的研究缺位。例如，海事司法涉及海商法的解释与适用，如果缺乏相应基础理论的系统研究，相关问题便无法形成明确的解决标准，其中更是涉及两大法系不同法域法律体制的差异。

英美法系国家以判例法为核心、制定法规则不多的法律体制允许法官在具体案件中适用法律原则，借助于自由裁量权的运用，保证整体法律的稳定性和适度灵活性。此即美国法学家罗纳德·德沃金（Ronald Dworkin）的法律解释理论提出的"建设性解释"（constructive interpretation），强调法理学对于法官解释法律的作用。德沃金认为："法理学是判决的一般组成部分，亦即任何依法判决的无声开场白"①，"在法理学与判案或法律实践的任何其他方面之间，不能划出一条固定不变的界限"②。然而，不同于英美法系的法律体制，大陆法系国家则有更多的制定法规定具体法律规则，法官对于法律的解释无法成为"建设性解释"，但也不能否认法官在具体案件适用法律时对于法律解释的重要作用。制定法规定的具体法律规则不可能穷尽所有可能性，有时由于法律制定者的认知限制，应作规定而未作规定；有时则因为法律适度灵活性的需要而不作规定。具体至海商法领域，很多法律规则是对航运实践做法的提炼和总结，而航运实践处于不断变化之中，使得法院在处理具体案件时经常面临具体法律规则的缺失。此时即需要法院运用法律无权解释的原则与方法，对法律作出较为恰当的

① ［美］德沃金：《法律帝国》，李常青译，中国大百科全书出版社1996年版，第83页。

② ［美］德沃金：《法律帝国》，李常青译，中国大百科全书出版社1996年版，第83页。

解释。

郭瑜曾经提出“用尽海商法原则”，主张充分适用海商法，只有在海商法确实无法提供答案时，方才应该适用作为一般法的民商法。① 具体而言，用尽海商法原则提出四项要点：第一，海商法是特别法，而不是《海商法》是特别法；适用民商法相关规定的前提不是“《海商法》没有规定的”，而是“海商法没有规定的”；第二，海商法对于特定事项是否存在规定，应当根据法律条文在海商法语境下的真实含义进行理解，民商法的规定不应干扰对于海商法的理解；第三，对于特定事项如果海商法应该规定而未规定，也不宜直接适用民商法的一般规定；第四，如果确实需要适用民商法，具体如何适用仍需非常谨慎。② 此时需要的基础理论应是海商法的解释规则，其中涉及文义解释、体系解释、法意解释、目的解释乃至比较法解释等不同解释方法之间的运用及其相互关系。

最高人民法院此前于 2016 年 7 月 7 日公开开庭审理的交通运输部南海救助局与阿昌格罗斯投资公司、香港安达欧森有限公司上海代表处海难救助合同纠纷再审一案，③ 引发了雇佣救助合同是否适用《海商法》和《1989 年国际救助公约》的争论。一些观点主张从《1989 年国际救助公约》的立法本意解释该公约的适用范围和现行海难救助法律制度。例如，部分学者援引国际海事委员会（Comité Maritime International，CMI）向国际海事组织（International Maritime Organization，IMO）提交的《关于国际救助公约草案的报告》的内容，以及《1989 年国际救助公约》第 12 条第 2 款关于“除另有规定外，救助作业无效果，不应得到本公约规定的支付款项”的规定，主张救助人按照“无效果，无报酬”原则获得的报酬才

① 参见郭瑜：《海商法的精神——中国的实践和理论》，北京大学出版社 2005 年版，第 87 ~90 页。

② 参见郭瑜：《海商法的精神——中国的实践和理论》，北京大学出版社 2005 年版，第 87 页。

③ 最高人民法院（2016）最高法民再 61 号民事判决书。

是《1989年国际救助公约》第13条所指的救助报酬，进而主张《1989年国际救助公约》和《海商法》第九章“海难救助”不适用于雇佣救助。[①]但是，《海商法》第179条明确规定：“救助未取得效果的，除本法第一百八十二条或者其他法律另有规定或者合同另有约定外，无权获得救助款项。”据此，《1989年国际救助公约》和《海商法》在此一具体问题上的规定存在明显区别。即便《1989年国际救助公约》第12条第2款“除另有规定外”中的“规定”不包括雇佣救助合同的约定，也即该公约不适用雇佣救助合同，但《海商法》第179条明文规定的“合同另有约定”应当包括雇佣救助合同中对于无救助效果时救助人有权获得救助报酬的约定，因而《海商法》第九章除基于“无效果，无报酬”原则的规定外，其他规定均应适用于雇佣救助合同。而且，雇佣救助在实践中的运用呈现上升趋势，并且雇佣救助合同较之“无效果，无报酬”的救助合同，除救助报酬的约定不同外，其他方面具有很大相似性，而与一般提供海上劳务的合同却有明显差异。因此，现行海难救助法律制度对于雇佣救助的适用不但具有可行性，必要性也较为明显。上述争议实则涉及法律解释学中主观解释论与客观解释论的分歧。如果对于海商法的解释具备充分的理论研究作为支撑，上述案件涉及的雇佣救助合同法律适用等争议应不至于需要历经三次审理，而且在最高人民法院再审后仍然存在较大的争议。

具体至海商法价值的研究，对于海事司法实践最为主要的指导意义应是保障海商法的有效实施。客观的法律实践已经反复证明，受到法律价值观差异的影响，即使相同的法律规定在不同裁判者的个人认识中也有可能具有不同的意义，进而影响法律的实施而产生不同的裁判结果。[②]处理海

① 参见司玉琢、吴煦：《雇佣救助的法律属性及法律适用》，载《中国海商法研究》2016年第3期，第3～11页。

② 参见卓泽渊：《法的价值论》（第3版），法律出版社2018年版，第28页。

事司法实践中产生的利益冲突问题，很大程度上便是对于海商法的不同价值的选择过程。据此，海商法价值的研究包括对其中存在的各种价值进行综合的认知研究、评价研究和选择研究，[①] 进而准确把握海商法的价值内涵，并为海事司法实践提供科学的理论指导，保障海商法的有效实施。

（三）引导航运实践

法律具有规范作用和社会作用。规范作用包括法律的指引作用，即法律作为社会规范指引人们选择行为的内容及其方式的作用，[②] 以法律条文的形式告知人们可以做什么、不可以做什么，哪些行为合法、哪些行为非法，以及违法者将受何种制裁等事项。

海商法具有鲜明的实践品格，主要表现为成熟航运实践做法的转化是海商法律规则的重要来源，从而要求海商法律具有良好的航运实践基础作为支撑，法理的逻辑演绎在海事立法中被相对弱化，同时海商法对于航运实践具有深刻的规范作用。此种规范作用虽然主要依赖具体的海商法律规则，但不能忽视海商法理论的作用。海商法基础理论有助于航运实践从业者正确认识和理解海商法律规则，预见和判断自身的行为将会带来的利益和不利益，以及如何规避不利益的后果。同时，航运实践处于不断的发展变化之中，而法律却具有滞后性，使海商法难免缺失针对许多新兴航运实践的具体、明确的规则。此时，包括海商法基础理论在内的海商法理论将会发挥指引航运实践做法的作用。同时，海商法理论充分发挥指引航运实践的作用，需要航运实践从业者具有较好的海商法理论知识作为基础。[③]

---

① 参见王惠静：《旅游法的价值研究》，中共中央党校 2017 年博士学位论文，第 4 页。

② 参见周永坤：《法理学——全球视野》，法律出版社 2016 年版，第 122 页。

③ 参见胡正良、孙思琪：《海商法基础理论的内涵、研究现状与研究意义》，载《中国海商法研究》2017 年第 1 期，第 9～10 页。

四、研究现状

目前海商法价值的研究尚属理论空白。国内外海商法学界对于本书选题的研究较为薄弱，几无专门的研究成果问世，仅在部分相关领域的研究成果中间或有所涉及，但大多也并不深入，整体而言仍然缺乏对于当代海商法价值的系统研究。

（一）海商法以及其他航运法律价值的研究现状

1. 海商法整体的价值

关于海商法整体的价值，胡正良、孙思琪《海商法基础理论的内涵、研究现状与研究意义》（2017 年）一文从海商法基础理论的角度有所论及：海商法基础理论，是对海商法学起到支撑作用的最为基础或一般的原理，也是关于各种海商法律现象内在蕴含的普遍性规律的抽象理论概括。海商法的价值目标是海商法基础理论的主要内容之一，即海商法在发挥社会作用的过程中遵循的理念，包括法律的一般价值目标在海商法领域的具体内涵和海商法特有的价值目标，重点在于当代海商法价值的发展与变化，尤其是从传统的公平价值向公平、效率、秩序、安全等多元化价值目标构成的价值体系的发展，以及不同价值目标之间的冲突与协调。①

陆佳微、胡正良《论中国海商法的基本原则》（2006 年）一文则将海商法的价值与基本原则相互关联并认为：作为传统商法的分支，海商法体现出显著的商法要素，即内在的营利性和外在的交换理念。二者均明确地将优化利用和配置资源作为一种社会目标，由此决定了海商法在正义和秩

① 参见胡正良、孙思琪：《海商法基础理论的内涵、研究现状与研究意义》，载《中国海商法研究》2017 年第 3 期，第 4 ~5 页。

序两大法律价值之外，必须将效率也作为一项基本价值加以考虑。①

何丽新、陈永灿《海商法特性论》（2009 年）一文在论及海商法的特性时认为：海商法特性的背后是不同于民法的价值理念，包括实质公平、衡平原则和保护海运业的发展。海商法不仅关注船货双方实体上的权利和义务的公平，还关注双方背后风险承担的多寡，从而体现了对于实质公平的追求。②

此外，我国台湾地区学者的论著虽然鲜少直接阐述海商法的价值，但大多认为海商法出于因应海上危险而形成了航海利益团体的思想，③ 从而也与本书提出的鼓励航运业发展的价值目标有所契合。例如，邱锦添（2008 年）认为：

船舶承载人货，得以平安抵达终点者，端赖于风平浪静。然事实上，海上危险甚多，或难以避免，或无法实现预测，此种航行上之危险，复因海上之孤立性，而益加甚。又船舶承载人货，孤舟浮海，几与外界隔绝，而自成一体，一旦遭遇危险，则感救助不济，以致船货尽失，使船舶业者蒙受重大之损失。是故，航海之危险性、船舶之孤立性，以及危险发生之全损性，乃导致"航海利益团体"思想之建立。此思想自中世纪初期开始，至现代海商法上仍盛行不衰，其最显著者，表现在"共同海损制度"及"船舶共有制度"上。④

又如，张新平（2016 年）认为：法律在于实践公平正义，海商法亦不例外。但是，海商法强调航海安全，重视船方利益，鼓励快速作业，对于

① 参见陆佳微、胡正良：《论中国海商法的基本原则》，载上海海事大学海商法研究中心编：《海大法律评论 2005》，上海社会科学院出版社 2006 年版，第 11 页。

② 参见何丽新、陈永灿：《海商法特性论》，载《中国海商法年刊》2008 年第 0 期，第 174 ~176 页。

③ 参见陈猷龙：《海商法论》，台北，兴图书股份有限公司 2018 年版，第 4 页。

④ 邱锦添：《海商法新论》，台北，元照出版有限公司 2008 年版，第 7 页。

“发展航运”目的的追求远胜对于“公平正义”原则的维护。①

2. 海商法具体分支的价值

关于海商法特定分支的价值，既有学理研究除个别涉及海事法整体外，几乎完全集中于海上侵权行为法领域，而于海上运输法、海上保险法等其他海商法分支鲜少涉及。

胡正良主编《海事法》（2009 年、2012 年、2016 年）一书针对海事法的价值认为：当代海事法的发展趋势之一是与海上交通安全和防止船舶污染海域法律的关系日趋紧密，其中海事法价值目标的变化是具体表现之一，即当代海事法越来越呈现为海上交通安全和防止船舶污染海域服务的趋势，因而在传统的公平正义的价值目标基础上，已将海上交通安全和防治船舶污染海域作为重要的价值目标之一。②

邓瑞平《船舶侵权行为法基础理论问题研究》（1999 年）一书针对船舶侵权行为法的价值认为：船舶侵权行为法的价值取向是指船舶侵权行为法的价值观以及追求的价值目标，也即人们对于船舶侵权行为法的要求和船舶侵权行为法应当对人们产生的实际效应。船舶侵权行为法的价值取向无不体现在公平价值和效益价值，但在近现代船舶侵权行为法中体现出不同特性的价值取向，即海上船舶侵权行为法律制度大力偏重于效益价值，而内陆船舶侵权行为法律则偏向于公平价值。③

李志文主编《海上侵权行为法基本理论研究》（2006 年）一书提出构建海上侵权行为法体系的价值基础，认为海上侵权行为法蕴含着一个统一的价值体系，该体系将海上侵权行为法的各个组成部分有机联系在一起，包括海上安全、海上秩序、公平以及效率。共同的价值目标和追求促使各

① 参见张新平：《海商法》，台北，五南图书出版股份有限公司 2016 年版，第 6 ~7 页。

② 参见胡正良主编：《海事法》，北京大学出版社 2016 年版，第 27 ~30 页。

③ 参见邓瑞平：《船舶侵权行为法基础理论问题研究》，法律出版社 1999 年版，第 35 页。

类调整海上侵权的法律规范聚集在一起，共同构成了海上侵权行为法体系。①

邓瑞平等著《海上侵权法比较研究》（2013 年）一书针对海上侵权行为法的价值认为：“海上侵权法的价值取向是指海上侵权法的价值观和所追求的价值目标，即人们对海上侵权法的要求和海上侵权法应当对人们所产生的实际效应。纵观海上侵权法的预防与救济功能，海上侵权法反映出安全价值与秩序价值、公平价值与效益价值这两对最基本的最高的法律价值形式和法律价值目标。”②

此外，也有一些论著虽未直接使用“价值”的表述，但实质上确是在法律价值层面进行了一定程度的探讨。例如，韩立新主编《海上侵权行为法研究》（2011 年）一书设有第三章“海上侵权行为立法应坚持的基本原则”，其中认为：立法不能是任意的，而是应当秉持一些基本原则。法律原则作为本源性的法律原理，实质不是法律规定本身，而是隐藏在法律条文背后的价值判断或法律思想。确立海上侵权行为立法应当坚持的基本原则，不但可以使海上侵权行为的立法科学化，而且可以使其体系内部的价值取向协调一致，从而构建一个有效处理海上风险的侵权法律体系。据此，该书提出了海上侵权行为立法应当坚持的三项基本原则：一是对于航运业以及海洋资源开发、利用等相关行业进行适当保护的原则；二是对于人的生命价值进行优先保护的原则；三是对于海洋环境进行特别保护的原则。③ 以上三项原则恰好可与本书提出的鼓励航运业发展、人权、安全三项海商法的价值目标对应，实是对于海上侵权行为法价值较为初步的理论概括。

---

① 参见李志文主编：《海上侵权行为法基本理论研究》，大连海事大学出版社 2006 年版，第 49 ~51 页。

② 邓瑞平等：《海上侵权法比较研究》，厦门大学出版社 2013 年版，第 30 页。

③ 参见韩立新主编：《海上侵权行为法研究》，北京师范大学出版社 2011 年版，第 40 ~44 页。

3. 其他航运法律领域的价值

海事国际私法、航运法、航运行政法作为与海商法关联密切的航运法律领域，相应法律价值的研究也有一些程度不一的部分进展。关于海事国际私法的价值，屈广清的《涉外海事关系法律适用法立法研究——兼及海事冲突法哲学与海事立法文化的探赜》（2016 年）一书针对海事国际私法或谓涉外海事关系法律适用法的价值认为：程序公正是海事国际私法的程序性价值取向。程序公正的实现需要统一的规则与标准，目前国际社会的海事法律之中大量存在的矛盾和冲突，根源于海事法律制度的极不统一。不从根本上解决此一问题，程序公正便无从谈起。①

至于航运法也即航运经济法的价值，胡正良的《论我国航运法的价值和基本原则》（2004 年）一文有着较为集中的论述，其中认为：效益或者效率与公平应当成为经济法的基本价值。同时，从资本主义市场经济的历史发展来看，市场机制的弊端乃放任市场经营的自由所致，而经济法对市场经济的规制则是从市场秩序入手，并以市场秩序为重点，通过市场秩序对于市场自由进行适度的限制。据此，自由和秩序也应当是经济法的重要价值。航运法作为经济法的部门法，决定了航运法的基本或者重要价值应当是效率、公平、秩序、自由。② 胡正良、郑丙贵的《中国〈航运法〉制定中几个基本理论问题之研究》（2012 年）一文则认为：公平和效率是航运法的两个基本价值目标。我国“航运法”的制定应当处理好公平和效率的关系，从而将效率和公平有机结合，做到效率优先、兼顾公平。③

---

① 参见屈广清：《涉外海事关系法律适用法立法研究——兼及海事冲突法哲学与海事立法文化的探赜》，人民出版社 2016 年版，第 173～188 页。

② 参见胡正良：《论我国航运法的价值和基本原则》，载《大连海事大学学报（社会科学版）》2004 年第 2 期，第 7 页。

③ 参见胡正良、郑丙贵：《中国〈航运法〉制定中几个基本理论问题之研究》，载《中国海商法研究》2012 年第 1 期，第 67 页。

此外，王世涛的《海事行政法的困境与出路》（2007 年）一文的第一部分虽以“海事行政法的价值”为题，但实际内容并非针对海事行政法探讨法理学意义上的“价值”，而是分析海事行政法研究的正面作用，也即提倡深入开展海事行政法的研究。因此，该文其实是在使用“价值”一词更为通俗的“积极意义”之义，而与法学专业术语层面的“价值”无关。例如，该文认为：“如果海事法的均衡发展必须两条腿走路的话，海事行政法即是海事法的一条腿，没有这条腿，海事法只能靠海商法跛足前行。”①

（二）其他法律部门价值的研究现状

较之海商法价值近乎空白的研究现状，其他法律部门研究对于法律价值的关注已非鲜见，其中专门著作至少包括：陈兴良《刑法的价值构造》（1998 年、2006 年、2017 年），② 李宝忠《刑法的价值体系及其取向》（2010 年），③ 范健、王建文《商法的价值、源流及本体》（2004 年、2007 年），④ 关保英《行政法的价值定位》（1997 年），⑤⑥ 叶卫平《反垄断法价值问题研究》（2012 年），⑦ 刘建辉《环境法价值论》（2006 年），⑧ 高岚君《国际法的价值论》（2006 年）。⑨

① 王世涛：《海事行政法的困境与出路》，载《大连海事大学学报（社会科学版）》2007 年第 6 期，第 1 页。

② 陈兴良：《刑法的价值构造》，中国人民大学出版社 2006 年版。

③ 李宝忠：《刑法的价值体系及其取向》，人民出版社 2010 年版。

④ 范健、王建文：《商法的价值、源流及本体》，中国人民大学出版社 2007 年版。

⑤ 关保英：《行政法的价值定位》，中国政法大学出版社 1997 年版。

⑥ 根据该书序及后记，该书副题为“效力、程序及其和谐”。

⑦ 叶卫平：《反垄断法价值问题研究》，北京大学出版社 2012 年版。

⑧ 刘建辉：《环境法价值论》，人民出版社 2006 年版。

⑨ 高岚君：《国际法的价值论》，武汉大学出版社 2006 年版。

专门论文至少包括：王福友《侵权行为法价值论》(2007 年)，[①] 吴汉东《知识产权法价值的中国语境解读》(2013 年)，[②] 江必新《国家赔偿法价值论》(1994 年)，[③] 游钰《反垄断法价值论》(1995 年)，[④] 喻磊《中国反垄断法价值论》(2003 年)，[⑤] 喻磊《金融监管法价值论》(2000 年)，[⑥] 侯卓、胡瑞琪《财税法价值论刍议》(2004 年)，[⑦] 贺富永、平旭《航空法的价值研究》(2015 年)，[⑧] 胡超容《民航法的基本价值结构》(2015 年)，[⑨] 胡超容《试论民航法的基本价值结构》(2006 年)，[⑩] 郭春涛《军事法价值论》 (2005 年)，[⑪] 张家喜《论体育法价值目标及其实现》(2009 年)，[⑫] 王惠静《旅游法的价值研究》(2017 年)。[⑬]

以同样围绕运输法展开的航空法为例，贺富永、平旭（2015 年）认为：制定新的“航空法”或者修订《民用航空法》，需要贯彻航空法的价值，方能使立法具有科学性，亦能在航空法具体规范缺失时为航空执法、司法和守法活动提供“指南针”。据此，利用法学方法论研究航空法的具体内容及价值结构，不仅具有一定的学理意义，还具有重大的实践价值。

---

① 王福友：《侵权行为法价值论》，吉林大学 2007 年博士学位论文。

② 吴汉东：《知识产权法价值的中国语境解读》，载《中国法学》2013 年第 4 期，第 15 ~26 页。

③ 江必新：《国家赔偿法价值论》，载《法学杂志》1994 年第 4 期，第 1 ~3 页。

④ 游钰：《反垄断法价值论》，载《法制与社会发展》1995 年第 6 期，第 27 ~31 页。

⑤ 喻磊：《中国反垄断法价值论》，载《江西社会科学》2003 年第 4 期，第 151 ~153 页。

⑥ 喻磊：《金融监管法价值论》，载《社会科学动态》2000 年第 12 期，第 35 ~37 页。

⑦ 侯卓、胡瑞琪：《财税法价值论刍议》，载《江汉论坛》2014 年第 5 期，第 97 ~99 页。

⑧ 贺富永、平旭：《航空法的价值研究》，载杨惠、郝秀辉主编：《航空法评论》(第 5 辑)，法律出版社 2015 年版，第 22 ~31 页。

⑨ 胡超容：《民航法的基本价值结构》，载杨惠、郝秀辉主编：《航空法评论》(第 5 辑)，法律出版社 2015 年版，第 32 ~37 页。

⑩ 胡超容：《试论民航法的基本价值结构》，载《河北法学》2016 年第 12 期，第 118 ~120 页。

⑪ 郭春涛：《军事法价值论》，载《时代法学》2005 年第 3 期，第 51 ~54 页。

⑫ 张家喜：《论体育法价值目标及其实现》，载《北京体育大学学报》2009 年第 11 期，第 23 ~27 页。

⑬ 王惠静：《旅游法的价值研究》，中共中央党校 2017 年博士学位论文。

航空法虽是一门新兴的边缘学科，但也具备法律价值的一般内容；同时又因航空法调整对象的特殊性，即航空活动属于高度危险作业，航空法价值的内容与法律价值的一般内容在价值结构上存在明显差异。[①] 据此，贺富永（2014 年）认为航空法的价值包括安全、秩序、正义、效益和自由。[②]

具体至民用航空法领域，胡超容（2006 年）认为，我国民用航空法的基本价值体系集中规定于《民用航空法》第 1 条，该条规定："为了维护国家的领空主权和民用航空权利，保障民用航空活动安全和有秩序地进行，保护民用航空活动当事人各方的合法权益，促进民用航空事业的发展，制定本法。"[③] 胡超容（2015 年）进一步认为民用航空法的价值包括领空主权、安全、正义、效益。[④] 此种研究思路以及相关成果对于当代海商法价值的研究具有一定的参考意义，尤其是航空活动的高度危险作业性质，作为航空法调整对象的特殊性对于航空法价值体系的影响，应与海上特殊风险对于海商法的影响多有相似之处。

此外，正如海商法的价值是海商法基础理论的主要内容之一，部分部门法基础理论的研究也会涉及相应部门法的价值。例如，漆多俊的《经济法基础理论》（1993 年、1997 年、2000 年、2008 年、2017 年）一书是部门法基础理论研究的经典之作，该书即设第六章"经济法的价值、理念与基本原则"，认为经济法的价值是指经济法在客观上具有的能供人们利用的某种性能和功效，包括自由、安全、秩序、效率、公平、正义等方面；[⑤] 再以航空法为例，贺富永的《航空法基本理论研究》（2014 年）一书第三

---

① 参见贺富永、平旭：《航空法的价值研究》，载杨惠、郝秀辉主编：《航空法评论》（第 5 辑），法律出版社 2015 年版，第 22 ~23 页。

② 参见贺富永：《航空法学基本理论研究》，科学出版社 2014 年版，第 76 ~82 页。

③ 胡超容：《试论民航法的基本价值结构》，载《河北法学》2016 年第 12 期，第 119 页。

④ 参见胡超容：《民航法的基本价值结构》，载杨惠、郝秀辉主编：《航空法评论》（第 5 辑），法律出版社 2015 年版，第 34 ~37 页。

⑤ 参见漆多俊：《经济法基础理论》（第 5 版），法律出版社 2017 年版，第 164 ~165 页。

章为“航空法的功能、作用和价值研究”，其中认为法律价值是法律的内在价值与人的法律需要的相互联系、相互作用、相互构建的关系范畴，也是法律内在价值在实践中对于人的法律需要潜在的和现实的满足过程，航空法的价值包括安全、秩序、正义、效益以及自由。[①]

① 参见贺富永：《航空法基本理论研究》，科学出版社2014年版，第76~82页。

第一章　海商法价值的概念

基本概念是具体理论的根基所在，海商法价值的概念则是海商法价值理论的基本前提和理论基础。研究海商法的价值，必须首先厘清海商法价值的概念。本章以海商法价值的定义为基础，梳理海商法价值理论涉及的主要前提性问题，包括海商法价值的存在形式，以及海商法的价值与海商法的作用、基本原则等其他海商法基础理论命题的关系。

目前我国的法理学著作以及部门法价值著作，大多在分析法律价值的概念之后便径直论述相应的法律价值体系以及各项具体价值目标，而对法律价值概念涉及的存在形式、作用等其他基本问题关注不多。① 然而，上述基本问题对于构建相对完整的当代海商法价值理论，仍是不可回避的重要组成部分。因此，本章旨在厘清海商法价值的概念，从而进一步勾勒、具化本书的研究对象。

---

① 例如，张文显主编的《法理学》一书是我国最为通行的法理学教材，该书“法的价值”一编关于法的价值的概念仅有“价值释义”“法的价值释义”两个部分，而未涉及法的价值的存在形式、作用等基本问题。参见张文显主编：《法理学》(第五版)，高等教育出版社2018年版，第310~312页。又如，何志鹏的《国际经济法的基本理论》一书，第十一章“国际经济法价值论”分为“引论：价值论与法的价值”“国际经济法价值研究的意义”“国际经济法的一般价值”“国际经济法的特有价值”以及“结论”五个部分，其中关于国际经济法价值的概念同样未涉及存在形式、作用等基本问题。参见何志鹏：《国际经济法的基本理论》，社会科学文献出版社2010年版，第205~224页。

第一节 海商法价值的定义

本书研究当代海商法的价值，但无论是海商法抑或价值，相应概念界定的争议与歧见均不在少数，尚未形成完全统一的学理认识。因此，如何定义海商法的价值，乃是构建海商法价值理论必须首先回答的基本问题，具体应从海商法的范围以及价值的概念两个方面入手。

一、海商法的范围

（一）关于海商法范围的不同观点

关于海商法的概念界定，历来存在较为明显的分歧，主要集中于海商法的范围是否包括调整航运活动或称海事活动的私法以外的其他内容。据此，部分学者认为海商法在概念上有广义和狭义之分。[①] 广义海商法的调整范围既有私法内容，也有公法内容，甚至包含一定范围的国际法内容，[②] 例如船舶航行权、国有船舶豁免等；[③] 狭义海商法则是调整平等主体之间

① 关于广义海商法和狭义海商法的划分标准，也有少数不同观点存在。例如，王玫黎认为："狭义的海商法主要是运输法，广义的海商法既包括狭义的海商法，还包括海事法，其中含海上救助、船舶碰撞、共同海损、海上保险等内容，这主要是海事法院的分类，其体系并不科学。"王玫黎、倪学伟、禹华英：《海商法学》，武汉大学出版社2010年版，第3页。

② 此种范围界定将私法、公法、国际法三者并举，存在一定瑕疵。从法的分类来看，国内法和国际法、公法和私法是两种相互平行的分类标准，前者主要依据法律生成和适用的主体、法律适用范围不同进行分类，后者则以法律部类作为划分标准。因此，国际法依其内容不同，仍可分别归入公法或私法，例如，《联合国国际货物销售合同公约》作为合同法领域的国际公约属于私法，而《联合国海洋法公约》则应以其海洋法的内容归入公法。

③ 例如，英国学者 Yvonne Baatz 主编的 *Maritime Law* 一书设有第八章"航运领域的国际公法"（Public International Law Aspects of Shipping Regulation），内容涉及海域划分、港口国和船旗国的权利、国际海事组织及其制定的国际条约，以及《联合国海洋法公约》第292条"船只和船员的迅速释放"。See Yvonne Baatz (ed.), *Maritime Law*, Informa Law from Routledge, 2021, p. 334 -373.

的海上运输关系和船舶关系的法律规范的总称。[①] 对海商法的范围的不同理解，直接决定了对于海商法价值的认知也将有所不同。例如，航运领域存在大量具有公法甚或技术性规范性质的国际海事安全条约，比如《国际海上人命安全公约》(*International Convention for the Safety of Life at Sea*, SOLAS)、《国际防止船舶造成污染公约》(*International Convention for the Prenvention of Pollution from Ships*, MARPOL)，此类条约是以海事安全，也即保障海上航行之船舶、货物及人员的安全，以及避免、减轻和消除船舶及船载人员、货物对于海洋造成环境损害为目的，[②] 而且具有较强的技术性，因而安全作为价值目标在此类条约中自然较之海事私法居于更为重要的位阶。

从国外著作关于海商法的概念界定来看，学理上对于海商法是否包含公法性规定确实尚未形成较为统一的认知。《布莱克法律词典》认为，海商法是指制约海上贸易与海上航行、海上人员和财产运输，以及一般意义上的海上事务的法律的整体，以及制约水上商务中产生的合同、侵权和劳工赔偿请求的规则；[③④] 加拿大学者威廉·台特雷（William Tetley）认为："海商法有其自己完整的法律体系。它跨越了很多法律部门，由公法和私法的规则和原则组成，其中甚至还包括冲突法。某些海商法的问题还同时涉及公法和私法。"[⑤] 日本学者箱井崇史主张，海商法在日本多被理解为是海法中以私法为中心的一个部门，而以公法为中心的领域则更多被称为海

① 参见司玉琢主编：《海商法》，法律出版社2018年版，第1页。

② 参见陈敬根：《国际海事安全条约法律问题研究》，上海大学出版社2018年版，第13页。

③ 参见胡正良主编：《海事法》，北京大学出版社2016年版，第3页。

④ The body of law governing marine commerce and navigation, the carriage at sea of persons and property, and marine affairs in general; the rules governing contract, tort, and workers'-compensatoin claims or relating to commerce on or over water. Bryan A. Garner (ed.), *Black's Law Dictionary*, Thomson Reuters, 2014, p. 1113.

⑤ [加] 威廉·台特雷：《国际海商法》，张永坚等译，法律出版社2005年版，第47页。

事法；[①] 韩国学者金仁显则认为，海商法作为商法的特别法是规范海上企业营利活动的私法。[②]

1.《海商法》通过以前的学理观点

关于海商法价值的理论研究，不应忽略海商法的概念在我国的历史沿革。我国海商法著作主要是以1929年《中华民国海商法》为基础的释义之作，[③] 因而多数认可海商法为私法。例如，王效文从海法与商法交叉的角度界定了海商法的概念："海商法者，海法之一部，以海法不仅有商也。海商法者，商法之一部，以商不限于海也。何谓海法？关于海事法规之总称也。何谓商法？关于商事法规之总称也。何谓海商法？关于海上商事法规之总称也。"[④] 杨鹏则认为："海商法乃海事私法，规定航海营业之商船及其相关之事项者也。"[⑤] 刘笃认为："海商法者，以海运为中心之特殊海事企业法规之总称也。……海商法之为私法，学者间尚无异议。"[⑥] 上述学者定义海商法的表述虽然不尽相同，但共通之处在于均认可了海商法的私法属性。此外，部分学者还以图表的形式进一步分析了海商法的地位，具体可见图1-1。

中华人民共和国成立后，《海商法》通过以前我国学理上关于海商法的范围是否包含航运管理的行政规范，存在一定分歧。我国海商法泰斗魏文翰的《海商法讲座》一书作为中华人民共和国第一部正式出版的海商法著作，虽未直接界定海商法的概念，但认为海商法最低限度的范围，也即该书所称的海商法的范围，应当包括船舶、船员、海上货物和旅客运输、

---

① 中村眞澄＝箱井崇史『海商法』（成文堂，2013年）1頁。

② 金仁顯（2018)，「海商法」，法文社，3頁。

③《中华民国海商法》共计八章174条，包括通则、船舶、船员、运送契约、船舶碰撞、救助及捞救、共同海损、海上保险。

④ 王效文：《中国海商法论》，上海法学编译社1931年版，第1页。

⑤ 杨鹏：《海商法新论》，朝阳学院出版部1934年版，第1页。

⑥ 刘笃：《海商法论》（第一分册），台湾同济大学法学院法律学会1947年版，第3页。

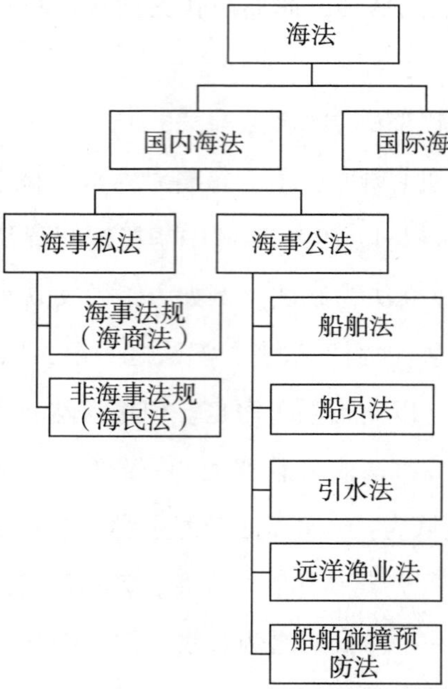

图1-1 部分中华民国时期著作关于海商法地位的界定①

船舶拖带、船舶碰撞、海上救助、共同海损、船主责任范围和优先权、海上保险、海事请求权的行使和期间。② 黄廷枢编写的大连海运学院试用教材《海法》作为中华人民共和国第一部海商法著作，虽未公开正式出版，亦未采用“海商法”作为书名，但体例上仍与《海商法讲座》大致相同。③ 二者均明显受到同一时期《中华人民共和国海商法（草案）》的影响，相应的体例对照可见表1-1。魏文翰胞弟魏文达则在《海商法浅说》一书中明确指出“海商法属于民事范畴，是在民法的基础上

① 参见王效文：《中国海商法论》，上海法学编译社1931年版，第2页；刘笃：《海商法论》（第一分册），台湾同济大学法学院法律学会1947年版，第2页。

② 参见魏文翰：《海商法讲座》，法律出版社1965年版，第3页。值得注意的是，该书在上述范围之外，同时设有第二章“船舶航行权和沿岸国管辖权”，不仅包括以船舶、船员为主要内容的船舶航行权的取得，还涉及船舶航行的区域以及沿岸国的管辖权。

③ 参见黄廷枢编：《海法》，大连海运学院1963年版，第1~2页。

建立的一种特别法”，同时对于海商法的概念及范围作出了更为详细的解说。

海商法的“海”字包括“凡是与海、水上运输有关的事宜”。长江不能叫江商法，黄河不能叫河商法，有几个大湖，如鄱阳湖、洞庭湖、太湖也不能叫湖商法，太平洋、印度洋也不能叫洋商法。海字的范畴包括江、河、湖、洋。凡是与海相通的水域出了事故，都要按海商法来解决。

所谓商，就是指做生意。这个生意，通过航运来做。航运就是航行运货，还有许多船不是航运船，象部队舰艇（它也运货，不过它运的不是商货，而是部队的供给品）、医务船、水文船、学校的船、停在江面的囤船，这些都不是做生意的，都不属海商法的范畴。这个商也有个问题，按照我们社会主义国家的制度，船是全民所有或集体所有，都是属于国家的。按照外交方面的关系，凡是国家所有的船舶上的工作人员，包括军舰、后勤部门的舰船、商船和各远洋公司的船上的工作人员都应该享受和外交人员同样的特权。这种特权就是到国外去出了事故，当事国不得干涉，就如我们国家的大使、领事和使馆工作人员，如果出了事故，当地国家的法院不能干涉，都送回国内进行审判一样。这样一来，外国人装货到中国来就不敢装我们的船了。因为装船出了事故，他们的国家管不了，只能通过外交途径来处理。这不但使我们国家的航运事业受到了影响，而且对他国的航运事业也要带来影响。为此，联合国通过了一项决议：“凡国家所有的外出做生意的船舶上的工作人员不应享受其国家外交人员的同样特权。”这样，外国的船就敢装我们的货了，我们的货也可以运到外国去，外国人也可以利用我们的船把货运到我们的国家来了。

所谓法，是处理国家的商业跟外国的商业互通有无时发生纠纷而制定的法律。法有两种，即国内法和国际法。民法、刑法、民事诉讼法等都是限于国内的法律，海商法不仅限于国内，而且重点放在国际上。①②

表 1-1 《海商法（草案）（第九稿）》《海商法讲座》《海法》体例对照

海商法（草案）（第九稿）③	海商法讲座	海法
第一章　总则	第一章　总论	第一章　海法的对象和渊源
		第二章　资易④航海的水上法律制度
		第三章　国家对外关系机关
第二章　船舶	第二章　船舶航行权和沿海国管辖权	第四章　海船
第三章　船员		第五章　海商船船员
第四章　海上运输契约	第三章　海上货物运输合同	第六章　海上货物运输契约
	第四章　海上旅客运输合同	第七章　海上旅客运输契约
	第五章　定期租船合同	第八章　定期租船契约
第五章　船舶拖带	第六章　船舶拖带	第九章　海上拖带契约

① 魏文达：《海商法浅说》，武汉河运专科学校科技情报室 1983 年版，第 1 ~2 页。

② 魏文达撰写的《中国大百科全书·法学》“海商法”词条亦采类似观点，该条内容如下：“海商法（maritime law）调整海上运输中船舶及其所有人与其他有关当事人间权利、义务关系的法律规范的总称。海商法中的‘海’，指海和与海相通的水域，包括江、河、湖、海、洋；‘商’，包括国内沿海贸易、国际远洋贸易及各港口间的贸易等一切以营利为目的的商业行为。海事即指商船在海上发生的事故，由海商法调整。至于专用于军事、科学考察以及其他目的的船舶，如医务船、水文考察船、捕鱼船、军事后勤船等，都不在海商法调整范围之内。但船舶发生碰撞则应包括军舰、渔船、医务船、游艇、水翼船、子母船、载舶船、帆船、气垫船和水上飞机在内。”参见中国大百科全书总编辑委员会《法学》编辑委员会、中国大百科全书出版社编辑部编：《中国大百科全书·法学》，中国大百科全书出版社 1984 年版，第 259 页。该书修订版的“海商法”词条后由吴焕宁重新撰写：狭义的海商法专指海上商事方面的实体法；广义的海商法还包括海上交通安全、海洋环境保护、船员、港口、船舶登记与检验、国际海运管理等方面的法律、法规、条例、办法与规定，以及处理海事争议的特别程序法等。参见《中国大百科全书》总编辑委员会编：《中国大百科全书·法学》，中国大百科全书出版社 2006 年版，第 225 页。

③ 交远办（1963）字第 1531 号。参见司玉琢：《海商法专论》，中国人民大学出版社 2010 年版，第 3 页。

④ “资易”应为“贸易”之误。

续表

海商法（草案）（第九稿）	海商法讲座	海法
第六章　船舶碰撞	第七章　船舶碰撞	第十章　船舶碰撞
第七章　救助报酬	第八章　救助报酬	第十一章　救助报酬
第八章　共同海损	第九章　共同海损	第十二章　共同海损和单独海损
第九章　船主的责任范围	第十章　船主责任范围和优先权	第十三章　船主责任的范围
第十章　海上保险契约	第十一章　海上保险合同	第十四章　海上保险契约
第十一章　海事请求[1]		第十五章　海事请求

〔1〕《海商法讲座》一书"前言"特别说明："请求权的行使和期间（时效）原可另列一章，惟以在各章内都有零散的论述，因而从略。"魏文翰：《海商法讲座》，法律出版社1965年版，第1页。

张既义、於世成于1981年发表的《论海商法的对象和适用范围》一文认为：海商法主要是关于海上运输的规定，借以调整和处理航海和海上运输中发生的各种法律关系。航海和海上运输的基本特征可以归结为三项：一是航海和海上运输及其他一切海上活动；二是航海和海上运输与海上的特有风险相互关联；三是航海和海上运输更多是在国际范围内进行。据此，海商法涉及的法律关系可以分为四类：第一，因航海和海上运输需要使用船舶而发生的船舶物权的法律关系；第二，因经营船舶而发生的运输合同的法律关系；第三，因海上损害而发生的合同以外的法律关系；第四，因海上风险而发生的法律关系。① 此后，张既义等人的《海商法概论》一书认为：海上运输在我国属于生产活动，围绕海上运输产生的关系基本上属于民事法律关系，海商法应属民法范畴。② 但是，论及海商法的调整对象时该书又有略显矛盾的论述，即将船舶登记等公法性质的内容也纳入了海商法的调整范围：

① 参见张既义、於世成：《论海商法的对象和适用范围》，载《上海海运学院学报》1981年第3期，第6~7页。

② 参见张既义、司玉琢、尹东年、於世成编著：《海商法概论》，人民交通出版社1984年版，第3~4页。

我们认为海商法的调整对象是“海上运输中发生的以及与船舶有关的各种关系。”理由是：

1. 海商法的核心部分是海上运输，因此，它的调整对象首先应是海上运输中产生的各种关系，这些关系主要表现为权利义务关系，特别是债权债务关系，属民法范畴；

2. 海上运输所不能包括的内容，如船舶登记、船舶检验、船员配备，以及远洋船队管理等内容都与各类船舶有关，属于行政法规，具有公法性质。海商法的调整对象对以上两个方面的内容都不可偏废。①

20世纪80年代以降，受到《海商法》起草重新启动的影响，我国海商法著作明显增多。任建新主编《海商法讲义》一书是此一时期较早的海商法著作，该书认为：海商法的内容范围归纳为海上运输组织和管理法、海上运输法、损害赔偿法、海难救助法、海事处理法五个方面，由此产生的法律关系又分为两大方面，一是国家航政等机关对海上运输组织进行管理的纵向行政法律关系，二是航海通商或其他海上活动中发生的横向经济法律关系。②

吴焕宁主编《海商法学》一书则认为：海商法是调整在航海贸易中与船舶有关的各种关系的法规的总称，其中主要是调整在海上运输中船舶所有人与其他有关各方当事人发生的民商事法律关系。海商法的内容可以归结为三个大类：一是有关海上运输组织和管理的内容，二是关于海上运输相关合同的内容，三是关于海上损害赔偿的内容。第一类内容除船舶所有权的取得、转移和消灭外，还包括船舶检验和船舶登记、船舶国籍、航行权、船舶文书，船员的资格、任免、劳动条件、职务规则，以及强制引航

---

① 张既义、司玉琢、尹东年、於世成编著：《海商法概论》，人民交通出版社1984年版，第5页。

② 参见任建新主编：《海商法讲义》，人民法院出版社1988年版，第7～8页。该书自1989年4月第2次印刷开始更名为《海商法教程》，但实际内容相同。

和国际海上运输管理等，可能涉及行政法、经济法乃至劳动法。[①]

夏斗寅的《海商法基础》一书认为：海商法是调整海上运输中发生的以及与船舶有关法律规范的总称，主要包括海上运输企业组织法、海上运输法、损害赔偿法、债权法。[②] 此种观点更早可以见于张晓萍编写的辽宁大学内部教材《海商法》一书，[③] 杨树明亦持有类似观点。[④]

与上述多数学者观点形成明显对比的是，同一时期赵宏勋编著的《海商法》一书基本未有涉及私法以外的内容，该书认为：海商法调整有关海上航行与运输的法律关系，是以海上运输为中心的商法，即有关海上商务的特别法。海商法的范围主要包括有关海上货物运输和旅客运输的规定；有关海上运输企业主和执行运输任务人员以及运输工具的规定，即关于船舶所有人、船员和船舶的规定；有关海上危险的规定，即关于海上保险、船舶碰撞和海难救助的规定；海上运输企业主因通融资金而提供担保的规定，即关于船舶优先权和船舶抵押权的规定。[⑤]

---

① 参见吴焕宁主编：《海商法学》，法律出版社 1989 年版，第 1 ~5 页。值得注意的是，该书在《海商法》通过后进行了修订，关于海商法内容的论述也采用了广义和狭义的区分：广义海商法是海事、海运法规的总称，包括海上运输和有关船舶的合同、海难救助、船舶碰撞、共同海损、海事赔偿责任限制、船舶抵押权、船舶优先权、船舶扣押的有关规定，以及港口法、船舶登记法、船舶检验法、海上交通安全法、海洋环境保护法、外国籍船舶管理规则、船员职务规则和其他单行法规；狭义海商法主要涉及海上运输关系和船舶关系中平等主体之间的法律关系，一般被视为民商法的特别法，主要调整合同关系，由于开展海上船舶运输而必需的船员配备和船长职责规定以及海上运输特有的船舶碰撞、共同海损、船舶所有权赔偿责任限制等也在调整之列。吴焕宁主编：《海商法学》，法律出版社 1996 年版，第 3 页。

② 参见夏斗寅编著：《海商法基础》，法律出版社 1988 年版，第 7 ~ 13 页。

③ 张晓萍认为：海商法是调整海上运输和与船舶有关的法律关系的法规的总称，包括海上运输企业组织法、海上运输法、损害赔偿法、债权法四个部分。参见张晓萍编：《海商法》，辽宁大学 1986 年版，第 2 ~4 页。

④ 杨树明认为：海商法的主要内容包括行政法规和债权、债务关系两个方面，具体又可分为海上运输企业组织法、海上运输法、损害赔偿法、债权法四个部分。参见杨树明编著：《海商法教程》，重庆大学出版社 1989 年版，第 5 ~9 页。

⑤ 参见赵宏勋编著：《海商法》，对外贸易教育出版社 1988 年版，第 1 页。

考察上述梳理可以发现，《海商法》通过以前，我国多数学者倾向于海商法的范围并不限于调整海事活动的私法，还应包括关于航运管理的行政规范。此种观点一定程度上也与《海商法》的起草进程有关。1981 年 5 月我国重新启动《海商法》的起草工作，自 1982 年 5 月的第十稿至 1985 年 7 月的第十六稿，一直设有专章规定“国际海上运输管理”，直至 1987 年的第十七稿方予删除。[①] 司玉琢主编《新编海商法学》一书更是明确指出：根据《海商法（草案)》和我国实践，海商法的调整范围主要包括海上运输中发生的特定社会关系和与船舶有关的特定社会关系。后者包括船舶管理，主要表现为国家行政机关与海上运输组织及船舶所有人之间纵向的行政法律关系，属于行政法范畴。此种特定关系虽然不是海商法的主要调整对象，但从国家海运立法发展来看，此类社会关系由海事法律规范加以调整的趋势正在日益增强。[②]

2. 《海商法》通过以后的学理观点

1992 年 11 月 7 日，第七届全国人民代表大会常务委员会第二十八次会议通过了《海商法》。该法除个别条文外，[③] 总体上是一部民事法律。《关于〈中华人民共和国海商法（草案)〉的说明》也明确指出“海商法调整的法律关系的性质决定，它属于民事法律范畴”。[④] 而且，该法第 1 条确立了“调整海上运输关系、船舶关系”作为该法的立法目的之一，[⑤] 通

① 参见司玉琢：《海商法专论》，中国人民大学出版社 2010 年版，第 3 ~4 页。

② 参见司玉琢主编：《新编海商法学》，人民交通出版社 1991 年版，第 4 ~5 页。

③ 主要是指《海商法》第 4 条关于沿海运输权、第 5 条关于船舶悬挂国旗、第 6 条关于海上运输主管部门的规定。

④ 《关于〈中华人民共和国海商法（草案)〉的说明》同时指出：“由于海商法是一部特别民事法律，草案除在第四条关于沿海航行权和第六条关于海上运输主管部门等个别条款中不能不明确主管部门外，有关行政管理的内容，如船舶登记、船舶检验、海上交通安全等，应当适用有关行政管理的法律、行政法规，草案未作规定。”

⑤ 《海商法》第 1 条规定：“为了调整海上运输关系、船舶关系，维护当事人各方的合法权益，促进海上运输和经济贸易的发展，制定本法。”

常被认为是关于调整对象的规定。受此影响，此后出版的海商法著作关于海商法范围的主张开始转向调整海事活动的私法，且在体例上也与《海商法》趋于一致。“海上运输关系”和“船舶关系”也成为界定海商法范围的基本脉络。

郁志轰主编的《海商法》一书是《海商法》通过后我国出版的第一部海商法著作。该书认为，海商法是调整在航海贸易中发生的以及与船舶有关的各种关系的法律规范的总称，虽然依旧主张海商法主要由调整依据合同而成立的海上运输关系的规范和国家对于航海贸易进行监督和管理的规范构成，[①] 但该书同时指出：“有一种观点据此提出，‘海商法出现向公法发展的趋势’，似乎海商法最终会变成公法。其实不然，海商法毕竟是以航海贸易关系为主要调整对象的部门法，不论公法成分如何增加，都无法改变这一基本事实，否则，就不称其为海商法了。”[②]

此后司玉琢等编著《海商法详论》[③]、郁志轰等编著《海商法》[④]、於世成等编著《海商法》[⑤]、张丽英著《海商法》[⑥]、张湘兰主编《海商法论》[⑦]、王玫黎等著《海商法学》[⑧]、傅廷中著《海商法》[⑨] 等书，大多则是依据《海商法》第 1 条关于该法“调整海上运输关系、船舶关系”的规定界定海商法的概念和范围。但是，也有个别例外存在，比如郭瑜的《海商法教程》一书认为：海商法的法律部门边界存在一定的模糊性。

---

① 参见郁志轰主编：《海商法》，杭州大学出版社 1993 年版，第 1 ~2 页。

② 郁志轰主编：《海商法》，杭州大学出版社 1993 年版，第 3 页。

③ 参见司玉琢、胡正良、傅廷忠、李海、朱清、汪鹏南编著：《海商法详论》，大连海事大学出版社 1995 年版，第 3 ~5 页。

④ 参见郁志轰、沈秋明编著：《海商法学》，杭州大学出版社 1996 年版，第 1 ~2 页。

⑤ 於世成、杨召南、汪淮江编著：《海商法》，法律出版社 1997 年版，第 2 ~4 页。

⑥ 张丽英：《海商法》，人民法院出版社 1998 年版，第 2 ~3 页。

⑦ 张湘兰、邓瑞平、姚天冲主编：《海商法论》，武汉大学出版社 2001 年版，第 1 ~3 页。

⑧ 王玫黎、倪学伟、禹华英：《海商法学》，武汉大学出版社 2010 年版，第 2 ~4 页。

⑨ 傅廷中：《海商法》，法律出版社 2017 年版，第 1 ~3 页。

海商法调整的活动性质主要是商业活动，但部分特定的行政管理活动，如船舶登记、船员技术和工资标准等，传统上也被认为是海商法的调整范畴。海商法的主要内容可以分为五个部分，即海运管理法、海上运输与拖航法、海事法、海上保险法、海事纠纷处理。此外，关于港口法、船舶检验法、船员法、海洋环境保护法是否属于海商法存在争议，认为此类内容也应包括在海商法中的观点一般被称为“广义海商法”的观点。[①]

值得注意的是，自2010年司玉琢发表《面向海洋世纪　确立海法研究体系》一文以来，我国理论界的部分学者逐渐开始推广所谓的海法理论，可以认为是广义海商法观点的进一步拓展。司玉琢认为：“海法（law at sea），或称广义的海事法，是以海洋为客体，调整其上社会关系的法律总称。具体地讲，是调整围绕海洋所发生的国家间关系、行政关系、刑事关系和民事关系的法律规范的总称。”[②] 司玉琢主编《海商法》是我国最为通行的海商法教材之一，该书于2018年出版的第4版在论及海商法的性质时即体现了广义海商法的观点：“广义海商法的属性则不然，它既调整平等主体之间的横向民事关系，又调整非平等主体之间的纵向关系（海事行政、刑事关系）。是一个独立的、综合的、自成一体的法律部门。笔者认为，随着我国海洋强国战略和‘一带一路’建设的实施，适当扩大海商法的调整范围，按照广义海商法的构架修改现行《海商法》的时机已经成熟。因此，从立法上把海商法作为一个独立的法律部门，在学理上作为一个独立的法学学科，比简单地将其划归为某个法律部门的分支或属于某个

① 参见郭瑜：《海商法教程》，北京大学出版社2012年版，第4~6页。值得注意的是，该书涉及公法内容的主要是第三章“海上运输管理法”，包括海运经济法、海运安全法、防止海洋污染的法律制度，但实际内容较为简略。

② 司玉琢：《面向海洋世纪　确立海法研究体系》，载《中国社会科学报》2010年6月8日，第2版。

法律部门的特别法更为适宜。”[①] 此种观点似乎也与《面向海洋世纪 确立海法研究体系》一文提出的“海法研究体系”存在矛盾。依照海法研究体系，海商法属于海法下的二级研究方向，包括船舶物权、海上运输合同法、海上保险法、海事法以及船舶融资、建造与买卖法等三级研究方向。[②] 无论广义或是狭义，海商法显然与海法并非同一的概念。即使不论海法理论本身的合理性、必要性，仅从比较法上对于海法的普遍认知来看，海法也不能简单等同于广义的海商法，更不可能作为我国《海商法》修改的理论框架。此种修法思路不但在我国现行立法体制下毫无现实性可言，而且也难以处理《海商法》与《航道法》《海上交通安全法》《港口法》乃至《海洋环境保护法》等已有航运法律的关系。

至于海商法的立法定位，大陆法系主要法域凡以“海商”为名的立法，大多是将海商法作为民商事法律处理。具体而言，民商分立的法域多在商法典中设有“海商”一编，最为典型的便是德国、日本、韩国；民商合一的法域则以制定单行的海商法为主。以新近完成修改的日本《商法》为例，该法于1899年6月16日正式颁行，近120年来已有数十次修改。而且，该法原有的“公司”“票据”等编均已从法典中剥离而另行制定单行法律，目前仅余第一编“总则”、第二编“商行为”和第三编“海商”。日本自2015年开始《商法》的修改工作，主要集中于第二编“商行为”第八章“运输营业”和第三编“海商”。2018年5月18日，日本国会通过《〈商法〉和〈国际海上货物运输法〉部分修改的法律案》，《商法》第三编“海商”不但实现了条文语言的口语化，而且具体章节设置也有明显变化，尤其是增加了关于定期租船、海运单、船舶碰撞等事项的专门规

① 司玉琢主编：《海商法》，法律出版社2018年版，第3页。

② 参见司玉琢：《面向海洋世纪 确立海法研究体系》，载《中国海商法研究》2010年第2期，第2页。

定，但仍保持私法属性。修改后的日本《商法》第三编“海商”共分为7章，即船舶（包括总则、船舶的所有、船舶租赁、定期租船）、船长、关于海上货物运输的特别规定（包括件杂货运输、航次租船、提单等、海运单）、船舶碰撞、海难救助、共同海损、海上保险、船舶优先权及船舶抵押权。此外，民商合一法域亦有在民法典中专门规定海商法的立法例，较为典型的便是荷兰《民法》第八编“运输”几乎涵盖了传统海商法的全部内容。

根据以上分析，可以认为海商法的私法属性在我国以及大陆法系，特别是东亚地区主要法域的学理研究以及立法实践中基本已经成为共识。虽然我国存在诸如海法理论等主张扩大海商法范围的理论观点，但此类观点的合理性尚待后续更为充分的理论研究加以检验，而且实质上更多是针对航运法律、海法等较之海商法范围更广的概念，已经明显不同于通常意义上人们惯常理解的海商法。

（二）海商法范围的应然界定

海商法的范围之所以存在争议，核心原因应是调整航运活动的法律本身的部门构成不甚清晰，使海商法作为航运法律最为主要、内容也最丰富的分支在部分场合被有意或无意地等同于航运法律。因此，界定海商法的范围，首先应从界定航运法律的范围入手。

1. 航运法律的部门构成

航运在文义上是指水上运输，[①] 不应包括航空运输，[②] 因而航运法律是

① 参见中国社会科学院语言研究所词典编辑室编：《现代汉语词典》（第6版），商务印书馆2012年版，第515页。

② 关于航运是否包括航空运输，实践中不无分歧。例如，《上海市推进国际航运中心建设条例》第3条明确将国际海运枢纽和航空枢纽建设并举，其他条文也多处涉及航空运输。此外，新华社中国经济信息社历年发布的“上海国际航运中心建设十大事件”也均包括航空领域的事件。

指调整航运活动涉及的特定社会关系的法律的总称。航运法律不是法律部门，而是具有明显的跨部门法的特征，应当属于当今法学研究所称领域法，即调整特定经济社会领域的法律集合。航运法律主要由海商法、航运法以及航运行政法共同组成，同时也涉及相应的程序法律，比如船舶扣押与拍卖、海事强制令等法律制度。

航运法律最为核心的部门便是海商法，也是各国在航运立法、司法与学术研究之中关注较多的领域，即规范航运活动的私法。海商法主要调整平等主体之间在航运活动中形成的特殊的人身关系和财产关系，属于民事特别法的范畴。我国《海商法》以及现已废止的《国内水路货物运输规则》《港口货物作业规则》（“两规”）总体而言属于海商法。

航运法与航运法律虽然在文字表述上较为类似，但二者并非同一的概念。航运法是指调整国家管理航运经济活动产生的特定社会关系的法律，[①]属于经济法部门，因而也称航运经济法。目前我国航运法以《国际海运条例》和《国内水路运输管理条例》为主要表现形式，起草多年但迟迟未能出台的“航运法”也具有航运法的属性。经济法是国家为了克服市场失灵和政府失灵而制定的调整需要由国家干预的具有全局性和社会公共性的经济关系的法律规范的总称。[②] 海商法和航运法的关系，实质上也即民商法和经济法的关系。民商法调整的财产关系，主要是平等主体之间的财产关系，也即所谓的横向经济关系。此类财产关系主要是商品所有者之间以货币为媒介进行的商品交换和劳务提供，市场规律在此类财产关系之中充分发挥作用，因而具有平等、自愿、等价有偿等特征。经济法调整的财产关系或者经济关系，主要属于纵向的财产关系或者经济关系。此类财产关系

---

① 参见胡正良、郑丙贵：《中国〈航运法〉制定中几个基本理论问题之研究》，载《中国海商法研究》2012 年第 1 期，第 66 页。

② 参见李昌麒主编：《经济法学》（第 3 版），法律出版社 2016 年版，第 39 页。

往往基于国家对于经济的管理而发生在国家与企业或个体生产者之间，因而具有管理与被管理、监督与被监督、指令与服从的行政隶属性特征。而且，民商法除调整经济关系外也调整人身关系，因而与经济法仅调整经济关系的性质明显不同。[①] 基于民商法和经济法的关系，应当认为海商法和航运法是分别从不同角度共同规范航运活动的法律部门。

航运行政法顾名思义属于行政法部门。行政法是关于行政主体、职权、行为和程序、违法和责任以及救济关系等事项的法律规范的总称。[②] 行政法和经济法的根本区别之一在于行政法调整的社会关系体现的是权力从属关系，而且此种关系在多数情形下并不直接具有经济内容，而经济法调整的社会关系恰好相反。[③] 航运行政法和航运法的关系亦然。我国《海上交通安全法》《港口法》《航道法》《船舶登记条例》《船员条例》《防治船舶污染海洋环境管理条例》等法律、行政法规总体而言均属航运行政法的范畴；《海洋环境保护法》对之亦有部分涉及，主要是该法第八章“防治船舶及有关作业活动对海洋环境的污染损害”。

2. 航运法律的共性基础

航运法律之所以能够构成一个相对完整的法律体系，原因在于海商法、航运经济法、航运行政法等不同分支之间存在特定的共性，可以分为外在共性和内在共性两个方面。

(1) 航运法律的外在共性

航运法律的外在共性应是对于航运活动的共同调整。法律的作用分为规范作用和社会作用，前者主要针对人的行为，后者主要针对社会关系。[④]

法律的规范作用是指法律自身体现的、对于人们的行为可能产生的影

① 参见梁慧星：《民法总论》（第5版），法律出版社2017年版，第53页。
② 参见应松年主编：《行政法与行政诉讼法学》，法律出版社2009年版，第7页。
③ 参见李昌麒主编：《经济法学》（第3版），法律出版社2016年版，第74页。
④ 参见张文显主编：《法理学》（第3版），法律出版社2007年版，第295页。

响，主要包括指引作用、评价作用、教育作用、预测作用以及强制作用。[①]航运法律的规范作用主要在于规范以海洋为基本舞台、以船舶为主要工具的海上运输以及其他相关航运活动。首先，航运法律的指引作用是为航运活动的参与者提供一种既定的行为模式，从而引导参与者在法律的范围之内实施正确的行为，合法地参与航运活动；其次，航运法律的预测作用是指通过法律规定，促使航运活动的参与者可以预先估计自身行为的后果，以及他人行为的趋向与后果；再次，航运法律的评价作用是指航运法律评价航运活动参与者行为合法或不合法的作用；复次，航运法律的强制作用是指航运法律能够运用国家强制力制裁违法行为，保障航运法律的规定得以实施的作用；最后，航运法律的教育作用是指通过航运法律的规定和实施，从而影响航运活动参与者的思想，培养和增强其法律意识，引导其依法行为的作用。

法律的社会作用是指对于社会关系的实际影响，主要包括维护社会整体利益和公共生活秩序，规划和指引经济社会整体发展，控制经济和技术发展带来的不良后果，救济不测事件的受害者等。[②] 航运法律的社会作用，是指保障航运作为特定海洋资源利用方式的安全、有序、高效、可持续发展。安全、有序、高效、可持续发展分别主要是以海上交通安全法为主的航运行政法、航运法、海商法、海洋环境保护法涉及航运部分的主要任务。具体而言，航运法律的社会作用主要表现为维护航运秩序，促进航运活动的有序开展；以公平为价值目标，确认航运活动参与者的权利和义务，维护参与者的权益；为政府航运相关部门实施行政管理的行为提供法律根据，并对滥用权力或者不尽职责的行为进行制约；预防航运活动参与者之间、参与者与政府航运相关部门之间的争端，并为解决争端提供法律

① 参见高其才：《法理学》，清华大学出版社 2015 年版，第 153～154 页。

② 参见周永坤：《法理学——全球视野》，法律出版社 2016 年版，第 123～124 页。

依据；预防航运活动中的违法行为，并为制裁违法行为提供法律依据；为航运法律本身的实施和发展提供制度和程序保障。

（2）航运法律的内在共性

海上特殊风险对于法律制度的影响，应是航运法律最为根本的内在共性。海上运输及其他海上商业活动的绝对风险多数情形下明显高于陆上活动。而且，此类活动具有投资大、运量大，但回报周期长、回报率相对较低的特点。由此决定了海上运输及其他海上商业活动较之陆上活动具有较大的相对风险。海上相对风险可以理解为海上绝对风险、人们从事海上运输或其他海上商业活动的成本与收益，以及抵御此种风险的能力之间的函数关系。海上相对风险总体上反映了航运生产力的发展水平。[①]

此外，航运活动的国际性特点，要求一国航运法律不但须从本国利益出发，同时也应适当兼顾国际社会的共同利益，谋求航运法律逐渐实现国际统一。此亦航运法律的另一内在共性所在。

海上特殊风险对于海商法的影响最为明显，促使海商法在具有民事法律属性的同时，也存在诸多不同于一般民事法律的特殊制度和规则。例如，民事损害赔偿的最高原则是完全赔偿原则，力求促使受害人恢复到尚未遭受侵害时应处之状态，[②] 也即“赔偿被害人所受之损害，俾于赔偿之结果，有如损害事故未曾发生者然”。[③] 但是，船舶航行于海上往往经年累月无法靠岸，而且由于海上特殊风险的存在成败难卜。船舶所有人等主体未必谙熟航海技术，也未必随船同行，因而须将驾驶、管理船舶之职权授予船长。如果根据代理责任的通常规定，船舶在外所负债务概由船舶所有人等主体承担，未免风险过大，投资者将裹足不前，并且难以推进航运业

---

① 参见胡正良主编：《海事法》，北京大学出版社 2016 年版，第 5 页。

② 参见程啸：《侵权责任法》（第 2 版），法律出版社 2015 年版，第 664 页。

③ 参见曾世雄：《损害赔偿法原理》，台北，新学林出版股份有限公司 2005 年版，第 17 页。

之发展。[①] 因此，海商法基于鼓励航运业发展等特殊政策之考量，背离完全赔偿原则而创设海事赔偿责任限制制度。

此项制度赋予船舶所有人等特定主体将其对于单次海损事故引起的特定海事请求应当承担的赔偿责任限定在一定数额之内的权利，[②] 虽然客观上导致海损事故受害者遭受的损失无法得到充分、有效的赔偿，[③] 但在海事活动的特定背景之下却更为符合民事法律秉持的公平原则。公平原则作为法律公平正义价值之体现，要求实现当事人利益的平衡，并且防止出现利益衡量的显失公平。[④] 海事赔偿责任限制制度的创设本身即有不同于一般民事法律的特殊利益衡量，因而学说上也认为海上债务具有特殊平衡性。[⑤] 海上运输法中的承运人单位赔偿责任限制制度亦有相同考量，责任限制制度也被视为海商法的特色之一。[⑥] 而且，考虑到海事赔偿责任限制制度对于债权人多有不利，海商法同时设有船舶优先权制度，基于衡平及公益之理由选择特定债权赋予优先权，[⑦] 使其能够在有限的赔偿数额之中享有优先受偿的权利。[⑧]

航运经济法传统上存在航运反垄断豁免制度，即通过航运立法使国际航运业对于具有垄断性质的行为享有反垄断豁免，主要对象是船舶经营人之间达成的各种关于合作经营或类似内容的协议，例如多种形式的集装箱班轮公司联营协议，广义上也延伸至托运人组织、港口经营人合作组织、

---

① 参见桂裕编著：《海商法新论》，台北，正中书局 1974 年版，第 124 页。

② 参见胡正良主编：《海事法》，北京大学出版社 2016 年版，第 596 页。

③ 参见何丽新、谢美山：《海事赔偿责任限制研究》，厦门大学出版社 2008 年版，第 71 页。

④ 参见王利明：《民法总则研究》，中国人民大学出版社 2012 年版，第 120 ~121 页。

⑤ 参见赖来焜：《最新海商法论》，台北，神州图书出版有限公司 2002 年版，第 11 页。

⑥ 参见郑玉波：《海商法》，台北，三民书局 2008 年版，第 11 ~12 页。

⑦ 参见梁宇贤：《海商法论》，台北，三民书局 1997 年版，第 228 ~229 页。

⑧ 例如，《海商法》第 21 条规定：“船舶优先权，是指海事请求人依照本法第二十二条的规定，向船舶所有人、光船承租人、船舶经营人提出海事请求，对产生该海事请求的船舶具有优先受偿的权利。”同时，该法第 22 条规定了 5 项受到船舶优先权担保的海事请求。

无船承运人之间的合作等。[①] 航运反垄断豁免制度的理论基础一定程度上也受海上特殊风险的影响，同时兼有规范航运服务进而维护货主等相对方利益的考量。航运经济具有规模经济的特征，船舶现代化的趋势需要巨额投资，并且投资回收周期长、利润微薄、专业化程度高，市场竞争日趋激烈，致使航运产业愈发成为巨型企业的角逐场所。航运企业必须通过各种形式的企业结合实现优势组合的大型化规模经营发展，从而提高自身在市场中的生存能力和竞争力，[②] 同时推进航运生产力的发展，且不至于明显严重损害航运服务用户的利益。上述诸种因素使一些以此为目的、具有垄断性质的行为在经济上具备享有反垄断豁免的正当理由。班轮公会成立的初衷也是为了克服航运市场特殊供求关系带来的恶性竞争。[③]

海上特殊风险对于航运行政法亦有影响。例如，《海上交通安全法》的立法目的在于维护海上交通秩序、保障生命财产安全，应是航运行政法因应海上特殊风险设立特别法律制度最为直接的体现；[④] 又如，船员法关于劳动条件监督管理的规定，即是考虑到船员作为海上劳动者，必须适用特殊的劳动条件，包括职业介绍、就业条件、船上生活条件、劳动保障等方面的法律规定。[⑤]

必须说明的是，航运法律并不等同于涉海法律，二者之间应是包含关系，即涉海法律是范围更广的概念，其中包括航运法律。受到我国海洋权益保护发展的影响，我国法学研究对于海洋法以及海上刑法的关注渐多，已然成为国内海商法研究热点的海法理论也将海洋法、海上刑法等内容明

---

① 参见於世成：《美国航运法研究》，北京大学出版社 2007 年版，第 61 页。

② 参见胡正良：《中国航运法之研究》，大连海事大学 2003 年博士学位论文，第 119 页。

③ 参见李光春：《航运法研究》，法律出版社 2016 年版，第 149 页。

④ 《海上交通安全法》第 1 条规定："为了加强海上交通管理，维护海上交通秩序，保障生命财产安全，维护国家权益，制定本法。"

⑤ 参见王秀芬：《海运行政法》，北京师范大学出版社 2014 年版，第 160 页。

确列为海法的组成部分。[①] 无可否认的是，海洋法、海上刑法确有难以替代的重要意义，但本质上却并不符合航运法律的内涵，因而不应归入航运法律的范畴。海洋法是关于不同海域的法律地位和调整各国在不同海域从事有关活动的原则、规则和制度的总称；[②] 海上刑法则不是相对独立的法律部门，而是理论研究对于惩治海上刑事犯罪的法律规范的总称。[③]

此类法律对于航运活动固然有其影响，但并非直接或者主要用于规范航运活动，而且受海上特殊风险的影响非常有限。随着航运生产力不断提高、海上相对风险逐渐减弱，海洋法、海上刑法的规范内容却不会产生明显变化。而且，航运活动总体上是经济活动、生产活动，维护航运经济秩序应是航运法律的基本任务。但是，海洋法的目的在于界定海洋区域的法律地位、权属划分以及规范相应的利用海洋等延伸事项，[④] 而海上刑法的主要任务是惩罚犯罪、保卫国家安全，总体而言均不以维护航运经济秩序为重点。[⑤] 此外，虽然船舶是海洋环境的主要污染源之一，但海洋环境保护法作为涉海法律的另一主要分支，亦非皆属航运法律的组成部分，比如《海洋环境保护法》第四章“防治陆源污染物对海洋环境的污染损害”的规定显然就与航运活动没有必然联系。海洋环境保护法涉及航运法律的内容分布于海商法和航运行政法，其中尤以船舶污染海洋行为的规制为重

---

① 参见司玉琢：《面向海洋世纪　确立海法研究体系》，载《中国海商法年刊》2010 年第 2 期，第 2 页。

② 参见杨泽伟：《国际法》（第 2 版），高等教育出版社 2012 年版，第 171 页。

③ 参见赵微：《海上刑法的理论定位和实践价值》，载《中国社会科学报》2010 年 9 月 7 日，第 10 版。

④ 参见王铁崖主编：《国际法》，法律出版社 1995 年版，第 186 页。

⑤ 《刑法》第 2 条规定：“中华人民共和国刑法的任务，是用刑罚同一切犯罪行为作斗争，以保卫国家安全，保卫人民民主专政的政权和社会主义制度，保护国有财产和劳动群众集体所有的财产，保护公民私人所有的财产，保护公民的人身权利、民主权利和其他权利，维护社会秩序、经济秩序，保障社会主义建设事业的顺利进行。”其中虽有“维护社会秩序、经济秩序”之表述，但海上刑法鲜少涉及经济犯罪，因而海上刑法的主要任务并不在于维护航运经济秩序。

点，例如《海洋环境保护法》第八章“防治船舶及有关作业活动对海洋环境的污染损害”，以及《海商法》修改时应当创设的船舶污染损害赔偿法律制度。①

值得注意的是，日本、韩国的论著往往对于海商法的体系进行更为抽象的概括和划分。例如，韩国学者金仁显将海商法分为海上企业与设备、海上企业活动、海上危险、当事人保护手段四个部分，其中海上企业与设备又分为海上企业、物的设备、人的设备三个分支：海上企业包括海上企业主体、船舶所有人责任限制、船舶共有等制度，物的设备主要是指船舶以及集装箱、集装箱码头等集装箱运输的相关设备，人的设备包括船长、引航员、独立合同人；海上企业活动包括光船租赁合同、定期租船合同、航次租船合同等租船合同，以及海上货物运输合同和海上旅客运输合同等运输合同；海上危险包括共同海损、船舶碰撞、海难救助、海洋污染、残骸清除等内容；当事人保护手段分为船舶所有人的债权人的保护手段和船舶所有人的保护手段两个分支：船舶所有人的债权人的保护手段包括船舶留置权、船舶抵押权、船舶优先权等船舶担保物权，强制执行和保全，货物保险和责任保险等内容；船舶所有人的保护手段包括船舶保险和船东互助保险。②

韩国2007年修改后的《商法》第五编“海商”一定程度上也采基本相似体例，分为海上企业、运输和租船、海上危险三章，其中海上企业又分为船舶、船长、船舶共有、船舶所有权人的责任限制、船舶担保五节；运输和租船分为班轮运输、海上旅客运输、航次租船、定期租船、光船租赁、运输证书六节；海上危险分为共同海损、船舶碰撞、海难救助三节。

① 参见胡正良、孙思琪：《我国〈海商法〉修改的基本问题与要点建议》，载《国际法研究》2017年第4期，第56~57页。

② 金仁顯（2018），「海商法」，法文社，xvii 頁。

同时，该法第四编“保险”设有第二章“损害保险”，其中第四节为“海上保险”。具体体例可见图 1－2。

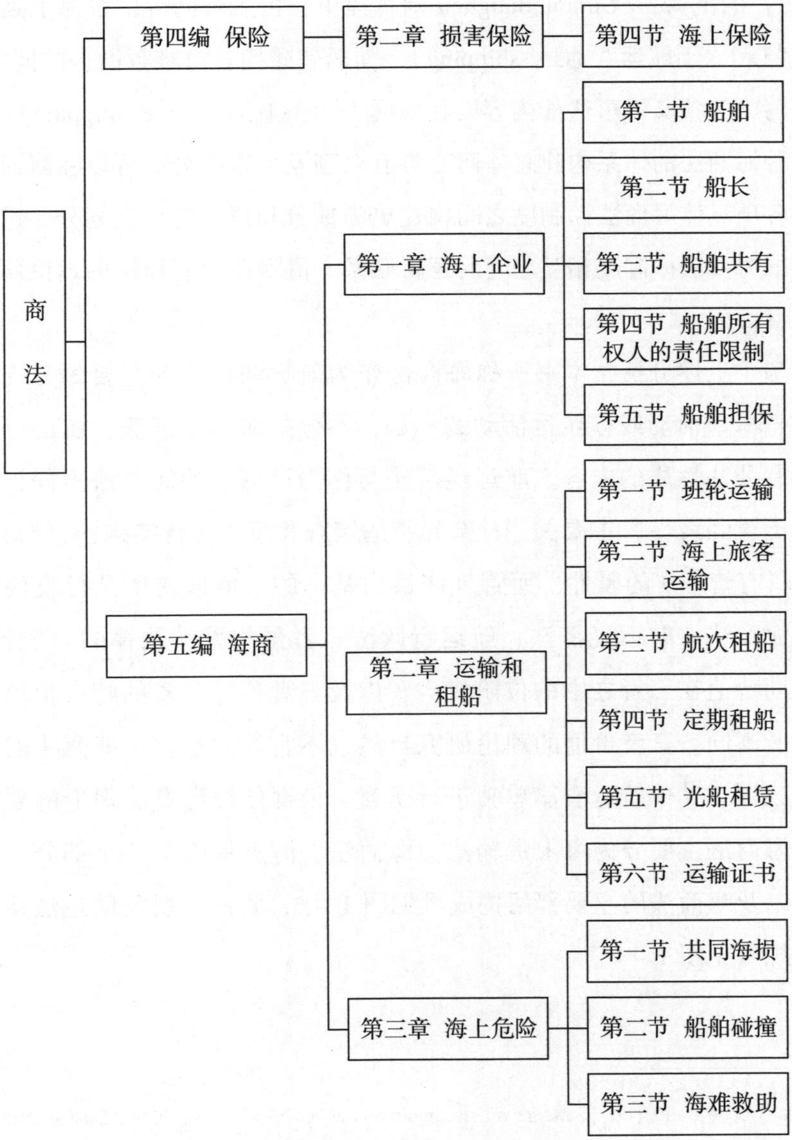

图 1－2　韩国《商法》的海商法体系

此外，也有英国学者将船舶碰撞、海难救助、共同海损、海上拖航、残骸清除、海事赔偿责任限制悉数列入“船舶责任”（the liabilities of the vessel）的范畴；[①] Simon Baughen 则将提单、租船合同等围绕海上运输的制度归入“干航运”（dry shipping），而船舶碰撞、海难救助、共同海损、海洋污染等狭义海事法的内容则相应属于“湿航运”（wet shipping）。[②] 以上诸种海商法的体系构建总体而言各有合理及可取之处，可以在海商法整体与各项具体海商法律制度之间构建更为抽象和概括的层次划分，进而串联不同海商法律制度相互之间的逻辑联系，值得我国海商法的理论研究予以借鉴。

基于上述分析，本书所称海商法作为航运法律最为主要的分支，是指调整海事活动或称航运活动的私法，不包括航运经济法、航运行政法等具有公法性质的内容。航运经济法与作为民商法的海商法不同，价值目标更重经济性，主要关注社会经济的宏观和总体运行结构；[③] 航运行政法则具有管理法的属性，而管理法最为基本的价值取向便是行政秩序。[④] 据此海商法、航运经济法、航运行政法三者虽均秉持法律的一般价值，但不同价值在三者之中的位阶优劣，以及三者各自具备的特有价值，必然有所不同。三者价值的理论研究自然也不宜混而论之，海商法的价值应当区别于其他航运法律单独进行研究。依据传统海商法理论的划分标准，海商法主要分为海上运输法、海商法、海上保险法三个部分。航运法律以及海商法的主要部门构成可见图 1－3，我国主要的航运法律、行政法规可见图 1－4。

---

① See Yvonne Baatz (ed.), *Maritime Law*, Informa Law from Routledge, 2018, Outline Contents.

② See Simon Baughen, *Shipping Law*, Routledge, 2015, p. 311.

③ 参见漆多俊:《经济法基础理论》(第 5 版)，法律出版社 2017 年版，第 164 页。

④ 参见宋功德:《行政法哲学》，法律出版社 2000 年版，第 24 页。

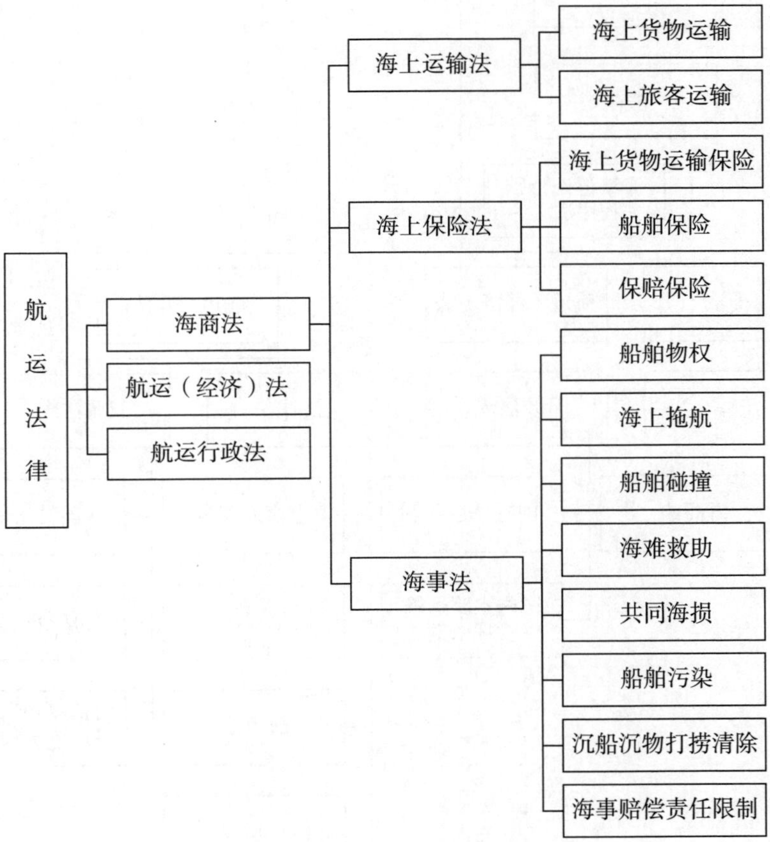

图 1－3　航运法律以及海商法的主要部门构成

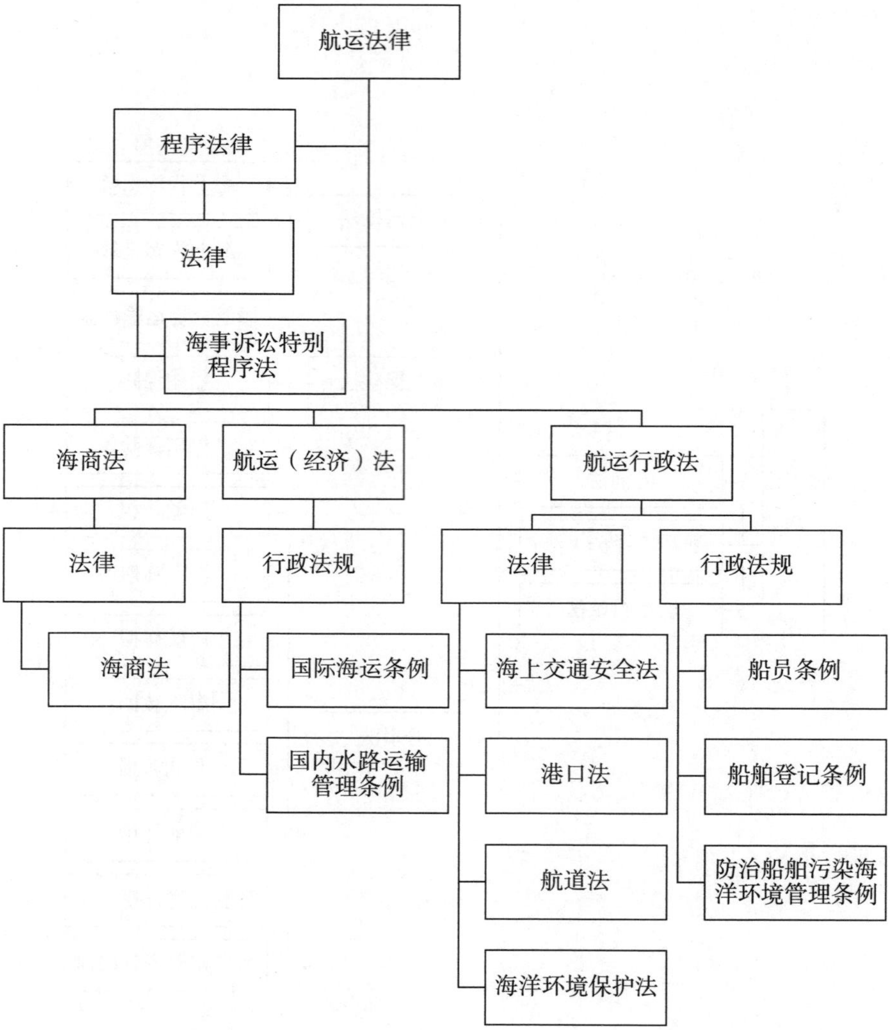

图1－4　我国主要航运法律、行政法规

二、价值的概念

价值的概念界定远比海商法更为复杂。海商法概念的分歧更多在于范围之广狭，而不同学者对于价值乃至法律价值的内涵界定却可能截然不同。人们日常生活中所说的价值，通常是指用途或者积极作用，[①] 也即事物的有用性或称功利作用，比如“这些资料很有价值”。鲁迅所谓“悲剧将人生的有价值的东西毁灭给人看，喜剧将那无价值的东西撕破给人看”[②]，应当也可认为是在此一意义上使用“价值”一词。此外，政治经济学也有价值的概念，即指体现在商品里的社会必要劳动，价值量的大小决定于生产该商品所需的社会必要劳动时间的多少。[③] 至于在价值学、哲学以及法学层面，价值的概念则有着更为专门且复杂的内涵。

（一）价值哲学层面的价值

价值本是价值哲学的基本范畴。我国学者普遍认为，哲学界对于价值的概念主要存在四种较具代表性的观点：一是关系说，即认为价值是客体满足主体需要的关系；二是属性说，即认为价值是客体固有的某些属性或功能；三是评价说，即价值是主体对于客体的评价；四是实体说，即认为价值就是有价值的事物本身。[④]

关系说在上述四种观点之中相对而言更为典型。持有此种观点的学者认为，价值主要表达人类生活的一种普遍关系，即客体的存在、属性和变化对于主体人的意义。例如，李连科认为，价值是客体与主体需要之间的一种肯定与否定关系。[⑤] 李德顺则将其关于价值的理解进一步总结为“实

---

① 参见中国社会科学院语言研究所词典编辑室编：《现代汉语词典》（第7版），商务印书馆2016年版，第629页；夏征农、陈至立主编：《辞海》，上海辞书出版社2009年版，第1058页。

② 参见鲁迅：《再论雷峰塔的倒掉》，载《鲁迅全集》（第1卷），人民文学出版社1973年版，第178页。

③ 参见中国社会科学院语言研究所词典编辑室编：《现代汉语词典》（第7版），商务印书馆2016年版，第629页。

④ 参见付子堂主编：《法理学高阶》（第2版），高等教育出版社2018年版，第208页。

⑤ 李连科：《价值哲学引论》，商务印书馆1999年版，第70页。

践说”：[①]

首先承认价值是一种关系现象，指出价值是作为一种特定的“关系态”或“关系质”而产生和存在的；进而指出，价值的客观基础，是人类生命活动即社会实践所特有的对象性关系——主客体关系，价值是这种关系的基本内容和要素；价值产生于人按照自己的尺度去认识世界改造世界的现实活动；价值的本质，是客体属性同人的主体尺度之间的一种统一，是“世界对人的意义”。[②]

具体而言，价值是指客体的存在、属性及其变化同主体的结构、需要和能力是否符合、一致或者接近的性质。如果此种性质是肯定的，即意味着客体对于主体具有价值或者正价值；如果是否定的，则意味着客体对于主体无价值或者仅有负价值。上述定义应可适用于政治经济学“商品价值”意义以外的各种价值概念。[③]

（二）法理学层面的价值

法的价值是法理学的主要内容之一，一般也可称为“法律价值”，正如“法”与“法律”在多数情况下含义相同。[④] 法律价值是哲学价值在法学领域的延伸，二者之间存在源流关系，[⑤] 即哲学中的价值是源，而法律价值是流。因此，哲学中关于价值概念的分歧必然也会影响法学研究领域法律价值的概念界定。

我国法理学关于法律价值概念的基本界定多是大同小异，一般是指作为主体的人对于作为客体的法律的需要，以及主体对于客体的判断标准，

---

① 李德顺：《价值论》，中国人民大学出版社2013年版，第6页。

② 李德顺：《价值论》（第3版），中国人民大学出版社2013年版，第29页。

③ 参见李德顺主编：《价值学大词典》，中国人民大学出版社1994年版，第261页。

④ 参见卓泽渊：《法的价值论》（第3版），法律出版社2018年版，第45页。

⑤ 参见付子堂主编：《法理学高阶》（第2版），高等教育出版社2018年版，第207~208页。

即法律作为客体对于主体——人的意义，也即法律作为客体对于人的需要的满足。[①] 质言之，法律价值是位居法律的功能与作用之上、作为功能与作用之目的的至上目标与精神存在。[②] 但是，法学研究对于“法律价值”一词的具体运用却明显存在不尽相同的含义，主要包括以下三种情形：一是法律的目的价值，也称对象价值、外在价值，是指法律在发挥社会作用的过程中能够保护和促进的值得期冀或美好的事物；二是法律的形式价值或称内在价值，是指法律自身应当具有的值得追求的品质和属性；三是法律的价值准则，也即法律包含的价值评价标准，即将“价值”（value）一词作为动词使用，[③] 主要见于西方法学文献。[④] 此外，也有学者将法律价值理解为法律的功能。[⑤]

上述四种对于法律价值的理解孰轻孰重，何者更能反映法律价值的本质含义，学者众说纷纭，观点不一。例如，卓泽渊认为法的价值应有更深层次的含义：“这些见解都有一定的意义，但都未能准确而全面地把握法的价值的应有含义。法的价值是法律作为客体对于主体——人的意义，是法律作为客体对于人的需要满足和人关于法的指向。”[⑥] 沈宗灵则认为，法的价值的上述含义各不相同但又紧密联系，不应有所混淆。法促进何种价值，实际就是法的本质与目的问题，不同学派的思想家、法学家自然有不同的理解；而且，法不仅是实现一定目的的手段，法本身也有特定的价值；法所促进的各类价值之间或同类价值之间必然存在矛盾，因而便会产

① 参见高其才：《法理学》，清华大学出版社 2015 年版，第 160 页。

② 参见卓泽渊：《法的价值论》（第 3 版），法律出版社 2018 年版，第 45 页。

③ “value”一词作为动词主要具有两种含义：一是认为重要（consider important），二是决定价值（decide worth）。Sally Wehmeier 主编：《牛津高阶英汉双解词典》，A S Hornby 原著，石孝珠、王玉章、赵翠莲等译，商务印书馆 2004 年版，第 1955 页。

④ 参见张文显主编：《法理学》（第 5 版），高等教育出版社 2018 年版，第 311 ~312 页。

⑤ 参见卓泽渊：《法理学》（第 2 版），法律出版社 2016 年版，第 89 页。

⑥ 卓泽渊：《法理学》（第 2 版），法律出版社 2016 年版，第 89 页。

生相应的评价、协调、选择等问题。[①] 胡玉鸿针对法的价值与法的作用等概念的关系认为："法的价值的概念并不等于法律作用或法律效用等概念，法律本身所有的各种属性，如法律的各种作用、法律的阶级意志性和强制性等，它们只是法的价值得以形成的基础和条件。法的价值反映了主体与法律之间的特定关系，其目的在于使法律更好地服从和服务于人的需要。"[②] 严存生则是对于法的目的价值持否定态度：人类实现法律的目的价值需要通过各种活动和手段，法律只是手段之一，因而此类目标并非法律自身的价值，而只是法律追求的目标或者价值。[③] 但是，从我国现有的法律价值研究成果来看，学者更多关注的仍是法律的目的价值或称价值目标。

部门法基础理论研究关注的法律价值，核心同样在于法律的目的价值，个别情况亦有可能涉及法律的形式价值以及价值准则。个中原因或许在于部门法价值的特殊性主要体现在目的价值上，而在形式价值乃至价值准则方面则有着很大的共性。例如，高岚君针对国际法的价值认为：国际法的价值是指国际法的追求目标，即国际法的合理性与道德性的体现，也是国际社会制定和评价国际法所依据的标准。[④] 具体至国际经济法领域，何志鹏认为：国际经济法的价值包括国际经济法对于有关价值的追求，以及国际经济法运行过程中人们的评价。国际经济法的一般价值包括自由、秩序、公正、效率，特有价值包括作为终极价值的人民利益最大化，以及作为现阶段价值的国际经济新秩序。[⑤] 刘建辉则将环境法的价值界定为环境法作为社会规范应当具有的，与社会和社会成员的结构、需要和能力符

---

① 参见沈宗灵主编：《法理学》，北京大学出版社 2014 年版，第 41 页。

② 葛洪义主编：《法理学》，中国人民大学出版社 2015 年版，第 54 页。

③ 参见严存生：《法的价值问题研究》，法律出版社 2011 年版，第 28 页。

④ 参见高岚君：《国际法的价值论》，武汉大学出版社 2006 年版，第 19 页。

⑤ 参见何志鹏：《国际经济法的基本理论》，社会科学文献出版社 2010 年版，第 210 ~223 页。

合、一致或接近的最为基本的性状、属性;[①] 漆多俊认为，经济法价值是指经济法在客观上具有的能供人们利用的某种性能和功效，包括自由、安全、秩序、效率、公平、正义等方面。[②]

价值哲学本身对于价值亦有目的与手段之分。依据价值满足的需要在主体生存发展之中的整体性质和地位，人们常将价值区分为“目的价值”和“手段（工具）价值”。目的是指对于一定需要的满足本身，手段则是达到目的需要依靠的条件和过程。目的和手段是两种最为普遍的价值。一切具体的对象和客体，均可按照对于主体的价值划分为两类，或是目的或是手段。[③] 目的价值在法律价值的多种含义之中最为根本，应是法律价值概念含义的直接所在，而法律的形式价值则是在延伸意义上对于法律价值含义的认识，实际支撑的是法律的功能和属性，服务于法律目的价值的实现。严格而言，法律本身并无价值可言，法律的价值主体是人，脱离了以人的需要为指向的法律目的价值，法律的形式价值也就无从谈起。至于法律的价值准则，亦可从以下两个方面进行分析：其一，任何形态的法律的价值目标皆有评价功能，从而构成法律现象的价值评价标准。此时法律的价值准则与法律的目的价值并无不同。其二，人们通常提及的各种法律的价值评价标准，如生产力标准、人道主义标准、现实主义标准、历史主义标准等，均属解决不同形态的法律价值之间冲突的准则。虽然此类准则为解决不同的法律价值冲突提供了方向性指引，从而属于法律价值研究的应有之义，但此类准则本身并不属于法律的价值形态。[④]

基于上述分析，本书研究海商法的价值，要旨同样在于海商法的目的价值，必要时亦有可能兼及所谓的形式价值与价值准则。易言之，本书主

① 参见刘建辉:《环境法价值论》，人民出版社 2006 年版，第 47 页。

② 参见漆多俊:《经济法基础理论》（第 5 版），法律出版社 2017 年版，第 164 ~165 页。

③ 参见李德顺:《价值论》（第 3 版），中国人民大学出版社 2013 年版，第 82 页。

④ 参见朱景文主编:《法理学》，中国人民大学出版社 2015 年版，第 48 页。

要研究海商法在当代实现社会调整的过程中应当增进和维护的价值，亦即海商法在发挥社会作用的过程中应当遵循的理念。

值得注意的是，本书作为作者的博士学位论文参加开题答辩时，个别答辩委员对于海商法价值的概念有所质疑，认为海商法的价值远不止公平、效率、安全、秩序、人权、自由等具体的价值目标，并以“科技”为例，认为其也是海商法的价值目标之一。此种理解无疑存在对于法律价值概念的明显误解，机械套用了人们日常生活中惯常使用的“价值”一词。科技虽然对于海商法具有积极作用，即具有通常意义上的价值，但海商法本身并不可能以追求科技为目标，因而科技无法构成海商法的目的价值，也即法理学意义上的法律价值。同时，此种现象也表明我国海商法学者大多对于法律价值等法理学的重要概念认识不足，导致海商法理论研究乃至立法、司法实践的法理基础薄弱，更从侧面印证了海商法的价值等海商法基础理论确有深入研究的必要。

此外，绪论部分已经提及本书选题着重强调“当代”作为限定，主要原因在于海商法的目的价值随着航运经济活动的不断发展正处于明显的变化之中。此种发展变化最为突出的便是当代海商法越发呈现服务海上交通安全和防止船舶污染海域的趋势，从而在传统的公平、秩序、效率等价值目标的基础之上，已将海上交通安全和海洋环境安全作为重要的新兴价值目标之一。[①] 例如，《1989 年国际救助公约》创设了特别补偿的概念，是指为救助具有环境污损危险的船舶而规定的一种具有补偿性质的费用。[②] 特别补偿制度针对环境救助在一定程度上突破了传统海难救助秉持的“无效果，无报酬”（no cure，no pay）原则，因而被认为是海难救助法现代

① 参见胡正良主编：《海事法》，北京大学出版社 2016 年版，第 29 ~30 页。

② 参见傅廷中：《海商法》，法律出版社 2017 年版，第 280 页。

化的标志。[①] 因此，本书之研究不仅关注海商法在当代的价值，海商法价值目标在当代的丰富和发展，亦即当代海商法价值的变化过程，也是本书的研究内容。

第二节　海商法价值的存在形式

海商法价值的存在形式，顾名思义，是指海商法的价值通过何种途径、以何种形式得以存在。法律价值的存在形式颇为多元。明确海商法价值的存在形式，方能确定探究海商法价值的途径与方向，因而也是系统研究海商法的各项具体价值目标的基本前提之一。法律价值的存在形式主要存在两种划分标准：一是根据表示方式不同，可以分为明示和隐含两种存在形式；二是根据存在来源不同，可分为观念、理论和制度三种存在形式。[②] 此种划分标准同样适用于海商法的价值。

一、明示与隐含的存在形式

明示与隐含的存在形式是海商法价值存在形式的其中一种划分标准，也即海商法的价值根据表示方式不同，可以分为明示形式和隐含形式两种具体的存在形式。

（一）明示形式

所谓明示的存在形式，即海商法的价值以法典、法律制度或者法律规

---

① 参见司玉琢主编：《海商法》，中国人民大学出版社2008年版，第288页。

② 参见卓泽渊：《法的价值总论》，人民出版社2001年版，第39~41页。

范的形式通过明确记述的方式存在。[①] 以海商法的安全价值为例，尤其是其中对于海洋环境安全与保护的价值追求，许多国际海事公约均会在引言部分强调保护海洋环境安全作为公约制定的目的之一。例如，《1969 年国际油污损害民事责任公约》（以下简称《1969 年油污公约》）、《1996 年国际海上运输有毒有害物质的损害责任和赔偿公约》（以下简称《1996 年 HNS 公约》）以及《2001 年国际燃油污染损害民事责任公约》（以下简称《2001 年燃油公约》）作为直接规范船舶从事海上运输污染海洋的损害赔偿责任的主要国际公约，引言部分分别提及“意识到由于全球海上散装油类运输而出现的污染危险”[②]“意识到有毒有害物质世界范围的海上运输造成的危险”[③] 以及“为了确保能对由海洋环境污染所导致的所有损害责任进行及时和充足的赔偿”[④]；又如，《1989 年国际救助公约》引言部分提到“注意到一些重大发展，尤其是人们对保护环境的日益关心……认识到及时有效的救助作业，对处于危险中的船舶和其他财产的安全以及对环境保护能起重大的作用……”，也在一定程度上揭示了该公约创设特别补偿制度的缘由；再如，《2007 年内罗毕国际船舶残骸清除公约》引言部分则是提及“意识到残骸若不予以清除，可能对航行或海洋环境造成危害这一事实”。

至于具体的法律制度以及法律规范，亦可以明示的形式体现海商法的安全价值。例如，《海商法》第 177 条、第 178 条分别明确规定救助方、被救助方负有“以应有的谨慎防止或者减少环境污染损害”的义务，[⑤] 同

① 参见卓泽渊：《法的价值论》（第 3 版），法律出版社 2018 年版，第 60 页。

② 参见初北平主编：《新编海商海事法规精要》，大连海事大学出版社 2009 年版，第 606 页。

③ 参见初北平主编：《新编海商海事法规精要》，大连海事大学出版社 2009 年版，第 712 页。

④ 参见初北平主编：《新编海商海事法规精要》，大连海事大学出版社 2009 年版，第 750 页。

⑤ 《海商法》第 177 条规定：“在救助作业过程中，救助方对被救助方负有下列义务……（二）以应有的谨慎防止或者减少环境污染损害；”第 178 条规定：“在救助作业过程中，被救助方对救助方负有下列义务……（二）以应有的谨慎防止或者减少环境污染损害。”

时该法第180条还规定“救助方在防止或者减少环境污染损害方面的技能和努力”属于确定救助报酬应当考虑的因素。[①] 以上条文均以明确的文字形式表达了《海商法》第九章确立的海难救助法律制度及其具体法律规范具有保护海洋环境安全的价值。

（二）隐含形式

海商法的价值也有可能以隐含的形式存在于法律制度之中，也即法律本身虽然未以文字的形式直接表明存在特定的法律价值，但内在仍然暗含了人们普遍认可的价值目标。例如，船舶所有人的责任不断加重是当代海商法的发展趋势之一，具体体现在海事赔偿责任限额不断提高、海难救助报酬金额大幅提高、货方分摊共同海损日趋困难、强制责任保险制度的适用范围不断扩展等方面。[②] 以海上货物运输承运人的单位赔偿责任限额为例，《海牙—维斯比规则》规定承运人对于货物灭失或损坏的赔偿责任限额为每件或每单位666.67特别提款权，[③] 而《鹿特丹规则》规定的限额则是875特别提款权，[④] 提高幅度超过30%。

虽然上述国际公约的条文本身并未说明提高承运人单位赔偿责任限额的理据，但学理上普遍认为此种变化的目的在于更好地贯彻公平的价值目标，尽量平衡船方与货方乃至其他相关各方之间的利益关系。航运发展早期由于航海技术和造船技术的落后，船舶所有人克服海上风险的能力较低。海商法以鼓励航运业发展、保护船舶所有人的利益为主要价值取向，因而规定了较低的船舶所有人责任。但是，随着航海技术和造船技术以及

---

① 《海商法》第180条第1款第2项规定：“确定救助报酬，应当体现对救助作业的鼓励，并综合考虑下列各项因素：……（二）救助方在防止或者减少环境污染损害方面的技能和努力；”

② 参见胡正良主编：《海事法》，北京大学出版社2016年版，第27~38页。

③ 《海牙—维斯比规则》第4条第5款第a项。

④ 《鹿特丹规则》第59条“赔偿责任限额”第1款。

其他相关技术的发展进步，船舶所有人克服海上风险的能力明显提高，决定了海商法的价值取向必然相应发生一定程度的变化，船舶所有人的责任也不断加重。[①] 具体而言，承运人的单位责任限额随着时代发展不断提高，主要是基于两个方面的原因而对公平价值作出的维护：

第一，受到国际贸易中货物价值的不断提高以及通货膨胀两个方面因素的影响，承运人单位责任限额体现的实际价值总体呈下降趋势，无法保障在国际贸易中对于货物的灭失或损害作出适当赔偿，因而需要通过提高承运人单位责任限额以适应社会发展的实际需要。

第二，承运人单位责任限制制度本身并不符合民事损害赔偿的基本原则，即完全赔偿原则。[②] 基于现代航海技术与造船技术的不断发展，人们克服海上特殊风险的能力不断提高，海商法调整对象的特殊性逐步降低，对于承运人的特殊保护也应顺应此种变化趋势而相应逐步减少，从而实现船货双方之间的利益平衡，促使海商法律制度在不同的时代背景下均能基本保持相应的公平性。[③]

二、观念、理论与制度的存在形式

观念、理论与制度的存在形式是法律价值存在形式的另一划分标准。具体至海商法领域，海商法的价值根据存在来源不同，可以分为观念形式、理论形式和制度形式三种存在形式。

---

① 参见胡正良主编：《海事法》，北京大学出版社 2016 年版，第 27 页。

② 完全赔偿原则，是指在任何产生损害赔偿请求权的场合，无论损害的类型如何、加害人的过错程度如何，均应首先确定受害人遭受的损害，然后由赔偿义务人通过相应的赔偿方法为赔偿权利人提供一定的利益，以求全部填补损害，促使受害人回复到尚未遭受侵害时应处之状态。参见程啸：《侵权责任法》（第 2 版），法律出版社 2015 年版，第 664 页。

③ 参见孙思琪：《论当代海商法国家自主性与国际统一性之关系》，梁慧星主编：《民商法论丛》第 63 卷，法律出版社 2017 年版，第 389 页。

（一）观念形式

海商法的价值可能以观念的形式存在。所谓观念，即指客观事物在人脑中留下的概括的形象。[①] 人们观念中的法律价值具有其他形式存在的法律价值所不具备的形成的长期性、认识的稳固性、主体的普遍性和历史的传承性等特征。法律价值观念往往在人的社会化过程中逐渐产生、形成，并在人的再社会化过程中得到强化，深藏于人们的内心深处，呈现出根深蒂固的特点。[②]

例如，2018 年 10 月在上海举办的第九届海商法国际研讨会（The Ninth Interntional Conference on Maritime Law）共设置了 10 项大会议题，其中包括“邮轮运输旅客权益保障”“船员公平待遇”“海洋环境保护与航运可持续发展的新法律问题”“极地航运与海上安全的法律问题”，由此表明海洋环境保护、海上航行安全以及船员、旅客权益保护在海商法领域的研究意义得到了较为普遍的认可，从而反映了人们观念中海商法的安全和人权等价值目标。

又如，时任最高人民法院民事审判第四庭副庭长王淑梅曾于 2018 年 8 月提出“全面加强海事审判正当其时”，主张建设国际海事司法中心的基础是公正高效的海事审判，应当树立大国司法理念，坚持公正、效率等基本内涵，通过审理各类海事案件，维护海运市场主体的合法权益，加强司法保障功能，营造公平、公正的国内市场营商环境。[③] 此种观点即在一定程度上体现了存在于海事审判人员观念中的海商法的公平以及效率等具体的价值目标。

---

① 参见中国社会科学院语言研究所词典编辑室编：《现代汉语词典》（第 6 版），商务印书馆 2012 年版，第 479 页。

② 参见卓泽渊：《法的价值总论》，人民出版社 2001 年版，第 40 页。

③ 参见王淑梅：《全面加强海事审判正当其时》，载《人民法院报》2018 年 8 月 2 日，第 5 版。

（二）理论形式

海商法的价值也可能以理论的形式存在。此种形式的法律价值由特定的学问家包括思想家、法学家创设，并以理论形式予以记载。法律价值的理论形式是观念形式的升华，也是制度形式的基础。①

法律价值的理论形式在海商法领域的体现，尤以鼓励航运业发展一项最为明显。鼓励航运业发展是海商法特有的重要价值目标，因而海商法尤其重视船方的利益。上文已经提及，学界普遍认为海商法基于因应海上危险而形成了航海利益团体的理论思想。例如，郭瑜认为：

海商法调整的，是海运活动中的各方关系，最主要的是航运业从业者——船方以及航运业服务对象——货方之间的关系。船方和货方是海商法中的一对基本矛盾，虽然船方与船方、船方与供应商等其他各种矛盾也存在。海商法中的责任制度，以对船方的保护为最显著特征。可以说，海商法是围绕船东利益设计的，是船东本位主义的法，是船东的法而不是货主的法。在海商法的眼中，船方和货方从一开始就不是应该平等对待的两个主体。②

韩国学者崔钟贤也认为，海上企业总是在危险重重的海洋之中进行活动，因而将会面对与普通企业不同的危险。海上企业关系的此种特殊性使海商法相应具有特殊性，即鉴于海上企业面临危险的特殊性，海商法具有保护海上企业的性质。最能体现此种特殊性的制度是海上企业主体的责任限制制度。③

又如，中国对外贸易经济合作企业协会副会长蔡家祥在评论2018年3月《海商法（修订征求意见稿）》关于国际海上货物运输合同实际承运人

---

① 参见卓泽渊：《法的价值论》（第3版），法律出版社2018年版，第61页。

② 郭瑜：《海商法的精神——中国的实践和理论》，北京大学出版社2005年版，第178页。

③ 参见崔鍾賢（2014），「海商法詳論」，博英社，9頁。

概念的规定[①]时认为："'实际承运人'——船公司在本法当中作为配角，而且要在'承运人'——契约承运人、NVOCC 或者多式联运经营人的指使监控下开展业务，有违海商法作为调整海上运输关系的宗旨，船公司必须作为主角才符合常理，船公司不是主角怎能叫海商法？充其量只能叫个'海洋中介运输法'什么的！"虽然上述评论对于条文含义的理解以及由此形成的观点或许存在偏颇，但仍然体现了理论上普遍认可的海商法保护船东利益的倾向，以及此种倾向背后鼓励航运业发展的价值目标。

（三）制度形式

制度形式应是海商法价值最为重要的存在形式之一。以制度形式存在的法律价值，既可能是以原则形式体现，也可能是以规范形式体现。可以认为，几乎所有法律规定均是在一定价值的指引下生成，也均有自身的价值依据和价值追求。[②]

例如，海商法虽是商事法，但却同时具有鲜明的人权价值，包括重视人命保护以及维护以船员为中心的劳工权益。公司法、票据法、证券法等其他商法分支相较而言对此涉及不多，尤其是针对人命保护而言，海商法作为商事法实为个中异数。以我国《海商法》的明文规定为例，船舶营运中发生的人身伤亡是受到船舶优先权担保的请求权，[③] 救助或者企图救助人命构成承运人对于货物灭失或损坏的法定免责事由，[④] 互有过失的船舶

---

① 相关条文原文如下："'实际承运人'，是指承运人以外的，直接或者间接在承运人的要求、监督或者控制下，在货物到达装货港至货物离开卸货港期间实际履行承运人在海上货物运输合同中有关货物接收、装载、搬移、积载、运输、保管、照料、卸载或者交付的任何义务的人。"

② 参见卓泽渊：《法的价值论》（第 3 版），法律出版社 2018 年版，第 61 页。

③ 《海商法》第 22 条第 1 款第 2 项规定："下列各项海事请求具有船舶优先权：……（二）在船舶营运中发生的人身伤亡的赔偿请求；"

④ 《海商法》第 51 条第 1 款第 7 项规定："在责任期间货物发生的灭失或者损坏是由于下列原因之一造成的，承运人不负赔偿责任：……（七）在海上救助或者企图救助人命或者财产；"

碰撞双方对于第三人的人身伤亡应当承担连带赔偿责任,[①] 以上规定均体现了海商法重视人命保护的人权价值。

又如,《海商法》第十三章专门规定了海事诉讼时效制度,包括 11 种海事请求权的诉讼时效以及 2 种相关的追偿时效。该章规定的海事诉讼时效的主要特点便是时效期间一般较短。[②] 除有关船舶发生油污损害的请求权的诉讼时效期间参考《1969 年油污公约》第 8 条[③]的规定为 3 年外,[④] 其余请求权的诉讼时效期间均短于或等于当时《民法通则》第 135 条规定的 2 年普通诉讼时效期间。[⑤] 例如,就海上货物运输向承运人要求赔偿的请求权、有关海上拖航合同的请求权、有关共同海损分摊的请求权的诉讼时效期间仅为 1 年。[⑥]《海商法》更多规定短期诉讼时效期间应是为了适应航运活动迅速进行的需要,[⑦] 既是海商法效率价值的直接体现,也是诉讼时效制度本身具有的敦促权利人及时行使权利、避免法律关系久悬不决的功能[⑧]在海商法场合的进一步增强。

---

① 《海商法》第 169 条第 3 款规定:"互有过失的船舶,对造成的第三人的人身伤亡,负连带赔偿责任。一船连带支付的赔偿超过本条第一款规定的比例的,有权向其他有过失的船舶追偿。"

② 参见郭瑜:《海商法教程》,北京大学出版社 2012 年版,第 342 页。

③ 《1969 年油污公约》第 8 条规定:"如果不在损害发生之日起三年内提出诉讼,按本公约要求赔偿的权利即告失效。但是无论如何不得在引起损害的事件发生之日起六年之后提出诉讼,如该事件包括一系列事故,六年的期限应自第一个事故发生之日起算。"

④ 《海商法》第 265 条规定:"有关船舶发生油污损害的请求权,时效期间为三年,自损害发生之日起计算;但是,在任何情况下时效期间不得超过从造成损害的事故发生之日起六年。"

⑤ 《民法通则》第 135 条规定:"向人民法院请求保护民事权利的诉讼时效期间为二年,法律另有规定的除外。"

⑥ 《海商法》第 257 条第 1 款前半句规定:"就海上货物运输向承运人要求赔偿的请求权,时效期间为一年,自承运人交付或者应当交付货物之日起计算。"第 260 条规定:"有关海上拖航合同的请求权,时效期间为一年,自知道或者应当知道权利被侵害之日起计算。"第 263 条规定:"有关共同海损分摊的请求权,时效期间为一年,自理算结束之日起计算。"

⑦ 参见郭瑜:《海商法教程》,北京大学出版社 2012 年版,第 342 页。

⑧ 参见朱庆育:《民法总论》(第 2 版),北京大学出版社 2016 年版,第 535 页。

第三节　海商法价值与其他基础理论命题的关系

海商法的作用与海商法的基本原则同为海商法基础理论的重大命题，前者是指海商法具有的规范作用和社会作用，重点在于海商法的规范作用中的指引作用、评价作用和预测作用；后者是指作为海商法律规则基础或本源的综合性、指导性、稳定性的原理和准则。[①] 二者与海商法的价值关联密切，但也存在较为明显的区别，个中关系理应有所明确，以此作为准确、系统研究海商法价值的基础。

一、海商法的价值与作用的关系

所谓法律的作用，是指法律满足人的某种需要或者对于社会的影响。法律的作用总体而言与法律的功能意义相同，属于同一概念的不同用语。法律的作用主要可以从规范作用和社会作用两个角度加以认识，前者是指法律作用的方式，后者则是从法律存在的方式切入。具体而言，规范作用与法律的规范性相关，主要是指法律对于人们的行为加以规范、指导、划一的作用，或者因法律的规范性而具有的作用，包括指引、预测、教育、评价、强制等作用；社会作用则是指法律对于社会和人的行为的实际影响，包括对于社会整体、社会团体以及个人的作用。[②]

法律的作用与法律的价值意义相近，但又有较为明显的区别。法律的价值主要关注法律发挥上述作用的最终目的，也即法律发挥作用后对于社

---

① 参见胡正良、孙思琪：《海商法基础理论的内涵、研究现状与研究意义》，载《中国海商法研究》2017 年第 1 期，第 4 ~5 页。

② 参见周永坤：《法理学——全球视野》，法律出版社 2016 年版，第 117 ~124 页。

会作出了何种贡献，促进或者保证了何种人们认为社会中值得珍惜、必不可少的东西。因此，法律的价值较之法律的作用有了更进一步的升华。法律的作用是法律的客观影响力和效用，因而可从具体的法律规范中直接发现，也是法律对于个人、社会的浅层影响；法律的价值则涉及主体对于法律意义的主观评价，因而是隐藏在具体法律规范之中，有待人们进行发掘，也是法律对于个人、社会的深层影响。①

二、海商法的价值与基本原则的关系

法律原则是法律中存在的、可以作为法律规则的基础或本源的综合性、指导性和稳定性的原理和准则。② 法律原则属于法律要素，即构成法律的基本元素，也是任何形态的法律均不可或缺的基本质料。③ 法律原则有基本原则与具体原则之分，前者是指体现法的根本价值的法律原则，即整个法律活动的指导思想和出发点；后者则是基本原则的具体化，构成特定法律领域的法律规则的基础或出发点。④ 海商法的基本原则作为部门法的基本原则，应当属于具体原则。

我国现行《海商法》并未明文规定海商法的基本原则，而目前学界对此也尚无系统而成熟的研究。从表 1 - 2 的列举可以发现，少数有所涉猎的论著提出的海商法基本原则迥然有异，除利益平衡一项外几无交集之处，导致海商法的基本原则尚未在我国形成相对统一的观点。但是，无论法律是否明文规定，也不管学者在理论上如何理解，海商法的基本原则无疑始终客观存在，只是有待进一步的提炼与总结而已。而且，海商法的基本原

① 参见何志鹏：《国际经济法的基本理论》，社会科学文献出版社 2010 年版，第 208 ~209 页。

② 参见北京大学法学百科全书编委会编：《北京大学法学百科全书：法理学 · 立法学 · 法律社会学》，北京大学出版社 2010 年版，第 316 页。

③ 参见周永坤：《法理学——全球视野》，法律出版社 2016 年版，第 163 页。

④ 参见张文显主编：《法理学》（第 5 版），高等教育出版社 2018 年版，第 311 页。

则与海商法的价值之间一如法律的基本原则与价值，具有法理学意义上普遍适用于各个法律领域的特定关系。

表1－2 我国部分学者提出的海商法基本原则

<table>
<tr><th>学者</th><th colspan="6">基本原则</th></tr>
<tr><td>吴煦
阙占文①</td><td>最大诚信原则</td><td colspan="2">不完全过失
责任原则</td><td colspan="2">衡平与平等原则</td><td>法律适用
开放原则</td></tr>
<tr><td>王玫黎②</td><td>国家主权与
独立原则</td><td colspan="2">平等互利原则</td><td colspan="2">信守国际
条约原则</td><td>尊重与参照执行
国际航运惯例原则</td></tr>
<tr><td>陆佳微
胡正良③</td><td colspan="2">国际趋同化原则</td><td colspan="2">利益衡平原则</td><td colspan="2">鼓励交易原则</td></tr>
<tr><td>李天生④</td><td colspan="6">船货利益平衡原则</td></tr>
</table>

法律基本原则首先是法律价值的贯彻与体现，二者之间存在一定的对应关系。不同于其他法律要素仅负载法律的个别价值，法律的基本原则几乎承载法律的所有价值。[⑤] 以民法的基本原则为例，一般认为我国《民法典》第3条至第9条总共明文规定了7项民法基本原则，包括私权神圣原则、平等原则、意思自治原则、公平原则、诚实信用原则、公序良俗原则以及绿色原则。上述原则涉及的秩序、自由、效率、正义乃至人权等价值，不仅通常被认为是民法的价值目标，同时也是法律共通的价值。例如，民法乃至一切法律均追求秩序。法律作为人类社会生活的规范，最为重要的目的之一在于定分止争，因而法律的产生、存在和运作与社会生活

① 参见吴煦、阙占文：《略论海商法的若干基本原则》，载《上海海运学院学报》2004年第1期，第69～73页。

② 参见王玫黎、倪学伟、禹华英：《海商法学》，武汉大学出版社2010年版，第7～10页。

③ 参见陆佳微、胡正良：《论中国海商法的基本原则》，载上海海事大学海商法研究中心编：《海大法律评论2005》，上海社会科学院出版社2006年版，第14～18页。

④ 参见李天生：《初论海商法的基本原则》，载《河北学刊》2012年第6期，第153～156页；李天生：《船货利益平衡原则研究》，法律出版社2012年版，第62页。

⑤ 参见徐国栋：《民法基本原则解释——成文法局限性之克服》，中国政法大学出版社2001年版，第377页。

对于秩序的需要密不可分。[①] 据此，民法确立了公序良俗作为基本原则，要求民事主体的法律行为不得违反公共秩序和善良风俗，从而体现了民法追求和维护秩序的价值目标。[②] 与此类似的是，船货利益平衡原则是否构成海商法的基本原则虽然在学理上仍有分歧，但船货利益平衡在海商法领域的重要性却已得到普遍认可。国际海事立法的发展历史几乎就是船货双方进行利益博弈的历史，而船货利益平衡体现的正是海商法的鼓励航运业发展以及公平价值目标的共同作用。

法律基本原则与法律价值的主要区别则是二者的功能有所不同。法律价值的功能主要在于指引、评判和整合，即作为人们从事法律活动的目标导向，进行价值评判，并使各种法律乃至法律现象等相互吸收、融合而趋于一体。[③] 但是，法律价值不属于法律要素，因而不具有直接作为裁判依据加以适用的空间。法律原则作为法律要素的功能却与此不同，不仅可以为法律规则和概念提供基础或出发点，亦可直接作为裁判的依据，尤其是疑难案件的断案依据。[④] 此亦为何在法律价值之外仍然需要法律基本原则的原因所在。仍以民法基本原则为例，虽然法律解释学上存在“禁止向一般条款逃避”的重要原则，[⑤] 但基本原则仍可与具体的法律规则结合加以适用。基本原则由于体现了立法的价值和精神，虽然在能够同时适用基本原则和具体法律规则的情况下不能直接作为裁判依据，但可用于解释具体

---

① 参见朱景文主编:《法理学》，中国人民大学出版社 2015 年版，第 55 页。

② 参见邹海林:《民法总则》，法律出版社 2018 年版，第 56 页。

③ 参见卓泽渊:《法律价值》，重庆大学出版社 1994 年版，第 67 ~71 页。

④ 参见周永坤:《法理学——全球视野》，法律出版社 2016 年版，第 169 页。

⑤ 关于禁止向一般条款逃避，我国地方法院的指导性文件中亦有明文规定。上海市高级人民法院《上海法院民事办案要件指南》（沪高法民一〔2003〕10 号）第 11 条“一般条款的适用及其限制”规定:“在法律没有规定，也不能通过其他漏洞补充的方法解决法律的适用问题时，法官可以引用一般条款作为裁判的依据。但是，在法律有规定、或者通过其他漏洞补充的方法能够补充漏洞的，无论其结果与引用一般条款得出的结果是否一致，均不得引用一般条款。”

规则适用的合理性。法律规定不明确而存在两种或两种以上的合理解释时，基本原则可以用于解释选择，原因仍然在于基本原则展现了立法者的价值判断，从而能够为法官裁判案件提供具体的价值指引。至于存在法律漏洞的情形，基本原则更是可以直接用于填补法律漏洞。①

此外，法律的基本原则也有可能影响法律的价值，但往往并非发生在同一法律领域之间，而更多集中于一般法与特别法之间。例如，民商法与海商法之间构成一般法与特别法的关系，民法的基本原则也将对海商法的价值产生影响。基于民事立法的多层次性以及民事基本法对于民事特别法的统摄地位，制定民事特别法时应当根据民法基本原则确定民事特别法的基本价值取向，使其与民事基本法的价值取向保持一致。② 以绿色原则为例，《民法典》第9条规定："民事主体从事民事活动，应当有利于节约资源、保护生态环境。"该条被认为是关于"绿色原则"或称"生态环境保护原则"的规定，也是我国民事立法首次将环境资源保护作为基本原则。该项原则建立在长期以来民法价值观念和价值取向由契约法逐渐向人权法发展变化的基础之上，要求民事活动以生态环境保护、节约资源可持续发展的观念作为指导理念。③ 更有学者认为：绿色原则具有协调与平衡多元价值的功能，包括经济发展与环境保护的关系，交易安全与生态安全的关系，乃至代内公平与代际公平的关系。④

绿色原则作为颇具倡导性的原则对于海事立法的意义，更多在于作为立法准则影响海商法的价值取向，并为相应海商法律制度的构建提供一般

---

① 参见王利明、杨立新、王轶、程啸：《民法学》（第5版），法律出版社2017年版，第23页。

② 参见徐国栋：《民法基本原则解释——成文法局限性之克服》，中国政法大学出版社1992年版，第17页。

③ 参见杜万华主编：《〈中华人民共和国民法总则〉实务指南》，中国法制出版社2017年版，第43页。

④ 参见吕忠梅课题组：《"绿色原则"在民法典中的贯彻论纲》，载《中国法学》2018年第1期，第13～15页。

法的依据。船舶既是海上运输和其他航运经济活动的工具，也是海洋环境污染源之一。[①] 当代海商法日益呈现服务海洋环境保护的趋势，海洋环境保护逐渐成为海商法安全价值的重要内容之一。海商法的海洋环境保护价值的形成，被认为具有私法公法化的特征，即为了保护社会公共利益、保障社会弱者权利，国家对于社会和经济生活领域的干预突破了传统的公、私法界限，公法原则渗入私权自治领域并规范私法关系。[②]《民法典》第9条确立的绿色原则，不仅契合当代海商法价值的发展趋势，同时也将通过指导海事立法，进一步推动海商法的海洋环境保护价值的演进。

我国是航运大国，也是世界排名第一的原油进口国，而且90%以上的进口原油采用海运方式进行运输，船舶对于海洋环境的威胁日益严重，海洋环境保护也是维护海洋权益和海洋强国战略的实施内容之一。因此，需要设立防止船舶污染海洋环境的法律制度以及船舶造成海洋环境污染的损害赔偿法律制度。关于船舶污染损害赔偿，《海洋环境保护法》仅第89条和第91条的规定有所涉及，但未有明确规定赔偿责任主体和赔偿范围，尚未形成完整的法律制度。而且，船舶造成的海洋环境损害赔偿制度有其自身特点，特别是国际上普遍实行赔偿责任限制规制。海商法作为民事特别法，也无法涵盖防止船舶污染海洋环境的法律制度，对于保护海洋环境安全价值的贯彻主要围绕船舶污染海洋环境的损害赔偿责任展开。因此，《海商法》修改应当创设船舶污染损害赔偿法律制度，而《民法典》第9条确立的绿色原则为制度创设提供了一般法依据，进一步强化了《海商法》修改时创设此项制度的必要性，同时也体现了法律价值与法律基本原则的深层关系。

---

① 海洋环境污染源主要包括陆源污染物、海岸工程建设项目、海洋工程建设项目、倾倒废弃物、船舶和核物质。源自船舶的污染物是指船舶载运的油类或其他可能对海洋环境造成污染的货物以及船上燃油或油污水等。

② 参见田喜清：《私法公法化问题研究》，载《政治与法律》2011年第11期，第83页。

第二章　海商法的价值体系

法律价值本身是一个体系或称系统。[①] 法律价值具有目的价值、形式价值、价值准则三种基本的含义和使用方式，因而法律价值体系严格而言也应包含目的价值系统、形式价值系统和评价标准系统三个子系统。[②] 本书讨论的海商法价值主要是海商法的目的价值，因而本章所称的海商法价值体系相应也是指海商法的目的价值体系。目的价值系统在整个法律价值体系之中占据突出的基础地位，构成了法律制度追求的社会目的，反映法律制定和实施的宗旨。[③] 具体而言，法律价值体系是指一定主体认识的法律内在属性、性状、作用、特征等构成的具有内在逻辑联系的综合体，也即一组用以表现法律内在属性、性状、作用、特征的概念的结合或组合。[④]

上文已经提及，海商法的目的价值随着航运经济活动的不断发展而处于明显的变化之中，特别是愈加关注海上交通安全和防止船舶污染海域，由此决定了传统海商法的价值体系与当代海商法的价值体系已有明显不同，后者更为丰富而多元。值得说明的是，本书对于公平、秩序、效率、

---

① 参见付子堂主编:《法理学进阶》(第5版)，法律出版社2016年版，第71页。

② 参见张文显主编:《法理学》(第5版)，高等教育出版社2018年版，第312页。

③ 参见张文显主编:《法理学》(第5版)，高等教育出版社2018年版，第312~313页。

④ 参见北京大学法学百科全书编委会编:《北京大学法学百科全书: 法理学·立法学·法律社会学》，北京大学出版社2010年版，第169页。

鼓励航运业发展等价值目标采用“传统价值”的称谓，“传统”一语是指历史沿革已久并且具有鲜明特点的事项。① 正如当代海商法的价值与近现代乃至古代海商法的价值之间并非颠覆或否定的关系，公平、秩序、效率、鼓励航运业发展四项传统价值目标至今仍是当代海商法价值体系不可或缺的重要组成部分，且是与所谓的新兴价值并行并重的价值目标，只是在具体内涵或表现形式方面有所发展和更新。质言之，“传统”一语强调的是此类价值目标在历史上发展至今的延续，而非谓其陈旧抑或不合时宜；正如“新兴”一词也是取其新近兴起的含义，也即此前海商法并不突出的价值目标。

本章基于法律以及民商事法律的一般价值，分析传统海商法的价值体系以及海商法价值的当代演变，尝试构建当代海商法的价值体系。目的在于明确海商法在当代究竟具有何种价值，以为系统研究当代海商法的各项具体价值奠定基础。

第一节　传统海商法的价值体系

一、法律以及商法价值体系对于海商法的影响

作为民商法的特别法，海商法的价值以法律的一般价值以及商法的价值为基础。因此，构建海商法尤其是传统海商法的价值体系，必须首先对于法律的一般价值体系以及商法的价值体系有所考察与梳理。

（一）法律的价值体系

不同学者对于法律主要价值的总结与提炼各不相同，但从表 2－1 的梳

① 参见中国社会科学院语言研究所词典编辑室编：《现代汉语词典》（第 6 版），商务印书馆 2012 年版，第 201 页。

理可以发现，我国多数学者在法律价值层面关注的核心内容较为一致，主要集中于自由、秩序、正义或称公正三项基本价值，同时不同程度地涉及平等、人权、效率等价值，少数观点还提出了生命、安全、利益、幸福、人的全面发展等价值。海商法作为法律的具体领域，自应遵循此类价值，但不同价值在海商法中体现的强弱程度、位阶优劣也势必依据海商法调整对象的实际情况而有所不同。

表2-1　我国主要法理学著作提出的法律价值

著作	法律价值						
	自由	平等	人权	秩序	正义	效率	其他
卓泽渊《法的价值论》①	★	★	★	★	公正	★	生命、人的全面发展
严存生《法的价值问题研究》②	★		★	★	★	效益	
张文显《法哲学范畴研究》③	★			★	★	★	
乔克裕、黎晓平《法律价值论》④	★	★		★	★		安全
张文显主编《法理学》⑤	★		★	★	★	★	
周永坤《法理学——全球视野》⑥	★			★	★		
朱景文主编《法理学》⑦	★	★		★	★		
孙国华、朱景文主编《法理学》⑧	★	★		★	★	★	
沈宗灵主编《法理学》⑨	★			★	★		利益

① 参见卓泽渊：《法的价值论》（第3版），法律出版社2018年版，第203~415页。

② 参见严存生：《法的价值问题研究》，法律出版社2011年版，第138页。

③ 参见张文显：《法哲学范畴研究》，中国政法大学出版社2001年版，第195页。

④ 参见乔克裕、黎晓平：《法律价值论》，中国政法大学出版社1991年版，第110~172页。

⑤ 参见张文显主编：《法理学》（第3版），法律出版社2007年版，第316~376页。

⑥ 参见周永坤：《法理学——全球视野》，法律出版社2016年版，第182~201页。

⑦ 参见朱景文主编：《法理学》（第3版），中国人民大学出版社2015年版，第50~55页。

⑧ 参见孙国华、朱景文主编：《法理学》（第4版），中国人民大学出版社2015年版，第59~68页。

⑨ 参见沈宗灵主编：《法理学》，北京大学出版社2014年版，第43~59页。

续表

著作	法律价值						
	自由	平等	人权	秩序	正义	效率	其他
高其才《法理学》①	★	★		★	★	★	安全
肖光辉主编《法理学：理论·实务·案例》②	★		★	★	★	★	利益
葛洪义主编《法理学》③	★	★	★	★	★	效益	
葛洪义主编《法理学》④				★	★		
公丕祥主编《法理学》⑤			★	★	★	★	
付子堂主编《法理学进阶》⑥			★	★	★		幸福
张光杰主编《法理学导论》⑦	★	★		★		效益	生存和发展、社会和谐

（二）商法的价值体系

虽然我国民商事立法采取民商合一的立法体例，包括海商法在内的传统商法分支均是以民法特别法的形式存在，但商法作为特别法的价值取向较之民法毕竟在一定程度上有其特殊性。民法和商法同为私法，二者的价值取向存在许多共性，包括公平、效益、平等、诚实信用、合法性等。此类共性主要基于二者之间相同的调整内容，即商品经济和市场经济，以及以尊重当事人意思自治为特征的调整手段。⑧ 但是，民法与商法的价值取向也有明显不同。无论商法通过补充或变更民法的个别规定将民法的一般

① 参见高其才：《法理学》（第3版），清华大学出版社2015年版，第164～188页。
② 参见肖光辉主编：《法理学：理论·实务·案例》，中国政法大学出版社2015年版，第266～286页。
③ 参见葛洪义主编：《法理学》（第3版），中国政法大学出版社2017年版，第45～63页。
④ 参见葛洪义主编：《法理学》，中国人民大学出版社2015年版，第56～59页。
⑤ 参见公丕祥主编：《法理学》（第3版），复旦大学出版社2016年版，第61～67页。
⑥ 参见付子堂主编：《法理学进阶》（第5版），法律出版社2016年版，第76～138页。
⑦ 参见张光杰主编：《法理学导论》（第2版），复旦大学出版社2015年版，第81～187页。
⑧ 参见赵万一：《商法基本问题研究》，法律出版社2013年版，第84～85页。

制度特殊化，抑或创设民法本身并不存在的特殊制度，大多是基于经济上适用的需要而非伦理的要求。据此，商法更多追求对于市场经济发展的适应性。[①]

关于商法的价值体系构成，我国学界的现有观点并不完全统一，但大多认可对于交易公平、秩序以及效率的追求是商法的主要价值取向。例如，赵万一认为商法最为基本的价值追求是效益至上；[②] 胡鸿高认为交易效率价值、交易安全价值、交易公平价值构成了当代商法的三大基本价值；[③] 陶政则将效益、公平、秩序分别对应为商法的终极价值、伦理价值、秩序价值。[④] 张保红主张商法就是追求交易效率和交易安全的法律，因而商法的价值便是效率和安全。[⑤]

综合分析以上诸种观点，商法顾名思义是规范商事关系的法律，而商事关系是商人和其他依法从事商行为者基于营利动机而建立的社会关系。[⑥] 据此，促使营利动机顺利实现也成为商法目的价值形成的根本动力所在，此种目的价值主要表现为对于公平、秩序以及效率的追求。唯有公平的交易方能维护社会交易的安全，进而保障交易双方均可得以实现从事商事活动的营利动机，而效率低下的交易活动也将提高经营成本，从而损害营利动机的实现，因而商事交易首重交易效率及便捷。[⑦] 此外，稳定、安全的交易秩序能够降低商业成本，促进营利效益的增长，因而建立在秩序基础之上的公平、效率才能持续长久。[⑧] 因此，可以认为商法最为主要的价值

---

① 参见王保树：《商法总论》，清华大学出版社 2007 年版，第 69 ~70 页。

② 参见赵万一：《商法基本问题研究》，法律出版社 2013 年版，第 97 页。

③ 参见胡鸿高：《商法价值论》，载《复旦学报（社会科学版）》2002 年第 5 期，第 82 页。

④ 参见陶政：《商法价值研究》，西南政法大学 2008 年博士学位论文，第 3 ~4 页。

⑤ 参见张保红：《中国商事立法研究》，法律出版社 2019 年版，第 86 页。

⑥ 参见王保树：《商法总论》，清华大学出版社 2007 年版，第 19 页。

⑦ 参见梁宇贤：《商事法论》，中国人民大学出版社 2003 年版，第 12 页。

⑧ 参见陶政：《商法价值研究》，西南政法大学 2008 年博士学位论文，第 101 页。

目标便是公平、秩序、效率三项，海商法的价值体系的形成也必然受此影响。

商法的价值体系主要由公平、秩序、效率三项价值目标组成。关于商法的效率价值，效率在商事交易以及企业经营之中无疑居于颇为重要的地位。对于经营者而言，经营行为的利润率一般取决于交易的效率；而对参与交易关系的非经营者而言，交易目的的实现程度也取决于交易运转的效率。此外，与商事关系的效率要求相适应，商事纠纷的解决也需要高效的裁决程序，因而商事立法以及司法的过程之中同样较为注重效率，尽量促使交易当事人的正当利益不致因为过于烦琐的程序而受到不当减损。商法据此也形成了受到普遍认可的保障交易便捷原则。① 商法的秩序价值，主要表现为建立、促进和维护商事交易秩序，包括确立商事主体的设立和解散制度，制定市场交易规则，以及规定相应的法律责任。② 至于商法的公平价值，主要是指商事资格平等，以及商法适用上的商事待遇同等、权利义务对等。公平作为商法的价值目标最为突出的意义在于提供同等的机会，要求商事活动的参与者在追求自身利益最大化的同时兼顾他人利益或者不得损害他人利益。商法对于效率的追求也必须以必要的公平为基础，否则效率也难以得到长久的维系。③ 此亦可见公平、秩序、效率作为商法的价值目标，三者之间各有制约却又相互促进。

二、传统海商法的价值体系构成

不同于当代海商法新近形成的安全、人权、自由等新兴价值目标，传统海商法的价值主要是以一般商法的价值为基础。公平、秩序、效率三项

---

① 参见范健、王建文：《商法总论》，法律出版社 2011 年版，第 86 ~87 页。
② 参见陶政：《商法价值研究》，西南政法大学 2008 年博士学位论文，第 101 页。
③ 参见陶政：《商法价值研究》，西南政法大学 2008 年博士学位论文，第 82 页。

价值在海商法领域得到具化和改造，而且海商法基于海上特殊风险更多追求相对特殊的公平。与此同时，海商法也形成了自身独特的价值目标，集中表现为鼓励航运业发展。据此，传统海商法的价值体系应由一般价值和特有价值两个方面构成，前者包括公平、秩序、效率三项价值，后者则以鼓励航运业发展为主。（见图2－1）至于传统海商法各项价值的具体内涵，将是本书第三章系统研究的课题。

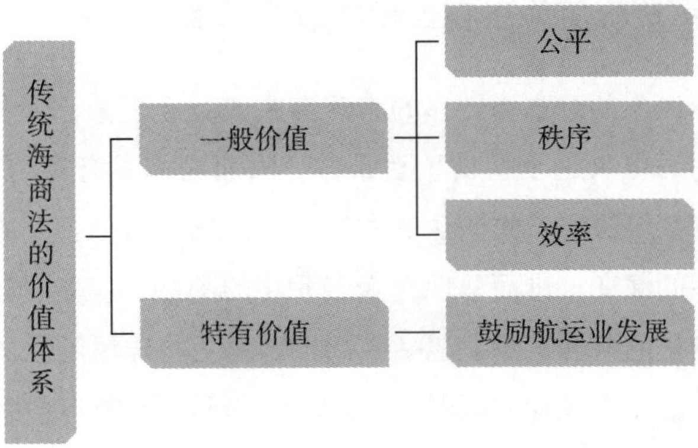

图2－1　传统海商法的价值体系

关于传统海商法的价值体系，值得特别说明的关键问题之一应是“鼓励航运业发展”能否作为海商法的价值。无论是从文字表述抑或具体内涵方面考察，“鼓励航运业发展”能否达到法律价值的理论乃至哲学高度，均有不小的探讨甚至争鸣空间。但是，海商法作为一个如此特别的法律领域，即使作为商法的分支也显然仍是一枚异数，故而应当有其自身独特的价值目标。海商法的诸多具体制度，包括承运人责任、海事赔偿责任限制在内，均以鼓励航运业发展为其制度设计的重要目标。此类海商法律制度集合而成的海商法部门，鼓励航运业发展仍应是此一法律领域最为重要而典型的特色所在。而且，海商法在发挥社会作用的过程中确实具有鼓励航运业发展的目标，符合法律目的价值的内涵。除此之外，似乎也难以提炼、总结其他更为贴切的价值目标。因此，虽然“鼓励航运业发展”的表述仅从文字表述的角度似乎不及公平、秩序、效率等传统的法律价值凝练、抽象，但本书仍然选择“鼓励航运业发展”作为海商法的特有价值。

第二节 当代海商法的价值体系

一、海商法价值体系在当代的演变原因

法律是不以人的意志为转移的客观存在的社会现象，不仅受到客观规律的制约，同时也决定于物质生活条件，因而法律具有客观性。[①] 此种客观性同样影响甚至决定着海商法的发展。海商法的价值体系在当代之所以有了较为明显的演变，进而呈现更为多元化的趋势，应是受到诸多物质生活条件因素变化的共同影响，包括人们抵御海上特殊风险能力的提高（同时也意味着海上相对风险的减弱），以及海洋环境保护问题的提出与发展，乃至船员权益保障水平的不断提高。

（一）海上相对风险逐渐降低

海事活动最为突出的特征之一便是受到海上特殊风险的影响，因而传统海商法的多数制度也是围绕海上特殊风险进行设计。海上特殊风险本身并非必然需要特殊的法律制度予以应对，但人们抵御海上特殊风险的能力明显弱于陆上风险，也即较高的海上相对风险方才决定了海商法律制度得以存在的客观基础。海上运输以及其他海上商业活动具有较大的相对风险，致使有关陆上运输的法律制度以及其他一般民事法律制度对于海上运输等海上商业活动的调整具有较为明显的不适应性，从而需要创设与此种

---

① 参见高其才：《法理学》（第3版），清华大学出版社2015年版，第19页。

特殊风险相适应的特别法律制度。[①]

随着航海技术、造船技术以及相关信息技术的发展，人们抵御海上特殊风险的能力明显提高，从而使海上相对风险逐渐降低。以运输船舶的发展趋势为例，运输船舶的发展呈现大型化、高速化、专业化、自动化乃至环保化的特征。现代造船技术的发展促使船厂得以制造越来越大的船舶，而船舶大型化也是提高经济效益以及降低单位运输成本、单位造价的结果。同时，由于信息技术、通信技术等高新技术的应用，船舶自动化程度不断提高。尤其是智能化船舶概念的提出，特别强调了高度可靠性、船上设施的更高标准、减少船员、优化运输等特征，[②] 近来备受关注的智能船舶乃至无人船舶则可认为是此项发展趋势的最新进展。至于专业化方面，海上运输早已告别船舶简单区分为“货船”和“客船”的年代，货船类型多样化，包括集装箱船、干散货船、油轮、LPG 和 LNG 船、液体化工品船、杂货船和特种船等多种类型，而且不同类型的船舶各有特点。凡此种种均使船方经营海上运输以及其他相关活动的风险明显下降。[③]

人们抵御海上特殊风险能力的提高，构成海商法价值体系在当代发生演变的基本前提，原因在于海商法需要给予船方及相关主体特殊保护的程度开始降低，因而当代海商法价值取向的重点可以适当朝向其他方面转移和扩展。首先体现为公平作为海商法传统价值的内涵发生变化，虽然海上特殊风险的影响仍然明显存在，但海事立法在处理船货双方利益平衡时对于船方利益的倾斜已在逐渐减少。更为重要的是，当代海事立法也得以从以往较为单一地追求鼓励航运业发展的传统使命和立法思路中逐步解放，能够更多关注海洋环境保护、船员权益保障等其他新兴问题，从而形成了

① 参见胡正良主编：《海事法》（第 3 版），北京大学出版社 2016 年版，第 5 页。
② 参见赵刚主编：《国际航运管理》，大连海事大学出版社 2006 年版，第 121 ~123 页。
③ 参见胡正良、孙思琪：《我国〈海商法〉修改的基本问题与要点建议》，载《国际法研究》2017 年第 4 期，第 54 页。

安全等此前较少涉及或者并不着重关顾的价值目标。

（二）海洋环境保护问题的提出与发展

人类是环境的产物，环境还为人类提供了生存和发展的物质基础。但是，人类具有主观能动性，因而在利用环境的过程中也能够同时对于环境加以改造，使其适应自己的需要。受到认识能力和科学技术水平的限制，人类在利用环境的过程中也带来了有害的副作用，造成了环境的污染和破坏；遭到污染和破坏的环境，又反过来影响人们的生存和发展，以至于危害人体健康和生命安全。但是，人类在20世纪中叶以前并未提出环境保护的概念。所谓环境保护，是指保护和改善生活环境和生态环境，合理地开发和利用自然资源，防治环境污染和其他公害，促使环境符合人类的生存和发展需求。[①] 与环境保护问题受到的关注对应，20世纪60年代以来环境权作为一项独立的基本人权逐渐兴起，指向的是公民享有的在清洁、健康的环境中生活的实体权利。任何一项新的法律权利的出现，均为利益发生冲突的结果，或者说是社会变迁导致原有的社会秩序和利益发生剧烈变化，需要针对新的社会结构下的利益冲突进行重新衡平的结果。环境权作为一项新兴法律权利的出现，同样是现代科技发展导致社会变迁的产物。[②]

航运是以海洋为主要舞台的社会活动。海洋是地球的主要自然地理区域和特殊的环境要素，人类正在将生产和生活空间逐步向海上推进和扩张。辽阔的海洋为人类的生存和发展提供了新的广域空间，也是沿海国家包含经济、文化、生产等要素的国家安全门户和重要战略领域。随着陆地战略资源的日益短缺，沿海各国强化了开发利用海洋资源的力度和强度。同时，人类对于海洋资源无序、不合理、过度的开发利用，使海洋资源已

---

① 参见韩德培主编：《环境保护法教程》（第7版），法律出版社2015年版，第12～13页。

② 参见吕忠梅主编：《环境法学概要》，法律出版社2016年版，第132页。

在诸多方面显现衰退乃至枯竭现象，海洋生物多样性锐减，海洋生态已受到具有充分事实证明的人类活动的严重污染。① 以我国《海洋环境保护法》为例，根据该法第94条第1项的定义，海洋环境污染损害是指直接或者间接地把物质或者能量引入海洋环境，产生损害海洋生物资源、危害人体健康、妨害渔业和海上其他合法活动、损害海水使用素质和减损环境质量等有害影响。同时，造成海洋污染的污染源包括陆源污染、海岸工程建设项目造成的污染、海洋工程建设项目造成的污染、倾倒废弃物造成的污染，以及船舶及有关作业活动造成的污染。船舶是海洋污染的主要污染源，船舶从事运输活动造成的污染也是造成海洋污染的主要原因之一。

海洋污染国际立法虽然不是国际环境保护立法的鼻祖，但仍然居于领先地位。20世纪60年代至70年代陆续发生的重大海洋油污事故，由于造成的经济损失重大，对于生态环境影响深远，故而对于全球海洋环境保护立法的发展具有明显的推动作用。② 人类社会发展到工业化时期，石油迅速取代煤成为主要能源。由于世界各国和地区之间石油资源分布不均衡，大量石油由船舶经海洋进行运输，船舶载运石油溢出造成的污染损害也相伴而生。大型油轮出现之前，由于船舶运载石油大多为非原油且数量较少，油污事故造成的损害也相对较小，加之人类社会对于环境污染的认识尚且不足，索赔方提出的损害赔偿范围、金额有限，适用传统海商法律由侵权人提供较低水平的赔偿并无明显不妥。但是，海上石油运输的迅速发展日益体现了传统海商法律对于船舶污染海洋损害赔偿的不足。随着油轮的载运量急剧增加，油污事故造成的损害显著加大，赔偿数额亟待提高。不仅单一赔偿主体能够提供的赔偿数额远远不能弥补污染损害，损害赔偿

① 参见韩德培主编:《环境保护法教程》(第7版)，法律出版社2015年版，第258~259页。

② 参见黄裕凯:《2001年燃油污染损害责任及赔偿国际公约》，台北，作者2015年自版，第4~5页。

范围也有待明确。[①] 因此，自《1969 年油污公约》开始，包括《1996 年 HNS 公约》《2001 年燃油公约》在内，关于船舶污染海洋的损害赔偿法律制度不断完善，不仅成为海商法的重要组成部分，而且使追求海洋环境安全成为海商法日益彰显的价值目标。

（三）船员权益保障水平不断提高

航运业被称为“世界第一个真正的全球性产业”，船员作为航运业最为主要的劳动者应是颇为特殊的从业群体。船员劳动的全球性、特殊危险性以及专业技术性在很大程度上决定了船员群体需要在一般的劳动法律制度之外获得更为特殊的劳动和社会权益。[②] 具体而言，船员职业的特殊性主要表现在以下三个方面，即海事活动的风险性、生活条件的艰苦性以及船员劳动的涉外性。

首先，关于海事活动的风险性，海事特殊制度的正当性根本上源于海上特殊风险的存在。海上绝对风险随着时代的发展并不会有明显改变，但人们抵御海上特殊风险的能力不断提升，总体上决定了海商法律制度的特殊性逐渐减弱。虽然随着现代航海技术和造船技术的快速进步，航海业的风险较之以往已有明显降低，但船员仍是当今社会伤亡概率较高的职业之一。[③]《2006 年海事劳工公约》标题四对于船员职业的健康保护、医疗、福利和社会保障作出了较为详尽的规定，“享有符合安全标准的安全且受保护的工作场所”也是公约第 4 条“海员的就业和社会权利”确立的船员基本权利之一，以此因应海事活动风险性对于船员劳动和社会保障的特殊要求。

---

① 参见徐国平：《船舶油污损害赔偿法律制度研究》，北京大学出版社 2006 年版，第 5 页。

② 参见王秀芬主编：《国际劳工组织的船员立法趋势及我国的对策研究：以〈2006 年海事劳工公约〉为视角》，法律出版社 2009 年版，第 1 页。

③ 参见司玉琢主编：《国际海事立法趋势及对策研究》，法律出版社 2002 年版，第 553 页。

其次，关于生活条件的艰苦性，由于船上空间狭窄，船员的生活、工作、卫生条件相当有限，甲板、机舱等工作环境潮湿、高温或者噪声嘈杂，而且食品、饮用水等在新鲜程度方面也明显劣于陆上工作环境。如果由于遭遇海上恶劣天气等无法及时获得补给，其甚至可能难以保障最为基本的生活条件。[①] 而且，船员生活条件的艰苦性并不仅仅限于物质方面。船上生活、工作环境单一，休闲娱乐项目相对有限，船舶在海上航行经常数月甚至成年不能靠岸，因而船员在船上工作还需忍受心理上的寂寞。因此，《2006 年海事劳工公约》第 4 条“海员的就业和社会权利”将“获得体面的船上工作和生活条件”作为船员的基本权利之一，公约标题二针对船员职业涉及的起居舱室、娱乐设施、食品和膳食服务等内容也作出了专门规定。

最后，关于船员劳动的涉外性，以我国船员规模以及法律制度为例，截至 2020 年年底，我国共有注册船员 1, 716, 866 人，其中海船船员 808, 183 人、国际航行船舶船员 592, 998 人，[②] 国际航行船舶船员占船员总数的 34. 54%、海船船员的 73. 37%。船舶的基本功能在于航行全球进行运输，因而船舶涉及的法律关系往往跨越广阔的地域。而且，作为国际服务贸易的重要形式，目前船员在外籍船舶任职的情形十分普遍，因而船员劳动具有较为突出的涉外性。[③] 由此船员劳动关系往往涉及外籍船东，但《劳动合同法》仅适用于我国境内用人单位与劳动者建立的劳动关系，[④] 需要相对特殊的制度设计予以规制。《海员外派管理规定》确立了“谁派出，

① 参见陈刚、郝勇：《船员劳动权益与社会保障》，武汉理工大学出版社 2012 年版，第 3 页。

② 参见中华人民共和国交通运输部：《2020 年中国船员发展报告》。

③ 参见傅廷中：《海商法》，法律出版社 2017 年版，第 67 页。

④ 《劳动合同法》第 2 条第 1 款规定：“中华人民共和国境内的企业、个体经济组织、民办非企业单位等组织（以下称用人单位）与劳动者建立劳动关系，订立、履行、变更、解除或者终止劳动合同，适用本法。”

谁负责”的原则，要求从事海员外派的机构应当对其派出的外派海员负责，做好外派海员在船工作期间及登、离船过程中的各项保障工作。该规定第23条第1款明确要求外派机构必须保证船员与外派机构、境外船东以及我国航运公司或者其他相关行业单位三方之一签订劳动合同。[①] 同时，该条第3款规定：“外派海员与境外船东签订劳动合同的，海员外派机构应当负责审查劳动合同的内容，发现劳动合同内容不符合法律法规、相关国际公约规定或者存在侵害外派海员利益条款的，应当要求境外船东及时予以纠正。”[②]

基于船员职业的上述特殊性，船员在劳动保护、劳动条件、工资及福利待遇、职业技能培训、伤害补偿等方面的要求应当高于一般劳务提供者。[③] 1920年至1996年，国际劳工组织（International Labour Organization，ILO）召开了9次专门围绕商船船员的海事大会，通过了约40项公约、29项建议书和1项议定书。此类文件涵盖的问题颇为广泛，包括船员的招募和安置、最低年龄、工作时间、安全、卫生和福利、劳动监察和社会保障等，对航运业产生了重要的影响。但是，由于此类文件时间跨度久远，部分已经明显滞后于社会和航运技术的发展，并且由于各个文件均是针对特定条件下的特定问题而制定，国际劳工组织并未对其进行及时的修订和更新。[④] 鉴于此，国际劳工组织于20世纪90年代中后期开始着手编纂新的国际船员法典，并于2006年2月23日在日内瓦举行的第94届国际海事劳

---

① 《海员外派管理规定》第23条第1款规定：“海员外派机构为海员提供海员外派服务，应当保证外派海员与下列单位之一签订有劳动合同：（一）本机构；（二）境外船东；（三）我国的航运公司或者其他相关行业单位。”

② 孙思琪：《海洋强国战略背景下我国船员劳动和社会保障制度构建刍议》，载《社会保障研究》2017年第3期，第75～76页。

③ 参见司玉琢主编：《海商法专题研究》，大连海事大学出版社2002年版，第340页。

④ 参见王秀芬主编：《国际劳工组织的船员立法趋势及我国的对策研究：以〈2006年海事劳工公约〉为视角》，法律出版社2009年版，第1页。

工会议上最终通过了《2006 年海事劳工公约》。据此，船员权益保障已与海上安全、海洋环境保护共同构成了当代国际海事立法的三个重点，并且成为当代海商法的重要价值目标之一。

二、当代海商法的价值体系构成

基于人们抵御海上特殊风险能力的提高、海洋环境保护问题的提出与发展以及船员权益保障水平不断提高三项因素的影响导致的价值体系演变，海商法在当代形成了颇为多元的价值体系。除公平、秩序、效率以及鼓励航运业发展四项传统价值目标外，当代海商法形成了安全、人权、自由三项新兴价值，从而构成了七项价值目标相辅相成的当代海商法价值体系，其中公平、秩序、效率、安全、人权、自由属于一般价值，而鼓励航运业发展仍是海商法的特有价值。（见图 2－2）至于当代海商法各项新兴价值的具体内涵，将是本书第四章重点研究的课题。

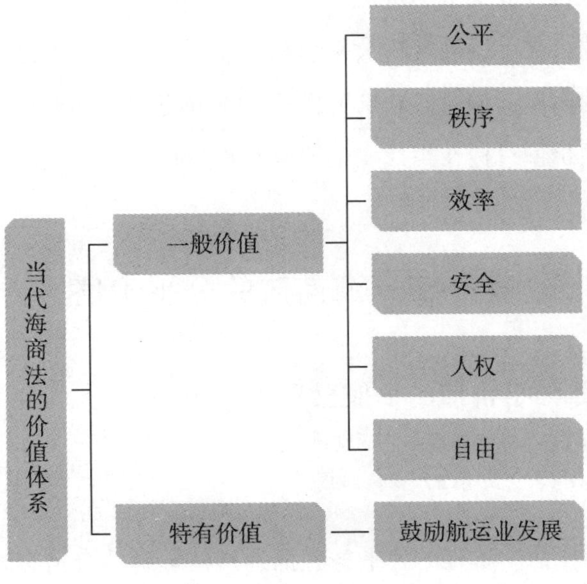

图 2－2 当代海商法的价值体系

第三章　海商法的传统价值

当代海商法的传统价值，主要包括公平、秩序、效率三项商法的一般价值，即商法价值乃至法律一般价值在海商法领域的具体化，以及作为海商法特有价值的鼓励航运业发展。此类价值目标虽然长期以来一直作为海商法的价值而存在，但受到航运生产力不断提高、海上相对风险逐渐减弱以及其他相关因素的影响，仍在当代产生了一定程度的发展和变化。

本章基于传统海商法的价值体系，结合不同价值目标在法律整体以及民商法场域的含义，逐项分析公平、秩序、效率、鼓励航运业发展等海商法传统价值的内涵，探讨各项价值目标在不同海商法律制度之中的具体表现，兼及各项价值目标在当代发生的演变及其原因。

第一节　海商法的公平价值

一、法律公平价值的一般含义

（一）法律公平价值的基本内涵

人们日常生活中所说的公平，大抵是指处理事情合情合理，不偏袒任一方面；[①] 公平如果作为伦理学的范畴，则有从公正的角度出发平等地对待每一与之相关的对象的意义。[②] 如果以法律的角度考察，作为法律价值的公平通常是指对于人们之间以社会利益价值，也即权利和义务的分配关系为基础和实质的社会关系的度量。从公平的价值内涵分析，所谓公平就是要求人的价值平等。[③]

公平在法律上从来有其不可替代的重要意义，甚或被视为法律的同义词。公平常常被人们视为法律的基本精神，不管论及的法律是实在法还是超实在法的理性法或自然法。法律规范之内的任何规则、准法律规则或者法律之外的行为规范和裁判准则皆应以公平作为基本的价值依据和价值目标。[④] 法律对于公平的追求，几乎是由法律的本质决定的当然价值目标。法律是一种规范，而且是调整人们行为或社会关系的规范，而不是通过调整人们的内心观念、思想进行社会关系的调整。[⑤] 规范本就是指标准，[⑥] 而标准则是衡量事物的准则。[⑦] 如果标准本身放弃追求、无法贯彻公平的价值目标，也即标准存在不尽合理的倾斜，此种失之偏颇的准则便无法准确地衡量事物，进而不能再称其为标准。此时法律也就丧失了最为基本的规范性特征。

法律意义上的公平，主要表现为对于同类主体或事项的同等对待，既

---

① 参见中国社会科学院语言研究所词典编辑室编：《现代汉语词典》（第6版），商务印书馆2012年版，第452页。

② 参见夏征农、陈至立主编：《辞海》，上海辞书出版社2009年版，第721页。

③ 参见北京大学法学百科全书编委会编：《北京大学法学百科全书：法理学·立法学·法律社会学》，北京大学出版社2010年版，第316页。

④ 参见卓泽渊：《法的价值论》（第3版），法律出版社2018年版，第358页。

⑤ 参见高其才：《法理学》，清华大学出版社2015年版，第15页。

⑥ 参见中国社会科学院语言研究所词典编辑室编：《现代汉语词典》（第6版），商务印书馆2012年版，第490页。

⑦ 参见中国社会科学院语言研究所词典编辑室编：《现代汉语词典》（第6版），商务印书馆2012年版，第85页。

有可能体现在制度的设定之上，也有可能表现在司法的实际裁判之中。特别是从对待对象的角度分析，公平主要表现为对于同类主体的相同对待，对于同类事项的相同处置。

值得注意的应是公平与平等的关系。平等是指人们在社会、政治、经济、法律等方面享有相等的待遇。[①] 公平与平等存在较为密切的联系，平等在许多场合就是公平。但是，二者之间也存在一定差异。一般而言，平等尤其注重特定当事人之间的利益关系，而公平更为关注的则是不特定当事人的共同评价。[②] 如果从我国民事立法的角度考察，《民法典》既在第4条确立了平等原则，又在第6条设置了公平原则。前者规定："民事主体在民事活动中的法律地位一律平等。"后者规定："民事主体从事民事活动，应当遵循公平原则，合理确定各方的权利和义务。"可见，平等更多强调的是民事主体的法律地位，公平则是聚焦基于平等法律地位而享有的具体权利义务。但仍可以肯定的是，平等在法律上常常就是公平的具体体现。

公平价值目标在法律中的贯彻，具体表现在不同法律部门的方方面面。例如，从宪法的角度看，平等权是人的基本权利之一，也即宪法保障的对于个人而言至关重要的权利，因而又被称为"人权"。[③] 我国《宪法》第33条第2款明确规定："中华人民共和国公民在法律面前一律平等。""法律面前人人平等"也已成为人尽皆知的法治精神，也即国家不得因人的自然的种族、肤色、性别、民族，社会的财产、语言、宗教、社会出身，或者其他方面的党派或其他见解、其他身份等任何情况，而在法律上

---

① 参见中国社会科学院语言研究所词典编辑室编：《现代汉语词典》（第6版），商务印书馆2012年版，第1006页。

② 参见卓泽渊：《法的价值论》（第3版），法律出版社2018年版，第359页。

③ 参见张千帆主编：《宪法学》，法律出版社2014年版，第133页。

对于他们进行区分并给予差别待遇，确定不同的权利与义务。[①] 平等权在刑法上则被具化为罪刑平等原则，包括定罪、量刑、行刑等方面的平等，即任何人犯罪均应受到法律的追究，而不得享有超越法律规定的特权；不论犯罪人的社会地位、家庭出身、职业状况、财产状况、政治面貌、才能业绩如何，均应一律平等地适用刑法，且在定罪量刑时一视同仁，依法惩处。[②]《刑法》第 4 条也规定："对任何人犯罪，在适用法律上一律平等。不允许任何人有超越法律的特权。"

此外，劳动法的保护劳动者合法权益原则要求平等保护全体劳动者的合法权益，[③] 民事诉讼法上则有诉讼当事人平等原则，[④] 经济法上也有经济公平原则，[⑤] 皆为公平作为法律一般价值在部门法律中的具体体现。

（二）民商事法律的公平价值

1. 民商事法律公平价值的基本内涵

海商法乃民商法之一部。正如海商法的特别法地位，海商法公平价值的特殊性，主要表现为较之民商法公平价值而具有的特殊性。据此，民商法的公平价值也成为理解海商法公平价值的基本参照对象。严格而言，民法和商法对于公平的价值追求并非完全相同。民法的诸项价值目标之中，公平往往被认为是最为基本的价值取向，即一旦公平原则与民法其他基本原则发生冲突与矛盾，民法首先选择维护公平，从而奉行公平至上、兼顾效益与其他的原则；商事立法中最高的价值取向则是效益，遵循的是效益

① 参见张千帆主编:《宪法学》，法律出版社 2014 年版，第 239 页。
② 参见陈兴良:《规范刑法学》，中国人民大学出版社 2013 年版，第 44 ~45 页。
③ 参见王全兴:《劳动法》（第 4 版），法律出版社 2017 年版，第 57 页。
④ 参见张卫平:《民事诉讼法》，法律出版社 2016 年版，第 42 页。
⑤ 参见李昌麒主编:《经济法学》（第 3 版），法律出版社 2008 年版，第 57 页。

至上、兼顾公平与其他的原则。[①] 但是，此种差异并不否认公平仍是民商法整体上追求的最为基本的价值目标之一。

法律上的公平有所谓形式公平与实质公平之分。通常认为民法追求的主要是形式公平，即无视各个社会个体在智力、财产、种族、性别等方面无可改变的事实上的异殊性，无一例外地赋予民事主体资格，从而保障每个个体得以毫无差别地进入社会从事民事活动；至于不同个体从事民事活动取得的具体结果如何，民法一般并不予以置喙。以合同法为例，合同法的关注重点在于合同的缔结是否充分体现了当事人的意思自治，而并不特别在意合同履行的结果。此种对于形式公平的关注是以尊重合同自由、尊重当事人自主和自治为前提，认定当事人自己是自身利益最佳的裁判者。[②] 尤其在对经济关系的调整上，民法只是从社会规则的角度予以规范，只要市场主体沿着民法规定的竞争规则追求自身利益的最大化，民法便对其追求的结果予以承认并加以保护，[③] 而无论由此产生的结果公平与否。

实质公平是与形式公平相对的概念，是指在承认经济主体的资源和个人禀赋等方面差异的前提下而追求的一种结果上的公平。[④] 商法出于对于营利活动的调整，以及对于效益的追求，同样并不非常关注实质公平。但是，海商法作为民商事特别法，基于鼓励航运业发展特别是保护承运人的考量，却又明显表现出对于实质公平的追求。

2. 民商事法律公平价值的具体表现

公平价值在民商法领域的具体表现，首推作为民法基本原则的公平原则。所谓公平原则，是指民事主体应当本着公平、正义的观念实施民事行为，司法机关应当根据公平的观念处理民事纠纷，民事立法也应充分体现

① 参见赵万一：《商法基本问题研究》，法律出版社 2013 年版，第 86 页。

② 参见韩世远：《合同法总论》，法律出版社 2018 年版，第 52 页。

③ 参见赵万一：《商法基本问题研究》，法律出版社 2013 年版，第 92 页。

④ 参见李昌麒主编：《经济法学》（第 3 版），法律出版社 2008 年版，第 57 页。

公平的理念。[1] 而且，公平原则在我国民事立法中还得以通过法律条文的形式明文加以规定。《民法典》第6条规定："民事主体从事民事活动，应当遵循公平原则，合理确定各方的权利和义务。"此前《合同法》第5条也规定："当事人应当遵循公平原则确定各方的权利和义务。"

公平原则在民法的许多制度和规则之中均有不同程度的体现，如合同法领域的等价有偿原则、情势变更原则、显失公平制度，物权法领域的添附制度，以及侵权责任法中的公平责任，其中与海商法的公平价值关联最为密切的应是损害赔偿的完全赔偿原则。此处所谓关联密切，并非意指海商法始终贯彻完全赔偿原则，而恰恰是指海商法时常通过对于完全赔偿原则不失正当性的背离体现自身的特殊性。具体而言，完全赔偿原则是指在任何产生损害赔偿请求权的场合，无论损害的类型、加害人的过错程度如何，均应首先确定受害人遭受的损害，然后由赔偿义务人通过相应的赔偿方法为权利人提供一定的利益，以求全部填补损害，促使受害人恢复到尚未遭受侵害时应处之状态。[2] 曾世雄对此曾有颇为精辟的论述："损害赔偿之最高指导原则在于赔偿被害人所受之损害，俾于赔偿之结果，有如损害事故未曾发生者然。"[3]

完全赔偿原则之所以被认为是公平原则的具体体现，原因在于损害赔偿的根本目的是救济损害。赔偿是为补偿损失，促使损害的权利得到救济、恢复权利。[4] 故此，只有使加害人的赔偿数额与受害人的损失相符，方才能够真正实现补偿损失的目的，避免当事人之间的利益出现失衡，受害人的劳动遭到侵占或无偿占有。[5]《民法典》和此前《侵权责任法》虽

---

① 参见王利明：《民法总则研究》，中国人民大学出版社2018年版，第108页。

② 参见程啸：《侵权责任法》（第2版），法律出版社2015年版，第664页。

③ 曾世雄：《损害赔偿法原理》，台北，新学林出版股份有限公司2005年版，第17页。

④ 参见杨立新：《侵权责任法》，法律出版社2018年版，第143页。

⑤ 参见王利明：《民法总则研究》，中国人民大学出版社2018年版，第113页。

然对于完全赔偿原则未有明确规定，但比较法上存在广泛的立法例可资参考。例如，德国《民法》第 249 条“损害赔偿的方式和范围”第 1 款规定：“损害赔偿义务人必须恢复假如没有发生引起赔偿义务的情事所会存在的状态。”①

二、海商法公平价值的普遍性与特殊性

正如特别法与一般法的法理关系一样，海商法的公平价值较之民商法的公平价值乃至法律一般的公平价值，同样既有普遍性又有特殊性。普遍性是指海商法在许多情形下采用了与民商法以及其他部门法基本一致的方法贯彻公平价值，特殊性则是指海商法基于自身调整对象的特殊性，有时可能选择一些特殊的、有别于其他法律部门的方式实现对于公平价值目标的追求，甚或需要背离民商事法律本身部分体现公平价值的具体原则或规则。

（一）海商法公平价值的普遍性

公平作为公认的法律价值之一，海商法领域对于公平价值的贯彻不胜枚举。以船舶优先权担保的债权的受偿顺序为例，《海商法》第 22 条第 1 款规定了 5 种受到船舶优先权担保的债权，包括船长、船员和在船上工作的其他在编人员根据劳动法律、行政法规或者劳动合同产生的工资、其他劳动报酬、船员遣返费用和社会保险费用的给付请求，船舶营运中发生的人身伤亡的赔偿请求，船舶吨税、引航费、港务费和其他港口规费的缴付请求，海难救助的救助款项的给付请求，以及船舶在营运中因侵权行为产生的财产赔偿请求。该法第 23 条规定此类债权依照上述顺序受偿的同时，另又规定了一项例外，即海难救助的救助款项给付请求后于前三项发生

① 《德国民法典》，陈卫佐译注，法律出版社 2015 年版，第 87 页。

的，应当优先受偿。此种允许救助款项优先受偿的顺位安排，基本移植自《1993 年船舶优先权和抵押权国际公约》。该公约第 5 条“船舶优先权的优先顺序”第 2 款规定：“第 4 条所列船舶优先权应按顺序排列，但由船舶优先权所担保的关于船舶的救助报酬的索赔应优先于引起该船舶优先权的作业之前对船舶提出的任何其他船舶优先权。”①

作出上述特殊安排的原因在于，海难救助保存了船舶的价值，而船舶的价值正是其他船舶优先权担保的债权得以受偿的基本前提。② 如果没有救助人的救助行为，船舶将有可能发生全损，船舶优先权也将随之消灭，从而受担保债权的受偿也就无从谈起。此项原则被称为“倒序原则”，适用倒序原则的船舶优先权在英国法下也被称为“保全优先权”（preserving lien）。③ 倒序原则也得到许多国家海事立法的广泛采纳，例如，德国 2013 年开始实施的修订后的《商法》第五编“海商”即有相关规定。④ 而且，部分国家的船舶优先权立法中适用倒序原则的优先权并不限于救助款项请求权，还延及共同海损分摊以及船长开支费用的请求权，⑤ 理由同样在于此类费用均为保存船舶而生。⑥ 因此，倒序原则的设置实际是海商法公平价值的体现，充分考虑了特定债权的产生对于保全船舶以及附着于船舶之

---

① 何建华编著：《〈1993 年船舶优先权和抵押权国际公约〉释义》，人民交通出版社 1995 年版，第 60 页。

② 参见何建华编著：《〈1993 年船舶优先权和抵押权国际公约〉释义》，人民交通出版社 1995 年版，第 61 页。

③ 参见张辉：《船舶优先权法律制度研究》，武汉大学出版社 2005 年版，第 121 页。

④ 德国《商法》第 596 条“担保的债权”、第 603 条“船舶优先权人享有质权的序位”规定了倒序原则。参见《德国〈商法典·第五编 海商〉》，马金星译，载刘艳红主编：《东南法学》2016 年辑秋季卷，东南大学出版社 2016 年版，第 241 ~243 页。

⑤ 例如，日本《商法》第 842 条规定“有关救助报酬的债权或者基于属于船舶分摊的共同海损产生的债权”受到船舶优先权担保，同时第 843 条第 1 款规定，此类债权的船舶优先权优先于其产生时已经存在的其他船舶优先权受偿。参见《日本最新商法（有关运输/海商部分）和国际海上货物运输法》，张秀娟、李晓楠、梁赟译，载《中国海商法研究》2020 年第 1 期，第 70 页。

⑥ 参见张辉：《船舶优先权法律制度研究》，武汉大学出版社 2005 年版，第 122 页。

上的船舶优先权作出的贡献，从而赋予此类债权合理的优先效力。虽然船舶优先权与民用航空器优先权是运输法及其周边法律领域较为特殊的一类权利，但此种公平价值的实现方式与一般民商法并无不同。船舶优先权归根结底是担保物权，而担保物权本身就是以确保债权的实现为目的。[①] 海难救助虽然在后发生，但保障了在先的受船舶优先权担保的债权能够实现，理应居于更为优先的受偿顺位。

又如，《海商法》第115条第1款规定："经承运人证明，旅客的人身伤亡或者行李的灭失、损坏，是由于旅客本人的过失或者旅客和承运人的共同过失造成的，可以免除或者相应减轻承运人的赔偿责任。"此系侵权法上过失相抵规则在海上旅客运输领域的具体化。所谓过失相抵，是指当受害人对于损害的发生或者损害结果的扩大具有过错时，依法减轻或者免除加害人的赔偿义务。[②]《民法典》第1173条也规定："被侵权人对同一损害的发生或者扩大有过错的，可以减轻侵权人的责任。"过失相抵的理论基础同样在于法律的公平价值：当受害人的过错与加害人的过错共同导致损害的发生，或者受害人的过错导致了损害的进一步扩大时，无论是要求加害人全部赔偿，抑或完全拒绝受害人的赔偿请求权，对于其中一方当事人皆有不公之处；唯有根据受害人的过错对损害赔偿的行为进行调整，方才公平合理。[③] 可见，海商法在许多情形下直接沿用一般民商法的方法贯彻公平价值，从而与民商法的公平价值之间存在鲜明的共性。

（二）海商法公平价值的特殊性

海商法公平价值的特殊性，突出表现为对于实质公平的追求。船货利

---

① 参见崔建远：《物权法》（第4版），中国人民大学出版社2017年版，第418页。

② 参见程啸：《侵权责任法》（第2版），法律出版社2015年版，第720~721页。

③ 参见程啸：《侵权责任法》（第2版），法律出版社2015年版，第721页。

益平衡历来被视为海商法的重要考量之一，甚或有学者将船货利益平衡原则作为海商法近乎唯一的基本原则。[①] 例如，李天生认为：

"船货利益"不是按照词的本义局限于船东和货主的利益，"船货利益"包括以"船"为中心的一方和以"货"为中心的一方的利益，即"船方当事人"和"货方当事人"的利益。例如，在"船方当事人"中，包括船东、船舶经营人、光租人、出租人、承运人、无船承运人、船代，甚至提供其他船舶和航运服务的利益方；在"货方当事人"中，有发货人、收货人、托运人、提单持有人、提单受让人、货代、作为贸易当事方的承租人，甚至为国际货物买卖提供相应服务的利益方。[②]

但是，当代海商法追求的利益平衡已不限于船货利益，甚至可能超出上述扩大意义上的船货利益代表的海上货物运输语境，而是同时包括船货双方、承运人与旅客、责任限制主体与索赔人、保险人与被保险人等不同主体之间的利益。[③]

尽管当代海商法的利益平衡存在多元化的格局，但通过保护船方利益鼓励航运产业发展，仍是当代海商法追求实质公平的重点所在，即在赋予不同主体平等参与航运活动的资格的基础之上，同时针对以海上特殊风险为主要表现形式的海事因素对于船方的不利影响，给予船方某些在一般民事活动下并不享有的特殊权利，从而通过法律的形式矫正航运活动不同主体之间原本可能存在的利益失衡。此亦本章后续内容将会着重讨论的海商法鼓励航运业发展价值目标的具体体现。

1. 海商法特殊公平价值的法理基础

海商法是调整海事活动的法律，其中公平价值的特殊性主要源于海事

---

① 参见李天生：《初论海商法的基本原则》，载《河北学刊》2012 年第 6 期，第 153 页。

② 李天生：《船货利益平衡原则研究》，法律出版社 2012 年版，第 30 页。

③ 参见胡正良、孙思琪：《我国〈海商法〉修改的基本问题与要点建议》，载《国际法研究》2017 年第 4 期，第 55 页。

活动的特殊风险性。海商法的各项具体法律制度的产生、发展以及消亡，均与海上特殊风险，尤其是人们抵御海上特殊风险的能力密切相关。所谓海上特殊风险，是指船舶在海上或其他可航水域进行运输或其他活动遭遇的各类风险，包括碰撞、搁浅、触礁、火灾、海啸、恶劣天气、战争、海盗等，而无论风险是由自然原因还是人为原因所致。

海上特殊风险可从绝对风险和相对风险两个层面进行理解。海上绝对风险是指客观存在的风险，而海上相对风险可以理解为海上绝对风险、人们从事海上运输或者其他海上商业活动的成本与收益，以及抵御此种风险的能力之间的函数关系。据此，海上绝对风险随着时代发展却基本保持不变的状态，而海上相对风险则始终处于变化之中，尤其是受到人们抵御海上绝对风险的能力随着技术进步而不断提高的明显影响。因此，海上相对风险通常代表着航运生产力的发展水平。

海事活动存在较大的海上相对风险，应是海商法各项制度存在的主要客观基础。此种特殊风险的存在，决定了关于陆上运输的法律制度以及其他一般民事法律制度对于海上运输或者其他海上商业活动的调整具有不适应性，从而需要创设与海上特殊风险相适应的特别法律制度。[①] 日本学者箱井崇史对此曾有较为深入的论述：

自古以来看，人类就深刻地意识到在海上活动的特殊性之中，最根本的就是其中存在的危险性（即海上危险）。船舶一旦开航离开陆地即孤立于海面之上，不得不面临种种自然危险（如暴风雨、大浪、疫病等）和人为危险（如海盗等）的威胁，而这些危险又都是仅凭人类智慧所难以克服的。与此相对，由于受到顺利完成航海后所能获得的财富的吸引，以及为了维持战时能够变成舰队的商船队的规模等，虽然航海存在相当的危险性，但还是得到了积极的鼓励。为了鼓励航海活动，人类社会一直以来都

① 参见胡正良主编：《海事法》，北京大学出版社2016年版，第5页。

在积极探寻如何克服海上存在的种种危险，而这些努力的结果在海商法的传统制度或规定中都有所体现。可以说，海法或者海商法的最终目的原本就是保证带有危险性的航海得以顺利进行。……为了应对海上危险，并确保船舶所有人、船舶共有人、出资人、船长、船员和货主等航海相关人员的“紧密合作”，海商法中出现了众多与此相关的制度和规定。①

韩国学者金仁显也认为，船舶作为航运企业的物资设备长期在海洋的特殊环境之中运作，因而面临比之其他一般行业明显不同的危险性。海商法据此也为保护船舶所有人或者承运人制定了许多相关制度和规定。② 因此，海商法的公平价值之所以具有特殊性，根本的法理基础便是海事活动突出的特殊风险，因而需要通过法律平衡海上特殊风险对于海事活动的负面影响，避免由于经营负担过重而使人们对于航运活动止步不前。

2. 海商法公平价值特殊性的具体表现

海商法公平价值的特殊性，也即对于实质公平的追求，核心表现应是通过法律的强制性规定分摊海上特殊风险对于船方的影响，兼及其他关系人可能遭受的不尽公平的损失，主要体现在承运人的过失免责、赔偿责任限制等规则，以及共同海损制度。郭瑜曾经明确指出：“海商法是围绕船东利益设计的，是船东本位主义的法，是船东的法而不是货主的法。在海商法的眼中，船方和货方从一开始就不是应该平等对待的两个主体。”③ 此种所谓的不平等对待，其实正是对于海商法特殊公平价值的准确阐释。

海商法是由各项具体海商法律制度有机组合而成的法律体系，因而对于公平价值的最终贯彻也是在不同制度的共同作用下得以实现。例如，韩国学者金仁显曾经基于韩国法详细论述了海商法的衡平性，认为海商法是

---

① ［日］中村真澄、［日］箱井崇史：《日本海商法》，张秀娟、李刚、朴鑫译，法律出版社 2014 年版，第 2 页。

② 参见金仁顯（2018），「海商法」，法文社，27 頁。

③ 郭瑜：《海商法的精神——中国的实践和理论》，北京大学出版社 2005 年版，第 178 页。

同时保护船舶所有人、相对方以及第三人的法律。船舶所有人的保护制度包括航海过失等免责、货主的无过错责任、损害赔偿责任限制、短期时效、运输物拍卖权[①]等规则；船舶所有人的相对方以及第三人的保护制度包括适航义务、定期租船出租人义务[②]等船舶所有人的注意义务，再运输合同中船舶所有人的连带责任、[③] 船舶所有人的无过错责任等船舶所有人的责任，船舶优先权、强制责任保险等债权保护手段，以及船长广泛的代理权、[④] 提单的推定效力等规则。[⑤] 至于当代海商法的公平价值在单一海商法律制度中的具体体现，较为典型的应是海上货物运输承运人的过失免责、船方的赔偿责任限制与共同海损三个方面。

（1）海上货物运输承运人的过失免责

依据合同法的一般原理，大陆法系主要法域对于违约责任的归责原则大多采取过错责任原则，而英美法系则更多依循严格责任原则或称无过错责任原则。[⑥] 我国《民法典》第577条则规定：“当事人一方不履行合同义务或者履行合同义务不符合约定的，应当承担继续履行、采取补救措施或者赔偿损失等违约责任。”该条并未采用“但当事人能够证明自己没有过错的除外”或类似表述，因而通常认为我国合同法是以无过错责任作为违

---

① 韩国《商法》第808条“承运人的运输物拍卖权”第1款规定：“承运人为了得到第807条第1款规定的金额，有权得到法院的许可后拍卖运输物优先受偿。”

② 例如，韩国《商法》第845条“租船费的逾期及终止合同等”第2款规定：“定期租船人与第三人签订运输合同并将货物装运之后，若在船舶的航海途中船舶所有权人根据第1款之规定解除或者终止合同时，船舶所有权人对载货利害关系人承担与定期租船人相同的运输义务。”

③ 韩国《商法》第809条“再运输合同与船舶所有权人的责任”规定：“定在租船人以自己的名义与第三人签订运输合同的情形下，在该合同的履行系船长的职务范围之内，船舶所有权人仍对该第三人承担第794条及第795条所规定的责任。”

④ 韩国《商法》第749条“代理权的范围”第1款规定：“目的港以外，船长有权管辖航海中发生的必要的裁判或裁判以外的所有行为。”第2款规定：“船长受托的范围外，在目的港有权雇佣或解雇海员。”

⑤ 金仁顯（2018），「海商法」，法文社，27頁。

⑥ 参见王利明：《合同法研究》（第2卷），中国人民大学出版社2015年版，第424～430页。

约责任的一般原则。[①] 即使对于货物运输合同,《民法典》第 832 条也同样确立了无过错责任原则:“承运人对运输过程中货物的毁损、灭失承担赔偿责任。但是,承运人证明货物的毁损、灭失是因不可抗力、货物本身的自然性质或者合理损耗以及托运人、收货人的过错造成的,不承担赔偿责任。”根据该条规定,承运人应对运输过程中货物的毁损、灭失承担无过错的赔偿责任,即损害赔偿责任的成立不以承运人在运输过程中存在过错为前提条件。确立此种归责原则的理据在于:承运人在货运合同中应当负担的主要义务是将货物安全送达目的地,货物在运输过程中处于承运人的实际控制之下,要求承运人承担无过错责任可以促使承运人尽力履行自身应当承担的妥善保管义务,从而将货物安全地运送至目的地;而且,承运人通常是专门从事货物运输的企业,具有较强的经济实力以及应对风险的能力。如果承运人仅需证明自身无过错便可免除对于货物运输发生毁损、灭失的责任,可能由于承运人能够轻易免责而损害托运人的利益。[②]

然而,目前国际上通行的海上货物运输法律制度却并未采取上述违约责任的一般归责原则。以《1924 年统一提单若干法律规定的国际公约》即《海牙规则》为例,一般认为,该公约对于承运人责任采取的是不完全过错责任原则。[③] 原因在于该公约第 4 条第 2 款规定了 17 项承运人的免责事由,可以分为过失免责和无过失免责两种情形,其中过失免责使承运人即使存在过失也可以不承担过失造成的违约后果。此即学理上通常所称海上货物运输承运人不完全过错责任原则的“不完全”之处。具体而言,承运人过失免责主要是指航海过失免责和火灾过失免责。所谓航海过失免责,

① 参见韩世远:《合同法总论》,中国人民大学出版社 2018 年版,第 748 页。

② 参见王利明:《合同法研究》(第 3 卷),中国人民大学出版社 2015 年版,第 535 页。

③ 参见吴焕宁主编:《国际海上运输三公约释义》,中国商务出版社 2007 年版,第 52 页。

《海牙规则》第4条第2款第a项规定为“船长、船员、引水员或承运人的雇佣人员，在航行或管理船舶中的行为、疏忽或不履行义务”,[①] 具体包括驾驶船舶的过失和管理船舶的过失。前者是指船长、船员和引航员等在船舶航行或者停泊操纵方面的过失，后者则是指船长、船员等在维持船舶的性能和有效状态方面的过失。[②]

船长、船员均为承运人的雇员，承运人本应为此类人员的行为承担责任。即使是对第三人原因导致的违约，合同法一般也要求当事人承担违约责任，更遑论作为承运人雇员的船长和船员。例如，《民法典》第593条规定：“当事人一方因第三人的原因造成违约的，应当依法向对方承担违约责任。当事人一方和第三人之间的纠纷，依照法律规定或者按照约定处理。”尤其是基于无过错责任的立场，合同债务人原则上对其债务不履行承担无过错责任，从而不再要求过错要件，也不再过问第三人或者债务人是否存在过错。[③] 即便是并不强调合同相对性的侵权法上也有用人者责任的规则，要求用人单位为其工作人员造成的损害承担侵权责任,[④] 其理论基础在学说上有报偿理论、控制力理论、深口袋理论等多种颇具说服力的理论。[⑤] 因此，航海过失免责明显突破了合同法的一般原理。

航海过失免责的规定最初正是考虑到海上特殊风险，为鼓励海上货物运输行业的发展而制定。[⑥] 虽然此种导源于1893年美国《关于船只航行、提单以及与财产运输有关的某些义务、职责和权利的法律》即《哈特法》的

---

① 《海商法》第51条第1款第1项表述为“船长、船员、引航员或者承运人的其他受雇人在驾驶船舶或者管理船舶中的过失”。

② 参见司玉琢主编:《海商法》，法律出版社2018年版，第90~91页。

③ 参见韩世远:《合同法总论》，中国人民大学出版社2018年版，第754页。

④ 《民法典》第1191条第1款规定:“用人单位的工作人员因执行工作任务造成他人损害的，由用人单位承担侵权责任。用人单位承担侵权责任后，可以向有故意或者重大过失的工作人员追偿。”

⑤ 参见程啸:《侵权责任法》(第2版)，法律出版社2015年版，第402~403页。

⑥ 参见吴焕宁主编:《国际海上运输三公约释义》，中国商务出版社2007年版，第53页。

规定，一定程度上也被认为是对通过强行法禁止曾被广泛使用的免责条款的妥协对策，但也并非全无理论依据：船舶的操纵和管理具有高度技术性，承运人难以完全介入，而船长等其他承运人的受雇人的些许过失可能导致巨额损害。[①] 而且，船舶一旦开航便脱离了承运人的控制，即使在现代通信技术条件下承运人也无法像工厂管理工人一般绝对及时、有效地管理船员，数量众多的船员在技术水准和航海经验方面也不可能整齐划一。[②] 可见，海上特殊风险直接威胁的是承运人的利益，而托运人在将货物交给承运人后便已完成了基于合同负有的主要义务，此时承运人则须开始承担将货物安全运送至目的港的持续性责任，海上特殊风险在船货双方之间本就存在较为明显的不平衡状态。[③] 因此，至少在航海技术尚不非常发达的时期，动辄要求承运人为船长、船员的行为承担责任，虽然看似符合违约责任的一般归责原则，却可能导致承运人暴露在不尽合理的巨大风险之下，不仅不利于鼓励航运业发展的价值贯彻，更在实质上违背了海商法追求的公平价值。航海过失免责等特殊过失免责权利的设置，本质是对船货双方之间受到海上特殊风险影响而失衡的利益关系进行矫正的方式，也即追求海事活动实质公平的价值体现。

（2）船方的赔偿责任限制

上文已经多次提及，民事损害赔偿的最高原则是完全赔偿原则，力求促使受害人回复到尚未遭受侵害时应处之状态。[④] 但是，海事活动由于海上特殊风险的存在而成败难卜，如果要求船方完全承担此种风险，投资者颇有可能裹足不前，从而难以推进航运业的发展。[⑤] 因此，海商法基于实

---

① 参见［日］中村真澄、［日］箱井崇史：《日本海商法》，张秀娟、李刚、朴鑫译，法律出版社2014年版，第233页。

② 参见傅廷中：《海商法》，法律出版社2017年版，第119页。

③ 参见何丽新、陈永灿：《海商法特性论》，载《中国海商法年刊》2008年第0期，第171页。

④ 参见程啸：《侵权责任法》（第2版），法律出版社2015年版，第664页。

⑤ 参见桂裕编著：《海商法新论》，台北，正中书局1974年版，第124页。

质公平的价值追求，以及鼓励航运业发展等特殊政策考量，背离完全赔偿原则创设了特殊的赔偿责任限制制度。

海商法中的责任限制制度主要分为两个部分，一是规定于海上运输法的承运人的单位赔偿责任限制制度，二是专门的海事赔偿责任限制制度。以海上货物运输为例，前者规定的是承运人按照货物件数或其他货运单位计算的最高赔偿限额，后者则是针对一次事故引起的各种索赔的综合性赔偿限制。如果发生海损事故，海上货物运输的承运人可以享受根据单位赔偿责任限制确定的最高赔偿额，即一次限制；如果承运人同时又是海事赔偿责任限制的责任主体，比如包括船舶经营人在内的船舶所有人，同时还可享受海事赔偿责任限制的最高限额，即二次限制。如果一次限制小于二次限制，则以一次限制为准；反之亦然。

海商法通过设置特殊的责任限制制度，赋予承运人、船舶所有人等特定主体将其理应承担的赔偿责任限定在一定数额之内的权利，[①] 虽然客观上导致受害者遭受的损失无法得到充分、有效的赔偿，[②] 但在海事活动的特定背景之下却更为符合法律的公平价值。一般民商事法律遵循的公平原则作为法律公平价值之体现，要求实现当事人利益的平衡，并且防止出现利益衡量的显失公平，[③] 甚或延伸至对于不利益也即风险和负担的分配亦须均等。[④] 海商法创设责任限制制度本身即有不同于一般民事法律的特殊利益衡量，学说上也认为海上债务具有特殊平衡性，[⑤] 责任限制制度更被视为海商法的特色之一。[⑥] 具体而言，海事赔偿责任限制制度之所以能够

---

① 参见胡正良主编：《海事法》，北京大学出版社 2016 年版，第 596 页。

② 参见何丽新、谢美山：《海事赔偿责任限制研究》，厦门大学出版社 2008 年版，第 71 页。

③ 参见王利明：《民法总则研究》，中国人民大学出版社 2012 年版，第 120 ~121 页。

④ 参见胡正良主编：《海事法》，北京大学出版社 2016 年版，第 599 页。

⑤ 参见赖来焜：《最新海商法论》，台北，神州图书出版有限公司 2002 年版，第 11 页。

⑥ 参见郑玉波：《海商法》，台北，三民书局 2008 年版，第 11 ~12 页。

体现公平价值，主要理由在于该项制度在设计之初即为均衡分配海上运输活动固有的特殊风险，尤其是作为海上运输经营者的船东在指挥和控制其受雇人完成海上运输或其他海上商业活动时的障碍与不便带来的风险。特别是海上运输主要由船舶所有人雇用的船长、船员完成，而在早期通信不发达的年代，船舶开航后船舶所有人无法对其雇用的船长、船员在船上的行为进行有效的监督、控制和影响。此时如果要求船长、船员承担责任，因其赔偿能力有限，显然对于受害人不尽公平，但如果要求作为雇主的船舶所有人承担全部责任同样难谓公平。①

此外，考虑到海事赔偿责任限制制度对于债权人多有不利，海商法同时设有船舶优先权制度，基于衡平及公益之理由允许特定债权享有优先权，② 使其能够在有限的赔偿数额之中享有优先受偿的权利。借此在分摊船方面对的海上特殊风险的同时，尽量实现船方与其他海事活动参与主体之间利益的实质公平。以我国《海商法》为例，该法第207条规定在船上发生的或者与船舶营运、救助作业直接相关的人身损害引起的赔偿请求属于限制性海事请求；③ 同时，该法第22条又规定在船舶营运中发生的人身伤亡的赔偿请求受到船舶优先权担保，而且原则上排在较为靠前的第二顺位受偿。④

（3）共同海损

共同海损是指在同一海上航程之中，当船舶、货物和其他财产遭遇共

---

① 参见胡正良主编：《海事法》，北京大学出版社2016年版，第600页。

② 参见梁宇贤：《海商法论》，台北，三民书局1997年版，第228~229页。

③ 《海商法》第207条第1款第1项规定，“下列海事赔偿请求，除本法第二百零八条和第二百零九条另有规定外，无论赔偿责任的基础有何不同，责任人均可以依照本章规定限制赔偿责任：（一）在船上发生的或者与船舶营运、救助作业直接相关的人身伤亡或者财产的灭失、损坏，包括对港口工程、港池、航道和助航设施造成的损坏，以及由此引起的相应损失的赔偿请求”。

④ 《海商法》第22条第1款第2项规定，“下列各项海事请求具有船舶优先权：……（二）在船舶营运中发生的人身伤亡的赔偿请求”。

同危险时，为了维护共同安全，有意而合理地采取措施而直接造成的特殊牺牲、支付的额外费用，以及在共同危险被解除之后为安全地完成航程而支付的必要且合理的费用，由各受益方按照受益财产的比例予以分摊的法律制度，[①] 也是海商法特有的一项损害负担法律制度，[②] 已然成为每个国家国内海商法律的组成部分。[③] 国外也有学者认为共同海损制度是海上保险出现以前的一种相互保险形式。[④] 据此，此项制度本身的整体目的便是为了在各个受益方之间公平分摊船方以及其他利益关系人出于维护共同安全而遭受的损失，因而可以认为是最能直接体现海商法公平价值的特殊性的专门制度之一。

共同海损制度被认为是建立在公平基础上的海上自然法。[⑤] 此项制度不仅作为最为古老的航海惯例之一而得到普遍遵循，也为现代各国的海事立法一致承认。[⑥] 最为典型的例证便是《约克—安特卫普规则》（*York-Antwerp Rules*），该规则并非国际公约，因而不具备国际公约对于缔约方的法律拘束力，只是共同海损利害关系人权利义务分配较为合理的范本。[⑦] 但是，该规则却在一百四十余年以来得到多次修订，不仅成为海商法领域最具影响力的国际航运惯例，而且被许多航运发达国家的海事立法不同程度地吸收。足见共同海损制度秉持的公平价值已然得到现代海事立法的认可。

关于共同海损的理论基础或称法律性质，学说上存在诸多不同观点，至少包括当场达成协议说、合同说、代理说、衡平说、不当得利说、利害

---

① 参见司玉琢主编：《海商法》，法律出版社2018年版，第268页。

② 参见蒋跃川：《共同海损》，法律出版社2009年版，第1页。

③ See Yvonne Baatz (ed.), *Maritime Law*, Informa Law from Routledge, 2018, p. 256.

④ See Simon Baughen, *Shipping Law*, Routledge, 2015, p. 311.

⑤ 参见［美］J. L. 布格拉斯：《共同海损：一九七四年约克—安特卫普规则 美国法律和惯例》，叶伟膺、黎东发、徐士章、阎存厚译，中国国际贸易促进委员会法律事务部1984年版，第5页。

⑥ 参见蒋跃川：《共同海损》，法律出版社2009年版，第3页。

⑦ 参见饶瑞正：《海商法论》，台北，三民书局2018年版，第546页。

共同体说、紧急避险说。[①] 虽然不同学说关于法律性质的认定各有差异，但应当认为关于“危险共同体”的观念已经得到较为广泛的认可。例如，我国台湾地区学者杨仁寿认为：

航行海上之船舶及货物，因海上运送契约之缔结，面对海上之孤立性及海上危险性，自然而然地成一“共同危险团体”，此为海上运送所独具之特色，为陆上运送所无。当“共同危险团体”遭遇危险时，为避免或减轻损害，自当临机应变采取适当措施，以确保船舶及货物之共同安全，完成航海。[②]

船舶和货物在海上构成一个孤立的危险共同体，一旦遭遇海上危险，只能通过牺牲部分船舶或货物确保共同体的利益。如果利害关系人为一己之利针对共同遭遇的危险肆意采取措施，不仅将使其他财产无法得到救助，还有可能导致自身财产的安全也无法获得保障。鉴于此，应由船舶的船长采取当时情况下最为合理的措施应对共同危险，从而保障危险共同体的利益。[③] 但是，法律上却不应要求牺牲财产的所有人独自负担损失，而应由全部被保存的财产所有人对损失予以分摊，以期实现当事人之间的公平。[④] 因此，“投弃货物以保存船舶及其他货物者，船主及货主均应共同分担是项损失”作为今日共同海损制度的基本精神，[⑤] 本质上体现的正是对于海上特殊风险共同进行分摊，从而追求实质公平的价值目标。

三、海商法公平价值的当代发展

不同历史时期的海商法律制度，总是与特定时期船舶所有人克服海上

---

① 参见蒋跃川：《共同海损》，法律出版社 2009 年版，第 4～10 页。

② 杨仁寿：《共同海损法论》，台北，三民书局 2010 年版，第 9 页。

③ 参见［日］中村真澄、［日］箱井崇史：《日本海商法》，张秀娟、李刚、朴鑫译，法律出版社 2014 年版，第 295 页。

④ 参见郑玉波：《海商法》，台北，三民书局 2003 年版，第 245 页。

⑤ 参见张新平：《海商法》，台北，五南图书出版股份有限公司 2016 年版，第 335 页。

特殊风险的能力相适应。随着航海技术和造船技术及其他相关技术的发展进步，船舶所有人克服海上特殊风险的能力不断提高，海商法律制度的价值取向逐渐发生变化。[①] 此种变化对于海商法的公平价值而言突出表现为特殊性开始减弱，也即形式公平和实质公平的差距明显缩小，需要法律矫正的内容和程度也有所减少。因此，海商法公平价值在当代发展的重点应是船舶所有人责任的不断加重。

（一）承运人责任归责原则的变化

《海牙—维斯比规则》对于海上货物运输的承运人责任采取不完全过错责任原则作为归责原则，重点便是航海过失免责、火灾过失免责等特殊的过失免责。此种特殊的责任制度，尤其是其中的航海过失免责，即使是在多年前我国《海商法》起草时也存在诸多反对意见。例如，当时一些部门、单位、公司和专家认为：

90 年代的今天，雷达控制，卫星导航，海船增加了一系列复杂的技术装备，海运风险已远不是 1924 年时的那种情况。以国际海运船舶船员平均人数为例，已从每条船 30 ~ 40 人减少到 20 个人左右，有的国家减少到 8 个人。这个数字的变化足以说明风险减小的程度。同时，由于运输手段的现代化，船长、船员与船东随时保持着密切的联系，作出任何重大的决定之前，不可能不请示船东。……如果今天仍然维持着这个极不合理的条款，未免过于偏袒船方的利益了。[②]

随着航行安全的提高，此种确有过分偏袒承运人之嫌的归责原则日益受到批评。[③] 主张废除航海过失免责的观点认为：首先，海商法是由航运

① 参见胡正良主编：《海事法》，北京大学出版社 2016 年版，第 27 页。

② 郭日齐：《我国〈海商法〉立法特点简介》，载交通部政策法规司、交通部交通法律事务中心编：《〈海商法〉学习必读》，人民交通出版社 1993 年版，第 31 页。

③ 参见郭瑜：《海商法教程》，北京大学出版社 2012 年版，第 91 页。

发展早期的惯例发展而来，而此种惯例与当时的航海实践紧密关联。随着科学技术的进步，现代科技在航海上的广泛应用大大增强了抵御海上特殊风险的能力。立法上给予船东特殊保护、豁免和特权的经济基础几乎不复存在。其次，从船东对船舶的实际控制来看，当时设置船长、船员航海过失免责的理由之一是通信手段落后，船东很难控制船舶，甚至对于船舶上发生的许多情况一无所知。同样，随着科技的进步，船舶与岸上的通信已然十分便捷，船东可以有效地控制船舶。最后，随着货物运输的集装箱化和专门化，件杂货的运输逐渐减少，运输程序简单化，货物的周转加快，货损、货差明显减少，船方承担的责任和面临的风险大大降低。现有的承运人责任归责原则使船方和货方之间的利益和风险失去了平衡。①

《修正〈1924 年统一提单某些法律规定的国际公约〉的 1968 年议定书》也即《维斯比规则》虽然通过提高《海牙规则》规定的承运人赔偿责任限额和其他方面的一些修改，对于维护建立在《海牙规则》基础上的船货双方利益平衡发挥了一定作用，但并未触及《海牙规则》的核心——承运人责任的归责原则。② 据此，很多第三世界国家以及代表货主利益的发达国家，如美国、加拿大、法国、澳大利亚，要求从根本上修改《海牙规则》的愿望未能得到实现。③ 鉴于此，船货双方利益在《1978 年联合国海上货物运输公约》也即《汉堡规则》中再次交锋，该公约废除了航海过失免责以及火灾过失免责原则，从而对承运人责任实行完全的过错责任原则。《汉堡规则》第 5 条“责任基础”第 1 款规定，如果引起货物灭失、损坏或迟延交付的事故发生在承运人掌管货物的期间，除非承运人证明其本人及其受雇人和代理人已为避免事故的发生及其后果采取了一切所能合

---

① 参见赵月林、胡正良：《我国〈海商法〉是否应该取消航海过失免责的研究》，载《大连海事大学学报（社会科学版）》2003 年第 1 期，第 9 页。

② 参见司玉琢主编：《海商法》，法律出版社 2018 年版，第 137 页。

③ 参见胡正良等：《〈鹿特丹规则〉影响与对策研究》，北京大学出版社 2014 年版，第 2 页。

理要求的措施，否则其应对由于货物灭失、损坏或迟延交付造成的损失承担损害赔偿责任。[①]

《汉堡规则》确立的承运人责任归责原则使国际海运各方风险分配的天平开始朝向货方或者使用海运服务的国家倾斜,[②] 该公约甚至被称为第三世界国家经过与西方航运国家长期斗争，而在国际海运立法舞台上取得的第一次胜利。但是，《汉堡规则》最终并未得到国际社会的广泛认可，虽然该公约已于1992年11月1日生效，且截至2021年9月30日已有35个国家和地区加入,[③] 但其中却是以发展中国家为主，许多是非洲和其他地区的内陆国家，航运大国和贸易大国大多并未参加该公约,[④] 所有参加国的商船总吨位不足世界商船总吨位的2%。[⑤] 而且，根据联合国贸易和发展会议《2020年海运述评》（*Review of Maritime Transport* 2020）统计的截至2020年1月1日的世界船队运力情况，其中仅有尼日利亚进入世界前35名;[⑥] 因此,《汉堡规则》对于船货双方利益平衡的处理，尤其是废除航海过失免责的立法选择，实际可以认为是国际海运立法对于当时船货利益出现失衡的一次过激的反应。

此后2008年通过的《鹿特丹规则》同样废除了航海过失免责和火灾

---

① 参见司玉琢主编:《海商法》，法律出版社2018年版，第139页。

② 参见吴焕宁主编:《国际海上运输三公约释义》，中国商务出版社2007年版，第91页。

③ 《汉堡规则》的缔约方包括阿尔巴尼亚、奥地利、巴巴多斯、博茨瓦纳、布基纳法索、布隆迪、喀麦隆、智利、捷克、多米尼加、埃及、冈比亚、格鲁吉亚、几内亚、匈牙利、约旦、哈萨克斯坦、肯尼亚、黎巴嫩、莱索托、利比里亚、马拉维、摩洛哥、尼日利亚、巴拉圭、秘鲁、罗马尼亚、塞内加尔、塞拉利昂、圣文森特和格林纳丁斯、叙利亚、突尼斯、乌干达、坦桑尼亚、赞比亚等35个国家和地区，其中秘鲁于2021年3月25日加入公约，2022年4月1日生效。

④ 参见联合国，https://treaties. un. org/Pages/showDetails. aspx? objid = 0800000280042179，2021年9月30日访问。

⑤ 参见胡正良等:《〈鹿特丹规则〉影响与对策研究》，北京大学出版社2014年版，第3页。

⑥ 参见联合国贸易和发展委员会:《2020年海运述评》，载联合国贸易和发展委员会网站，https://unctad. org/system/files/official-document/rmt2020_ en. pdf，2021年9月30日访问。

过失免责，采取完全的过错责任原则。[①] 但是，受2008年国际金融危机等因素的影响，该公约由于生不逢时而未能生效。截至2021年9月30日仍仅有贝宁、喀麦隆、刚果、西班牙、多戈等5国批准了公约，距离公约第94条“生效”规定的20个国家批准的生效条件依旧相去甚远。[②] 与《汉堡规则》缔约方的情况类似，上述5国无一进入截至2020年1月1日的世界船队运力情况前35名；即使从贸易的角度而言，根据世界贸易组织《2021年世界贸易统计述评》（*World Trade Statistical Review* 2021）统计的2020年世界货物贸易情况，也仅有西班牙进入世界前50名，其中出口方面排名第18，占比1.7%，进口方面排名第16，占比1.8%。[③] 因此，可以预见《鹿特丹规则》的生效前景非常渺茫。

虽然《汉堡规则》和《鹿特丹规则》对于海上货物运输承运人责任归责原则的改革并不成功，当前国际上通行的海上货物运输法律制度仍是《海牙—维斯比规则》体系。但是，随着航运生产力不断提高，上述两部公约终究代表着国际海上货物运输立法未来必然的发展方向，即加重承运人的责任。航海过失免责等特殊过失免责的最终废除，也不过是时间问题而已。而且，从上述两部公约的具体规定来看，废除航海过失免责的同时也并非没有关注船货双方之间的利益平衡。例如，《汉堡规则》第5条“责任基础”第4款规定，对于证明承运人及其受雇人或代理人对于造成火灾，以及在为灭火、避免和减轻火灾后果而采取的措施方面存在过失或疏忽，应由索赔人承担举证责任。火灾发生后现场往往将会遭到严重损害，引起火灾的证据也时常不复存在，因而造成火灾的确切原因一般很难

① 《鹿特丹规则》第17条“赔偿责任基础”。

② 《鹿特丹规则》第94条“生效”第1款规定：“本公约于第二十份批准书、接受书、核准书或者加入书交存之日起一年期满后的下一个月第一日生效。”

③ 参见世界贸易组织：《2021年世界贸易统计述评》，载世界贸易组织网站，https://www.wto.org/english/res_e/statis_e/wts2021_e/wts2021_e.pdf，2021年9月30日访问。

确定，调查和确定船舶在海上发生火灾的原因更是困难。① 据此，通常认为基于此种举证责任的分配，承运人实际上在多数情况下仍然对于火灾过失不承担赔偿责任。《鹿特丹规则》也通过举证责任的分配，在一定程度上矫正了航海过失免责等特殊过失免责废除后船货双方之间可能产生的过于倾向货方的利益失衡。《鹿特丹规则》虽然也采取完全的过错责任原则，但举证责任的设置与《汉堡规则》采用的过错推定原则迥然相异。《鹿特丹规则》第 17 条“赔偿责任基础”规定举证责任由船货双方共同分担，分层次地规定对于何种事实的举证责任分别归于承运人抑或索赔人。此种举证责任的分配模式较之《汉堡规则》对于承运人更为有利。②

从各国国内立法的进展来看，截至 2020 年 1 月 1 日船队运力排名世界第 6 的德国已于 2013 年完成了海商法的改革，并且废除了航海过失免责。德国《商法》第五编“海商”第 501 条“其他人的责任”规定：“承运人应当为其属员和船舶乘务人员的过错承担相同责任，犹如所涉及的过错系承运人本人所致。这种情况还适用于承运人使用的其他为货物运输提供服务的人。”③ 改革前的德国《商法》第 607 条“对辅助人和船员的责任”第 2 款则规定：“损害是因驾驶船舶所发生，或者是通过对船舶的其他操纵所发生，或者是因火灾所发生，承运人仅对自己的过错负责任。主要为货物利益所采取的措施，不属于船舶操纵行为。”④ 根据德国学者 Dieter Schwampe 的解释，此一变化主要是考虑到过失免责在当代已不具备存在的充分理由，⑤ 而非刻意参照《鹿特丹规则》或《汉堡规则》。同时，德

---

① 参见吴焕宁主编：《国际海上运输三公约释义》，中国商务出版社 2007 年版，第 121 页。

② 参见胡正良等：《〈鹿特丹规则〉影响与对策研究》，北京大学出版社 2014 年版，第 134 页。

③ 另见该法第 498 条“责任基础”、第 499 条“特别的损害缘由”。参见《德国〈商法典·第五编 海商〉》，马金星译，载刘艳红主编：《东南法学》2016 年辑秋季卷，东南大学出版社 2016 年版，第 221 ~222 页。

④ 《德国商法典》，杜景林、卢谌译，法律出版社 2010 年版，第 302 页。

⑤ See Dieter Schwampe, *Transport Law in Germany*, Wolters Kluwer, 2018, p. 104.

国《商法》第512条允许当事人通过特别约定的形式，约定航海过失免责或火灾过失免责：

（1）仅当通过当事人详细磋商达成约定时，约定内容可与本分目的规定不一致，且这种做法也适用于同一缔约方之间的多个类似合同均达成此类安排的情况。

（2）与第1款的规定不同，可通过预先拟定的合同条款确定：

①当损害是由船舶驾驶或其他操作过程引发的，或由船上发生火灾或爆炸引发的，而采取的措施并非主要出于货物的利益，则承运人无需为其属员或船舶乘务人员的过错承担责任。

②承运人对因货物灭失或损坏所负责任应高于第504条所载金额。①

与此明显不同的是，船队运力排名世界第2的日本也于2018年通过了《〈商法〉和〈国际海上货物运输法〉部分修改的法律案》（商法及び国際海上物品運送法の一部を改正する法律案），其中《商法》第三编"海商"是该法自1899年6月16日正式颁行以来首次规模较大的修改，《国际海上货物运输法》也有整体性修改。但是，此次改革仍然保留了航海过失免责。《国际海上货物运输法》第3条第1款规定："由于承运人本人或者其受雇人就货物的接收、装船、积载、运输、保管、卸载以及交付疏于注意造成货物灭失、损坏或者迟延交付的，承运人负赔偿责任。"第2款则规定："前款规定不适用于船长、海员、引航员以及其他承运人的受雇人在驾驶或者管理船舶中的行为造成的损害，或者船上火灾（承运人的故意或者过失所造成的除外）造成的损害。"②

航运大国国内立法对于承运人责任归责原则的不同态度，一定程度上

① 《德国〈商法典·第五编　海商〉》，马金星译，载刘艳红主编：《东南法学》2016年辑秋季卷，东南大学出版社2016年版，第224页。

② 《日本最新商法（有关运输/海商部分）和国际海上货物运输法》，张秀娟、李晓楠、梁赟译，载《中国海商法研究》2020年第1期，第71页。

也表明当代海商法对于船货双方之间利益平衡的追求仍然处于不断发展变化之中，承运人责任加重作为当代海商法公平价值目标演变的基本趋势之一，也并非一蹴而就的结果。我国司法部于2020年5月定向征求意见的《海商法（修改送审稿）》，仍然保留了航海过失免责和火灾过失免责。①

此外，海上旅客运输国际立法也存在通过改变承运人责任的归责原则加重承运人责任的趋势。《1974年海上旅客及其行李运输雅典公约》（以下简称《1974年雅典公约》）采用的归责原则是过错责任原则，《2002年海上旅客及其行李运输雅典公约》（以下简称《2002年雅典公约》）则转而采用了无过错责任与过错责任并用的归责原则。《2002年雅典公约》规定：承运人对于船舶航行事故（shipping accident）造成的旅客人身损害，每名旅客在每一事故中的赔偿责任在25万特别提款权的限额之内实行无过错责任原则，即除非承运人证明事故是战争行为、敌对行为、内战、暴乱或者异常的、不可避免和不可抗拒的自然现象所致，或者完全由于第三者有意造成事故的作为或不作为，承运人应当承担赔偿责任。承运人对于船舶航行事故造成的超过上述限额的旅客人身损害的赔偿责任，实行过错责任原则，即如果承运人证明其本人或在其受雇或代理权限范围内行事的受雇人或者代理人，以及履约承运人及在其受雇或者代理权限范围内行事的受雇人或者代理人，对于事故的发生没有过错，则不承担赔偿责任。承运人对于非因船舶航行事故造成的旅客人身损害的赔偿责任，亦实行过错责任原则，并且承运人一方存在过错的举证责任由索赔方承担。公约定义的船舶航行事故则是指船舶沉没、碰撞、搁浅、火灾或者船舶的缺陷。②

① 《海商法（修改送审稿）》第59条第2款第1项规定，“虽有前款规定，货物的灭失、损坏或者迟延交付是由于下列原因之一所造成的，承运人不负赔偿责任：（一）船长、船员、引航员或者承运人的其他受雇人在驾驶船舶或者管理船舶中的过失”。

② 参见《2002年雅典公约》第3条“承运人的责任”。

（二）船方赔偿责任限额的提高

海商法中的承运人单位赔偿责任限制制度和海事赔偿责任限制制度是对民商法完全赔偿原则的突破，也是出于海上特殊风险而通过减轻承运人责任以期达成的船货双方之间的实质公平。总体而言，承运人的单位赔偿责任限额理应随着时代发展不断提高，也即不断朝向完全赔偿靠拢，具体原因有二：

第一，基于国际贸易中货物价值的不断提高以及通货膨胀两个方面因素的影响，承运人单位责任限额体现的实际价值总体呈现下降趋势，无法保障在国际贸易中对于货物的灭失或损害作出适当赔偿，因而需要通过提高承运人单位责任限额以适应社会发展的实际需要。

第二，现代航海技术与造船技术的不断发展，促使航运生产力不断提高，人们克服海上特殊风险的能力有了明显提升，决定了海商法调整对象的特殊性逐步降低，对于承运人的特殊保护也应相应地逐步减少，从而实现船货双方之间的利益平衡，促使海商法律制度在不同的时代背景下均能基本保持相应的实质公平。①

联合国国际贸易法委员会第三工作组在《鹿特丹规则》的起草过程中对于承运人单位责任限额的设定给予了高度重视，并且一直将此问题作为争议的焦点之一。②《鹿特丹规则》通过以前，涉及海上货物运输的各个国际公约对于承运人单位责任限额均作出了不同规定：《海牙—维斯比规则》规定承运人对于货物灭失或损害的赔偿限额为每件或每单位666.67特别提

---

① 参见孙思琪：《论当代海商法国家自主性与国际统一性之关系》，载梁慧星主编：《民商法论丛》第63卷，法律出版社2017年版，第389页。

② 参见胡正良等：《〈鹿特丹规则〉影响与对策研究》，北京大学出版社2014年版，第43页。

款权，或者毛重每千克2特别提款权，[①] 我国《海商法》同样采取了此一限额；[②]《汉堡规则》规定承运人对于货物灭失或损害的赔偿限额为每件或每单位835特别提款权，或者毛重每千克2.5特别提款权，[③] 较之《海牙—维斯比规则》提高了约25%；1980年《联合国国际货物多式联运公约》（以下简称《多式联运公约》）则将多式联运经营人对于货物灭失或损害的赔偿限额规定为每件或每单位920特别提款权，或者毛重每千克2.75特别提款权，[④] 较之《汉堡规则》提高了约10%。

《鹿特丹规则》起草过程中，承运人的单位责任限额也是一个颇具争议的问题，各国针对承运人单位责任限额的数额主要存在六种建议。[⑤] 直至2007年年底，联合国国际贸易法委员会第三工作组仍然建议采取与《汉堡规则》相同的单位责任限额。但是，2008年1月召开的第三工作组第21届工作会议上，基于非洲24国的强烈要求，以及美国、法国等一些国家的妥协与推动，会外32个国家达成“一揽子”妥协备忘录，决定将单位责任限额确定为每件或每单位875特别提款权或者毛重每千克3特别提款权。虽然中国、希腊、韩国等国表示明确反对，但《鹿特丹规则》最

① 1979年《修订经〈1968年议定书〉修订的〈统一提单某些法律规定的国际公约〉的议定书》第2条第1款。

② 《海商法》第56条。

③ 《汉堡规则》第6条“责任限额”第1款第a项。

④ 《多式联运公约》第18条“赔偿责任限制”第1款。

⑤ 六种建议如下：第一，适当高于《海牙—维斯比规则》规定的单位责任限额；第二，与《汉堡规则》规定的单位责任限额一致；第三，适当高于《汉堡规则》规定的单位责任限额，但未提出具体数额；第四，根据件数确定的单位责任限额与《汉堡规则》的规定一致，但是根据重量确定的单位责任限额应当提高；第五，高于《汉堡规则》规定的单位责任限额，比如每件或每单位920特别提款权，或者毛重每千克8.33特别提款权；第六，高于《汉堡规则》规定的单位责任限额，比如每件或每单位1200特别提款权，或者毛重每千克8.33特别提款权。

终仍然规定了上述限额,[①] 较之《海牙—维斯比规则》约分别提高了31%和50%，较之《汉堡规则》则约分别提高了5%和20%。[②] 主要国际公约规定的海上货物运输承运人单位赔偿责任限额对照可见表3-1。

表3-1 主要国际公约规定的承运人单位赔偿责任限额

单位：特别提款权

国际公约	单位赔偿责任限额	
	每件或每单位	毛重每千克
《海牙—维斯比规则》	666.67	2
《汉堡规则》	835	2.5
《鹿特丹规则》	875	3
《多式联运公约》	920	2.75

总体而言，承运人单位责任限额的确定法理色彩较弱，而是主要基于经济、贸易等因素加以确定。航运大国通常希望规定较低的单位责任限额，以此尽可能地降低本国承运人可能承担的货物灭火或损坏赔偿责任；贸易大国则往往希望规定较高的单位责任限额，从而保证本国货主在货物灭失或损坏时能够得到较为充分的赔偿。主张规定较高单位责任限额的国家大多是典型的货主国家、贸易大国，本国航运产业相对薄弱；与此相反，主张规定较低单位责任限额的国家则大多是典型的船东国家、航运大国，本国贸易产业相对弱于航运产业。[③] 同时，责任限额提高的趋势也体

① 《鹿特丹规则》第59条“赔偿责任限额”第1款规定：“除第60条以及第61条第1款另有规定外，承运人对于违反本公约对其规定的义务所负赔偿责任的限额，按照索赔或者争议所涉货物的件数或者其他货运单位计算，每件或者每个其他货运单位875个计算单位，或者按照索赔或者争议所涉货物的毛重计算，每公斤3个计算单位，以两者中较高限额为准，但货物价值已由托运人申报且在合同事项中载明的，或者承运人与托运人已另行约定高于本条所规定的赔偿责任限额的，不在此列。”

② 参见司玉琢、韩立新主编：《〈鹿特丹规则〉研究》，大连海事大学出版社2009年版，第389页。

③ 参见孙思琪：《论当代海商法国家自主性与国际统一性之关系》，载梁慧星主编：《民商法论丛》第63卷，法律出版社2017年版，第390页。

现在海上旅客运输领域以及海事赔偿责任限额，例如《海上旅客及其行李运输雅典公约》（以下简称《雅典公约》）以及我国《海商法》规定的海上旅客运输承运人单位赔偿责任限额可见表3－2。

表3－2 《雅典公约》《海商法》规定的海上旅客运输承运人单位赔偿责任限额

单位：特别提款权

赔偿项目	《海商法》	《雅典公约》1976年议定书	《雅典公约》1990年议定书	2002年《雅典公约》
旅客人身损害	46, 666	46, 667	175, 000	400, 000
自带行李损害	833	833	1800	2250
车辆损害	3333	3333	10, 000	12, 700
其他行李损害	1200	1200	2700	3375
车辆免赔额	117	117	300	330
其他行李免赔额	13	13	135	149

《海商法（修改送审稿）》对于货物灭失或损坏的承运人单位赔偿责任限额保留了现有规定，即《海牙—维斯比规则》规定的责任限额；① 此前2018年11月《海商法（修订征求意见稿）》则是采取了《汉堡规则》确定的限额，即每件或每单位835特别提款权，或者毛重每公斤2.5特别提款权。② 海上旅客运输承运人的单位赔偿责任限额以及海事赔偿责任限额也有明显提高。例如，2018年11月《海商法（修订征求意见稿）》关于海上旅客运输承运人的单位赔偿责任限额，基本采取了2002年《雅典公约》的限额，即自带行李损害2250特别提款权、车辆损害12, 700特别提

① 《海商法（修改送审稿）》第64条。

② 2018年11月《海商法（修订征求意见稿）》第4.17条第1款规定："承运人对货物的灭失或者损坏的赔偿限额，按照货物件数或者其他货运单位数计算，每件或者每个其他货运单位为835计算单位，或者按照货物毛重计算，每公斤为2.5计算单位，以二者中赔偿限额较高的为准。但是，托运人在货物装运前已经申报其性质和价值，并在运输单证中载明的，或者承运人与托运人已经另行约定高于本条规定的赔偿限额的除外。"

款权、其他行李损害3375特别提款权、车辆免赔额330特别提款权、其他行李免赔额149特别提款权，唯独对于旅客人身损害另行规定为250,000特别提款权，仅为《2002年雅典公约》规定的62.5%，但也达到了现行《海商法》规定的5.36倍。[①] 可见，船方的赔偿责任限额在我国立法中也呈现明显提高的趋势，符合海商法的公平价值目标因应航运生产力发展而对船方赔偿责任限额提出的要求。

（三）共同海损的分摊日趋困难

共同海损本应由船货双方按照各自因共同海损行为而受益的财产价值进行分摊。但是，目前实践中船方要求货方分摊共同海损日趋困难，主要原因有二：一是上文已经分析的海上货物运输法律规定的承运人免责范围日趋缩小，导致船方无权要求货方分摊共同海损的情形增加；二是法院在承运人援引免责事项时，对于法律规定的解释越来越不利于承运人，因而对于承运人的举证要求也更加严格。[②]

除共同海损法律制度内部的变化外，近年关于共同海损制度存废的争论也越发突出，其中最为集中的批评应是认为共同海损制度过于烦琐。随着船舶吨位增加，货物种类多样化、复杂化，以及航运和运输的其他方面不同程度的发展，共同海损理算工作已经变得颇为复杂。而且，实践中人

① 2018年11月《海商法（修订征求意见稿）》第6.12条第1款规定："承运人在每次海上旅客运输中的赔偿责任限额，依照下列规定执行：（一）旅客人身伤亡的，每名旅客不超过250000计算单位；（二）旅客自带行李灭失或者损坏的，每名旅客不超过2250计算单位；（三）旅客车辆包括该车辆所载行李灭失或者损坏的，每一车辆不超过12700计算单位；（四）本款第（二）、（三）项以外的旅客其他行李灭失或者损坏的，每名旅客不超过3375计算单位。"第2款规定："承运人和旅客可以约定，承运人对旅客车辆和旅客车辆以外的其他行李损失的免赔额。但是，对每一车辆损失的免赔额不得超过330计算单位，对每名旅客的车辆以外的其他行李损失的免赔额不得超过149计算单位。在计算每一车辆或者每名旅客的车辆以外的其他行李的损失赔偿数额时，应当扣除约定的承运人免赔额。"

② 参见胡正良主编：《海事法》，北京大学出版社2016年版，第27~28页。

们往往扩大而不是限制共同海损的范围，从而更为加剧了海损理算的复杂程度。过多的文书工作和劳务性收费，也使共同海损制度运行的效率降低，背离了现代社会普遍追求的合理化和简单化的发展方向。[①] 甚或有人认为，除了海损理算师外，鲜少有人能够完全理解共同海损制度复杂、烦琐的规则。[②] 同时，海上保险制度日益完善，尤其是共同海损牺牲、费用均系海上保险实践中普遍承保的费用风险，共同海损理算费用较之保险费用更高，[③] 也成为主张废止共同海损制度的主要理由之一。我国台湾地区学者杨仁寿针对此种观点认为："近来海上保险制度发达，主张废止共同海损制度者，大有人在。惟不可否认者，持此论者，唯有在二个前提之下，始可成立，亦即所有之利害关系人均与同一保险人订立海上保险契约，或所有之利害关系人所订立保险契约，彼等海上保险人相互间均不行使代位权。事实上此二前提，均难成立，亦难以实现。"[④] 因此，至少当前海上保险制度之进展，尚不足以成为废止共同海损制度的充分理由。

如果从海商法的公平价值角度进行考察，共同海损由受益方按其价值比例分摊的基本原则仍属公平合理。此项制度毕竟已有悠久的历史，如果目前尚且无法找到一种更为合理、可行的方法进行替代，全面、彻底地废除共同海损制度既无必要也不可行，但此项制度明显应当逐步改革、简化。[⑤] 此亦《约克—安特卫普规则》近年来修订时遵循的原则之一，并且也是海商法作为商法理应具有的效率价值追求。正如我国台湾地区学者陈猷龙所言："共同海损系长期确立之制度，昔日随海运发展，由简而繁，今日因船舶变革、保险及金融制度、资讯科技及观念等之进步，由繁返

① 参见郭瑜：《海商法教程》，北京大学出版社 2012 年版，第 273 页。

② 参见蒋跃川：《共同海损》，法律出版社 2009 年版，第 257 页。

③ 参见饶瑞正：《海商法论》，台北，三民书局 2018 年版，第 547 页。

④ 杨仁寿：《共同海损法论》，台北，三民书局 2000 年版，第 6 页。

⑤ 参见叶伟膺：《海天搏击四十年：海商法文集》，中国商务出版社 2012 年版，第 110 页。

简，乃自然发展趋势，全面废止虽未逢其时，惟废止论之理由对于共同海损规定之简化，实具有重大之催促作用。”①

第二节　海商法的秩序价值

一、法律秩序价值的一般含义

（一）法律秩序价值的基本内涵

所谓秩序者，词义上是指人或事物所在的位置，含有整齐、规则之意，② 也即有条理而不混乱的状态。③ 法律上所称之秩序，含义大抵相同，同样是指事物的有序状态，也即在自然进程和社会进程中存在的某种程度的一致性、连续性和确定性，是与无序相对的概念。④

英国学者彼得·斯坦和约翰·香德的《西方社会的法律价值》一书，开篇即提出西方社会核心的法律价值是秩序、公平和个人自由。⑤ 秩序总是依赖规则而得以建立，并通过规则加以维系。⑥ 法律在构建社会秩序中起着主要作用，秩序是法律的基本价值。虽然习惯、惯例、公共政策等也会形成秩序，但现代社会秩序的形成主要依据法律。社会秩序的维持在一

---

① 陈猷龙：《海商法论》，台北，瑞兴图书股份有限公司 2018 年版，第 369 页。

② 参见夏征农、陈至立主编：《辞海》，上海辞书出版社 2009 年版，第 2954 页。

③ 参见中国社会科学院语言研究所词典编辑室编：《现代汉语词典》（第 7 版），商务印书馆 2016 年版，第 1691 页。

④ 参见北京大学法学百科全书编委会编：《北京大学法学百科全书：法理学·立法学·法律社会学》，北京大学出版社 2010 年版，第 316 页。

⑤ 参见［英］彼得·斯坦、［英］约翰·香德：《西方社会的法律价值》，王献平译，中国法制出版社 2004 年版，第 1 页。

⑥ 参见卓泽渊：《法的价值论》（第 3 版），法律出版社 2018 年版，第 339 页。

定程度上是以存在一个合理而健全的法律制度为条件。① 法律在某种意义上本身就是为建立和维护秩序存在，甚或不少学者认为法律本身就是秩序。② 在法律追求正义的过程之中，秩序是其重要的考量因素，不仅内在地包含了人类社会生活的安全需要，还是公平、效率、自由等其他价值目标实现的必要前提。法律作为人类社会生活的规范，重要的目的之一在于定分止争。因此，法律的产生、存在和运作与社会生活对于秩序的需要密不可分。法律不仅促成和维护秩序，而且还表征秩序。③

（二）民商事法律的秩序价值

经济社会无法离开秩序，法律是防止无序的主要手段，因而秩序既是法律的基本价值之一，也是法律满足的基本需求与评价标准。④ 法律对于秩序的维护作用之一在于建立社会生产和交换秩序，也即经济秩序。社会生产力和生产关系的矛盾运动是法律产生的根本原因，法律的根本社会价值也在于建立生产和交换秩序，促使生产和交换秩序摆脱偶然性和任意性而取得稳定性和连续性。⑤

民商法虽是调整平等主体之间的人身关系和财产关系的法律，但同样具有维护市场经济繁荣与发展的功能。原因在于民商法作为市场经济的产物，也是市场经济在法律上的反映，能够为市场经济的良性运作提供法律保障。民商事法律的基本制度全面地反映了商品经济运动主体之间的独立性、财产所有权的自主性、相互经济交往的协商性、损害经济利益的补偿

---

① 参见高其才：《法理学》，清华大学出版社 2015 年版，第 165 页。

② 参见卓泽渊：《法的价值论》（第 3 版），法律出版社 2018 年版，第 340 ~341 页。

③ 参见朱景文主编：《法理学》，中国人民大学出版社 2015 年版，第 48 页。

④ 参见周永坤：《法理学——全球视野》，法律出版社 2016 年版，第 183 页。

⑤ 参见张文显：《法哲学范畴研究》，中国政法大学出版社 2001 年版，第 199 页。

性，从而为现代市场经济活动提供了行为规范。[①]

《民法典》第1条规定了该法的立法目的："为了保护民事主体的合法权益，调整民事关系，维护社会和经济秩序，适应中国特色社会主义发展要求，弘扬社会主义核心价值观，根据宪法，制定本法。"较之《民法通则》第1条确立的立法目的，[②] 该条着重强调了"维护社会和经济秩序"，原《物权法》《合同法》第1条关于立法目的的规定均有基本相同的表述。[③] 民商法调整民事关系，微观层面在于保护每一民事主体的合法权益，宏观层面则是维护社会和经济秩序。[④] 我国《公司法》《票据法》《保险法》等单行商事法律的立法目的，也均有关于维护社会经济秩序的规定。[⑤] 从民法的角度考察，民事关系即私法关系，也即发生在平等主体之间的社会关系。民法维护民事主体的合法权益正是通过调整民事关系实现。民法规定民事主体的行为准则，规定主体之间实体上的权利与义务。因此，民法规范具有引领和指导人们行为的功能；同时，民事法律规范也是裁判规范。法院在处理民事纠纷时依据民法的规定确定当事人之间的权利、义务和责任。通过民事法律规范的引领和民事纠纷的裁判，民事主体之间得以

---

① 参见屈茂辉：《民法引论》，商务印书馆2014年版，第175页。

② 《民法通则》第1条规定："为了保障公民、法人的合法的民事权益，正确调整民事关系，适应社会主义现代化建设事业发展的需要，根据宪法和我国实际情况，总结民事活动的实践经验，制定本法。"

③ 《物权法》第1条规定："为了维护国家基本经济制度，维护社会主义市场经济秩序，明确物的归属，发挥物的效用，保护权利人的物权，根据宪法，制定本法。"《合同法》第1条规定："为了保护合同当事人的合法权益，维护社会经济秩序，促进社会主义现代化建设，制定本法。"

④ 参见张新宝：《〈中华人民共和国民法总则〉释义》，中国人民大学出版社2017年版，第3页。

⑤ 《公司法》第1条规定："为了规范公司的组织和行为，保护公司、股东和债权人的合法权益，维护社会经济秩序，促进社会主义市场经济的发展，制定本法。"《票据法》第1条规定："为了规范票据行为，保障票据活动中当事人的合法权益，维护社会经济秩序，促进社会主义市场经济的发展，制定本法。"《保险法》第1条规定："为了规范保险活动，保护保险活动当事人的合法权益，加强对保险业的监督管理，维护社会经济秩序和社会公共利益，促进保险事业的健康发展，制定本法。"

确立正常而和谐的市民关系，从而促使社会经济秩序得到维护。[①]

以合同法律制度为例，原《合同法》第1条明确规定该法的立法目的之一是“维护社会经济秩序”。合同效力的发生依据充分体现了民商法的秩序价值。通常认为，合同的法律拘束力或合同的效力，并非源于当事人的意志，而是源于法律的赋予。赋予合同以拘束力是经济秩序的需要。合同是商品交易的基本手段，参与交易的当事人均可通过合同进行计划安排，获取所需，实现所求。千千万万的合同构成了经济流转秩序的有机成分。此类合同如果无法得到保障，势必造成交易的混乱。而且，赋予合同以拘束力也符合道德秩序的要求。[②]

又以物权制度为例，原《物权法》第1条同样规定该法的立法目的之一是“维护社会主义市场经济秩序”。物权制度的社会作用之一便是维护社会秩序，社会秩序的核心则是财产利用秩序。此种秩序通常是以权利制度设计为核心，包括分配或确认社会主体可以拥有的财产范围，确认主体拥有的权利和行使权利的一般规则，保护主体权利的行使和禁止或惩罚危害秩序的行为，从而达到社会资源为社会主体共同有序利用的目的。[③] 具体而言，确认产权的目的就是明确财富的归属，明晰权利的主体，进而可以达到定分止争的效果。财富归属上的安定性是人类生活的前提，也是人类的基本安全。保护产权进而形成恒产恒心是推动经济持续健康发展的保障。[④]

二、海商法秩序价值的具体表现

维护社会经济秩序在海商法领域主要表现为对于航运经济秩序的维

---

① 参见郭明瑞：《民法总则通义》，商务印书馆2018年版，第10页。

② 参见韩世远：《合同法总论》，法律出版社2018年版，第200～201页。

③ 参见高富平：《物权法原论》，法律出版社2014年版，第11～12页。

④ 参见王利明：《民法总则研究》，中国人民大学出版社2018年版，第11页。

护。航运经济秩序是航运经济发展的基本规则，主要依靠航运法律得以建立和保障。海商法的功能之一是通过确立的各项海商法律制度和规则，明确各个经济主体之间的权利与义务，维护不同主体的合法权益并确保其履行义务，从而维护航运经济秩序。海商法通过规范平等主体之间在海商活动中形成的特殊经济关系，实现个体之间航运经济秩序的稳定，进而促进航运市场经济秩序整体的有序运行。航运市场原则上是完全竞争的市场，秩序在航运经济活动之中发挥着重要作用，海商法据此负有维护正常航运经济秩序的使命。① 具体而言，海商法至少在两个方面突出体现了对于秩序价值的追求：一是运输单证的流转，二是船舶物权的登记。

（一）运输单证流转

海上货物运输最为主要的运输单证当属提单。取得提单的方式分为两种，一是经签发而取得，二是经转让而取得。提单的转让与签发，均须符合法律规定方能取得预期的效果。② 我国《海商法》第 79 条区分三种不同情形分别规定了提单的转让规则：一是记名提单不得转让，二是指示提单须经记名背书或空白背书转让，三是不记名提单无须背书即可转让。据此，提单得以分为可转让和不可转让两类，记名提单不可转让，指示提单和不记名提单可以转让；转让的方式也分为两种，即背书转让和不经背书直接转让。③

海商法在运输单证流转方面对于秩序价值的追求，集中体现为对于无正本提单交付货物的规制，也即通常所称的无单放货。无单放货是与凭单放货相对的概念。所谓凭单放货，是指海上货物运输一旦签发了提单，承

---

① 参见胡正良、孙思琪：《论〈民法总则〉对〈海商法〉修改之影响》，载《中国海商法研究》2018 年第 1 期，第 5 ~7 页。

② 参见郭瑜：《提单法律制度研究》，北京大学出版社 1997 年版，第 29 页。

③ 参见郭瑜：《海商法教程》，北京大学出版社 2012 年版，第 145 页。

运人及其代理人、受雇人在卸货港就必须将货物交付给持有正本提单的人，而且必须在收回正本提单的情况下方能交付货物，否则便将承担相应的法律责任；[①] 无单放货则是指承运人未凭正本提单而实际交付承运货物的行为。[②] 我国《海商法》第71条规定："提单，是指用以证明海上货物运输合同和货物已经由承运人接收或者装船，以及承运人保证据以交付货物的单证。提单中载明的向记名人交付货物，或者按照指示人的指示交付货物，或者向提单持有人交付货物的条款，构成承运人据以交付货物的保证。"据此，即使是不得转让的记名提单，均有作为交货凭证的功能，承运人应当凭提单交付货物，也即收货人提取货物时应向承运人或其代理人提交正本提单。海运实践中提单通常签发一式三份，每份具有同等效力，承运人在提单载明的目的港交付货物时一般仅需收回其中的一份，据以交付货物之后其他各份自动失效。要求凭单交货本身即是海商法追求秩序的表现，否则允许无单放货本应更为符合商事活动的效率要求。

要求承运人凭正本提单交付货物，有助于保障单证贸易的安全性和合法提单持有人的利益。传统提单法律制度的基本假设在于"提单流转速度比船快，提单总能在货物运抵目的港之前送达收货人，从而使收货人能及时提货"，[③] 因而现行的海上货物运输法律制度通常均要求承运人凭正本提单交付货物。然而，随着现代航海技术、造船技术的快速发展，此种假设在很多情况下不复成立。在货物的运输速度大幅提高的同时，提单却限于邮寄方式流转，不仅环节多、时间长，有时由于买卖、结汇过程中发生结汇赎单等问题而需要修改提单，加之一些国家对外贸易管理体制的约束等因素，[④] 流转速度不甚理想。此种变化导致的结果是提单实际上往往晚于

---

① 参见何丽新：《无单放货法律问题研究》，法律出版社2006年版，第8~9页。

② 参见何丽新：《无单放货法律问题研究》，法律出版社2006年版，第35页。

③ 尹东年、郭瑜：《海上货物运输法》，人民法院出版社2000年版，第285页。

④ 参见何丽新：《无单放货法律问题研究》，法律出版社2006年版，第38页。

货物送达。而且，提单有时已经流转至信用证的议付银行，但货物买方尚未付款赎单，从而不能凭提单提取货物。为了避免压船压港，即避免船舶或者货物滞留港口，承运人有时在不收回提单的情况下仅凭货物卖方或第三者出具的保函交付货物。如果承运人因无单放货而对提单持有人承担赔偿责任，可向提供保函的收货人追偿。据此，国际航运实践中无正本提单交付货物的情况大量发生，尤其是运输原油等散装液体货物、集装箱货物以及运输距离较短的情形；甚至对于油类等液体货物的运输，无单放货几乎百分之百发生；沿海运输中无正本提单交付货物的情况也大量存在，致使提单的交货凭证作用在航运实践中发生了很大程度的偏离。无单放货的大量发生，严重影响航运秩序，制约着贸易业和航运业的健康发展，甚至动摇单证交易的基础，破坏提单信用机制。① 因此，维护海上货物运输活动的秩序便成为规制无单放货现象的首要考量。

无单放货纠纷案件在我国是海商海事纠纷的主要类型之一。最高人民法院曾于2009年针对当时实践中无单放货纠纷案件日渐增多的趋势，制定了最高人民法院《关于审理无正本提单交付货物案件适用法律若干问题的规定》（2020年已修正），指导思想之一也是维护航运秩序和贸易安全。起草单位的释义指出：在全球贸易中，超过85%的货物是通过海上运输完成交付的。在国际海上运输和国际贸易中，始终维系着海上运输和国际贸易发展的两个重要的信用单证：一是提单，二是信用证。提单是海上货物运输的重要运输单证，同时在国际贸易交往中又具有物权凭证的功能。信用证则是银行保证对贸易合同货款承兑的单据。承运人无正本提单交付货物发生在运输环节，但对于国际贸易合同的履行产生直接的影响，后果是造成贸易合同的目的无法实现，损害了海上贸易中正本提单人的提单权利。因此，为维护海上运输秩序和国际贸易安全，从司法的角度对无正本

---

① 参见何丽新：《无单放货法律问题研究》，法律出版社2006年版，第1页。

提单交付货物的相关问题作出明确具体的规定，依法界定承运人的赔偿责任，保护提单持有人的合法权利，是制定《关于审理无正本提单交付货物案件适用法律若干问题的规定》首先坚持的基本指导思想。① 从中可见无单放货现象对于航运经济秩序的明显影响。从国际海运立法的角度来看，规制运输单证流转的最新立法进展应是《鹿特丹规则》。关于运输单证流转速度较慢的现实困境，总体而言应有两种应对途径可供考虑：一是建立电子运输单证制度，即从根本上解决纸质单证的流转速度问题；二是在部分情形下允许不凭运输单证交付货物，也即赋予无单放货有限的合法性。《鹿特丹规则》在上述两个方面均作出了一定的尝试。

1. 电子运输单证的规则构建

随着现代信息技术的发展，运输单证的电子化已经不再存在技术上的困难，并且能够切实解决运输单证的流转速度问题。但是，各国法律以及国际公约受困于传统纸质运输单证法律制度的惯性之中，基本均未赋予电子运输单证适当的法律效力，导致电子运输单证在实践中的实际使用少之又少。② 有鉴于此，《鹿特丹规则》构建了运输单证与电子运输记录并行的二元体系，明确认可“电子运输记录的签发、排他性控制或者转让，与运输单证的签发、占有或者转让具有同等效力”，③ 同时规定二者基本共用同一法律制度，即在运输单证的作用、签发、记载事项、转让、证据效力等方面适用相同或相似的规则。电子运输记录规则是《鹿特丹规则》为了适

① 刘寿杰：《〈关于审理无正本提单交付货物案件适用法律若干问题的规定〉的理解与适用》，载《人民司法·应用》2009 年第 9 期，第 24 页。

② 参见孙思琪：《论当代海商法国家自主性与国际统一性之关系》，载梁慧星主编：《民商法论丛》第 63 卷，法律出版社 2017 年版，第 411 ~412 页。

③ 《鹿特丹规则》第 8 条“电子运输记录的使用和效力”规定：“在不违反本公约所述要求的情况下：(a) 凡根据本公约应在运输单证上载明的内容，均可在电子运输记录中加以记载，但电子运输记录的签发和随后的使用须得到承运人和托运人的同意；并且 (b) 电子运输记录的签发、排他性控制或者转让，与运输单证的签发、占有或者转让具有同等效力。”

应航运单证电子化趋势的显著创新，体现了该公约紧跟时代发展并具有一定超前性的立法技术。不同于此前的国际海上货物运输公约的规定大多建立在成熟航运实践的基础之上，电子运输记录规则缺乏足够的实践支撑。《鹿特丹规则》创设的电子运输记录规则是由一般电子商务规则和传统提单规则结合而成，因而能否成功运用有待实践检验，目前尚且难以作出定论。但是，《鹿特丹规则》的此项创新毕竟是1990年《国际海事委员会电子提单规则》以来又一次重要的国际航运单证电子化的尝试，不但确立了电子运输记录的效力以及运行机制，为电子运输单证的运用提供了法律依据，而且可以引导各国海事立法逐步承认电子运输单证的法律效力，从而能够在保证运输单证流转秩序的同时大幅提高单证的流转效率，一定程度上实现海商法秩序和效率价值的平衡。

《鹿特丹规则》通过前后，不少航运国家在修订本国海商法时均吸收了《鹿特丹规则》或其草案的有关规定，创设了电子运输记录的基本规则。2013年德国《商法》第五编“海商”的修订赋予电子运输单证基本的法律效力。该法第516条“提单格式；法令授权”第2款规定：“与提单具有相同功能的电子记录（电子提单）应被视为等同于提单，前提是在任何时候都可保证记录的真实性和完整性。”[①] 韩国《商法》第862条“电子提单”第1款也规定：“承运人代替发行第852条至第855条的提单而取得托运人，租船人的同意，通过在法务部长官指定的登记机关登记的方式发行电子提单。此时，电子提单与第853条及第855条规定的提单具有相同的法律效力。”[②] 上述立法构建的电子运输单证规则，均是仅对电子运输单证的法律效力作出基本的原则性规定，即在满足特定条件时赋予电子运

① 《德国〈商法典·第五编　海商〉》，马金星译，载刘艳红主编：《东南法学》2016年辑秋季卷，东南大学出版社2016年版，第225页。

② 该条系韩国《商法》于2007年8月3日修订时的新增规定。

输单证与一般纸质运输单证相同的法律效力，而不作其他具体的制度构建。个中原因应是出于海商法的调整对象以及海事立法的特殊性，成熟的电子运输单证法律制度必须基于充分的航运实践，从而对于成功的实践经验进行提炼与总结。但是，充分的航运实践又要求电子运输单证在法律上的效力得到基本的认可。因此，承认电子运输单证基本的法律效力但不作具体的制度构建，应是现阶段电子运输单证立法较为可行的立法模式。[①]日本也于2021年启动了电子提单的立法工作；我国《海商法（修改送审稿)》也增加了关于电子运输记录的规定。

关于电子运输单证的具体规则，上述立法大多规定授权本国相关部门制定具体规定。例如，德国《商法》第516条“提单格式；法令授权”第3款规定：“联邦司法部有权依据与联邦内政部规定一致的规则，对电子提单的签发、出示、收回和转让，以及向电子提单发布补记的程序作出具体规定，而无需另行获得联邦参议院的同意。”[②] 德国学者Dieter Schwampe指出：目前此类具体规定尚未制定，且在短期之内恐怕也不会制定。[③]

韩国《商法》第862条“电子提单”第5款规定：“电子提单的登记机关的指定要件，发行及背书的电子方式，运输物的具体受领程序和其他必要的事项，总统令加以规定。”韩国此后制定了《关于实施商法电子提单规定的规定》,[④] 2008年8月4日生效，此后经过三次修改，目前适用的版本是2013年3月23日总统令第22467号修改的版本。该规定是各国国内立法中关于电子提单较早的实践，主要包括定义，注册机构的指定要求

---

① 参见孙思琪：《论当代海商法国家自主性与国际统一性之关系》，载梁慧星主编：《民商法论丛》第63卷，法律出版社2017年版，第399~400页。

② 《德国〈商法典·第五编　海商〉》，马金星译，载刘艳红主编：《东南法学》2016年辑秋季卷，东南大学出版社2016年版，第225页。

③ See Dieter Schwampe, *Transport Law in Germany*, Wolters Kluwer, 2018, p. 95.

④ 总统令第20829号。

及其变更、指定步骤，电子提单的签发、转让、记载内容的变更，租船合同和电子提单的关系，根据电子提单的提货申请，电子提单转换为纸质提单等内容。

目前电子提单在实践中已有一定程度的运用，我国主要是通过两个电子提单平台签发电子提单：一是 Bolero International Ltd，即 Bolero；二是 Electronic Shipping Solutions，即 ESS。但是，目前我国司法实践中围绕电子提单产生且争议焦点与电子提单的特殊性有关的纠纷颇为少见，而大多只是说明涉案提单为电子提单，然后基本依照传统纸质提单纠纷的审判模式进行处理。例如，厦门海事法院在漳州市新和家具有限公司与海硕国际货运（上海）有限公司厦门分公司海上、通海水域货物运输合同纠纷案中认为：

关于原、被告之间是否成立海上货物运输合同关系。原告主张被告以承运人的名义向其签发提单，且被告也实际承运了本案货物，双方之间存在海上货物运输合同关系。被告认为其仅通过邮件发送提单格式的订舱信息，而未实际签发提单，且涉案货物的买方指定的承运人是康捷空公司，被告只是康捷空公司指定的订舱代理，其与原告之间不成立海上货物运输合同关系。本院认为，根据《中华人民共和国海商法》第七十一条的规定，提单是海上货物运输合同的证明，被告通过电子邮件的形式向原告发送了涉案提单样本，且电子提单抬头及签发处记载的均是被告的公司名称。被告称其是康捷空公司的代理，但未能提交代理协议，在案证据也无法体现双方之间的代理关系。被告的经营范围包含无船承运业务，其虽未实际签发提单，但已通过邮件向原告发送了记载其为承运人的电子提单，接收了原告的货物并完成运输，故双方之间形成海上货物运输合同关系。①

电子提单的发展长期以来处于相对迟缓的状态，法律层面最为主要的障碍应是提单作为可转让单证在电子化后面临的“单一性”难题，即如何

---

① 厦门海事法院（2020）闽 72 民初 157 号民事判决书。

保证较易复制的电子提单能够与纸质提单一样处于“独一无二”的状态，以此确保交易安全。此前作为中国代表团成员参与联合国国际贸易法委员会《电子可转让记录示范法》谈判的郭瑜对此曾有颇为精辟的论述：

可转让单据不仅可作为当事人之间的交付/支付工具，而且可作为融资工具。因而保持可转让单据与单据下权利的“一对一”关系，或者说保持可转让单据下权利的“单一性”，就不仅是当事人之间的事，也是涉及公共利益的事。可转让单据制度中的“纸质”要求实际是为“单一性”提供的一种信任机制。为维护当事人之间的公平以及社会公共利益，对电子环境下替代“纸质”要求的信任机制，也应要求其能严格保证“单一性”。但棘手的问题是，当前电子环境中可能还不能提供如纸质一样确定的“单一性”保障机制，商业实践中也还没有出现真正能替代纸质可转让单据的电子可转让记录。①

2. 无单放货的合法机制

上文已经提及，无单放货之所以成为海上货物运输较为突出的法律问题之一，根本原因在于法律通常规定提单具有承运人据以交付货物的凭证功能。据此，如果法律规定承运人无须凭正本提单交付货物，即可从根本上避免此种纠纷的发生。但是，要求凭单放货的初衷是为了维系海上货物运输的应有秩序，因而即使在立法上允许承运人无单放货，也应以能够在大体上继续维持此种秩序为前提。《鹿特丹规则》制定期间，一些国家的代表团认为：无单放货现象普遍存在，致使提单的交货凭证作用与航运实践发生了很大程度的偏离，表明继续维护提单的交货凭证作用已不完全合乎时宜。该公约最终也未再继续坚持提单绝对的交货凭证作用，而是规定一旦提单迟于货物到达目的港，或者出于其他原因提单持有人未能在货物到达目的地时要求提货，承运人有权听从控制方或者包括单证托运人在内

① 郭瑜：《电子可转让记录立法的“单一性”难题和破解》，北京大学出版社2019年版，第6页。

的托运人的指示进行放货，视为承运人已向提单持有人履行了交付货物的义务，而无须承担无单放货引起的法律责任。

基于上述考虑，《鹿特丹规则》弱化了运输单证或电子运输记录的交货凭证作用，第1条第14项“运输单证”和第18项“电子运输记录”的定义中仅规定两项作用，即证明承运人或履约方已按运输合同收到货物，以及证明或包含运输合同，而未规定作为承运人交货凭证的作用。[①] 运输单证或电子运输记录是否具有承运人据以交货的凭证作用，需要根据运输单证或电子运输记录是否可以转让，以及不可转让运输单证是否载明必须交单提货、可转让运输单证或可转让电子运输记录是否载明可以不提交运输单证或电子运输记录交付货物而定。而且，即使运输单证或电子运输记录具有交货凭证的作用，公约也允许承运人在满足一定条件时无单放货。其中第九章“货物交付”第46条“签发必须提交的不可转让运输单证时的交付”和第47条“签发可转让运输单证或可转让电子运输记录时的交付”，分别对此作出了具体规定。

《鹿特丹规则》第46条规定，签发不可转让运输单证并且载明必须交单提货时，收货人需凭身份证明和运输单证提取货物，即此种运输单证具有交货凭证的作用。但是，如果存在下列情形之一，承运人可以按照托运人指示交付货物，或者承运人经合理努力无法确定托运人时，可以按照单证托运人的指示交付货物：一是收货人接到了到货通知而未及时向承运人主张提取货物；二是收货人未提供身份证明或未提交单证；三是承运人经合理努力无法确定收货人，请求就货物的交付发出指示。承运人按照托运人或单证托运人的指示交付货物，视为已经履行交付货物的义务，即允许承运人在符合上述条件时无单放货。

---

① 参见孙思琪：《论当代海商法国家自主性与国际统一性之关系》，载梁慧星主编：《民商法论丛》第63卷，法律出版社2017年版，第399~400页。

《鹿特丹规则》第 47 条规定，签发可转让运输单证或可转让电子运输记录时，运输单证的持有人提取货物需凭身份证明并提交运输单证，电子运输记录的持有人需证明其为该电子运输记录的持有人，即此种运输单证或电子运输记录同样具有交货凭证的作用。但是，如果可转让运输单证或可转让电子运输记录明确规定可以不提交运输单证或电子运输记录交付货物，并且存在下列情形之一，承运人可以按照托运人的指示交付货物，或者承运人经合理努力无法确定托运人时，可以按照单证托运人的指示交付货物：第一，收货人接到了到货通知而未及时向承运人主张提取货物；第二，收货人未提供身份证明或者未提交单证而拒绝交货；第三，承运人经合理努力无法确定收货人，请求就货物的交付发出指示。此时，承运人按照托运人或单证托运人的指示交付货物，视为已经履行交付货物的义务，即与签发不可转让运输单证的情形相同，允许承运人在符合特定条件时无单放货。但是，如果另有他人在此种交货后成为运输单证或电子运输记录持有人，并且在其成为持有人时不知道且不可能知道此种交货，其仍可取得可转让运输单证或可转让电子运输记录包含的权利，包括提取货物的权利，即承运人需对该持有人因无单放货而遭受的损失承担赔偿责任，但可向发出交货指示的托运人或单证托运人追偿，并且可在交货之前要求其提供适当担保；如托运人或单证托运人不提供担保，承运人可以拒绝按照其指示交付货物。

《鹿特丹规则》弱化运输单证的交货凭证作用，允许承运人与托运人约定签发不可转让运输单证时必须凭单交货，或者签发可转让运输单证或可转让电子运输记录时可以不凭运输单证或电子运输记录交货，以及规定在满足特定条件下承运人享有无单放货的权利，此种规定与长期以来国际航运实践中普遍存在的无单放货问题紧密相连，本质上是为了解决无单放货法律规制的难题，以及针对各国国内立法对于运输单证类型与流通性的法律规定与交易惯例不尽相同且难以统一的现状，积极作出的总体上仍然较为有益的立法尝试。而且，提单流转速度较慢以及其他异常情况大多发生在国际贸易环节，许多时候与承运人并无关联，因而凭单交货的要求使承运人必须承担无单放货的责任风险，一定程度上对于承运人有失公允。《鹿特丹规则》对于运输单证原本具有的交货凭证功能作出此种改革，正是基于上述认识。

但是，上述精心设计的规则由于缺乏海运业务与海事司法实践的基础，因而受到了较为普遍的质疑。质疑者大多认为，无单放货的合法机制将有可能损害可转让运输单证的流通性和物权凭证作用，从而动摇现行国际贸易跟单信用证习惯做法的存在基础。任何可能损害可转让运输单证的流通、信用及权利凭证作用的法律规定，均有可能对国际经贸和海运发展产生负面影响；而且，此种在签发可转让运输单证的基础上的无单放货合法机制，理论上更容易滋生欺诈。[①] 不难发现，此种质疑主要关注的仍是无单放货合法机制对于航运经济秩序可能产生的不利影响。质言之，凭单交付货物有利于交易秩序，但不利于交易效率，而不凭单交付货物恰好相反。允许不可转让的运输单证或电子运输记录可以不凭单交付货物，似乎应是对于此种价值冲突进行协调较为理性的立法选择，但同时也应结合不同国家的具体国情而在国内立法时审慎考量。

（二）船舶物权登记

船舶物权为物权之一种。船舶虽属动产，但由于其价值高昂、权属变动频繁，因而在法律上通常被视为特殊动产或准不动产处理。具体而言，船舶、机动车、航空器等特殊动产的经济价值较高，世界各国大多对其采取类似不动产的处理方式，要求进行登记；同时又由于实践中此类特殊动

---

① 参见吴焕宁主编：《鹿特丹规则释义——联合国全程或者部分海上国际货物运输合同公约》，中国商务出版社 2011 年版，第 202 页。

产的权属状态变化频繁，采取登记对抗主义更能满足现实生活的实际需要。[①]

1. 船舶物权登记制度对于交易秩序的意义

基于船舶的上述特征，船舶物权的变动模式也不同于一般动产。以我国《海商法》为例，其中关于船舶所有权变动采取“交付生效 + 登记对抗”的立法模式，[②] 即与一般动产同样以交付为生效要件，同时参考不动产物权变动的公示方法，另设登记作为对抗要件。登记本是不动产物权设立和变动的主要公示方法。物权公示原则要求当事人应当将物权设立、移转的事实通过一定的公示方法向社会公开，从而使第三人知道物权存在和变动的情况。从不动产登记的角度而言，不动产占有关系具有复杂性并且动辄涉及社会公共利益或者第三人的利益，因而为了加强对于不动产占有关系的法律调整，促使设定在不动产上的各种物权一目了然地呈现，18 世纪末期以来各国即以登记作为不动产物权的享有和变动的公示方法。[③] 完备的登记制度不仅是保障交易有序化的重要措施，而且也是整个物权法律制度赖以存在的基础。唯有建立完备的登记制度，多数物权方能得以有效设立并且富有秩序地移转。[④] 因此，可以认为登记制度的本旨便是维护物权变动的秩序，船舶物权登记制度也是海商法贯彻秩序价值颇为重要的具体表现。

凡是权利均会产生动态现象，物权亦不例外。物权产生的动态现象称为物权变动。[⑤] 从物权本身的角度来看，物权变动是指物权的发生、变更

① 参见朱岩、高圣平、陈鑫：《中国物权法评注》，北京大学出版社 2007 年版，第 112 页。

② 参见郑蕾：《船舶所有权变动效力立法模式之反思》，载《中国海商法研究》2013 年第 4 期，第 107 页。

③ 参见梁慧星、陈华彬：《物权法》（第 6 版），法律出版社 2016 年版，第 81 页。

④ 参见王利明：《物权法研究》，中国人民大学出版社 2016 年版，第 273 页。

⑤ 参见王轶：《物权变动论》，中国人民大学出版社 2001 年版，第 1 页。

与消灭的运动状态；从物权主体的角度来看，物权变动意味着物权的取得、设定、内容变更与丧失。究其实质，物权变动是人与人之间对于物的支配和归属关系的法律关系的变更。[①] 以船舶所有权变动为例，我国立法的相关规则主要集中于《海商法》第 9 条第 1 款、《民法典》第 225 条。《海商法》第 9 条第 1 款规定："船舶所有权的取得、转让和消灭，应当向船舶登记机关登记；未经登记的，不得对抗第三人。"《民法典》第 225 条规定："船舶、航空器和机动车等的物权的设立、变更、转让和消灭，未经登记，不得对抗善意第三人。"二者的规定基本相同。但是，也有观点认为，《海商法》第 9 条第 1 款中"应当向船舶登记机关登记"不符合意思主义立法模式的逻辑以及强调当事人意志的立法宗旨，[②] 难以反映登记对抗主义的真义。[③] 此种观点不无可资商榷之处。

船舶登记行为的法律性质是行政机关依申请的行政行为。[④] 要求当事人就船舶所有权变动进行登记，主要是基于船舶管理法的行政管理需要，《船舶登记条例》第 5 条第 1 款亦有相同规定。[⑤] 因此，要求当事人登记船舶所有权变动并无不妥。至于当事人是否切实依据《海商法》第 9 条第 1 款的规定进行登记，并不影响私法上船舶所有权变动效果的发生。当然，对于船舶登记制度不能仅有非此即彼的片面理解。既然要求当事人针对船舶所有权的变动情况进行登记，登记自然也就成为了船舶所有权变动的公示方法之一，从而有利于维护交易秩序。至于有观点将该款理解为船舶所

---

① 参见梁慧星、陈华彬：《物权法》（第 6 版），法律出版社 2016 年版，第 69 页。

② 参见李志文：《船舶所有权法律制度研究》，法律出版社 2008 年版，第 102 页。

③ 参见郑蕾：《船舶所有权变动效力立法模式之反思》，载《中国海商法研究》2013 年第 4 期，第 107 页。

④ 参见王秀芬：《海运行政法》，北京师范大学出版社 2014 年版，第 106 页。

⑤ 《船舶登记条例》第 5 条第 1 款规定："船舶所有权的取得、转让和消灭，应当向船舶登记机关登记；未经登记的，不得对抗第三人。"

有权变动以登记为生效要件,[①] 该款第二句已明确规定了不进行登记的法律后果，即“不得对抗第三人”，而非船舶所有权的取得、转让和消灭不发生效力。而且，“不得对抗第三人”本身已在逻辑上包含了船舶所有权变动已经生效的前提，能否对抗第三人决定着船舶所有权变动效力的强弱和范围，尚未生效的船舶所有权变动根本不必讨论是否能够对抗第三人，而是在双方当事人之间根本未生效力。质言之，生效是前提，对抗为后话。因此，此种观点的基本前提是对法条含义的误读，不能据此反而质疑法条本身的合理性。[②]

此外，此前《合同法》（已废止）第133条规定：“标的物的所有权自标的物交付时起转移，但法律另有规定或者当事人另有约定的除外。”学者认为《物权法》（已废止）有意识地抛弃了该条关于“当事人另有约定的除外”的规定，而且物权变动应由《物权法》而非《合同法》规范，加之《物权法》相对于《合同法》为新法，因而不宜继续承认买卖双方当事人关于特定动产所有权自买卖合同成立时转移的约定的效力。[③] 此种观点总体而言较为合理。[④]《物权法》取消动产交付约定例外的原因在于，交付例外应当限定在尽可能小的范围之内，法律规定已可满足商业实践的需求,[⑤] 焦点仍然在于必要的交易秩序和安全。《民法典》删除了《合同法》第133条的规定，理由可能正是在于物权法变动应由物权法律规定

---

① 参见李小年、李攀：《〈物权法〉第24条规定对船舶所有权变动的影响》，载《法学》2009年第11期，第112页。

② 值得注意的是，《民用航空法》第14条第1款关于民用航空器所有权变动的规定亦有“应当……登记”的表述：“民用航空器所有权的取得、转让和消灭，应当向国务院民用航空主管部门登记；未经登记的，不得对抗第三人。”

③ 参见崔建远：《物权法》（第3版），中国人民大学出版社2014年版，第46页。

④ 参见孙思琪：《我国船舶所有权变动模式之检讨：以法释〔2012〕8号第10条和法释〔2016〕5号第6条为中心》，载《法治研究》2017年第3期，第141页。

⑤ 参见高富平：《物权法原论》，法律出版社2014年版，第443页。

为宜。

随着最高人民法院《关于审理买卖合同纠纷案件适用法律问题的解释》(以下简称《买卖合同司法解释》,已于2020年修正)以及最高人民法院《关于适用〈中华人民共和国物权法〉若干问题的解释(一)》(已废止)、最高人民法院《关于适用〈中华人民共和国民法典〉物权编的解释(一)》相继出台,我国船舶所有权的变动模式也受到一定影响,尤其是登记对于交易秩序的维护作用似乎有所动摇。

2. 《买卖合同司法解释》对于船舶物权登记秩序的影响

《买卖合同司法解释》第7条是关于特殊动产多重买卖履行顺序的规定,该条规定:

出卖人就同一船舶、航空器、机动车等特殊动产订立多重买卖合同,在买卖合同均有效的情况下,买受人均要求实际履行合同的,应当按照以下情形分别处理:

(一)先行受领交付的买受人请求出卖人履行办理所有权转移登记手续等合同义务的,人民法院应予支持;

(二)均未受领交付,先行办理所有权转移登记手续的买受人请求出卖人履行交付标的物等合同义务的,人民法院应予支持;

(三)均未受领交付,也未办理所有权转移登记手续,依法成立在先合同的买受人请求出卖人履行交付标的物和办理所有权转移登记手续等合同义务的,人民法院应予支持;

(四)出卖人将标的物交付给买受人之一,又为其他买受人办理所有权转移登记,已受领交付的买受人请求将标的物所有权登记在自己名下的,人民法院应予支持。

根据上述规定,交付与登记发生冲突时,交付优先于登记。《买卖合同司法解释》起草小组认为该条是对特殊动产物权变动要件之争的回应,即交付生效抑或登记生效。① 此种认识似乎失之偏颇。既有《海商法》《民法典》的相关规定的存在，学界对于船舶所有权变动生效要件的争论相对有限，争议更多在于作为生效要件的交付与作为对抗要件的登记之间的关系及其效力优劣，因而交付和登记在船舶所有权变动中的法律地位即成为评价该条规定合理与否的重点所在。设立登记对抗要件的目的之一在于维护价值高昂的特殊动产的交易秩序，以及相应的善意第三人的利益。《买卖合同司法解释》第7条赋予交付颇为优先的效力，明显忽视了船舶及其运营的特殊性。具体而言，该条规定至少存在以下两个方面的弊端：一是不利于实现当代海商法秩序价值对于交易安全的应有保障；二是在一定程度上损害了船舶登记制度的价值。

（1）不利于维护交易秩序

动产交付并不限于现实交付，还包括简易交付、指示交付、占有改定等观念交付，即交付本身并不导致实物占有的移转，仅发生观念上的占有移转。② 而且，基于船舶营运的客观需要，实际占有船舶的人在许多情况下并非船舶所有人，而可能是光船租赁的承租人等非所有权人，物理意义上控制和管理船舶的更有可能是船长、船员等占有辅助人。尤其近年来我国船舶融资租赁行业快速发展，许多船舶的所有权属于以银行业为典型的融资租赁公司，而此类船舶所有人通常并不实际占有、营运船舶。因此，船舶占有与所有权人的分离致使交付难以具有外部识别性。③ 同时，船舶买卖的交付阶段一般会在不同地点同时举行交接会议，④ 除船上进行的实

---

① 参见最高人民法院民事审判第二庭编著：《最高人民法院关于买卖合同司法解释理解与适用》，人民法院出版社2012年版，第174页。

② 参见尹田：《物权法》，北京大学出版社2013年版，第162页。

③ 参见郑蕾：《船舶所有权变动效力立法模式之反思》，载《中国海商法研究》2013年第4期，第109页。

④ See Iain Goldrein, Matt Hannaford and Paul Turner, *Ship Sale and Purchase*, Informa Law from Routledge, 2012, p. 170.

际交接（physical delivery）外，岸上进行的文件交接也被称为法律交接（legal delivery）。船价通常是在法律交接时收付，包括作为所有权凭证的船舶卖据（bill of sale）在内的法律文件也是在法律交接时交收，因而船舶交接以法律交接为中心，[①] 实践中船舶交付通常以买卖双方签署船舶交接议定书作为标志。例如，上海航运交易所、中国船东协会编制的《船舶买卖标准合同》第7.7条即约定："卖方确认收到全部船款和剩余油款、未使用润滑油款等款项后，双方即签订船舶交接备忘录。船舶交接备忘录经双方授权代表签署后，该轮正式移交给买方。"《船舶登记条例》第13条也明确要求就购买取得的船舶申请船舶所有权登记的，应当提供交接文件。[②] 较之船舶的实际交接，法律交接作为交付手段的公示效果更不理想。因此，赋予交付在船舶所有权变动中高于登记的效力，明显不利于保障交易秩序。

近年来船舶融资租赁业务在我国快速发展，船舶融资租赁的模式之一是售后回租，即出租人、承租人双方以融资租赁为目的，由出租人作为买受人向承租人及出让人购买承租人自有的租赁船舶，而后由承租人租回使用。售后回租模式下，租赁船舶通常始终处于承租人也即出让人的占有之下。例如，中国海事仲裁委员会《CMAC标准船舶融资租赁合同（上海格式）·回租模式》第2.5条即约定："鉴于租赁船舶始终在承租人的占有和使用之下，因此在《船舶买卖合同》项下双方不进行租赁船舶的实体交接。双方应根据《船舶买卖合同》及本合同约定签署《船舶交接书》和《租赁船舶接受证书》（格式见附件四），即视为出租人已根据本合同向承

---

① 参见杨良宜、林源民：《船舶买卖法律与实务》，人民交通出版社1995年版，第215~217页。

② 《船舶登记条例》第13条第2款规定："就购买取得的船舶申请船舶所有权登记的，应当提供下列文件：（一）购船发票或者船舶的买卖合同和交接文件；（二）原船籍港船舶登记机关出具的船舶所有权登记注销证明书；（三）未进行抵押的证明文件或者抵押权人同意被抵押船舶转让他人的文件。"

租人交付租赁船舶。"① 如果承租人在租赁期间基于无权处分而将船舶出售并交付给他人，此时即涉及售后回租采用的占有改定作为观念交付而非现实交付，是否属于《买卖合同司法解释》第7条所称之"受领交付"的问题。如果不认为占有改定属于受领交付，即意味着认可第二次船舶买卖的买受人为先行受领交付的买受人，从而应当支持其关于办理所有权转移登记手续的要求。此种结果明显不利于保护包括银行业在内的各类融资租赁公司的交易安全，难免将对航运经济秩序产生负面影响，进而阻碍我国船舶融资租赁行业的发展。

（2）贬损船舶登记制度的价值

《买卖合同司法解释》第7条认可船舶所有权变动中交付的优先效力，等同于认定船舶所有权登记的效力劣于交付。具体而言，涉及两个不同层面的问题：第一，我国船舶所有权登记是否具备公信力；第二，船舶所有权变动中交付与登记二者之间的效力优劣。

所谓公信力，是指即便登记簿的记载存在错误，第三人也有理由相信登记簿记载的权利人即是真实的权利人，登记簿记载的权利内容就是真实的权利内容。② 首先必须明确的是，任何登记制度记载的权利情况均非绝对，也都存在错误的可能。即使是作为不动产物权变动生效要件的不动产登记制度，也相应设立了更正登记、异议登记等制度，③ 意在通过纠正或阻却等方式维护不动产登记簿的公信力。因此，对于登记制度的公信力不能仅作全有全无的极端判断。否认我国船舶所有权具备公信力的观点认

---

① 中国海事仲裁委员会上海分会（上海海事仲裁院）组织编写：《航运标准合同系列：上海格式（第2分册）》，人民交通出版社2014年版，第49页。

② 参见程啸、尹飞、常鹏翱：《不动产登记暂行条例及其实施细则的理解与适用》，法律出版社2016年版，第400页。

③ 例如，《不动产登记暂行条例实施细则》第82条第1款规定："利害关系人认为不动产登记簿记载的事项错误，权利人不同意更正的，利害关系人可以申请异议登记。"

为，登记并未成为船舶所有权变动的决定因素，不能合乎逻辑地推导出登记一定发生船舶所有权变动，不具有权利正确推定的机能，不能构成足够的信赖。[①] 也有学者指出：“不能因为登记是国家机关组织进行的，就认为其具有当然的公信力。”[②] 此种逻辑固然不无合理之处，即使认为我国船舶所有权登记具备公信力，其来源也并非单纯由于国家公权力的组织与运行。但是，也不能仅因船舶所有权变动以交付为生效要件，便认为船舶所有权登记当然不具备公信力，否则，在纯粹的交付生效主义与登记生效主义之间设立登记对抗主义也将失去意义。

登记对抗主义之下登记的重要功能在于否认未经登记的船舶所有权变动在当事人以外的效力。假使认为我国船舶所有权登记不具备任何公信力，此种对抗效力又从何而来？而且，根据《买卖合同司法解释》第 7 条第 4 项之规定，人民法院认可已受领交付的买受人享有船舶所有权的方式，也是支持其将标的物所有权登记在自己名下的请求，依托仍然在于船舶登记制度。如果船舶所有权登记不具备公信力，此种更正请求就显得并无必要，原因在于欠缺公信力的船舶登记制度展示的权利状态本不值得信赖，进而登记内容是否符合权利的真实状态似乎也无关宏旨。因此，既然赋予船舶所有权登记以对抗效力，就应当认可登记在一定程度上具有公信力。虽然此种公信力必然不及作为不动产物权变动生效要件的不动产登记，并且也更有可能存在登记内容与实际权利状态不符的情况。确认我国船舶所有权登记的公信力，将有助于增强船舶交易的安全性，保护基于和信赖此种登记而为法律行为的第三人的利益，进而维护航运经济秩序。[③]

至于有学者认为赋予船舶所有权登记公信力要求登记机关必须进行实

---

① 参见司玉琢：《海商法专论》，中国人民大学出版社 2014 年版，第 35 页。

② 王文军：《登记对抗主义挽歌——评〈最高人民法院关于审理买卖合同纠纷案件适用法律问题的解释〉第 10 条》，载《中国海商法研究》2015 年第 3 期，第 31 页。

③ 参见李海：《船舶物权之研究》，法律出版社 2001 年版，第 66 页。

质审查，[①] 此种观点仍然值得商榷。船舶登记形式审查与实质审查的差别更多关系到登记能否作为船舶所有权变动的生效要件，而不能仅因形式审查便否认船舶登记制度的公信力。而且，尽管船舶、航空器和机动车登记的效力不同于不动产登记，但国家为船舶、航空器和机动车的登记投入大量的人力、物力和财力，目的也是通过登记将此类动产上的权利情况尽可能清晰、真实地加以展现，从而提高交易效率、维护交易秩序。[②] 如果轻易否认船舶登记的公信力，进而贬损船舶登记制度的价值，恐怕也并不符合设立船舶登记制度的本意。

比较交付与登记在船舶所有权变动中的效力优劣，重点在于比较二者作为船舶所有权变动公示手段的效果优劣。公示公信原则是物权法的基本原则之一，物权的公示要求物权的取得和变动必须采取法律许可的方式向社会展示，以获得社会的承认和法律保护。[③] 究其本质，特殊动产登记对抗主义的意义并不仅仅在于对物权变动的影响，其本身也是物权公示原则的内容和要求。[④] 既然法律已经规定了登记对抗主义，尽管船舶所有权的登记状况可能存在与实际权属状况不符的情形，但依托船舶登记制度的存在，船舶所有权登记毕竟有着较好的社会展示效果。船舶所有权登记的内容可供公众直观查阅，此为交付作为公示手段所不及。

交付的公示方法在于通过占有状态展示权属状况。但是，交付本非完全的公示方法，加之有观念交付的存在，更使其无法完全公示物权状态的

---

① 参见司玉琢：《海商法专论》，中国人民大学出版社 2014 年版，第 35 页。

② 参见程啸：《论动产多重买卖中标的物所有权归属的确定标准——评最高法院买卖合同司法解释第 9、10 条》，载《清华法学》2012 年第 6 期，第 70 页。

③ 参见梅夏英、高圣平：《物权法教程》，中国人民大学出版社 2015 年版，第 11 页。

④ 例如，梁慧星主持《中国民法典草案建议稿》第 238 条第 1 款规定："依法律行为设立、移转、变更和废止不动产物权，非经登记，不发生效力。依法律行为设立、移转、变更和废止船舶、飞行器和汽车的物权，未经登记，不得对抗第三人。"该条标题即为"物权公示原则"。参见梁慧星主编：《中国民法典草案建议稿附理由・物权编》，法律出版社 2013 年版，第 17 页。

缺点加深。[①] 尤其基于船舶功能及运营模式的要求，船舶占有与所有权分离的情形普遍存在，导致交付虽是船舶所有权变动的生效要件，但其社会展示效果却并不理想，因而需要辅以登记作为对抗要件。作为均存在一定瑕疵的两种公示手段，交付的不足应当更为明显。因此，在交付与登记发生冲突时，应当认定登记的物权效力强于受领交付，而不能赋予受领交付排斥登记的效力。[②]《买卖合同司法解释》第 7 条认定船舶所有权变动中登记的效力劣于交付，否认船舶所有权登记的公信力，很大程度上是对我国船舶登记制度的贬损。以社会效果而论，此种规定不利于鼓励当事人办理船舶登记，也不利于行政机关加强对船舶的管理，[③] 最终势必导致交易秩序受到威胁。

第三节 海商法的效率价值

一、法律效率价值的一般含义

效率一词的本义是指单位时间内完成的工作量，[④] 也指消耗的劳动量与所获得的劳动效果的比率。[⑤] 作为法律价值目标的效率有时也称效益，更多是指以尽可能小的成本或代价获得尽可能大的收益，即实现资源的优

---

① 参见崔建远：《再论动产物权变动的生效要件》，载《法学家》2010 年第 5 期，第 52 页。

② 例如，甲从乙处购买一辆汽车，甲虽然取得了汽车的占有使用但没有办理汽车的过户登记。此时甲虽然也获得了汽车的所有权，但如果善意第三人丙办理了该汽车所有权的过户登记，则甲不能排斥丙的所有权取得。参见孙宪忠：《中国物权法总论》，法律出版社 2014 年版，第 414 页。

③ 参见王利明：《特殊动产一物数卖的物权变动规则——兼评〈买卖合同司法解释〉第 10 条》，载《法学论坛》2013 年第 6 期，第 8 页。

④ 参见中国社会科学院语言研究所词典编辑室编：《现代汉语词典》（第 6 版），商务印书馆 2012 年版，第 1447 页。

⑤ 参见夏征农、陈至立主编：《辞海》，上海辞书出版社 2009 年版，第 2525 页。

化配置。[①] 效率是法律重要的价值目标，无法维护效率的法律不能被认为是良法。据此，现代法律必然包含着以有利于提高效率的方式分配资源，并以权利和义务的规定保障资源的优化配置和高效使用的价值内涵。[②]

法律的效率价值在商法领域体现得尤为明显，原因在于商事交易的目标本来便是充分利用现有资源以追求最大的经济效益，而资金与产品的流转频率与其所获得的效益成正比。[③] 商事交易以营利为目的，时间就是金钱，金钱就是机会。交易越是迅速快捷，获取利润的机会也就越大。然而，商事交易错综复杂，交易机会瞬息万变。如果法律程序和方式过于复杂，势必影响交易效率，增加交易成本。据此，商事法律尽量简化交易程序，弱化交易方式，以求交易的便捷、易行、迅速、敏捷，以此提高交易的效率，保障当事人的营利时间和机会。[④] 此种特征也被称为企业交易的快速主义，即商法通过设立各种制度，确保企业关系简易而快速地成立，包括在商事交易时效方面采取短期诉讼时效期间；在交易形态和客体方面采取交易定型化原则，例如保险合同、运输合同、银行交易等采用标准合同条款等；以及权利证券化，即基于商事交易发生的权利采用证券的形式，权利基于证券较高的流通速度也得以迅速流通。[⑤]

以权利的证券化为例，商法追求权利证券化最为集中的制度自然是票据法，而票据具有支付手段、信用手段、结算手段、融资手段等功能。[⑥] 我国台湾地区学者郑玉波据此对于票据法的法理有着相当精到的阐释：

票据在经济上既有上述之效用，因之在法律上即应使之发挥该项效

---

① 参见孙国华、朱景文主编：《法理学》(第4版)，中国人民大学出版社2015年版，第67页。

② 参见公丕祥主编：《法理学》(第3版)，复旦大学出版社2016年版，第67页。

③ 参见范健、王建文：《商法学》，法律出版社2015年版，第10页。

④ 参见施天涛：《商法学》，法律出版社2018年版，第22页。

⑤ 参见王保树：《商法总论》，清华大学出版社2007年版，第73页。

⑥ 参见谢怀栻：《票据法概论》(增订二版)，法律出版社2017年版，第87页。

用，以配合经济，裨益社会。然则如之何始可使票据发挥其经济效用乎？曰不外“助长流通”四字而已（此点与货币不同，货币在法律上系强制通用）。申言之，助长流通乃法律上对于票据所采取之最高原则，票据法之一切制度，无不以此原则为出发点，吾人研究票据法法理之际，非先把握此一原则，则对于票据法上各种制度，即不能了如指掌，故此四字乃一部票据法关键之所在，非常重要，吾人应时时置诸念头，每遇疑难问题，庶可凭此索解。①

除以上分析外，郑玉波又将“助长流通”分解为取得票据权利的“迅速”和“确实”两个方面：“迅速”包括票据的要式证券性质、票据背书转让等规则；“确实”则包括票据的文义证券、无因证券性质，票据行为独立原则、票据抗辩、公式催告等规则。②“助长流通”一语高度概括了权利证券化及其法律保障对于商法效率价值的贯彻。

二、海商法效率价值的具体表现

海商法作为传统商法的主要分支之一，对商事法律追求效率的三项具体特征，即时效短期化、交易定型化、权利证券化均有不同程度的体现。而且，随着航运生产力不断提高，航运交易的实质公平以及航运经济秩序已然得到了较好的维护，使当代海商法有着更大的空间追求交易效率。上文提及的《鹿特丹规则》建立的无单放货合法机制便是一例典型。具体而言，时效短期化、交易定型化、权利证券化三个方面在当代海商法领域各有相应的制度依托与典型表现。

（一）时效短期化

时效制度存在之理由，其一在于维持社会秩序，其二则是为免证据

① 参见郑玉波：《票据法》，台北，三民书局2015年版，第8页。

② 参见郑玉波：《票据法》，台北，三民书局2015年版，第9～10页。

久已湮没造成举证困难。诉讼时效较之取得时效，对于后一理由考量更为充分。[①] 此外，时效制度亦有敦促权利人行使权利之功能。[②] 确定合理的诉讼时效期间，除应符合诉讼时效制度的基本价值，即合理配置司法资源外，还应着重关注权利人和义务人之间的利益平衡。[③]

所谓时效短期化，是指将交易行为产生的债权的时效期间予以特别缩短而从速确定行为效果。商法为了谋求交易效率，颇多采取短期时效主义。[④] 票据权利的特殊时效应是较为典型的一例，我国《票据法》第 17 条第 1 款规定：

票据权利在下列期限内不行使而消灭：

（一）持票人对票据的出票人和承兑人的权利，自票据到期日起二年。见票即付的汇票、本票，自出票日起二年；

（二）持票人对支票出票人的权利，自出票日起六个月；

（三）持票人对前手的追索权，自被拒绝承兑或者被拒绝付款之日起六个月；

（四）持票人对前手的再追索权，自清偿日或者被提起诉讼之日起三个月。

上述规定的多数时效期间较之民法规定的一般请求权消灭时效期间均明显缩短，原因在于票据关系应当尽快确定，方才有利于票据上权利的行使以及保护债务人。[⑤]

较之民法的普通时效，海事时效同样具有时效期间较短的特点。此种

---

① 参见史尚宽：《民法总论》，中国政法大学出版社 2000 年版，第 624 页。

② 参见梁慧星：《民法总论》（第 5 版），法律出版社 2017 年版，第 249 页。

③ 参见杨巍：《民事权利时间限制研究》，武汉大学出版社 2011 年版，第 377 页。

④ 参见施天涛：《商法学》，法律出版社 2018 年版，第 22 页。

⑤ 参见谢怀栻：《票据法概论》（增订二版），法律出版社 2017 年版，第 87 页。

时效的短期化是为了适应海事活动特别是海上贸易迅速进行的需要，[①] 同时顾及海损事故相关证据往往不易保存的客观现实。最为典型的应是海上货物运输的诉讼时效期间，《海牙规则》第3条第6款规定："除非从货物交付之日或应交付之日起一年内提出诉讼，承运人和船舶在任何情况下都免除对灭失或损害所负的一切责任。"我国《海商法》第257条第1款吸收《海牙规则》的规定，也将就海上货物运输向承运人要求赔偿的请求权的诉讼时效期间规定为1年。[②] 但是，我国《海商法》规定的其他许多诉讼时效期间并不明显短于民事法律规定的普通诉讼时效期间，主要原因有二：

其一，《海商法》制定当时强调与国际通行的公约的规定保持一致，例如该法第258条、第261条、第262条分别规定的海上旅客运输、船舶碰撞、海难救助的诉讼时效期间均为2年，相应参考了《1974年雅典公约》《1910年统一船舶碰撞某些法律规定的国际公约》《1989年国际救助公约》。

其二，我国《民法总则》（已废止）颁布以前，《民法通则》（已废止）规定的2年普通诉讼时效期间本就过短。2002年时曾有统计指出，仅因普通诉讼时效期间过短便使银行、金融机构损失3000多亿元人民币。[③] 尤其是随着社会主义市场经济的迅速发展，各类经济主体的交易方式和类型不断创新，权利义务关系愈加复杂，2年普通诉讼时效期间已经难以适应客观情况的需要。[④] 梁慧星教授对此认为：

---

① 参见郭瑜：《海商法教程》，北京大学出版社2012年版，第342页。

② 《海商法》第257条第1款规定："就海上货物运输向承运人要求赔偿的请求权，时效期间为一年，自承运人交付或者应当交付货物之日起计算；在时效期间内或者时效期间届满后，被认定为负有责任的人向第三人提起追偿请求的，时效期间为九十日，自追偿请求人解决原赔偿请求之日起或者收到受理对其本人提起诉讼的法院的起诉状副本之日起计算。"

③ 参见梁慧星：《〈中华人民共和国民法总则（草案）〉：解读、评论和修改建议》，载《华东政法大学学报》2016年第5期，第22页。

④ 参见杜万华主编：《中华人民共和国民法总则实务指南》，中国法制出版社2017年版，第722页。

《民法通则》诉讼时效制度，参考当时苏联和东欧国家的立法经验，其主要特征是诉讼时效期间过短，且不待当事人主张而由法庭主动适用。其立法目的，不是为了保护私权（民事权利），而是为了促进所谓“经济流转”，体现当时单一公有制的计划经济体制的本质和要求。其缺点是，对合法民事权利的保护不周，不适应社会主义市场经济的要求。现实生活中，仅仅2年的时效期间经过，债务人就可以“理直气壮”地拒绝还债，与社会主义市场经济的道德概念、公平正义、诚实信用抵触太甚，使合法经营的企业特别是银行和金融机构蒙受了巨额财产损失，是反复形成金融机构巨额不良资产的主要原因之一。近年来虽经最高人民法院通过司法解释予以缓和补救，如规定非经当事人主张法庭不得主动适用，但时效期间过短的缺点，终究不能靠司法解释予以补救。①

较之我国民事立法规定的诉讼时效期间，世界各国和地区民事法律规定的普通诉讼时效期间大多较长。例如，日本《民法》此前规定消灭时效原则上为债权人可以行使权利之日起10年，同时针对不同情况规定了1年、2年、3年的短期消灭时效。但是，实务中需要对于债权究竟属于何种类型进行判断，不仅烦琐，而且有时难以作出准确界定。基于经济全球化的基本趋势，跨境交易频繁，为了降低多元化时效制度带来的法律风险和时效管理成本，日本2017年修订后的《民法》选择废除短期消灭时效，实现了时效期间的统一。②

随着《民法总则》将普通诉讼期间修改为3年并延续至《民法典》，海事诉讼时效的短期化特征在一定程度上得以凸显。但是，《海商法》规定的特别诉讼时效期间也应审慎考量是否予以延长，尤其是其中参照《民

---

① 梁慧星：《〈中华人民共和国民法总则（草案）〉：解读、评论和修改建议》，载《华东政法大学学报》2016年第5期，第22页。

② 参见《日本民法典》，刘士国、牟宪魁、杨瑞贺译，中国法制出版社2018年版，第6页。

法通则》规定为2年诉讼时效期间的情形。例如，《海商法》第257条第2款、第259条规定的租船合同的诉讼时效，期间的确定应当基于较为充分的统计数据，明确海事司法实践中权利人基于诉讼时效期间届满而无法得到救济的比例情况，以此评判现行规定的合理与否，避免权利人和义务人的利益关系过于失衡。同时，还应充分考虑比较法上诉讼时效制度的发展趋势，即时效制度趋于统一化、单一化，特别诉讼时效期间种类日渐减少。[①]

北京市高级人民法院民事审判第一庭《关于〈民法总则〉施行后适用诉讼时效制度的参考意见》认为："2017年9月30日之前（本意见中'之前'、'之后'均包括本日）施行的民事单行法中规定的诉讼时效为二年的，其性质与《民法通则》规定的二年普通诉讼时效无异，故根据新法优于旧法的原则，在《民法总则》施行后应适用三年的诉讼时效期间。"此种理解似有以偏概全之嫌。至少在《海商法》的场合，规定2年诉讼时效期间的目的更多是与国际立法有所协调，并非与"二年普通诉讼时效无异"。对于参照国际公约、国际惯例规定的诉讼时效期间，《海商法》修改时应当根据两种情形分别加以处理。

其一，我国已经参加的国际公约。例如，《海商法》第262条关于海难救助诉讼时效的规定是参照《1989年国际救助公约》第23条第1款制定。虽然《维也纳条约法公约》第26条确立了条约必须信守原则，要求当事国必须善意履行条约，但《海商法》第268条第1款已明确了国际公约较之我国国内法的优先效力。[②] 因此，《海商法》作为国内法可以作出不同于我国已经参加的国际公约的规定，根据客观需要对于特定海事诉讼时效期间予

① 参见高圣平：《诉讼时效立法中的几个问题》，载《法学论坛》2015年第2期，第32页。

② 《海商法》第268条第1款规定："中华人民共和国缔结或者参加的国际条约同本法有不同规定的，适用国际条约的规定；但是，中华人民共和国声明保留的条款除外。"

以延长。此种做法并不影响我国履行相应国际公约缔约方的义务,[①] 但应以必要为限。而且，此种规定仅能在国际公约的适用范围以外，主要是不存在涉外因素的情形适用。《海商法》作为最具国际性的国内法律，固然需要考虑海商法律的国际统一趋势，但亦不能脱离国内法律制度构建的实际需要。海事国际公约沿袭英美法系的立法传统，大多允许当事人延长诉讼时效,[②] 因而可以设置较短的法定时效期间，而《民法典》第 197 条却明确规定了诉讼时效的强行性。[③] 适当延长《海商法》规定的法定时效期间，使之适用于我国国内的海事纠纷，一定程度上应当能够促进国际、国内海事纠纷适用的诉讼时效规则在实质上更加趋于平衡，值得《海商法》修改时予以慎重考虑。

其二，我国未参加的国际公约以及国际惯例。此类国际公约、国际惯例对于我国不具有强制性的约束力，《海商法》理应可以作出不同规定，但也需要适当考虑海商法律制度的国际统一。较为典型的便是《海商法》第 257 条关于海上货物运输合同 1 年诉讼时效期间的规定，该条是参照《海牙—维斯比规则》制定。考察国际海上货物运输立法的发展，本身即呈现诉讼时效期间延长之趋势。《汉堡规则》第 20 条“诉讼时效”以及《鹿特丹规则》第 62 条“时效期间”规定的诉讼时效期间均为 2 年。[④] 此

---

① 部分海事国际公约本身也允许国内立法规定长于国际公约的诉讼时效期间。例如，《1989 年国际救助公约》第 23 条“诉讼时效”第 3 款规定：“如果诉讼是在起诉地国的法律允许的时间内提起，即使上述两款规定的时效期限已届满，负有责任的人仍可提起要求补偿的诉讼。”

② 例如，《1974 年雅典公约》第 16 条“诉讼时效”第 4 款规定：“虽有本条第 1 款、第 2 款和第 3 款的规定，在诉因产生后，经承运人声明或经当事各方协议，时效期间可以延长。该声明或协议应以书面做出。”

③ 《民法典》第 197 条第 1 款规定：“诉讼时效的期间、计算方法以及中止、中断的事由由法律规定，当事人约定无效。”第 2 款规定：“当事人对诉讼时效利益的预先放弃无效。”

④ 《汉堡规则》第 20 条“诉讼时效”第 1 款规定：“有关按照本公约运送货物的任何诉讼如不在两年期内发动司法或仲裁程序，即失去时效。”《鹿特丹规则》第 62 条“时效期间”第 1 款规定：“两年时效期间期满后，不得就违反本公约下的一项义务所产生的索赔或者争议提起司法程序或者仲裁程序。”

种变化的主要考量在于《海牙—维斯比规则》规定的1年诉讼时效期间过于短促，不足以保护货物利害关系人的利益，[①] 因而通过延长期间给予索赔方更为充裕的时间用于收集证据进而提起诉讼或仲裁，维护和保障货方的索赔权。[②] 至于国际惯例，《海商法》第263条关于共同海损1年诉讼时效期间的规定参考了海商法领域最为主要的国际惯例《约克—安特卫普规则》，但该规则规定的时效的适用前提是“遵照所适用的法律中任何关于时效的强制性规定”。[③] 因此，对于《海商法》的此类规定如有必要，也可延长相应的诉讼时效期间。

（二）交易定型化

交易定型化主要是指交易方式的定型化，即交易中由一方当事人事先拟定一般交易条款，对方只能表示全部同意或者不同意的一种交易方式，亦即他方当事人仅能从整体上接受交易条款，否则交易不成立。例如，保险人对保单的拟定、公用事业单位拟定的一般交易条款等均是为了便利交易，从而提高交易效率。[④]

采用格式合同或格式条款最为明显的优势，便是可以提高交易活动的效率，节省缔约的时间和费用。特别是对于从事大量的重复性交易行为的商品或者服务的提供者而言，其不可能与个别相对人逐一就合同内容进行磋商，而且事实上也无此必要。此类合同的特征之一正是不必考虑交易相

---

① 参见杨仁寿：《汉堡规则》，台北，三民书局1990年版，第118页。

② 参见吴焕宁主编：《国际海上运输三公约释义》，中国商务出版社2007年版，第195页。

③ 例如，《2016约克—安特卫普规则》规则XXIII“共同海损分摊的时效”第1款规定：“在遵照所适用的法律中任何关于时效的强制性规定的前提下：（1）除非要求分摊的一方在共同海损理算书发出后一年内提起诉讼，要求共同海损分摊的权利，包括基于共同海损保证书和担保函的索赔权归于消灭。但在共同航程终止之日起六年后将不得提起诉讼；（2）如果共同航程终止后有关方同意，上述期限可以延长。”

④ 参见施天涛：《商法学》，法律出版社2018年版，第22页。

对人的个人因素，即现代交易的非人格化倾向，而是对于任何相对人均提供同样的交易条件。格式合同或格式条款内容上的固定化、形式上的标准化，以及要约方的特定化、承诺方的广泛化，促使当事人无须通过逐条协商而订立合同。因此，格式合同或格式条款精简了缔约过程中复杂的“要约—承诺”程序，节约了当事人的时间、精力和社会成本，加速了交易的进行，也避免了人力和财力的浪费。①

海事活动领域虽然并不要求当事人必须从整体上接受交易条款，但也大量采用格式合同，即由一方事先起草的包括所有合同条款的书面合同文本。实践中的具体做法是以某一标准格式合同为基础，双方在此基础上通过协商作出必要的取舍和修改。② 最为典型的便是租船合同的订立。租船合同的双方当事人为了各自利益，绝大多数情况下均会对于租船合同的各个条款逐字逐句进行推敲，从而势必造成旷日持久的谈判，不利于维护交易效率。为了简化和加速租船合同的签订进程，节省签订租船合同需要花费的成本，也为了维护双方当事人各自的利益，国际租船市场上一些行业组织、大型航运企业甚至大型货主企业，大多选择事先制定规范化的租船合同标准格式。此类标准格式合同在总结租船业务实践经验的基础上拟定，并且保持一定的更新频率。出租人、承租人或其代理人通常选择某一特定的租船合同标准格式作为订约的基础，针对其中条款结合各自实际情况进行修改完善，最终订立约束双方的租船合同。当然，此类租船合同标准格式并非法律，而且根据制定主体不同，不同标准格式中包含的条款的公平性、合理性均有较大差异。③ 具体而言，租船合同标准格式种类繁多，较为常用的包括适用于航次租船合同的《统一杂货租船合同》（*Uniform*

---

① 参见苏号朋：《格式合同条款研究》，中国人民大学出版社2004年版，第77页。

② 参见林源民：《船舶建造》，上海浦江教育出版社2013年版，第49页。

③ 参见郭萍编著：《租船实务与法律》，大连海事大学出版社2014年版，第29~30页。

General Charter)，代号为“金康”（GENCON），主要有1976年和1994年两个版本；适用于定期租船合同的《定期租船合同》（*Time Charter*），代号为“土产格式”（Produce Form），主要有1946年、1981年、1993年和2015年四个版本；适用于光船租赁合同的《标准光船租赁合同》（*Standard Bareboat Charter*），代号为“贝尔康”（BARECON），主要有1974年、2001年和2017年三个版本。

此外，海商法的许多其他领域也广泛使用标准格式合同。例如，海上拖航合同领域主要有《国际远洋拖航协议》（*International Ocean Towage Agreement*），分为日租（daily hire）格式与承包（lump sum）格式，代号分别为“TOWHIRE”与“TOWCON”；船舶建造合同领域主要有波罗的海国际航运公会NEWBUILDCON格式、挪威船东协会Norwegian格式、日本造船人协会SAJ格式；船舶买卖合同领域则有挪威航运经纪人协会NSF格式，主要有1993年和2012年两个版本。

（三）权利证券化

所谓权利证券化，是指如果交易客体属于无形权利，即采用证券化以促进流通。例如，公司法关于股票和证券的规定，票据法关于各种票据的规定，以及保险法关于保单的规定，目的均是通过各种证券使其表彰的权利得以定型，从而方便辨认和交易。而且，部分证券可以背书转让因而流通方便，使交易更为迅捷。[①] 权利本身抽象而不易对外表征，而证券却是有体物，即使电子化也具有可以书面呈现的形式，易于为人识别。据此，权利表现在证券之上以后，法律关系便可确定地表现于外。而且，高度发达的市场经济社会之中信用关系颇为发达。信用关系如果仅依赖权利人和义务人之间的诺言建立，不仅不甚稳固，且也不便于大规模地建立。权利

---

① 参见施天涛:《商法学》(第5版)，法律出版社2018年版，第22页。

的证券化便可克服此种弊端。[①]

海商法领域权利证券化最为典型的表现，自然应属提单。可流通的提单产生于海上运输，原因在于海上航程通常遥远而且总是较为缓慢，因而货主需要一个代表货物权利的凭证，以便为国际贸易提供信贷或者在运输途中寻找机会出售货物。[②] 我国《海商法》第71条规定，提单是“承运人保证据以交付货物的单证”。关于提单的作用，英美海商法著作和法院判例普遍认为提单是“document of title”，并且主张提单的此种作用是承运人凭提单交付货物或者收货人凭提单提取货物的基础所在。根据《布莱克法律词典》的解释，“document of title”是指一种包括提单在内的书面单证，此种单证赋予持有人收取、占有和处置该单证及其上载明的货物的权利。[③]《元照英美法词典》的解释则是：

权利凭证持有这种凭证的人有权接受、持有和处置该凭证和凭证中所列的货物，如提单、码头收据、码头提货单等。[④]

美国《统一商法典》（*Uniform Commercial Code*，UCC）专设第7篇规定了“document of title”，并在第1.201条第b款第16项规定了“document of title”的定义：

“所有权凭证”指具有全部下列特征的记录：在正常业务或融资中，被认为足以证明其占有人或控制人有权接收、控制、持有或处置该记录及其所覆盖的货物；显示系由货物保管人出具，或系出具给货物保管人；覆盖由货物保管人占有的货物；该货物已特定化，或系已特定化的批量货物

① 参见谢怀栻：《票据法概论》（增订二版），法律出版社2017年版，第6页。

② See John F Wilson, *Carriage of Goods by Sea*, Pearson, 2010, p. 132.

③ See A written description, identification, or delaration of goods authorizing the holder (usu. a bailee) to receive, hold, and dispose of the document and the goods it covers. Bryan A. Garner (ed.), *Black's Law Dictionary*, Thomson Reuters, 2014, p. 588.

④ 薛波主编：《元照英美法词典》，北京大学出版社2013年版，第431页。

中一定份额的种类物。"所有权凭证"包括提单、运输文件、码头收货单、码头收据、仓单和交换命令。电子所有权凭证系由储存在电子介质中之信息组成的记录予以证明。实体所有权凭证系由记录在实体介质中之信息组成的记录予以证明。[①]

"document of title"在英国被解释为占有和控制货物的凭证，此种凭证的转让相应发生货物占有转移的后果，并且可以产生货物所有权转移的后果。[②] 而且，构成"document of title"的提单必须是可转让的指示提单或者不记名提单；至于提单的转让如要产生货物所有权转让的后果，则应满足三个条件，一是提单的转让人对于货物具有所有权，二是货物处于运输过程之中，三是转让人具有转移货物所有权的意图。《海牙规则》第1条第b项也有"提单或任何类似的'document of title'"的表述。[③] 英国和其他一些国家的法律赋予提单此项功能，正是为了在传统的单证贸易中保障提单的流通转让性，促使提单具有结汇、质押等作用。

我国海商法学界关于"document of title"的含义长期存在较为激烈的争议，至少存在"物权凭证""所有权凭证""权利凭证"等不同翻译和理解，[④] 而且似乎在当前以及今后一个时期也无法形成多数学者认可的有力观点，此一术语在中国法乃至大陆法系也确实难以找到可以较好对应的概念。关于"document of title"最为通行的译法是"物权凭证"，或者更为具体的"所有权凭证"。例如，我国海商法泰斗魏文翰早在1965年出版的《海商法讲座》一书中即指出提单的功能之一是"货物所有权的凭

---

① 《美国统一商法典》，潘琪译，法律出版社2020年版，第7页。

② 参见杨良宜：《提单及其付运单证》，中国政法大学出版社2001年版，第6~7页。

③ 《海牙规则》第1条第b项规定："'运输合同'仅适用于提单或任何类似的document of title下的运输合同……（"Contract of carriage" applies only to contracts of carriage covered by a bill of lading or any similar document of title ……）。"

④ 参见司玉琢主编：《海商法》，法律出版社2018年版，第107页。

证”,[①] 该书也是中华人民共和国正式出版的第一部海商法著作。但是，不少学者对于“物权凭证”的概念多有质疑，同时选择将“document of title”译为“权利凭证”。例如，袁发强在翻译 *Carriage of Goods by Sea* 一书时特别指出：

许多中文书籍和论文都将“document of title”翻译和理解为“物权凭证”，这并不完全符合其本意。正如本书下文所提到的，提单仅仅是起到“收取货物的权利”，与大陆法系中“物权”的概念不完全相同，因此译为“权利凭证”更符合英国法下的含义。[②]

关于提单的法律性质，我国另有占有权利凭证说、债权关系说、阶段论说、有价证券说等诸多观点。[③] 但是，无论依据何种观点，提单在一定程度上表征相应的货物权利却是共识，并且代表此种权利在海上运输以及货物贸易之中进行流转。提单也因此有了“飞舞的提单精灵”的美誉。[④] 我国海事司法实践也偶有采用“物权凭证”的表述，例如，厦门海事法院在厦门鸿量进出口有限公司与厦门中泓基国际货运代理有限公司、深圳永航国际船务代理有限公司厦门分公司海上货物运输合同纠纷案中认为：

提单是债权凭证，某些情况下是物权凭证，提单是涉外运输和贸易最主要的单证，其物权凭证的效力是配合国际贸易支付而存在的。从货款的支付上看，本案是国内贸易，只不过因为货物要外销，部分条款含有涉外因素，但这也并未改变本案交易国内贸易的性质。本案提单关系不能适用于原告，在内贸合同中，标的物的所有权自标的物交付时转移，即原告将货交第一承运人时，所有权已经转移给第三人。因此，即使原告持有提

---

① 参见魏文翰：《海商法讲座》，法律出版社 1965 年版，第 66 页。

② ［英］约翰·F. 威尔逊：《海上货物运输法》，袁发强译，法律出版社 2014 年版，第 127 页。

③ 参见陈芳：《提单法律性质诸论评议》，载《江西社会科学》2013 年第 1 期，第 155 ~160 页。

④ 参见郭瑜：《海商法的精神——中国的实践和理论》，北京大学出版社 2005 年版，第 161 页。

单，也不代表物权凭证，至多只不过是获取一种担保。[①]

关于提单是物权凭证的观点在海事以外的其他司法实践领域更为普遍，最为典型的当属引起广泛讨论的最高人民法院指导性案例第111号，中国建设银行股份有限公司广州荔湾支行诉广东蓝粤能源发展有限公司等信用证开证纠纷案，最高人民法院在该案中认为：

提单具有债权凭证和所有权凭证的双重属性，但并不意味着谁持有提单谁就当然对提单项下货物享有所有权。对于提单持有人而言，其能否取得物权以及取得何种类型的物权，取决于当事人之间的合同约定。

《鹿特丹规则》代表着国际上关于包括提单在内的海上运输单证法律制度的最新进展，其中第1条"定义"第14项将运输单证定义如下："承运人按运输合同签发的单证，该单证：（a）证明承运人或履约方已按运输合同收到货物；并且（b）证明或包含一项运输合同。"《鹿特丹规则》将运输单证区分为可转让运输单证和不可转让运输单证，其中第1条第15项将可转让运输单证定义如下："通过'凭指示'或者'可转让'之类的措词，或者通过该单证所适用的法律承认具有同等效力的其他适当措词，表明货物已交运且应按照托运人的指示或者收货人的指示交付，或者应交付给持单人，且未明确声明其为'不可转让'或者'不得转让'的运输单证。"第1条第16项则将不可转让运输单证定义如下："不是可转让运输单证的运输单证。"

可见，《鹿特丹规则》定义的运输单证包括提单，但并未明确规定提单的定义。而且，公约仅规定运输单证具有证明承运人或履约方已按运输合同收到货物的作用，以及证明或包含运输合同的作用，而并未统一规定运输单证作为承运人据以交付货物的凭证作用。运输单证是否具有交货凭证作用，需要根据运输单证是否可转让，以及不可转让运输单证是否载明

① 厦门海事法院（2013）厦海法商初字第178号民事判决书。

必须交单提货、可转让运输单证是否载明可以不提交运输单证交付货物而定。即使运输单证具有交货凭证作用，公约也允许承运人在满足一定条件时无单放货。公约第九章“货物交付”第46条“签发必须提交的不可转让运输单证时的交付”和第47条“签发可转让运输单证或可转让电子运输记录时的交付”对此分别作出了具体规定。

提单作为传统的国际海上货物运输单证和国际货物贸易单证已有数百年的历史，此种单证的可流通性保障了货物单证贸易的顺利开展。此后产生的海运单作为借鉴航空货物运输空运单的海上货物运输单证，虽然具有无需凭单交货，而只需凭收货人身份证明交货的优点，却具有不可流通性的缺陷，从而在一定程度上有违权利证券化强调流通性以及促进交易效率的初衷。电子运输单证的使用不仅涉及法律问题，还涉及建立计算机网络通信无法回避的复杂技术、管理问题。据此，可以肯定的是，至少在当前以及今后一个较长的时期，电子运输单证在国际海上货物运输实践中尚且无法完全取代传统的纸质提单，提单仍将是主要的国际海上货物运输单证。完善运输单证规则，涉及的重要问题之一便是如何规定运输单证的交货凭证作用。《海商法》第71条规定，包括记名提单在内的任何提单均具有交货凭证作用，承运人应凭提单交付货物，即收货人提取货物应向承运人或其代理人提交提单。此种规定的优点是有利于维护提单的可信度和转让效力，保障国际货物单证贸易的安全，保护第三者提单持有人的利益；缺点是不利于减少无单放货现象的发生。我国是世界上第一大贸易出口国，而且绝大多数出口贸易商是中小企业并且在交易中普遍采用FOB价格条件，因而充分保护我国贸易出口方的利益也是维护国家利益的需要，应当作为首要的考虑因素。同时，结合上文已有分析的海商法的秩序价值，也应考虑减少无单放货现象发生的实际需要。

第四节　海商法的鼓励航运业发展价值

一、鼓励航运业发展价值的基本内涵

所谓鼓励航运业发展，顾名思义，是指海商法律制度的规范设置以有利于航运产业的发展为基本倾向之一。经济基础决定上层建筑，是历史唯物主义的基本原理之一。社会经济结构以生产关系为内容，即人们在物质生产过程中结成的经济关系。[①] 历史唯物主义将生产关系视为社会的经济基础，而将政治结构和文化结构等视为社会的上层建筑，包括海商法在内的法律制度即属于上层建筑的范畴。经济基础与上层建筑的矛盾同生产力与生产关系的矛盾密切相关，构成了社会的基本矛盾，形成了社会发展的基本规律。[②] 在经济基础与上层建筑的辩证关系之中，经济基础决定上层建筑应是首要表现。经济基础决定上层建筑的产生、性质和发展变化。海商法是规范航运活动的法律，因而航运活动是海商法存在的基础。故此，鼓励航运产业发展，使之得以持续健康发展，应是海商法当然的价值目标乃至使命。

海商法之所以将鼓励航运业发展作为最为主要的价值目标之一，根本原因仍然在于海上特殊风险的影响。航运活动具有较大的相对风险，但又需要巨额投资方才能够持续发展。为避免投资者面对海上特殊风险裹足不前，海商法方才产生了鼓励航运业发展的基本思想，进而形成了所谓的"航海利益团体思想"。例如，我国台湾地区学者陈猷龙认为：

---

① 参见李秀林、王于、李淮春主编：《辩证唯物主义和历史唯物主义原理》，中国人民大学出版社 2004 年版，第 104 页。

② 参见李秀林、王于、李淮春主编：《辩证唯物主义和历史唯物主义原理》，中国人民大学出版社 2004 年版，第 104 页。

船舶航行于海上，面临众多海上危险，有天然灾害，非人力所能抗拒者，有船长或船员之故意过失造成者，亦有第三人之侵权行为或债务不履行所致者。船舶装载货物或旅客，形成一体，航行远洋，一旦遭遇危险，救援经常缓不济急，且海上危险每致船货尽失，使船舶业者蒙受重大之损失。由于航海之危险、孤立，以及通常导致船货全损之特性，遂形成航海利益团体之思想，中世纪初期由全体参与航海之人，组成合作社形态的海上业务经营方式，即属之。现代海商法上，仍存在此种航海利益团体思想之制度，较显著者，如船舶共有、船舶所有人责任限制、海事优先权、共同海损等是。①

邱锦添则认为：

船舶承载人货，得以平安抵达终点者，端赖于风平浪静。然事实上，海上危险甚多，或难以避免，或无法事先预测，此种航行上之危险，复因海上之孤立性，而益加甚。又船舶承载人货，孤舟浮海，几与外界隔绝，而自成一体，一旦遭遇危险，则感救助不济，以致船货尽失，使船舶业者蒙受重大之损失。是故，由于航海之危险性、船舶之孤立性，以及危险发生之全损性，乃导致“航海利益团体”思想之建立。此思想自中世纪初期开始，至现代海商法上仍盛行不衰，其最显著者，表现在“共同海损制度”及“船舶共有制度”上。②

法律的目的在于实践公平正义，海商法自然也不例外。但是，海商法在一些特殊场合却将鼓励航运业发展作为更优于公平正义的价值目标，突出表现为重视船方利益，以及强调航海安全、鼓励快速作业。③ 上文已经提及，海商法的公平价值之所以具有特殊性，也正是基于因应海商法特殊

① 陈猷龙：《海商法论》，台北，瑞兴图书股份有限公司 2018 年版，第 4 页。

② 邱锦添：《海商法新论》，台北，元照出版有限公司 2008 年版，第 6 ~7 页。

③ 参见张新平：《海商法》，台北，五南图书出版股份有限公司 2016 年版，第 7 页。

风险而追求特殊的矫正公平。易言之，可以认为海商法的最终目的原本就是保证带有危险性的航海得以顺利实现。人类社会在提高航海及造船技术的同时，也在不断尝试借助法律途径克服海上存在的特殊风险。航海活动的最终成功与同一航程中各类相关人员之间的相互配合密不可分。为了应对海上特殊风险，并且确保船舶所有人、船舶共有人、出资人、船长、船员和货主等航海相关人员之间的紧密合作，海商法出现了许多与此相关的制度和规定。此类制度涉及诸多方面，包括进行危险程度较高的航海活动时所需资金的筹集，维持处于孤立状态的船舶的秩序和治安，确保船员合格且称职、调配航海所需物资，分担由避免危险而采取措施造成的损害，航海失败导致损害发生时限制船舶所有人等主体的责任并分担损害，以及救助遇难船舶、保护受损货物等。① 此类制度经过长期发展并且互相组合、关联从而构成了完整的海商法体系，也从不同角度、不同程度体现了当代海商法的鼓励航运业发展价值。

二、鼓励航运业发展价值的具体表现

海商法以鼓励航运业发展为价值目标之一，最为主要的表现便是因应海上特殊风险的客观影响，而在利益分配上更多倾向于船方。上文在分析海商法公平价值的特殊性时，已有提及的承运人单位赔偿责任限制制度、海事赔偿责任限制制度等特殊的责任限制制度，背离作为民事损害赔偿最高原则的完全赔偿原则而将特定主体的赔偿责任限定在一定数额之内，即属此类。除此以外，海商法的鼓励航运业发展价值在诸多海商法律制度之中均有不同程度的体现，较为典型的是船舶优先权担保的海事请求项目的设置，以及海难救助制度中救助报酬和特别补偿的确定标准。

---

① 参见［日］中村真澄、［日］箱井崇史：《日本海商法》，张秀娟、李刚、朴鑫译，法律出版社 2015 年版，第 2 ~3 页。

（一）船舶优先权担保的海事请求项目

船舶优先权是海商法律制度中较为特殊的担保物权，其他领域的类似权利仅有航空法中的航空器优先权，因而也是海商法赋予特定海事债权人的一种特权。船舶在运营过程中可能发生多种债务，出于社会、经济以及人道方面的考量，应当给予部分特殊的海事债权以相应特殊的保护，比如船员工资、救助报酬、船舶营运造成的人身以及财产损害。船舶优先权制度的存在，使此类受到特殊保护的海事债权人，得以就产生海事请求的当事船舶主张优先受偿的权利。[①]

船舶优先权制度的重要内容之一是船舶优先权担保海事请求的项目设置，此一问题自该项制度确立以来经历了一个从项目繁多到逐渐受限的过程。[②]《1926 年统一船舶优先权和抵押权某些法律规定的国际公约》以来，先后产生了《1967 年统一船舶优先权和抵押权某些规定的国际公约》和《1993 年船舶优先权和抵押权国际公约》，而且逐渐减少了船舶优先权担保的海事请求项目。《1926 年统一船舶优先权和抵押权某些法律规定的国际公约》规定了 5 种受到船舶优先权担保的海事请求，《1967 年统一船舶优先权和抵押权某些规定的国际公约》取消了《1926 年统一船舶优先权和抵押权某些法律规定的国际公约》规定的船长合同优先权；《1993 年船舶优先权和抵押权国际公约》基于鼓励船舶融资的目的，显著减少了优先于船舶抵押权受偿的船舶优先权的数量，[③] 取消了《1967 年统一船舶优先权和抵押权某些规定的国际公约》规定的共同海损分摊、清除沉船费用、船舶

---

① 参见司玉琢主编：《海商法》，法律出版社 2018 年版，第 43 页。

② 参见张辉：《船舶优先权法律制度研究》，武汉大学出版社 2005 年版，第 67 页。

③ See Francesco Berlingieri, *International Maritime Conventions (Volume II): Navigation, Securities, Limitation of Liability and Jurisdiction*, Informa Law from Routledge, 2015, p. 171.

所载货物和旅客行李物品灭失或损坏的索赔。[①] 同时，《1993年船舶优先权和抵押权国际公约》规定缔约国可以在强制船舶优先权（mandatory maritime lien）之外另设任意船舶优先权（permissible maritime lien），[②] 但受偿顺位应当居于公约规定的船舶优先权和抵押权之后。[③]

《1993年船舶优先权和抵押权国际公约》第4条“船舶优先权”第1款规定：

对船舶所有人、光船承租人、船舶管理人或经营人的下述各项索赔可通过对船舶的优先权得到担保：

（a）就船长、高级船员和其他船上在编人员由于在船上任职而应得到工资和其他款项的索赔，包括遣返费用和应为他们支付的社会保险费；

（b）就直接与船舶营运有关的、无论是在陆地或水上发生的人身伤亡提出的索赔；

（c）就船舶的救助报酬提出的索赔；

（d）就港口、运河和其他水路规费和引航费提出的索赔；

（e）根据侵权行为提出的索赔，该索赔是由于船舶营运直接造成的有形灭失或损坏所引起的，但不包括船舶所载运的货物、集装箱和旅客物品的灭失或损坏。

公约起草当时认为：公约的主要目标之一应是鼓励船舶融资，一项普

---

① 参见张辉：《船舶优先权法律制度研究》，武汉大学出版社2005年版，第67页。

② 参见吴焕宁主编：《海商法学》，法律出版社1996年版，第381页。

③ 《1993年船舶优先权和抵押权国际公约》第6条“其他船舶优先权”规定：“每一缔约国均可按照其法律规定其他船舶优先权，以担保除第4条所规定者之外的对船舶的所有人、光船承租人、船舶管理人或经营人的索赔，但这些船舶优先权：（a）应遵守第8条、第10条和第12条的规定；（b）应在下列时间消灭：（i）自其担保的索赔发生后六个月的期间届满时，除非这一期间届满之前该船舶已被扣留或扣押，而且这一扣留或扣押导致强制出售；或（ii）该船舶出售给善意购船人后60天的期间届满时，该期间自按照船舶登记国法律在出售后进行出售登记之日起算；以上列两个期间中先届满者为准；而且（c）应排列在第4条所列的船舶优先权和符合第1条规定的已登记的抵押权、‘质权’或担保物权之后。”

遍适用的船舶优先权和抵押权制度可以成为改善船舶融资条件的重要基础，因而应当限制优先于船舶抵押权受偿的船舶优先权的数目。而且，船舶优先权是一项秘密的、依附于船舶的权利。如果船舶优先权担保的海事请求项目太多，势必将会妨碍船舶买卖，损害买方的正当利益。据此，各国代表团一致同意，唯有基于社会和经济理由被认为是不可缺少的索赔请求，方才能够受到船舶优先权的担保。①

各国国内立法中实际存在的船舶优先权项目种类纷繁复杂。不同国家经济、社会等价值观念的不同，船舶优先权制度的立法意图也有所不同，②决定了各国国内海商立法中船舶优先权担保的海事请求项目和范围也必然存在较为明显的差别。③ 以我国《海商法》第二章确立的船舶物权法律制度为例，向银行抵押船舶是《海商法》起草当时航运企业进行融资的主要手段。为了鼓励银行投资航运业，《海商法》尽可能地减少了优先于船舶抵押权进行受偿的权利。《海商法》第 25 条第 1 款规定：“船舶优先权先于船舶留置权受偿，船舶抵押权后于船舶留置权受偿。”因此，船舶担保物权之间的受偿顺序依次应是船舶优先权、船舶留置权、船舶抵押权。虽然该条规定船舶优先权与船舶留置权先于船舶抵押权受偿，但该法对于船舶优先权、船舶留置权担保的债权项目作出了严格的限定。《海商法》第 22 条第 1 款仅规定了 5 种受船舶优先权担保的海事请求，包括船员请求、人身损害请求、港口规费请求、海难救助报酬请求以及船舶营运中的侵权损害赔偿请求。④

---

① 参见何建华编著：《1993 年船舶优先权和抵押权国际公约释义》，人民交通出版社 1995 年版，第 46 页。

② 参见张辉：《船舶优先权法律制度研究》，武汉大学出版社 2005 年版，第 67 页。

③ 参见李海：《船舶物权之研究》，法律出版社 2002 年版，第 168 页。

④ 《海商法》第 22 条第 1 款规定：“下列各项海事请求具有船舶优先权：（一）船长、船员和在船上工作的其他在编人员根据劳动法律、行政法规或者劳动合同所产生的工资、其他劳动报酬、船员遣返费用和社会保险费用的给付请求；（二）在船舶营运中发生的人身伤亡的赔偿请求；（三）船舶吨税、引航费、港务费和其他港口规费的缴付请求；（四）海难救助的救助款项的给付请求；（五）船舶在营运中因侵权行为产生的财产赔偿请求。”

综观各国关于船舶优先权的规定，我国《海商法》规定的受船舶优先权担保的海事请求项目相对较少。例如，日本2018年完成修订的《商法》第三编“海商”第842条“船舶优先权”规定了5种受船舶优先权担保的海事请求，其中甚至包括“为继续航次产生的必要费用的债权”等较为宽泛的海事请求类型，该条规定：

享有下列债权的人，对船舶及其属具享有优先权：

（一）因与船舶营运直接相关的人身伤亡产生的损害赔偿请求权；

（二）有关救助报酬的债权或者基于属于船舶分摊的共同海损产生的债权；

（三）依照国税征收法［昭和34年（1959年）法律第147号］或者参照国税征收可以征收的缴付请求权中有关船舶进港、使用港口以及其他同船舶航行相关的税费或者有关引航费或者拖船费的债权；

（四）为继续航次产生的必要费用的债权；

（五）根据雇佣合同产生的船长等船员的债权。[①]

此次修订以前，日本《商法》第842条共计规定了8项受船舶优先权担保的海事请求。[②] 至于船舶留置权，《海商法》将船舶留置权的主体严格限定为造船人和修船人，[③] 因而其他以船舶为客体的留置权并不构成船舶

---

① 《日本最新商法（有关运输/海商部分）和国际海上货物运输法》，张秀娟、李晓楠、梁赟译，载《中国海商法研究》2020年第1期，第70页。

② 2018年修订前的日本《商法》第842条规定：“持有下列债权者，对船舶、船具以及尚未受领的运费享有先取特权：一、船舶及船具的拍卖费用以及拍卖程序开始后的保管费；二、船舶及船具于最后停泊港口的保管费；三、对船舶征收的各种航海税；四、领航费及拖船费；五、救助费及属于船舶应承担的共同海损；六、为继续航海而产生的必要债权；七、基于雇员合同产生的船长及其他船员的债权；八、船舶于买卖、制造后尚未进行航海时，因买卖、制造及配备装备而产生的债权以及因最后一次航行所需装备、食物及燃料而产生的债权。”参见刘成杰译注：《日本最新商法典译注》，中国政法大学出版社2012年版，第282页。

③ 《海商法》第25条第2款规定：“前款所称船舶留置权，是指造船人、修船人在合同另一方未履行合同时，可以留置所占有的船舶，以保证造船费用或者修船费用得以偿还的权利。船舶留置权在造船人、修船人不再占有所造或者所修的船舶时消灭。”

留置权，而只是一般的留置权。我国《海商法》参照《1993 年船舶优先权和抵押权国际公约》规定了较少的船舶优先权担保的海事请求项目，通过制度设计提升船舶抵押权担保的债权受偿的现实可能性，从而有助于鼓励航运业通过船舶抵押实现融资。此种做法对于经济处于高速发展时期的我国而言，符合国家基本航运政策和经济社会发展的需要，同时也充分体现了鼓励航运业发展的价值目标。

（二）海难救助报酬和特别补偿的确定标准

海商法的鼓励航运业发展价值在海难救助领域的体现，主要集中于海难救助报酬和特别补偿的确定标准，也即通常所称的鼓励海难救助原则。鼓励海难救助的原则贯穿整个海难救助法律制度，英美国家的海商法著作则将此项原则作为确定救助报酬数额的首要准则（overriding criterion）。《1989 年国际救助公约》引言部分明确指出“相信有必要确保对处于危险中的船舶和其他财产进行救助作业的人员能得到足够的鼓励”，同时又在第 13 条“评定报酬的标准”第 1 款规定的 10 项具体考虑因素之前规定“确定报酬应从鼓励救助作业出发”,① 也即确定救助报酬必须始终考虑鼓励救助的原则。② 我国《海商法》第 180 条中也明确规定“确定救助报酬，应当体现对救助作业的鼓励”。③

此外，许多国家的国内立法均有关于鼓励海难救助原则的规定。例如，德国《商法》第 577 条“救助报酬的上限”第 1 款规定：“如

---

① 《1989 年国际救助公约》第 13 条“评定报酬的标准”第 1 款规定：“确定报酬应从鼓励救助作业出发，并考虑下列因素，但与其排列顺序无关……”

② See Comité Maritime International, *The Travaux Préparatoires of the Convention on Salvage* 1989, Comité Maritime International, 2003, p. 352.

③ 《海商法》第 180 条第 1 款规定：“确定救助报酬，应当体现对救助作业的鼓励，并综合考虑下列各项因素……”

果当事人未约定救助报酬上限，确定救助报酬应当体现出对救助作业的鼓励。”[①] 海难救助法之所以作出此种规定，原因在于海难救助活动存在很大风险，但救助活动对于保障海上人命和财产安全、保护海洋环境却又具有重要意义。如果不拘泥于道德因素，不妨将其视为救助方的一种风险投资，因而在经济利益上加以肯定和鼓励合情合理。诚如美国法官所言："给予救助方吝啬的救助报酬违背公共政策。"[②]

除确定救助报酬应当考虑的因素外，鼓励海难救助原则的另一集中体现应是特别补偿制度。特别补偿是《1989 年国际救助公约》创设的概念，是对救助方在进行救助作业时为保护海洋环境作出的贡献和受到的损害进行的补偿，以鼓励对存在环境污染危险的船舶进行救助。[③] 据此，学理上也相应产生了"环境救助"的概念，即指与防止或减少海洋环境损害有关的救助作业或服务。[④] 20 世纪 50 年代以来，海上石油运送量大幅增长，有毒有害物质运输相继出现，导致海洋环境不安全因素变得格外突出，重大船舶污染事故时有发生，不仅造成严重的海洋污染、破坏海洋生态平衡，也给沿岸国带来了重大的经济损失。但是，传统海难救助法遵循"无效果，无报酬"（no cure，no pay）原则，救助方对于救助油轮、载运有毒有害物质的船舶等对于海洋环境损害具有严重威胁的船舶，往往采取谨慎态度。造成此种现象的具体原因有二：其一，油轮等发生海难事故后，经常受到沿岸国的行政干预，许多沿岸国为了避免沿海水域遭受污染，往往对于油轮的救助采取强制性干预措施；其二，对于构成环境损害威胁的船舶或货物进行救助，救助作业若要获得成功往往难度很大，救助方付出的

---

① 《德国〈商法典·第五编 海商〉》，马金星译，载刘艳红主编：《东南法学》2016 年辑秋季卷，东南大学出版社 2016 年版，第 237 页。

② 胡正良主编：《海事法》，北京大学出版社 2016 年版，第 138 页。

③ 参见郭瑜：《海商法教程》，北京大学出版社 2012 年版，第 253 页。

④ 参见王欣、吴煦编著：《海上救捞实务与法律》，大连海事大学出版社 2017 年版，第 125 页。

费用和其他成本较高。根据传统的“无效果，无报酬”原则，由于没有财产获救或者获救财产价值很小，救助方通常无权获得救助报酬或者救助报酬数额很小。①

传统海难救助法律制度认可的救助标的仅限于船舶、货物及有限的附属利益，而并不包括环境损害。② 根据“无效果，无报酬”原则，救助报酬的请求权以被救助人也即受益人所属的救助标的成功获救为条件。环境救助的受益人包括环境损害的责任人和受害人两类，即环境救助的效果可以体现在对被救助人责任的减免和环境损害受害人财产损失减小两个方面。尽管财产可以成为救助标的，但由于环境损害受益人无法合理识别，财产因环境救助而产生的受益价值难以确定，环境救助人向受益人请求救助报酬也缺少可能性。同时，“无效果，无报酬”原则缺乏对环境救助的激励，根本原因在于现代海难救助中环境因素的介入与救助报酬和救助效果同向关联的规则存在冲突。③

上述原因极大地损害了救助方对于遇险油轮或其他构成环境污染威胁的船舶或货物进行救助的积极性，对于保护海洋环境和保障海上财产安全均产生了消极作用。④ 1980 年 5 月 14 日，修订后的“1980 年劳氏标准救助合同格式”（Lloyd’s Open Form 1980，LOF 1980）问世，其中第 1 条包含了通常被称为“安全网条款”（safety net clause）的内容，被认为是对“无效果，无报酬”原则的重大突破。该条规定：

被救助之财产为载油油轮或部分载运货油，且缔约救助人及其受雇人

---

① 参见胡正良主编：《海事法》，北京大学出版社 2016 年版，第 152 页。

② 例如，《1989 年国际救助公约》第 1 条“定义”第 c 项规定：“财产系指非永久性和非有意地依附于岸线的任何财产，包括有风险的运费。”我国《海商法》第 172 条第 2 项也规定：“‘财产’，是指非永久地和非有意地依附于岸线的任何财产，包括有风险的运费。”

③ 参见王欣、吴煦编著：《海上救捞实务与法律》，大连海事大学出版社 2017 年版，第 126～128 页。

④ 参见胡正良主编：《海事法》，北京大学出版社 2016 年版，第 152 页。

及/或代理人对下列事项无过失之情况下：

(1) 救助服务并未成功，或

(2) 仅部分成功，或

(3) 缔约救助人受阻无法完成救助服务，则就缔约救助人无论如何均可单独向该油轮之船舶所有人请求其合理发生之费用及不超过该费用百分之十五之增额，唯该费用及增额仅限于高于可依本契约请求回复之数额。[①]

自此救助方在防止船舶油污方面的努力逐渐成为“无效果，无报酬”原则的一项例外，[②]《1989 年国际救助公约》更是在此基础上进一步创设了特别补偿制度。特别补偿制度的创设，本身即是为了鼓励人们救助构成环境损害威胁的船舶或货物。特别补偿制度实行“无效果，给补偿”（no cure，some pay）的原则，[③] 突破传统的“无效果，无报酬”原则，因而也被视为海难救助法现代化的重要标志，[④] 符合当代海商法的鼓励航运业发展价值。

---

① 本条参考了我国台湾地区学者黄裕凯的翻译，参见黄裕凯编译：《劳依兹海难救助契约标准格式—1980 年版》，载海商人，http：//merchantmarine. financelaw. fju. edu. tw/data/Documents/Maritime/LOF－1980. pdf，2021 年 9 月 30 日访问。

② See Simon Baughen，*Shipping Law*，Routledge，2015，p. 292.

③ 参见司玉琢主编：《海商法》，法律出版社 2018 年版，第 254 页。

④ 参见胡正良主编：《海事法》（第 3 版），北京大学出版社 2016 年版，第 152 页。

第四章　海商法的新兴价值

海商法在当代逐渐形成的新兴价值，主要包括安全、人权、自由三项法律的一般价值，因而与公平、秩序、效率等海商法的传统价值一样，属于法律价值在海商法领域的具体化。本书之所以将上述三项价值归入当代海商法的新兴价值，原因在于传统海商法受限于航运生产力不甚发达阶段海上特殊风险的明显影响，更多关注通过保护船方利益鼓励航运业发展，而对船员和旅客的权益保护、海上运输合同的缔约自由以及海上安全，特别是海洋环境安全等事项关注相对较少。

随着航海技术、造船技术、信息技术等科学技术不断发展，人们抵御海上特殊风险的能力明显提高，也即海上相对风险逐渐减弱，使当代海商法尤其是国际海事立法的关注重点有所转移，更为关注安全、人权、自由等命题。海上安全、海洋环境保护和船员权益维护也已成为当代国际海事立法的重点所在。

本章基于当代海商法的价值体系，结合不同价值目标在法律整体以及民商法场域的含义，依次分析安全、人权、自由作为当代海商法新兴价值的形成原因以及具体内涵，同时探讨各项价值在不同海商法律制度中的具体表现。

第一节　海商法的安全价值

一、法律安全价值的一般含义

（一）法律安全价值的基本内涵

从词义角度分析，安全本是指没有危险、[①] 不受威胁、不出事故。[②] 安全是对人类自我保存需要的满足，对于社会而言主要意味着安宁与和平，而对个人则意味着生命、身体、名誉、财产以及其他种种自由的权利免受侵害。[③] 美国心理学家马斯洛将安全列为与生理、爱、尊重、自我实现并列的五大基本需要之一。[④] 此种安全需要具体表现为人们有关保障自身安全、摆脱失业和丧失财产威胁、避免职业病的侵扰等方面的需要，也是在生理需要得到满足之后产生并对人形成激励的基本需要。[⑤] 随着社会的发展，当代社会中的安全似乎已经超出了上述基本范围，而成为更具世界意义的论题。安全在当代新近产生的内容包括对于公害、风险的避免与补救，其中突出表现为老龄、疾病、事故、失业、环境污染、食品卫生、电子商务引起的安全问题，[⑥] 尤其是环境污染、生态失衡以及自然资源日趋耗尽等现象体现的人和自然的关系变化，引致人类的生存基础存在

---

① 参见夏征农、陈至立主编：《辞海》，上海辞书出版社 2009 年版，第 7 页。

② 参见中国社会科学院语言研究所词典编辑室编：《现代汉语词典》（第 6 版），商务印书馆 2012 年版，第 35 页。

③ 参见高其才：《法理学》，清华大学出版社 2015 年版，第 169 页。

④ 参见［美］马斯洛：《人的动机理论》，载［美］马斯洛等：《人的潜能和价值——人本主义心理学译文集》，林方主编，华夏出版社 1987 年版，第 162～168 页。

⑤ 参见高其才：《法理学》，清华大学出版社 2015 年版，第 169 页。

⑥ 参见高其才：《法理学》，清华大学出版社 2015 年版，第 169 页。

危险。[1]

从我国目前的法理学论著来看，法学研究对于法律的价值更多集中于正义、秩序、效率等价值，而对安全关注较少。但是，法律在满足人们对于安全的需要方面作用却十分显著，主要表现为将维护安全具体转化为法律上的权利义务关系加以确认。[2] 具体而言，法律意义上的安全主要可以分为三个方面，即国家、社会、个人的安全。

国家的安全对内是指社会的安定，包括一定统治阶级的统治地位和政权稳固及其免受侵害，对外则是指主权的独立、领土的完整及其免受侵犯。[3] 法律对于国家安全的维护主要体现在宪法、刑法等部门。例如，我国《宪法》第28条规定，国家镇压叛国和其他危害国家安全的犯罪活动；[4] 同时，《刑法》第2条明确规定了该法的任务之一是保卫国家安全，[5] 而该法第二编"分则"关于具体罪名的规定第一章便是"危害国家安全罪"，分别规定了背叛国家罪、分裂国家罪、煽动分裂国家罪、颠覆国家政权罪、煽动颠覆国家政权罪、资助危害国家安全犯罪活动罪、投敌叛变罪、叛逃罪、间谍罪等罪名，均是针对危害国家安全的行为。[6]

社会的安全主要是指社会的政治经济制度，社会的生产和建设，社会的公共财产、公共设施和其他利益等方面应当免受侵害。[7] 法律对于社会安全的保护同样以宪法、刑法等领域最为集中。我国《宪法》第1条规定

① 参见乔克裕、黎晓平：《法律价值论》，中国政法大学出版社1991年版，第166页。

② 参见高其才：《法理学》，清华大学出版社2015年版，第169页。

③ 参见乔克裕、黎晓平：《法律价值论》，中国政法大学出版社1991年版，第164~165页。

④ 《宪法》第28条规定："国家维护社会秩序，镇压叛国和其他危害国家安全的犯罪活动，制裁危害社会治安、破坏社会主义经济和其他犯罪的活动，惩办和改造犯罪分子。"

⑤ 《刑法》第2条规定："中华人民共和国刑法的任务，是用刑罚同一切犯罪行为作斗争，以保卫国家安全……"

⑥ 参见陈兴良：《规范刑法学》，中国人民大学出版社2013年版，第445页。

⑦ 参见乔克裕、黎晓平：《法律价值论》，中国政法大学出版社1991年版，第164~165页。

禁止任何组织或者个人破坏社会主义制度,[①] 第 9 条规定禁止以任何手段侵占或者破坏自然资源,[②] 第 12 条规定禁止任何组织或者个人用任何手段侵占或者破坏国家和集体的财产,[③] 即属此类。同时,《刑法》第二编“分则”第二章则规定了一系列危害公共安全的罪名。任何一个社会的刑法都必然负担着保护社会免遭犯罪侵害的任务。社会保护不仅是刑法的机能,还是刑法存在的重要价值根据之一。[④] 刑法是基于国家维护其所建立的社会秩序的意志而制定,根据国家意志专门选择了那些有必要通过刑罚制裁加以保护的法益,侵害或者威胁此类法益的行为便是犯罪。[⑤]

个人的安全是每个人的基本权利所在,[⑥] 包括生命、身体、名誉、财产和其他自由权利免受损害。法律对于个人安全的保护更为广泛,除宪法、刑法对于人权的保护外,最为典型的便是私法领域。作为市场经济发展的产物,现代法治的观念与权利相互联系,公民的权利得到充分保护成为法治的基本内涵之一。现代法治的重心在于全面确认和充分保障私权。作为私法的核心领域,民法最为基本的职能便是确认和保护民事权利。因此,民法是作为权利的基本体系而被构建,促使民法具有了权利法的特征,[⑦] 进而也成为法律保护个人安全特别是权利免受侵害的典型体现。

---

① 《宪法》第 1 条第 2 款规定:“社会主义制度是中华人民共和国的根本制度。中国共产党领导是中国特色社会主义最本质的特征。禁止任何组织或者个人破坏社会主义制度。”

② 《宪法》第 9 条第 2 款规定:“国家保障自然资源的合理利用,保护珍贵的动物和植物。禁止任何组织或者个人用任何手段侵占或者破坏自然资源。”

③ 《宪法》第 12 条第 2 款规定:“国家保护社会主义的公共财产。禁止任何组织或者个人用任何手段侵占或者破坏国家的和集体的财产。”

④ 参见陈兴良:《刑法的价值构造》,中国人民大学出版社 2006 年版,第 138 页。

⑤ 参见陈兴良:《刑法的价值构造》,中国人民大学出版社 2006 年版,第 155 ~156 页。

⑥ 参见乔克裕、黎晓平:《法律价值论》,中国政法大学出版社 1991 年版,第 164 ~165 页。

⑦ 参见王利明:《民法总则研究》,中国人民大学出版社 2018 年版,第 23 页。

（二）民商事法律的安全价值

从私法的角度分析，商法与法律的安全价值关联最为密切的应是维护交易安全原则，此一原则通常也被认为是商法的基本原则之一。[①] 所谓维护交易安全，是指法律应当充分保障商事交易活动的当事人能够对其行为内容予以充分提示，促使相对人可以全面知晓，并且保护交易相对人基于外观信息的信赖利益，维护交易安全。[②] 虽然商事交易贵在迅捷，但亦须注意安全。如果只图迅捷而不求安全，当事人的利益也无法得到有效保障。[③] 一方面，商事交易行为应当具有较大的弹性，理应以商事主体活动自由为要旨；另一方面，商事活动又应尤其注重安全，如果片面强调简便迅速而忽视了对于安全的保护，商业社会将会陷入混乱和无序，最终又将损害商事主体的营利性要求。[④]

维护交易安全原则在商法上的体现，至少包括强制主义、公示主义、告知或通知主义、外观主义、严格责任主义、禁止欺诈或不正当行为主义。[⑤] 但是，尽管此一原则在名称上采用“安全”之表述，交易安全在内涵上却更为接近上文论述的法律的秩序价值。虽然其中亦有对于交易当事人权利乃至利益的保护，但本质上最为注重的实是交易的有序状态，而与法律安全价值的内涵中首先关注的避免危险有所差异。因此，商法的维护交易安全原则实质上不是——或者至少不完全是——法律安全价值的直接体现，更与海商法的安全价值着重关注的海上交通安全、海洋环境安全存在明显的区别。

---

① 参见赵万一：《商法基本问题研究》，法律出版社 2013 年版，第 70 页。
② 参见范健、王建文：《商法学》，法律出版社 2015 年版，第 10 页。
③ 参见施天涛：《商法学》，法律出版社 2018 年版，第 22 页。
④ 参见赵万一：《商法基本问题研究》，法律出版社 2013 年版，第 70 页。
⑤ 参见施天涛：《商法学》，法律出版社 2018 年版，第 22 ~23 页。

至于民法的安全价值，集中体现在侵权法领域。安全是侵权法的基本价值之一，[①] 最为典型的例证便是现代侵权法将无过错责任原则作为侵权责任的主要归责原则之一。所谓无过错责任原则，是指在法律设有特别规定的情况下，以已经发生的损害结果作为价值判断标准，无论与该损害结果存在因果关系的行为人是否存在过错，均需承担侵权赔偿责任的归责原则。[②]《民法典》第 1166 条规定："行为人造成他人民事权益损害，不论行为人有无过错，法律规定应当承担侵权责任的，依照其规定。"安全的本质内涵是指没有危险，而危险正是无过错责任最为主要的归责事由之一，因而此类无过错责任也被称为危险责任。据此，无过错责任的功能是为了更好地协调行为自由与安全保护的关系，同时也更为有效地预防损害的发生。

通过要求从事危险活动的行为人在没有过错的情况下也要承担责任，无过错责任可在两个方面起到预防损害的作用：其一，行为人如要避免承担赔偿责任，便须增加投资、加强管理，从而提高活动与行为的安全性，降低损害发生的概率；其二，如果行为人不愿增加投资、加强管理进而提高活动的安全性，此时产生的赔偿责任则会迫使行为人将危险活动减少到必要的程度以实现净利润，甚或彻底停止危险活动，否则行为人将会在经济上遭遇亏本。[③] 此外，侵权法上体现安全价值的侵权责任颇多，比如违反安全保障义务的侵权责任、机动车交通事故责任、高度危险责任。

二、海商法安全价值的形成原因

安全之所以在当代成为海商法主要的新兴价值之一，本质上是受到当

---

① 参见程啸：《侵权责任法》（第 2 版），法律出版社 2015 年版，第 19 页。

② 参见杨立新：《侵权损害赔偿》，法律出版社 2016 年版，第 79 页。

③ 参见程啸：《侵权责任法》（第 2 版），法律出版社 2015 年版，第 98 ~103 页。

代海商法公私融合倾向影响的结果。根据上文的界定，海商法作为航运法律最为主要的分支，限于调整海事活动或称航运活动的私法，而不包括航运经济法、航运行政法等公法内容，相应的调整对象则是平等主体之间在海事活动中形成的特殊的人身关系和财产关系。据此，海商法本身属于私法范畴，而海事领域的公法目的在于预防海损事故的发生，以保障海上交通安全和防止船舶污染海域为主要内容，[①] 前者如《国际海上人命安全公约》和我国《海上交通安全法》，后者则有《国际防止船舶造成污染公约》和我国《海洋环境保护法》第八章“防治船舶及有关作业活动对海洋环境的污染损害”以及《防治船舶污染海洋环境管理条例》。而且，海事领域的公法性规范特别是国际条约，还具有专业性突出、技术性规则占据主导的特征。多数涉及海事安全的国际海事条约本身完全是对技术领域的事项作出的具体规定，旨在为海事活动的安全提供技术标准、流程和操作规范。此亦决定了国际海事安全条约是以技术性规则占据主导，甚或可以认为条约的重点更多在于技术规则而非正文。[②]

当代海商法愈加呈现为海上交通安全和海洋环境保护服务的趋势，此种变化集中体现在公法权利义务在海商法中的私法化。保障海上交通安全和保护海洋环境在传统意义上主要是公法规定的义务。但是，当代海商法越来越多地出现以保障海上交通安全和保护海洋环境为目的却具有私法属性的权利和义务。例如，船舶残骸打捞清除制度中关于清除范围和责任主体的规定，可以认为同时具有公法和私法的双重属性；又如，《1989 年国际救助公约》规定救助人和被救助人均负有以应有的谨慎防止或减轻环境损害的义务，[③] 也体现了公法权利义务在海商法中的私法化；再如，为了

① 参见胡正良主编：《海事法》，北京大学出版社 2016 年版，第 29 页。

② 参见陈敬根：《国际海事安全条约法律问题研究》，上海大学出版社 2018 年版，第 39 页。

③ 《1989 年国际救助公约》第 8 条“救助人的义务及所有人和船长的义务”第 1 款第 b 项、第 2 款第 b 项。

保障海上交通安全、防止或者减少船舶污染海域，维护社会公共利益，海上强制责任保险的适用范围不断扩展。[①]《1969 年油污公约》《1996 年 HNS 公约》《2001 年燃油公约》《2002 年雅典公约》《2007 年内罗毕国际船舶残骸清除公约》先后规定了相应领域的强制责任保险制度。而且，责任保险之所以由最初的自愿保险逐渐向强制保险转变，正是为了充分实现保护社会大众的政策目标。[②] 随着海商法围绕保障海上交通安全、保护海洋环境而设置的民事权利义务规定逐渐增多，当代海商法也就相应形成了追求安全的价值目标。

值得注意的是，安全作为法律的一般价值虽非海商法所独有，但从海商法作为商法的部门属性分析，海商法具有的安全价值却又有特殊之处。包括公司法、票据法、证券法、破产法等分支在内，传统商法除海商法外鲜少涉及交通安全、环境保护等关乎公共安全的事项，因而安全价值并不突出，更多关注的是属于秩序范畴的交易安全。此外，现代商法也被认为具有私法公法化的倾向，即为了保障私法规定的实现而采取强制干涉主义。[③] 例如，在商事组织方面，《公司法》第 161 条第 1 款规定，上市公司发行可转换为股票的公司债券，应当报国务院证券监督管理机构核准。[④] 但是，此种私法公法化的倾向仍与海商法的当代发展趋势多有不同，即并非既有的公法义务对于私法的影响。而且，商法的公法化倾向主要表现为强制性规范的运用，而强制性规范实际上并不管制人们的私法行为，亦不抵触私法自治的理念，因而不能片面地将商法的任意性规范和强制性规范

① 参见胡正良主编：《海事法》，北京大学出版社 2016 年版，第 29 ~30 页。

② 参见温世扬主编：《保险法》，法律出版社 2016 年版，第 248 ~249 页。

③ 参见施天涛：《商法学》，法律出版社 2018 年版，第 9 页。

④ 《公司法》第 161 条第 1 款规定：“上市公司经股东大会决议可以发行可转换为股票的公司债券，并在公司债券募集办法中规定具体的转换办法。上市公司发行可转换为股票的公司债券，应当报国务院证券监督管理机构核准。”

作为识别私法和公法的依据，也不宜将商法的强制性规范一概视为公法化的表现。[①] 海商法在当代呈现公私融合的倾向，进而形成安全的价值目标，原因应当在于海商法是以海洋为舞台，又以运输法为主要内容，从而具有维护海上航行安全和海洋环境安全的需要。

三、海商法安全价值的具体表现

海事领域的安全主要是为保障海上航行之船舶及其所载人员和货物的安全，以及避免、减轻和消除船舶及载运人员、货物对于海洋环境造成的损害。[②] 据此，当代海商法的安全价值也具体体现在两个方面：一是维护海上航行安全，二是保护海洋环境安全。

（一）海商法维护海上航行安全的价值

维护海上航行安全是当代海商法安全价值的重要方面，集中体现此项价值目标的海商法律制度主要有二：一是近年来日趋成熟的残骸打捞清除制度，二是作为海商法最为古老制度之一的共同海损制度。

1. 残骸打捞清除制度

海事活动的中心是海上运输。当代海商法对于海上航行安全的维护，首先体现在残骸打捞清除制度。残骸打捞清除作为一种古老的海上实践活动，历史几乎与海上救助活动一样久远。但是，较之海上救助相对完备的法律制度，无论各国国内立法还是国际海事条约，关于残骸打捞清除的法律制度并不完善。[③] 我国海商法泰斗魏文翰先生早在 1933 年出版的《海运法》一书中即指出："起除沉船之职权，似有研究之必要。"[④] 我国《海商

---

① 参见王保树：《商法总论》，清华大学出版社 2007 年版，第 77 页。

② 参见陈敬根：《国际海事安全条约法律问题研究》，上海大学出版社 2018 年版，第 13 页。

③ 参见胡正良主编：《海事法》，北京大学出版社 2016 年版，第 180 页。

④ 魏文翰编译：《海运法》，青光书局 1933 年版，第 243 页。

法》起草过程中，直至1985年7月的第十六稿仍设有“沿海水域沉船、沉物的打捞和清除”或名称类似的专章，[①] 后在1987年第十七稿方才删除，目的是促使《海商法》基本成为调整平等主体之间的民事关系的法律，[②] 而残骸打捞清除制度难免涉及许多行政管理性质的规定。

船舶发生碰撞、触礁等海上事故沉没或者船载货物落海以后，如其残骸对于海上航行安全、生产作业、海洋环境、渔业生产和其他有关利益构成现实或潜在的危害，为了维护公共安全和社会公共利益，海事行政主管机关依法有权要求船舶所有人、经营人限期对残骸进行打捞清除；构成重大危害时，海事行政主管机关依法有权立即采取打捞清除措施。为了明确强制打捞清除过程中相关当事方的权利、义务和责任关系，需要建立完备、公平、高效的法律制度对此加以调整。[③]

国际海事组织自1996年开始起草残骸打捞清除领域的国际公约，并于2007年最终通过了《2007年内罗毕国际船舶残骸清除公约》。公约通过以前，尚无任何国际条约直接明文规定残骸打捞清除的相关权利义务。[④]《2007年内罗毕国际船舶残骸清除公约》引言部分说明：

本公约各当事国，意识到残骸若不予以清除，可能对航行或海洋环境造成危害这一事实，确信有必要通过统一的国际规则和程序，以确保残骸及时有效的清除和所涉及费用的赔付，注意到许多残骸可能位于包括领海的各国领土内，认识到在规范清除危险残骸的责任和义务的法律制度方面，可通过其统一获得益处……

可见，公约认定残骸存在两个方面的危险性：一是造成航行危险，二

① 例如，第十稿、第十一稿称为“海上沉船、沉物的打捞和清除”。

② 参见司玉琢：《海商法专论》，中国人民大学出版社2010年版，第2~4页。

③ 参见赵月林：《残骸强制打捞清除法律制度之研究》，大连海事大学2007年博士学位论文，第1页。

④ 参见黄裕凯：《2007年残骸移除国际公约》，台北，五南图书出版股份有限公司2012年版，第18页。

是海洋环境危险，此亦公约着重处理危险性残骸的核心重点所在。[①] 据此，公约制定的目的也是应对残骸对于海上航行安全乃至海洋环境安全可能造成的危害，由此形成的残骸打捞清除法律制度也被认为是传统海商法律制度以外的一项新兴制度。[②]

《2007年内罗毕国际船舶残骸清除公约》第10条“所有人的责任”是公约关于残骸打捞清除民事权利义务最为核心的规定。根据该条规定，残骸定位、标记和清除费用的赔偿责任主体应是登记所有人，[③] 并且采用无过错责任的归责原则，即无论责任主体对于海上事故是否存在过失，除法定免责事由外，均应承担上述费用。[④] 该条规定的法定免责事由共有三项：其一，造成残骸的海上事故是由战争、敌对行为、内战、暴动或异常的、不可避免且不可抗拒的自然现象导致；其二，造成残骸的海上事故完全是由第三方故意造成损害的行为或不作为造成；其三，造成残骸的海上事故完全是由负责维护灯塔或其他助航设备的政府或其他主管当局在行使职能中的疏忽或其他不当行为造成。[⑤] 此项归责原则的确立也呼应了民事侵权法中以无过错责任原则应对危险的安全价值目标。

2. 共同海损制度

当代海商法安全价值的另一集中体现，应是共同海损制度。共同海损本是为了应对船舶在海上航行可能遭遇的各种危险，需要采取防止或减轻危险的措施谋求安全而产生的制度。关于共同海损存在两大理论派别，即“共同安全派”与“共同利益派”。共同安全派对于共同海损的构成强调共

① 参见黄裕凯：《2007年残骸移除国际公约》，台北，五南图书出版股份有限公司2012年版，第96页。

② 参见胡正良主编：《海事法》，北京大学出版社2016年版，第2页。

③ 《2007年内罗毕国际船舶残骸清除公约》第1条“定义”第8款规定：“‘登记所有人’系指登记为船舶所有人的一人或多人，或若没有登记，在发生海上事故时拥有该船舶的一人或多人。但是，当船舶为国家所有，并由作为船舶经营人在该国登记的公司经营时，‘登记所有人’系指此种公司。”

④ 参见胡正良主编：《海事法》，北京大学出版社2016年版，第202页。

⑤ 《2007年内罗毕国际船舶残骸清除公约》第10条“所有人的责任”第1款。

同安全的要素，认为共同海损行为的目的是解除船舶和货物面临的共同危险，共同海损行为以及支付的费用必须是为了保存船舶和货物；共同利益派则认为当船舶和货物面临共同危险时，除为了解除共同危险而采取的措施造成的损害和支付的费用可列为共同海损外，共同危险解除后为使船舶能够继续安全完成航程而支付的额外费用，由于是为了船舶和货物的共同利益而支付，同样应当作为共同海损受到补偿，直至船舶恢复适航条件为止。具体而言，英国法传统上认为共同海损主要着眼于共同安全，也即保护面对共同危险的财产；大陆法系相比之下更多有着商业上的关注，即重在海上冒险的顺利进行。①

值得注意的是，两大理论派别对于何时成立共同海损行为并无分歧，争论的焦点在于共同海损行为的结果何时终止。共同利益派理论并不完全抛弃对于公共安全的追求，危险仍是不可或缺的因素。② 而且，安全与危险之间本是一体两面的关系，两大理论派别均不否认共同海损是一项追求各方共同安全的制度。因此，共同危险与共同安全普遍被认为是共同海损构成要件的组成部分，关于共同海损的定义性描述也往往包含“共同安全”的用语。《1974 年约克—安特卫普规则》规则 A 规定：“只有在为了共同安全，使同一航程中的财产脱离危险，有意而合理地作出特殊牺牲或引起特殊费用时，才能构成共同海损行为。”我国《海商法》第 193 条第 1 款也规定：“共同海损，是指在同一海上航程中，船舶、货物和其他财产遭遇共同危险，为了共同安全，有意地合理地采取措施所直接造成的特殊牺牲、支付的特殊费用。”其中要求船舶、货物和其他财产面临的危险必须是共同的，共同海损行为也必须是为了共同安全而

---

① F. D. Rose, *General Average*: *Law and Practice*, Informa Law from Routledge, 2018, p. 8.

② 参见蒋跃川：《共同海损》，法律出版社 2009 年版，第 15 ~18 页。

采取。[①] 易言之，共同海损行为应当是为处于共同危险的全体财产的安全所为。[②]

共同海损虽是一项古老的海商法律制度，但此项制度对于海上航行安全的追求也在不断深化。此种趋势突出表现在救助报酬能够列入共同海损费用的发展与反复之中。救助方在救助成功后有权获得救助报酬，此项特殊权利是海难救助法律制度的核心，目的在于鼓励救助以维护海上安全。[③] 长期以来，主要海运国家一直将救助报酬作为典型的共同海损费用。然而，英国海损理算师自19世纪中叶开始不断质疑将救助报酬列入共同海损的做法，理由在于共同海损在本质上是同一海上航程中的一方为了全体利益方的共同安全或共同利益而甘愿遭受的牺牲或者自愿承担的费用，而救助合同其实是各个财产利益方分别与救助方之间订立的合同，而不是全体利益方与救助方之间的单一合同，不符合共同海损的本质。[④]

从《约克—安特卫普规则》的历史沿革来看，1974年规则首次设置了关于救助报酬认入共同海损的规定，其中规则Ⅵ“救助报酬”规定：“不论是根据契约进行的救助或其他救助，航程中各有关方所支付的救助费用，都应作为共同海损，但以使同一航程中的财产脱离危险而进行的救助为限。”1994年规则延续了上述规定。[⑤] 但是，国际保险联盟对此表示反对，认为救助报酬已由各方支付，财产在救助结束时与在航程终止时的价值差别不大，不必重新理算分摊，否则不仅由于重复劳动而费时、费事，

---

① 参见胡正良主编：《海事法》，北京大学出版社2016年版，第281～285页。

② 参见杨仁寿：《共同海损法论》，台北，三民书局2010年版，第51页。

③ 参见郭瑜：《海商法教程》，北京大学出版社2012年版，第249页。

④ 参见胡正良主编：《海事法》，北京大学出版社2016年版，第307页。

⑤ 《1994年约克—安特卫普规则》规则Ⅵ“救助报酬”规定：“航程中各有关方所支付的救助性质的费用，不论救助是否根据合同进行，都应认入共同海损，但以使在同一航程中的财产脱离危险而进行的救助危险。”

而且增加了费用。[①] 据此，2004 年版本的规则Ⅵ将救助报酬排除在共同海损的范围之外，[②] 理由同样在于救助报酬已在船货双方之间按照各自的获救价值进行分摊，为了简化共同海损理算而不将救助报酬作为共同海损进行二次分摊。但是，包括此项规定在内，2004 年规则并未得到各方的普遍认可，原因在于《1989 年国际救助公约》第 6 条第 2 款规定："船长有权代表船舶所有人签订救助合同。船长或船舶所有人有权代表船上财产所有人签订此种合同。"据此，船方代表货方支付救助报酬的情况亦不多见，导致大部分的救助报酬被排除在共同海损之外，引发了船方的明显不满。有鉴于此，2016 年规则不再将大部分的救助报酬排除在共同海损之外，而是根据不同情况作出了不同处理。[③] 2016 年版本的规则Ⅵ"救助报酬"第 1 款规定："航程中各有关方所支付的救助费用，不论救助是否根据契约进行，都应认入共同海损，但以使同一航程中的财产脱离危险而进行的救助为限……"[④] 同时，2016 年版本的规则Ⅵ在 1994 年版本的规则Ⅵ的基础之上，对于救助费用的范围作出了较为严格的限定，第 2 款规定：

虽有上述第 1 款的规定，当航程中的有关方对救助人承担各自的合同或法律责任时，救助费用仅在发生下列之一情况时才被认可：

(1) 航程中存在导致灭失或损坏的后续事故或其他情况，致使获救价值和分摊价值之间有显著的差异；

---

① 参见叶伟膺：《〈2016 年约克—安特卫普规则〉评介》，载上海海事大学海商法研究中心编：《海大法律评论 2016—2017》，上海浦江教育出版社 2018 年版，第 406 页。

② 《2004 年约克—安特卫普规则》规则Ⅵ"救助报酬"规定："救助款项，包括所生利息和相关的法律费用，应由付款方自行承担而不得认入共同海损，除非与救助方有关的一方已支付应由另一方承担的（根据获救价值而不是按共同海损分摊价值计算）全部或部分救助费用（包括利息和法律费用），在理算中，应由另一方支付但该方未付的救助费用应贷记付款方，借记由他方代其付款的一方。"

③ 参见叶伟膺：《〈2016 年约克—安特卫普规则〉评介》，载上海海事大学海商法研究中心编：《海大法律评论 2016—2017》，上海浦江教育出版社 2018 年版，第 407 ~408 页。

④ 《2016 年约克—安特卫普规则》，叶伟膺译，载《中国远洋航务》2016 年第 6 期，第 73 页。

（2）存在显著的共同海损牺牲；

（3）获救价值明显不正确，并且救助费用的分摊明显有误；

（4）获救的任何一方已支付救助费用中应由另一方承担的明显部分；

（5）大多数关系方已处理完根据实质上不同条款的救助费用索赔，且未考虑利息、汇率的调整以及救助人或分摊方所支付的法律费用。①

可见，相比 1994 年规则不加限制地将救助报酬作为共同海损，以及 2004 年规则完全排除救助报酬作为共同海损，2016 年规则采用了一种较为折中的做法，兼顾了救助报酬的共同海损性质和共同海损理算的简化需要，更好地体现了共同海损制度乃至海难救助制度维护海上航行安全的价值目标，同时也在一定程度上实现了安全与效率同为当代海商法价值目标的必要协调。

（二）海商法保护海洋环境安全的价值

保护海洋环境安全作为当代海商法安全价值的另一重要方面，集中体现此项价值目标的海商法律制度无疑应是船舶污染损害赔偿制度，涉及船舶载运油类、有毒有害物质以及自身燃油造成的污染；同时，海难救助法的特别补偿制度，以及海上货物运输承运人的免责事由，亦有涉及海洋环境安全之处。

1. 船舶污染损害赔偿制度

船舶是海洋环境最为主要的污染源之一。20 世纪 50 年代以来，不仅船舶呈现大型化的趋势，海上运输货物的种类也愈加多样，可能造成海洋污染的至少包括石油、化学品、有毒有害物质、核材料等。此种变化使得海洋环境污染日益严重，② 船舶污染损害赔偿也由此成为当代海商法的一

---

① 《2016 年约克—安特卫普规则》，叶伟膺译，载《中国远洋航务》2016 年第 6 期，第 73 页。

② 参见胡正良主编：《海事法》，北京大学出版社 2016 年版，第 376 页。

项重要制度。虽然普遍认为现代油污法的最初产生是1967年3月的利比里亚籍油轮*Torrey Canyon*轮一案的直接结果，但其实在更早的20世纪60年代中期，好望角地区一系列油轮事故造成的污染及其损害赔偿问题已经提出了对于立法的需要。[①] 此后国际社会对于海洋环境保护的重视，不仅体现在根据不同污染源制定了大量防止、减少海洋污染的国际立法，同时也体现在制定了多个关于海洋污染发生以后相关损害赔偿民事责任的公约。此一领域的国际立法始于《1969年油污公约》，而后陆续产生了《1971年设立国际油污损害赔偿基金国际公约》《1996年HNS公约》《2001年燃油公约》以及各个公约的多个议定书。据此，国际海事立法经过多年努力，已经建立了较为完善的船舶污染损害赔偿法律制度，[②] 海洋环境保护也已成为当代国际海事立法的重点之一。

上文已经多次提及，现代侵权法贯彻安全价值的重要表现，便是将无过错责任原则作为侵权责任的主要归责原则之一。安全的本质是没有危险，而危险责任是无过错责任的核心，也是现代风险社会的核心归责事由之一，同时成为区分近代侵权法与现代侵权法的标志。危险责任的归责事由体现在“危险”，即通过分配正义、损益相当的正义观认定责任。不同于过错责任，危险责任不需要以过错、违法性为前提，相应的调整对象大多集中在工业革命之后，主要是适用于各种新型的科学技术引发的“新型危险”，例如机动车、飞行器、工伤事故、核事故以及基因工程。[③] 环境污染责任则是重要的特殊侵权责任类型，因而在侵权法中居于重要地位。保护环境在当代社会极为重要，关乎人类生存和发展，也关乎国家发展和国

---

① See Baris Soyer and Andrew Tettenborn, *Pollution at Sea: Law and Liability*, Informa Law form Routledge, 2012, p. 3.

② 参见司玉琢主编：《海商法》，法律出版社2018年版，第299页。

③ 参见朱岩：《侵权责任法通论·总论》（上册·责任成立法），法律出版社2011年版，第388页。

民健康。①

从国际海事立法的角度分析，船舶燃油以及运输油类、有毒有害物质造成污染的损害赔偿制度虽是通过不同的国际公约建立，分别适用于不同物质造成的污染损害，但三项制度的基本内容却大致相通，② 其中体现安全价值的突出表现便是均采用了无过错责任作为归责原则，也即契合现代侵权法通过危险责任贯彻安全价值的发展趋势。《1969 年油污公约》第 3 条第 1 款规定："除本条第 2 款和第 3 款另有规定上，在事件发生时，或者如果事件包括一系列事故，则在此种事故第一次发生时，船舶所有人应对事件引起的油类溢出或排放所造成的污染损害负责。" 据此，一旦造成了油污损害，除存在法定的免责事由外，船舶所有人均须承担赔偿责任，而不论是否存在过错。③ 《1996 年 HNS 公约》第 7 条"所有人责任"第 1 款、④《2001 年燃油公约》第 3 条"船舶所有人的责任"第 1 款⑤也有类似规定。

至于免责事由的设定，主要包括以下三项：一是战争行为、敌对行为、内战、武装暴动或者特殊的、不可避免和不可抗拒性质的自然现象引起的损害；⑥ 二是完全由于第三者有意造成损害的行为或不行为引起的损

---

① 参见杨立新：《侵权法论》，人民法院出版社 2013 年版，第 730 页。

② 参见司玉琢主编：《海商法》，法律出版社 2018 年版，第 300 页。

③ 参见胡正良主编：《海事法》，北京大学出版社 2016 年版，第 438 页。

④ 《1996 年 HNS 公约》第 7 条"所有人责任"第 1 款规定："除第 2 和 3 款中规定者外，事故发生时的所有人应对船舶海上运输的任何有毒有害物质造成的损害负责，但是如果事故系由具有同一起源的一系列事件构成，则责任应由发生第一个此种事件时的所有人承担。"

⑤ 《2001 年燃油公约》第 3 条"船舶所有人的责任"第 1 款规定："除第三和四款规定外，事故发生时的船舶所有人应对由船上或源自船舶的任何燃油造成的污染损害负责，但如某一事故系由具有同一起源的系列事件构成，则该责任应由从此系列事件的首次事件发生时的船舶所有人承担责任。"

⑥ 《1969 年油污公约》第 3 条第 2 款第 a 项、《2001 年燃油公约》第 3 条"船舶所有人的责任"第 3 款第 1 项、《1996 年 HNS 公约》第 7 条"所有人责任"第 2 款第 a 项。

害；[①] 三是完全由于负责灯塔或者其他助航设施管理的政府或其他主管当局，在履行职责时的疏忽或其他过失行为造成的损害。[②] 此外，《1996 年 HNS 公约》规定的免责事由还包括托运人或任何其他人未提供关于所运物质的危害性和毒性的信息，[③] 设置此项免责事由的目的之一，应是与海上危险品运输中承运人的责任有所协调。可见，国际公约设置的免责事由主要是围绕责任保险人不愿承保的责任风险展开。[④]

从比较法的角度考察，一些典型的船舶油污国内立法也大多采用无过错责任或称严格责任作为归责原则。例如，美国《1990 年油污法》第 1003 节"为赔偿责任辩护"第 a 款规定："完全辩护——负责方不负责赔偿第 1002 节的清污费用或损害，如果该负责方以占有优势的证据证实排油或排油的重大威胁及其引起的损害或清污费用纯粹系由下列行为所致的话……"[⑤] 日本《船舶油污损害责任赔偿法》（船舶油濁損害賠償保障法）第 3 条"油轮油污损害责任"第 1 款也规定："于发生油轮油污损害时，油轮所装载油类所造成的油轮油污损害，该油轮的船舶所有人应负责赔偿……"[⑥]

我国交通运输部于 2018 年 11 月 5 日公布的《海商法（修订征求意见稿）》也增设了第十三章"船舶污染损害赔偿责任"，涵盖船舶油类、燃油污染以及运输有毒有害物质造成污染的损害赔偿责任。同时公布的修订说

---

① 《1969 年油污公约》第 3 条第 2 款第 b 项、《2001 年燃油公约》第 3 条"船舶所有人的责任"第 3 款第 2 项、《1996 年 HNS 公约》第 7 条"所有人责任"第 2 款第 b 项。

② 《1969 年油污公约》第 3 条第 2 款第 c 项、《2001 年燃油公约》第 3 条"船舶所有人的责任"第 3 款第 3 项、《1996 年 HNS 公约》第 7 条"所有人责任"第 2 款第 c 项。

③ 《1996 年 HNS 公约》第 7 条"所有人责任"第 2 款第 d 项。

④ 参见胡正良主编：《海事法》，北京大学出版社 2016 年版，第 438 页。

⑤ 《美国 1990 年油污法》，本书翻译组译，人民交通出版社 1991 年版，第 7 页。

⑥ 本条参考了我国台湾地区学者黄裕凯的翻译，《日本船舶油污损害责任赔偿法》，黄裕凯编译，海商人，http：//merchantmarine. financelaw. fju. edu. tw/data/Documents/General/Japan% 20OPA% 201975. pdf，2021 年 9 月 30 日访问。

明指出：

随着国民经济的快速发展，我国参与国际油类和有毒有害物质的运输活动也不断增多，我国水域船源污染风险与隐患逐步加大。2018 年 1 月 6 日发生的“桑吉”轮碰撞爆燃沉没事故，再次给我们敲响了警钟。建立健全船舶污染损害赔偿制度是促进航运经济发展、保护水域生态环境的必然要求。新增船舶污染损害赔偿专章，对现有船舶污染损害赔偿制度进行了系统完善，并对船舶油类污染、燃油污染、有毒有害物质以及油污损害赔偿基金等问题进行了全面规范。

而且，《海商法（修订征求意见稿）》第一节“一般规定”第 13. 3 条针对三种污染情形统一规定了无过错责任的归责原则，其中第 1 款规定：“除本条第二款和第三款另有规定外，事故发生时的船舶所有人应当对污染损害负赔偿责任；事故包括一系列事件的，第一起事件发生时的船舶所有人应当对污染损害负赔偿责任。”《海商法（修改送审稿）》虽然不再调整船舶运输有毒有害物质的污染损害赔偿，但仍然规定了无过错责任的归责原则。①

2. 海上货物运输制度

海上货物运输法律制度的新近发展，亦有体现当代海商法安全价值对于海洋环境保护的追求。较之《海牙—维斯比规则》以及《汉堡规则》，《鹿特丹规则》第 17 条“赔偿责任基础”第 3 款第 n 项增加了一项承运人的免责事由，即“避免或者试图避免对环境造成危害的合理措施”。此项规定首次在国际海运公约中明确，承运人为了保护环境而作出的努力如果

---

① 《海商法（修改送审稿）》第 249 条第 1 款规定：“除本条第二款和第三款另有规定外，事故发生时的船舶所有人应当对污染损害负赔偿责任；事故包括一系列事件的，第一起事件发生时的船舶所有人应当对污染损害负赔偿责任。”

导致货物灭失、损害或迟延交付，可以免于承担赔偿责任。[①] 此项免责事由一定程度上也与《1989 年国际救助公约》创设的特别补偿制度有所关联。[②] 我国台湾地区学者杨仁寿认为：此项规定是出于公益的要求而作出的公益和私益之间的权衡，[③] 同样可以体现安全价值是当代海商法公私融合倾向的产物。

2018 年 11 月《海商法（修订征求意见稿）》第 4. 11 条第 2 款第 7 项规定，“在海上或者与海相通的可航水域救助或者企图救助人命、救助或者企图救助财产的合理措施、避免或者企图避免环境受到危害的合理措施”。其中，“避免或者企图避免环境受到危害的合理措施”较之现行《海商法》第 51 条第 1 款第 7 项亦属新增规定，显然应是吸收了《鹿特丹规则》的上述内容，同样体现了当代海商法保护海洋环境安全的价值。

3. 海难救助制度

海难救助制度对于当代海商法保护海洋环境安全价值的贯彻，主要体现在两个方面：一是确定救助报酬应当考虑因素，二是特别补偿制度。

《1989 年国际救助公约》第 13 条“评定报酬的标准”第 1 款第 b 项规定，评定救助报酬应当考虑“救助人在防止或减轻对环境损害方面的技能和努力”，《海商法》第 180 条第 1 款第 2 项也有相同规定。设置此项确定救助报酬应当考虑的因素，应是出于鼓励环境保护的目的。而且，此种做法始自 1989 年的《1989 年国际救助公约》，此前《1910 年救助公约》尚未将环境因素作为衡量救助报酬多寡的考量因素之一。[④] 《1989 年国际救

---

① 参见吴焕宁主编：《〈鹿特丹规则〉释义：〈联合国全程或者部分海上国际货物运输合同公约〉》，中国商务出版社 2011 年版，第 88 页。

② See Francesco Berlingieri, *International Maritime Conventions (Volume I) : The Carriage of Goods and Passengers by Sea*, Informa Law from Routledge, 2014, p. 182.

③ 参见杨仁寿：《鹿特丹规则》，台北，作者 2015 年自版，第 498 页。

④ 参见王欣、吴煦编著：《海上救捞实务与法律》，大连海事大学出版社 2017 年版，第 108 页。

助公约》确定此项因素后，其重要性在司法实践之中已有一定程度的体现。最为典型的应属“长崎精神”轮一案。该案中法官在援引了公约的上述规定后明确指出“在救助方防止或减少了环境损害而且救助成功的情况下，救助方应得到的报酬数额应高于在前述情形不同结果之情形下所应得的报酬”，该案最终判定的救助报酬金额高达获救财产价值的61%，应当是充分考虑了环保因素。①

至于特别补偿制度，此项制度本身的目的便是针对救助方在进行救助作业时为保护海洋环境所作的贡献和受到的损害进行补偿，因而可以认为对于海洋环境安全的维护是此项制度贯穿始终的价值考量。而且，特别补偿与救助报酬的一项重要区别在于，特别补偿的取得并不要求对于船舶或船上货物的救助必须有效，也不要求必须取得防止或减少环境污染损害的效果。② 也就是说，纵使在救助作业未成功且未保护环境的情况下，救助方仍有可能获得特别补偿，足见此项制度对于保护海洋环境的鼓励力度之大。

第二节 海商法的人权价值

一、法律人权价值的一般含义

（一）法律人权价值的基本内涵

所谓人权，本义是指人和群体在社会关系中应当享有的平等权利，包括人和群体的生存权、人身权、政治权以及在经济、文化、社会各个方面

① See The Nagasaki Spirit [1995] 2 Lloyd's Rep. , p. 44; [1996] 1 Lloyd's Rep. , p. 449; [1997] 1 Lloyd's Rep. , p. 323. 转引自胡正良主编:《海事法》，北京大学出版社2016年版，第141页。

② 参见司玉琢、李志文主编:《中国海商法基本理论专题研究》，北京大学出版社2009年版，第423页。

享有的民主权利。[①] 人权既是一项个人权利，又是一项集体权利，其中包括国家的独立权和发展权。人权问题已经进入国际领域，但主要是一个国家主权范围以内的问题。[②]

1. 人权在法律上的基本含义

从宪法学的角度分析人权，英美学者倾向于称之为“人权”（human rights），德国学者习惯采用“基本权”（Grundrechte）的称谓，而日本学者似乎更多取其平衡称为“基本人权”。我国学者此前根据《宪法》的表述，更多采用“公民的基本权利”的用语，[③] 直至2004年《宪法》第四次修正时“人权”的表述被正式纳入《宪法》文本。[④] 上述诸种用语实质上都是指归某种“重要的权利”或“最起码的权利”，因而均为恰当、皆可成立。[⑤] 根据学界的一般理论，人权是人作为人应该享有的自由或资格。人权基于道德的基本要求而存在，表明人生存的基本资格。[⑥]

法律与人权的关系主要体现在以下四个方面：第一，法律确认人权的合法性，将人权法律化为权利；第二，法律为人权的实现提供现实途径；第三，法律是实现人权的制度基础；第四，法律是人权的保障。[⑦] 具体而言，立法对于人权的保护又可分为实质和程序两个方面：实质上的保护是法律规定了法定人权的内容和范围，也为人权的享有和实现、行政保护和司法保护提供了法定标准；程序上的保护是法律规定了享有和实现人权、行政机关对于人权采取保护措施、司法机关对于人权案件进行审判的原

---

① 参见中国社会科学院语言研究所词典编辑室编：《现代汉语词典》（第6版），商务印书馆2012年版，第1098页。

② 参见夏征农、陈至立主编：《辞海》，上海辞书出版社2009年版，第1885页。

③ 《宪法》第二章的标题为“公民的基本权利和义务”。

④ 《宪法》第33条第3款规定：“国家尊重和保障人权。”

⑤ 参见张千帆主编：《宪法学》，法律出版社2014年版，第139~140页。

⑥ 参见胡锦光、韩大元：《中国宪法》，法律出版社2007年版，第170页。

⑦ 参见公丕祥主编：《法理学》（第3版），复旦大学出版社2016年版，第66页。

则、程序、方式、方法，并为人权的享有、实现、保护和救济提供了有效的措施和可行的方式。①

2. 人权的具体类型

人权的具体类型在学理上众说纷纭，并无完全一致的划分方法。例如，卓泽渊认为，人权的基本内容可以概括为人身权、政治权、经济权、文化权等基本大类；② 刘旺洪则认为，现代人权主要包括基本人权、政治权利、自由权利、经济权利、社会权利以及其他权利；③ 林来梵认为，中国现行宪法中的公民基本权利可以分为平等权、政治权利、精神自由、人身的自由与人格的尊严、社会经济权利、获得权利救济的权利；④ 徐显明则认为，除公民权利、政治权利、经济社会文化权利外，20 世纪以来的新兴人权还包括和平权、发展权、环境权。⑤ 上述学者关于人权具体类型的观点虽是迥然有异，但不难发现人身权、社会经济权作为人权的基本内容的组成部分，已经得到多数学者的认可。

（1）人身权

人身权是人权的首要内容。没有人身的存在，任何权利均无意义。任何人权都是人的权利，没有人身也就没有人，自然更无所谓人权。⑥ 我国《宪法》第 37 条第 1 款规定："中华人民共和国公民的人身自由不受侵犯。"

从民法的角度而言，人身权也是与财产权并列的民事权利的基本类型之一，是指以人身体现的利益为内容、与权利人的人身密不可分的民事权利，包括人格权和身份权。具体而言，人格权是指以生命、健康、名誉等

① 参见张文显主编：《法理学》（第 5 版），高等教育出版社 2018 年版，第 354 页。
② 参见卓泽渊：《法的价值论》（第 3 版），法律出版社 2018 年版，第 302 页。
③ 参见公丕祥主编：《法理学》（第 3 版），复旦大学出版社 2016 年版，第 65 页。
④ 参见张千帆主编：《宪法学》，法律出版社 2014 年版，第 153 页。
⑤ 参见张文显主编：《法理学》（第 5 版），高等教育出版社 2018 年版，第 351 页。
⑥ 参见卓泽渊：《法的价值论》（第 3 版），法律出版社 2018 年版，第 302 页。

人格利益为内容，并排斥他人侵害的权利，主要包括生命权、健康权、身体权、姓名权、名誉权、肖像权、荣誉权、隐私权、性自主权；身份权是指基于权利人的特定身份而产生的权利，主要分为亲属权和抚养权。[①]《民法典》第 110 条第 1 款规定："自然人享有生命权、身体权、健康权、姓名权、肖像权、名誉权、荣誉权、隐私权、婚姻自主权等权利。"宪法对于人民基本权利和自由的规定是民法特别是侵权法确定保护范围与保护力度的基本依据，也为侵权法的生长提供了"源头活水"。[②] 人身权是与海商法的人权价值关联最为密切的权利类型，应是关于身体的人格权，[③] 也即生命权、健康权和身体权。此外，也有学者将生命健康权作为自由权中人身自由的组成部分，认为此项权利的内容是国家有义务尊重公民的生命和身体完整，而不能妄加杀戮和伤害。[④]

生命权是自然人以其生命安全为内容的人格权，[⑤] 显然也是作为人权首要内容的人身权的首要内容。生命权的具体内容包括生命享有权、生命维护权以及依法支配生命利益的权利，分别是指生命权人有权享有自己生命利益，生命权人对于生命利益享有消极维护权，在遭受侵害时享有积极防卫权，以及个人对其生命利益依法享有支配权。[⑥]《世界人权宣言》第 3 条规定："人人有权享有生命、自由和人身安全。"联合国通过的《公民权利和政治权利国际公约》第 6 条第 1 款也规定："人人有固有的生命权。这个权利应受法律保护。不得任意剥夺任何人的生命。"我国《民法典》第 1002 条则规定："自然人享有生命权。自然人的生命安全和生命尊严受

---

① 参见王利明、杨立新、王轶、程啸：《民法学》（第 5 版），法律出版社 2017 年版，第 130 页。

② 参见程啸：《侵权责任法》（第 2 版），法律出版社 2015 年版，第 119 页。

③ 参见［日］五十岚清：《人格权法》，［日］铃木贤、葛敏译，北京大学出版社 2009 年版，第 14 页。

④ 参见张千帆主编：《宪法学》，法律出版社 2014 年版，第 174 页。

⑤ 参见朱庆育：《民法总论》（第 2 版），北京大学出版社 2016 年版，第 405 页。

⑥ 参见王利明：《人格权法研究》（第 3 版），中国人民大学出版社 2018 年版，第 267 ~268 页。

法律保护。任何组织或者个人不得侵害他人的生命权。”

健康权是自然人以身体器官及其机能为内容的人格权，[①] 也是人在保存生命的前提下享有的重要权利。自然人健康权受到的威胁主要来自两个方面，即疾病和伤害，[②] 而与海商法关联较为密切的应是伤害。健康权的具体内容包括健康享有权、健康维护权、有限支配健康权，主要是指自然人享有保持身心健康的权利，有权采取各种合法的手段维护自身的健康并排除他人侵害，以及在法律的严格限制下支配自身健康的权利。[③]《民法典》第1004条规定：“自然人享有健康权。自然人的身心健康受法律保护。任何组织或者个人不得侵害他人的健康权。”

身体权是自然人以其肢体、器官等物质的完满为内容的人格权，[④] 具体内容包括身体利益的保有权、身体完整和安全的维护权以及法定范围内的处分权能，主要是指自然人有权维持自身身体完整、利益安全，而且在其身体的安全和完整受到他人侵害时，有权采取一定的措施排除他人的侵害或妨害，同时亦可在符合法律和公序良俗的前提下对其身体的特定部分进行处分。[⑤]《民法典》第1003条规定：“自然人享有身体权。自然人的身体完整和行动自由受法律保护。任何组织或者个人不得侵害他人的身体权。”值得注意的是，健康权与身体权看似相近，但二者的具体权能实际存在较为明显的区别，前者侧重身体的功能，后者则是关注身体的完整状态。

（2）社会经济权

社会经济权是指公民依照宪法规定享有经济利益的权利，[⑥] 故而有时

---

① 参见朱庆育：《民法总论》（第2版），北京大学出版社2016年版，第406页。

② 参见卓泽渊：《法的价值论》（第3版），法律出版社2018年版，第304页。

③ 参见王利明：《人格权法研究》（第3版），中国人民大学出版社2018年版，第324~326页。

④ 参见朱庆育：《民法总论》（第2版），北京大学出版社2016年版，第406页。

⑤ 参见王利明：《人格权法研究》（第3版），中国人民大学出版社2018年版，第294~295页。

⑥ 参见胡锦光、韩大元：《中国宪法》，法律出版社2007年版，第286页。

也被各有侧重地称为社会权[①]或经济权。[②] 学理上关于社会经济权的具体类型认识各有不同。例如，韩大元认为，根据我国《宪法》和有关法律的规定，社会经济权利主要包括公民财产权、劳动权、休息权、物质帮助权、退休人员生活保障权和社会保障权；[③] 卓泽渊则认为，经济权主要包括平等发展权、劳动权和财产权。[④] 上述不同观点的共识之一，应是劳动权作为社会经济权核心内容的地位。原因在于劳动首先是谋生手段，劳动权也成为社会成员谋取经济生存的手段，因而劳动权不仅是人获取物质保障所必要，也是实现人的全面发展所必需。[⑤]

劳动权是指一切具有劳动能力的公民，均有劳动和取得劳动报酬的权利。[⑥] 确认劳动权为基本权利的目的，是为保障劳动者免于强迫劳动、奴役和其他形式的严重的劳动力经济剥夺的自由。[⑦] 我国《宪法》第 42 条第 1 款规定："中华人民共和国公民有劳动的权利和义务。"第 2 款又规定："国家通过各种途径，创造劳动就业条件，加强劳动保护，改善劳动条件，并在发展生产的基础上，提高劳动报酬和福利待遇。"《世界人权宣言》第 23 条也有较为详细的规定。[⑧] 同时，劳动法上也有劳动权的概念，劳动法学者通常认为劳动权是指人们享有从事社会劳动及其劳动保障以获得生存和发展的权利。作为一项宪法权利或称母体权利，劳动权不仅是实现生存

---

① 参见张千帆主编：《宪法学》，法律出版社 2014 年版，第 212 页。

② 参见卓泽渊：《法的价值论》（第 3 版），法律出版社 2018 年版，第 312 页。

③ 参见胡锦光、韩大元：《中国宪法》，法律出版社 2007 年版，第 286 页。

④ 参见卓泽渊：《法的价值论》（第 3 版），法律出版社 2018 年版，第 312 页。

⑤ 参见白桂梅主编：《人权法学》（第 2 版），北京大学出版社 2015 年版，第 142 页。

⑥ 参见胡锦光、韩大元：《中国宪法》，法律出版社 2007 年版，第 295 页。

⑦ 参见张千帆主编：《宪法学》，法律出版社 2014 年版，第 217 页。

⑧ 《世界人权宣言》第 23 条规定："（一）人人有权工作、自由选择职业、享受公正和合适的工作条件并享受免于失业的保障。（二）人人有同工同酬的权利，不受任何歧视。（三）每一个工作的人，有权享受公正和合适的报酬，保证使他本人和家属有一个符合人的尊严的生活条件，必要时并辅以其他方式的社会保障。（四）人人有为维护其利益而组织和参加工会的权利。"

权的重要手段性权利，同时也能够派生出诸多子权利及孙权利。[①] 至于国际人权文件更多采用的正式概念则是工作权，[②] 而国际上对于此种权利给予保护的典型例证便是1919年成立的国际劳工组织，国际劳工法也成为工作权最为主要的法律渊源之一。[③]

劳动权的具体内涵，是指具有劳动能力的社会成员有权要求国家为其提供参加社会劳动的机会，并切实保证劳动报酬的取得。[④] 据此，劳动权的两项主要内容应是劳动就业权和取得报酬权。前者主要关注劳动者平等就业和选择职业的权利，[⑤]《劳动法》第12条规定："劳动者就业，不因民族、种族、性别、宗教信仰不同而受歧视。"后者则是指劳动者有权按照自己提供劳动的数量和质量取得劳动报酬，女性职工还有权要求实行男女同工同酬，同时劳动者有权获得最低劳动保障、工资支付保障和实际工资保障。[⑥]《劳动法》第46条第1款规定："工资分配应当遵循按劳分配原则，实行同工同酬。"

值得注意的是，最高人民法院于2018年12月12日发出《关于增加民事案件案由的通知》，[⑦] 决定在《民事案件案由规定》第一部分"人格权纠纷"的第三级案由"一般人格权纠纷"项下增加一类四级案由"平等就业权纠纷"，而"一般人格权纠纷"在《民事案件案由规定》的体系下是与"生命权、健康权、身体权纠纷"并列的案由。据此，可以认为我国司法实践也将作为劳动权内涵之一的平等就业权视为民事权利，围绕此项权利产生的纠纷归入民事纠纷。

---

① 参见郭捷主编：《劳动法与社会保障法》，法律出版社2016年版，第61页。

② 参见朱力宇、叶传星主编：《人权法》，中国人民大学出版社2017年版，第226页。

③ 参见白桂梅主编：《人权法学》（第2版），北京大学出版社2015年版，第142页。

④ 参见卓泽渊：《法的价值论》（第3版），法律出版社2018年版，第312页。

⑤ 《劳动法》第3条第1款规定："劳动者享有平等就业和选择职业的权利……"

⑥ 参见王全兴：《劳动法》（第4版），法律出版社2017年版，第96页。

⑦ 法〔2018〕344号。

此外，我国《宪法》第 43 条还规定了劳动者休息的权利，也与劳动权存在密切关联。该条第 1 款规定："中华人民共和国劳动者有休息的权利。"同时，《世界人权宣言》第 24 条也规定："人人有享有休息和闲暇的权利，包括工作时间有合理限制和定期给薪休假的权利。"

（二）民商事法律的人权价值

受限于调整对象的固有内容，公司法、票据法、证券法、破产法等传统商法的主要分支对于人权均涉及不多。保险法可能属于一项比较特殊的例外。人身保险合同是与财产保险合同并列的保险合同主要类型之一。顾名思义，人身保险合同是以人的寿命和身体为保险标的的保险合同。传统的人身保险合同，仅以人寿保险合同为限，而现代意义上的人身保险合同几乎涵盖了人的生、老、病、伤、残、死等各种风险，① 即于人的生命权、身体权、健康权等人身权均有涉及。而且，保险的职能之一是补偿损失，即对遭受意外损失的被保险人提供经济补偿。即使是就人寿保险而言，此种保险的目的并非补偿生命的损失，而是补偿被保险人供养的人因其死亡而遭受的经济损失，因而仍然不可否认地和其他人身保险乃至财产保险一样具有补偿功能。② 从此一层面观察，保险的微观作用应是有利于安定生活，通过及时提供赔偿帮助遭遇各类天灾人祸的个人或家庭减轻焦虑、安定生活，从而起到经济和精神的保障作用。③ 此亦保险之所以享有"社会稳定器"美誉的原因所在。

不同于商法，维护人权是民法贯穿首尾的价值理念，人性也是民法的重要基础之一。人是民法的尺度，也是民法的目的。民法上的人权主义，

---

① 参见温世扬主编：《保险法》，法律出版社 2016 年版，第 38 页。

② 参见温世扬主编：《保险法》，法律出版社 2016 年版，第 14 页。

③ 参见李玉泉主编：《保险法学：理论与实务》，高等教育出版社 2010 年版，第 12 页。

是指以人权保障为最高理念，体现以人为本位、以权利为本位的价值观念，而将私权作为人权的基础权利。人权更多被认为是公法上的权利，导致人权的私权属性往往为人所忽视，但事实上人权是公法和私法的共同价值基础。① 现代民法的功能之一是为人权提供基础性保障。② 民法乃权利法，权利成为构建民法体系的工具，民法的一切制度均以权利为轴心建立。据此，民法的规范也多为授权性规范，此类法律规范规定具有肯定内容的权利。③ 上文已经提及，人身权是民事权利最为基本的分类之一。私权神圣则是近代民法的基本原则之一，④ 而私权神圣的重点之一在于自然人人格神圣。⑤《民法典》第 3 条也规定："民事主体的人身权利、财产权利以及其他合法权益受法律保护，任何组织或者个人不得侵犯。"

人格权是人权的主要内容，也是人权在民法上的直接反映。自我国民法典编纂工作启动以来，学界关于人格权是否独立成编存在激烈争论，其甚或被认为是民法典编纂进程中最为重大的争论之一。⑥ 此一争论双方的分歧并非对于人格权本身的认识不同，也不是对于人格权是否重要存在分歧。反对人格权独立成编并不否认人格权的重要性，也不否认应当强化对于人格权的保护。双方争议的焦点主要在于人格权的立法模式。⑦ 尽管如此，我国《民法典》仍然设置了第四编"人格权"，并于第二章专门规定了生命权、身体权和健康权。虽然此种立法模式在笔者看来不尽科学，具

---

① 参见屈茂辉：《民法引论》，商务印书馆 2014 年版，第 70 ~74 页。

② 参见梁慧星：《民法总论》（第 5 版），法律出版社 2017 年版，第 37 页。

③ 参见徐国栋：《民法总论》，高等教育出版社 2007 年版，第 85 ~86 页。

④ 参见高富平主编：《民法学》（第 2 版），法律出版社 2009 年版，第 19 页。

⑤ 参见屈茂辉：《民法引论》，商务印书馆 2014 年版，第 76 页。

⑥ 参见梁慧星：《民法典编纂中的重大争论——兼评全国人大常委会法工委两个民法典人格权编草案》，载《甘肃政法学院学报》2018 年第 3 期，第 1 页。

⑦ 参见梁慧星：《中国民法典中不能设置人格权编》，载中国法学网，http：//www. iolaw. org. cn/showArticle. aspx? id =5058，2021 年 9 月 30 日访问。

体的规范设置也存在瑕疵，但仍然直接体现了民法对于人权的保护，以及保护力度日渐增强的趋势。

二、海商法人权价值的具体表现

（一）船员权益保障

当代海商法发生价值演变的原因之一是船员权益保障水平的不断提高，船员职业的特殊性主要表现在三个方面，即海事活动的风险性、生活条件的艰苦性以及船员劳动的涉外性。[①] 船员权益保障是当代国际海事立法的重点之一，也是当代海商法人权价值——特别是其中对于人的劳动权的保护——最为集中的体现。船员是航运活动主要的劳动者，也是社会中的特殊群体，基于与陆上工作的不同而具有职业特殊性。据此，各国大多制定船员法调整船员的特殊社会关系，保障船员的特殊权益。[②] 国际海事立法在此领域也已有了重大进展，充分体现了当代海商法的人权价值。

1. 国际立法趋势与进展

1919 年成立的国际劳工组织是国际社会致力于保护劳动权的典型例证，该组织自 1920 年至 1999 年的近八十年间召开了 9 次专门涉及商船船员的海事大会，先后通过了 40 个关于船员的国际公约以及 29 项建议书和 1 项议定书，涵盖船员招募、安置、最低年龄、工作时间、安全、卫生、福利、劳动监察和社会保障等船员权益保障的各个方面。但是，由于国际劳工组织未能及时针对上述公约进行修订和更新，加之公约内容往往过于具体，为部分国家的批准制造了一定的障碍，导致公约的批准率很低。为

---

① 参见孙思琪：《海洋强国战略背景下我国船员劳动和社会保障制度构建刍议》，载《社会保障研究》2017 年第 3 期，第 75 页。

② 参见张丽：《船舶船员法研究》，吉林大学出版社 2009 年版，第 163 页。

了规范海上劳动关系，亟待制定一项适用于海运业整体的全球性劳动标准，国际劳工组织为此于1995年成立了由船东、船员、政府三方代表组成的工作组，协调制定一部关于海事劳工权利的公约。[①] 2006年2月，国际劳工组织召开了第94届国际劳工（海事）大会，对于公约草案进行最后讨论、磋商和完善，针对公约草案的文本达成共识，并以314票赞成、9票反对、4票弃权的颇为理想的结果正式通过了《2006年海事劳工公约》。可见，该公约代表了各国政府、船东和船员的共同愿望。[②] 2015年8月29日，第十二届全国人民代表大会常务委员会第十六次会议决定批准该公约，该公约已于2016年11月12日正式对我国生效。《2006年海事劳工公约》被称为全球船员的“权利法案”，与国际海事组织制定的《国际海上人命安全公约》《国际防止船舶造成污染公约》《海员培训、发证和值班标准国际公约》，共同构成世界海事法规体系的四大支柱。[③]

《2006年海事劳工公约》第3条“基本权利和原则”规定：各成员国应就公约所涉事项自行确认国内法律和法规的规定，尊重海员在消除所有形式的强迫和强制劳动、消除就业和职业方面的歧视等方面的基本权利。该公约第4条“海员的就业和社会权利”则原则性规定了船员的四项权利，即获得符合安全标准的安全并受保护的工作场所、获得公平的就业条件、获得体面的船上工作和生活条件以及享受健康保护、医疗、福利措施及其他形式的社会保护。此种规定与现代国际立法对于人权的保护完全契合。公约对于航运业产生的首要影响便是促进船员维权意识的提升。虽然公约设置的法律义务仅能适用于服务于具有公约成员国国籍的船舶的船员，但由于不提供更优惠待遇原则及港口国监督检查制度的确立，成员国

① 参见司玉琢：《海商法专论》，中国人民大学出版社2018年版，第60~61页。

② 参见王秀芬主编：《国际劳工组织的船员立法趋势及我国的对策研究：以〈2006年海事劳工公约〉为视角》，法律出版社2009年版，第7~8页。

③ 参见司玉琢：《海商法专论》，中国人民大学出版社2018年版，第64页。

当局可以要求停泊在该国港口的所有船舶遵守公约的标准，无论船旗国原本应否受到该公约的约束。因此，多数从事国际贸易的船舶无法罔顾该公约的要求，从而意味着该公约确立的标准将成为船员劳动和权益保障的基本条件，对于提高船员的维权意识起到重要作用。[①]

至于船员劳动权益的私法保护，主要的载体应是对于船员劳动合同[②]的法律规制。《2006 年海事劳工公约》第 2 条第 1 款第 7 项规定“海员就业协议”一词包括就业合同和协议条款，并于规则 2. 1 专门规定了海员就业协议，明确提出设置此项规定的目的是“确保海员取得公平的就业协议”。同时，标准 A2. 1“海员就业协议”第 1 款第 1 项规定：“悬挂其旗帜船舶上工作的海员应持有一份由海员和船东或船东的代表双方签署的海员就业协议（或，如非雇佣，契约性或类似协议的证明），为其提供本公约所要求的体面的船上工作和生活条件。”具体而言，公约针对海员就业协议明确规定：海员的就业条款和条件应在明确的、可执行的书面法律协议中加以规定或提及，并且应与规则中规定的标准一致。[③] 成员国应当保证在悬挂其国旗的船舶上工作的海员，必须持有一份经海员和船东或船东代表双方签署的海员就业协议。[④] 同时，要求船东和海员应当各自持有一份海员就业协议原件。[⑤] 而且，成员国应当通过法律和法规，具体规定受到国内法约束的所有海员就业协议需要包括的事项。[⑥]《2006 年海事劳工公约》通过上述规定确保海员可以得到公平的就业协议，并通过公约第五

① 参见王秀芬主编：《国际劳工组织的船员立法趋势及我国的对策研究：以〈2006 年海事劳工公约〉为视角》，法律出版社 2009 年版，第 62 页。

② 关于船员合同的称谓和性质，我国学理上历来存在“船员劳动合同”与“船员劳务合同”的分歧。本书无意讨论此一问题，皆采船员劳动合同的表述。

③ 《2006 年海事劳工公约》规则 2. 1“海员就业协议”第 1 款。

④ 《2006 年海事劳工公约》标准 A2. 1“海员就业协议”第 1 款第 1 项。

⑤ 《2006 年海事劳工公约》标准 A2. 1“海员就业协议”第 1 款第 3 项。

⑥ 《2006 年海事劳工公约》标准 A2. 1“海员就业协议”第 4 款。

部分规定的劳动监察，进一步保障海员的劳动权利。①

2. 国内立法趋势与进展

（1）船员权益保障的域外经验及其借鉴价值

公民劳动社会保障权利的实现，主要由国家作为义务主体通过制定相应的法律规范实现。基于船员职业的特殊性，许多国家通常在一般劳动和社会保障制度的基础之上，对于船员的劳动和社会保障问题通过单行法律进行专门规定，此种立法模式尤以我国所在的东亚地区最为突出。作为东亚地区具有大陆法系立法传统的主要法域，日本、韩国均制定了专门的"船员法"。

日本现行《船员法》制定于1947年，截至2021年9月已有35次修改。该法在1937年《船员法》的基础上，着重增加了船员劳动权保护的相关内容。② 不同于我国《海商法》第三章"船员"以及《船员条例》，日本《船员法》在规定船长职务及权限等行政管理内容的同时，也对船员劳动和社会保障的相关内容作出了较为详尽的规定，涉及雇佣合同、工资及其他报酬、劳动时间和假日、带薪休假、食品、安全、卫生以及损害赔偿等内容。③

韩国《船员法》制定于1984年，同样采取行政管理与劳动和社会保障并重的立法模式，具体的篇章结构与日本《船员法》基本一致。④

经济基础决定上层建筑。作为社会上层建筑的组成部分，法律的本质、产生、发展以及特征，均由经济基础决定和制约。⑤ 任何政策、法律的制定均需结合本地区的经济状况，航运相关法律的制定和修改也不能忽视本国的航运经济形势。与我国类似，日本和韩国均为贸易大国、航运大

① 参见司玉琢：《海商法专论》，中国人民大学出版社2018年版，第61页。
② 参见司玉琢主编：《国际海事立法趋势及对策研究》，法律出版社2001年版，第517页。
③ 参见王秀芬等编译：《日本海事法规辑要》，吉林大学出版社2000年版，第113页。
④ 参见《（韩国）船员法》，［韩］郑寿德译，载《中国海商法年刊》1997年，第430~456页。
⑤ 参见张文显主编：《法理学》（第3版），法律出版社2007年版，第379页。

国，因此，虽然我国未必具备效仿上述两种船员单行立法模式的现实条件，但是针对船员劳动和社会保障进行专门规定的做法仍然有较高的借鉴价值。[①]

（2）我国船员权益保障立法的现实需求

虽然我国目前已经建立了相对完善的劳动和社会保障制度，但是仍有必要针对船员构建专门的权益保护制度。具体而言，此种现实需求主要取决于以下三个方面的因素：

第一，船员就业模式发展变化的要求。随着我国经济体制改革的深入，船员就业的市场化程度也越来越高，多数船员就业模式也更多地从航运企业的长期固定职工向自由职业转变。[②] 此种变化趋势突出表现为两类船员的大量产生，即自由船员和外派船员。前者主要是指航运企业或船员劳务机构短期雇佣的船员，此类船员不是航运企业的正式职工，相应的人事档案、社会保障等问题也并非由航运企业负担；后者主要是指受外籍船东雇佣、在其所属的船舶上工作并获取相应的工作报酬的船员。[③]

船员就业模式的发展变化导致船员劳动关系日趋复杂，尤其是自由船员的社会保障问题，以及船员外派三方法律关系之下外派机构和外籍船东的法律地位和相应的责任认定。因此，现有的船员立法以及一般劳动和社会保障立法已经难以满足航运实践的需求，实践中船员相关纠纷大量产生，其中尤以请求支付船员工资、报酬及福利纠纷以及要求办理相关社会保险及补缴相关费用等案件为典型。因此，为了顺应目前我国船员就业模

---

① 参见孙思琪：《海洋强国战略背景下我国船员劳动和社会保障制度构建刍议》，载《社会保障研究》2017 年第 3 期，第 78 ~79 页。

② 参见张丽英：《从船员雇用方式的变化谈〈中华人民共和国海商法〉有关船员规定的修改》，载《中国海商法年刊》2011 年第 3 期，第 36 页。

③ 参见张金蕾：《我国外派船员权利保护法律问题研究》，载《辽宁大学学报（哲学社会科学版）》2014 年第 3 期，第 123 页。

式的发展变化趋势，要求着重针对自由船员、外派船员建立专门的船员劳动和社会保障制度。

第二，国内船员立法完善的要求。我国现行制度的不完备应是要求船员权益保障专门立法的根本原因。我国目前船员专门立法位阶较低，而且侧重于船员行政管理。权利和义务之间具有相互依存性，权利的实现有赖于义务的履行，义务之不履行则将导致权利落空。[①] 但是，目前我国船员立法却呈现重义务而轻权利的局面。我国《海商法》第三章为“船员”，但该章内容相对简略，主要规定了船员的适任以及船长的职能，并不涉及劳动和社会保障的相关问题。除《海商法》第三章外，我国的船员专门立法主要是《船员条例》及其配套规章。《船员条例》作为国务院制定的行政法规，效力尚未达到《立法法》规定的法律层面，主要内容仍然集中于船员的任职资格、职责、培训等行政管理方面的规定。虽然该条例第四章为“船员职业保障”，但该章内容可操作性不强，而且对于船员合同、船员劳务派遣、船员人身损害赔偿等实践中争议较为突出的问题均未涉及。特别是实践中对于船员合同应属劳动合同抑或劳务合同的性质认定多有争议，加之劳务合同或称雇佣合同并非我国现行民事合同立法确立的有名合同，导致船员合同的法律适用呈现混乱的局面。此类问题理应通过船员专门立法加以明确。2021 年修订的《海上交通安全法》虽然着重强化了船员权益保障，但主要体现在海事劳工证书许可、船员境外突发事件预警和应急处置等方面，而不是船员的劳动与社会保障。例如，《海上交通安全法》第 16 条规定：

国务院交通运输主管部门和其他有关部门、有关县级以上地方人民政府应当建立健全船员境外突发事件预警和应急处置机制，制定船员境外突发事件应急预案。

---

① 参见周永坤：《法理学——全球视野》，法律出版社 2016 年版，第 214 页。

船员境外突发事件应急处置由船员派出单位所在地的省、自治区、直辖市人民政府负责，船员户籍所在地的省、自治区、直辖市人民政府予以配合。

中华人民共和国驻外国使馆、领馆和相关海事管理机构应当协助处置船员境外突发事件。

我国目前的一般劳动和社会保障制度明显无法充分适应船员的特殊性。目前我国已经形成了相对完备的劳动和社会保障法律体系，主要包括《劳动法》（1994 年，2018 年修正）、《劳动合同法》（2007 年颁布，2012 年修正）、《劳动争议调解仲裁法》（2007 年）、《社会保险法》（2010 年，2018 年修正）。上述立法固然可以保护船员在劳动和社会保障方面的基本权利，但仍然无法充分应对船员职业的特殊性。例如，船员长期在船上工作，相应的工资支付方式与其他陆上职业存在明显的差异，涉及工资的转交、汇款等特殊支付方式。《2006 年海事劳工公约》标准 A2. 2 “工资”第 4 款即规定：

确保海员能够将其收入转给其家人的措施包括：

（一）在海员订立协议时或在协议期间，经本人同意可允划拨其工资一定比例的机制，使其能通过银行转账或类似方式定期给家庭汇款；

（二）应按时将划拨款项直接汇给海员指定的人员。

而且，船员在待派期间用人单位是否应当支付工资以及相应的支付标准，也需要法律通过特别规定予以明确。但是，一般劳动立法构建的工资制度主要侧重于最低工资保障规则和工资支付规则，其中后者对于船员工资的特殊性并未给予充分关注。

第三，《2006 年海事劳工公约》履约的要求。《2006 年海事劳工公约》已于 2016 年 11 月 12 日正式对我国生效。尽管交通运输部、人力资源和社会保障部等部门对于履行公约已经作出了一系列努力，包括委托中国船级社针对中国籍国际航行船舶的海事劳工条件进行检查，并代海事管理机构发放海事劳工符合证明。但是，我国船员权益保障的制度建设客观上仍与该公约存在一定差距。因此，为了履行《2006年海事劳工公约》，我国应建立专门的船员权益保障制度。[①]

（3）我国船员权益保障的立法选择

基于各国船员立法的趋势，关于我国制定“船员法”的呼声由来已久。主张制定“船员法”的观点认为：我国应当加快制定“船员法”，以此规范船员劳务市场、保护船员合法权益，完善我国海事法律体系。[②] 统一的船员法典效力位阶较高，内容统一而明确，便于针对相应社会关系进行权威性的协调，亦有利于相关主体的援引和遵守。[③]

统一的“船员法”固然确有上述优势，也符合东亚地区乃至世界范围内船员立法的主要模式，但我国船员立法的完善必须立足于本国立法体制的现实情况。虽然海洋强国、“一带一路”倡议等的不断推进使海洋相关问题日渐受到重视，但当前我国的涉海立法主要集中于公共利益的相关领域，特别是海上安全以及海洋环境保护，比如《海洋环境保护法》已于2016年11月大幅修改，2017年11月再次修改，《海上交通安全法》的修订也已于2021年4月完成。而且，立法活动总是处于特定的环境之下，其中尤以造就此种环境的基本国情以及与之联系的特定社会历史形势最为突出。[④] 作为世界第一船员大国，我国同时也是世界第一人口大国。根据第七次全国人口普查的结果，全国人口共计141，177.87万人。相较而言，截至2020年年底我国注册船员人数则是1，716，866人，[⑤] 仅为总人口的

---

① 参见孙思琪：《海洋强国战略背景下我国船员劳动和社会保障制度构建刍议》，载《社会保障研究》2017年第3期，第77~78页。

② 参见司玉琢主编：《海商法专题研究》，大连海事大学出版社2002年版，第340页。

③ 参见王秀芬：《船员法研究》，法律出版社2009年版，第309页。

④ 参见周旺生：《立法学》（第2版），法律出版社2009年版，第81页。

⑤ 参见中华人民共和国交通运输部：《2020年中国船员发展报告》，载中国政府网，http：//www.gov.cn/xinwen/2021-06/25/5620861/files/a1c49282205f4e18a6b5026bd8813abc.pdf，2021年9月30日访问。

1.2‰。考察近年来我国立法活动的整体态势，船员群体并未引起立法机关的关注。因此，现行立法体制之下针对船员专门制定一部单行法律的可能性微乎其微。甚至可以认为，对于海事领域的特定社会关系动辄提出制定单行法律，例如，针对国内水路运输主张制定“水路运输法”，更多只是一种脱离我国现实国情的理想主义构想。

构建我国的船员劳动和社会保障制度，应当通过修改现有法律实现。但是，考虑到海事活动的特殊性，现行的劳动和社会保障法律并不具备通过修改规定船员特别制度的条件。目前我国劳动和社会保障法学界对于船员群体关注不多，《劳动法》《劳动合同法》《社会保险法》等相关法律也并无针对特殊职业作出专门规定的先例。而且，我国海事立法的历史经验已在一定程度上表明，通过一般法规定海商法律制度的特别内容并不具备充分的可行性。例如，我国《海商法》1963 年的草案以及 1981 年重新启动起草工作后的草案从 1982 年 5 月稿到 1991 年 8 月稿均有关于刑事责任的规定，直至 1992 年 11 月稿才删除了相关内容，[①] 当时的考虑是留待《刑法》修改时一并予以规定。然而，《海商法》通过以来，《刑法》历经多次修改仍未规定相关内容。

通过《海商法》的修改实现我国的船员权益保障立法，应是最为可行、合理的路径。[②]《海商法》第三章“船员”是目前我国法律层面唯一针对船员的专门立法，但该章规定过于原则，无法起到充分保护船员实体权利的作用。[③] 通过《海商法》第三章的修改增加关于船员权益保障的规定，不仅符合国际船员立法由义务中心向权利和义务相统一转变的趋势，

---

① 参见司玉琢、李天生：《中国海法典编纂论纲》，载《国际法研究》2015 年第 4 期，第 6 页。

② 参见孙思琪：《海洋强国战略背景下我国船员劳动和社会保障制度构建刍议》，载《社会保障研究》2017 年第 3 期，第 79 页。

③ 参见张丽英：《从船员雇用方式的变化谈〈中华人民共和国海商法〉有关船员规定的修改》，载《中国海商法年刊》2011 年第 3 期，第 42 页。

世界范围内也不乏在海商法典中规定船员劳动和社会保障相关内容的立法例。例如，俄罗斯联邦《商船航运法典》第四章“船员、船长”分为“船员”“船长”两节，其中“船员”一节包括船舶上的劳动关系、遣送船员回国、船员财产、船东义务等规定，[①] 第 59 条“船员财产”规定：“由于船舶事故造成船员财产灭失或者损坏的，船东应当给船员赔偿所造成的损失，但是对于在船舶事故中有过错船员造成的财产损失不予赔偿。”[②] 又如，意大利《航海法典》也专门规定了船员劳动合同、船员遣返等内容。[③] 虽然《海商法》总体上属于民事特别法，但该法的民事特别法性质并不妨碍该法基于我国的现实需要规定少量不属于民事法律规范的内容。

（二）海上人身损害赔偿

人格在现代社会被视为人的最高价值，人格利益也被视为人的最高利益，人格之尊重乃现代人权运动的目标和基本理念，故此人格权的保护当然成为现代民法的基本任务之一。第二次世界大战结束以来，法律发展的重要方向之一即是强化对于人格权的保护。[④] 此种保护在民事法律中突出表现为人身侵权的损害赔偿，原因在于人格权首先具有的特征是防御性，即法律规定或认可人格权的目的是将侵害人格权的加害行为纳入侵权责任法的适用范围，以便追究加害人的侵权责任。[⑤] 当代海商法的人权价值，也即海商法对于人身权的保护，着重体现在船舶优先权、海事诉讼时效、

---

① 参见《俄罗斯联邦海商法典》，石均正译，中国政法大学出版社 2018 年版，第 4 ~5 页。

② 《俄罗斯联邦海商法典》，石均正译，中国政法大学出版社 2018 年版，第 28 页。

③ 参见韩立新、王秀芬编译：《各国（地区）海商法汇编》，大连海事大学出版社 2003 年版，第 1609 页。

④ 参见梁慧星：《民法总论》（第 5 版），法律出版社 2017 年版，第 93 页。

⑤ 参见梁慧星：《民法典编纂中的重大争论——兼评全国人大常委会法工委两个民法典人格权编草案》，载《甘肃政法学院学报》2018 年第 3 期，第 10 页。

海上旅客运输三项法律制度之中。

1. 船舶优先权制度对于人身权的保护

基于海事活动以及由此引发的人身损害在损害原因、地点等方面时常具有的特殊性，海商法中往往给予海上人身损害赔偿请求较为特别的规则保护。此种特殊保护的典型表现之一应是船舶优先权制度。

首先，海上人身损害赔偿在各国立法例中普遍受到船舶优先权的担保，即具有法定担保性。我国《海商法》第 22 条第 1 款第 2 项也规定船舶营运中发生的人身损害的赔偿请求受到船舶优先权的担保。[①]

其次，受害人因海上人身损害事故遭受的经济损失和精神损害与其他债权同时存在时，具有优先获得赔偿的权利，即此种损害赔偿请求具有顺位优先性。[②] 根据《海商法》第 22 条第 1 款以及第 23 条第 1 款[③]的规定，除非海上人身损害事故后又发生了海难救助，海上人身损害赔偿请求在船舶优先权担保的海事请求中原则上居于第二顺位，仅次于船长、船员和在船上工作的其他在编人员根据劳动法律、行政法规或者劳动合同产生的工资、其他劳动报酬、船员遣返费用和社会保险费用的给付请求。[④]

最后，《海商法》第 25 条第 1 款规定船舶担保物权的受偿顺序是船舶优先权→船舶留置权→船舶抵押权，[⑤] 因而担保海上人身损害赔偿请求的船舶优先权在船舶担保物权的受偿中同样居于优先地位。

---

① 《海商法》第 22 条第 1 款规定："下列各项海事请求具有船舶优先权：……（二）在船舶营运中发生的人身伤亡的赔偿请求；……"

② 参见胡正良主编：《海事法》，北京大学出版社 2016 年版，第 540 页。

③ 《海商法》第 23 条第 1 款规定："本法第二十二条第一款所列各项海事请求，依照顺序受偿。但是，第（四）项海事请求，后于第（一）项至第（三）项发生的，应当先于第（一）项至第（三）项受偿。"

④ 《海商法》第 22 条第 1 款第 1 项。

⑤ 《海商法》第 25 条第 1 款规定："船舶优先权先于船舶留置权受偿，船舶抵押权后于船舶留置权受偿。"

2. 海事诉讼时效制度对于人身权的保护

考虑到此前较长一段时期内我国人身损害赔偿规则不尽完善，突出表现为原《民法通则》第 119 条的规定缺乏可操作性,[①] 而最高人民法院 1992 年出台的《关于审理涉外海上人身伤亡损害赔偿的具体规定（试行)》作为司法解释，其效力位阶较低并且仅限于存在涉外因素的情形,[②] 学界关于《海商法》修改的研究曾经一度提出增设海上人身损害赔偿制度,[③] 具体规定归责原则、损害赔偿主体、赔偿范围和计算办法、精神损害赔偿等诸多问题。[④]

虽然由于海上人身损害赔偿在法律层面的特殊性逐渐减弱,[⑤] 《海商法》修改之时不会专门规定海上人身损害赔偿法律制度，但海上人身损害赔偿较之一般人身损害赔偿在举证难度等方面仍然存在一定的特殊性，应当在诉讼时效制度中加以专门处理。设立诉讼时效制度的目的在于客观地促进法律关系安定，及时结束权利义务的不确定状态，稳定法律秩序，降

---

① 原《民法通则》第 119 条规定："侵害公民身体造成伤害的，应当赔偿医疗费、因误工减少的收入、残废者生活补助费等费用；造成死亡的，并应当支付丧葬费、死者生前扶养的人必要的生活费等费用。"

② 参见司玉琢、胡正良主编：《〈中华人民共和国海商法〉修改建议稿条文、参考立法例、说明》，大连海事大学出版社 2003 年版，第 479 ~480 页。

③ 例如，大连海事大学出版社 2003 年出版的《〈中华人民共和国海商法〉修改建议稿条文、参考立法例、说明》提出的《〈中华人民共和国海商法〉修改建议稿》增设了第十一章"海上人身损害赔偿"。参见司玉琢、胡正良主编：《〈中华人民共和国海商法〉修改建议稿条文、参考立法例、说明》，大连海事大学出版社 2003 年版，第 479 ~488 页。

④ 参见司玉琢主编：《海商法专题研究》，大连海事大学出版社 2002 年版，第 373 页；司玉琢、胡正良主编：《〈中华人民共和国海商法〉修改建议稿条文、参考立法例、说明》，大连海事大学出版社 2003 年版，第 479 ~488 页。

⑤ 主要表现为最高人民法院 1991 年 11 月 8 日通过的《关于审理涉外海上人身伤亡案件损害赔偿的具体规定（试行)》已于 2013 年 1 月 18 日被最高人民法院 2013 年 1 月 14 日公布的《关于废止 1980 年 1 月 1 日至 1997 年 6 月 30 日期间发布的部分司法解释和司法解释性质文件（第九批）的决定》废止，目前我国海上人身损害赔偿与一般民事人身损害赔偿一同适用最高人民法院 2003 年 12 月 4 日通过的《关于审理人身损害赔偿案件适用法律若干问题的解释》。

低社会交易成本。[①] 具体而言，诉讼时效制度具有保护债权人免于因时日久远举证困难而遭受不利益的功能。[②]

比较法上消灭时效制度的发展，呈现三个方面的立法趋势：一是时效期间趋于统一，特别时效期间明显减少；二是时效期间普遍缩短；三是针对人身损害赔偿设置较长时效期间日益得到认可。[③]《民法通则》（已废止）第 136 条第 1 项规定身体受到伤害要求赔偿的诉讼时效期间为 1 年。[④] 部分学者对此给出的理由认为："身体受到侵害的情况下，伤势容易发生变化，如果适用两年的诉讼时效，取证将会非常困难，也不利于对侵害行为与侵害结果之间因果关系的判断。"[⑤] 但是，该条规定的四类短期诉讼时效期间，即使出于尽速了结债权债务关系的本意，对于人身权的保护却有不足。[⑥]《民法典》并未延续《民法通则》的立场设置人身损害赔偿的特别时效期间，而是规定财产损害赔偿和人身损害赔偿一律适用 3 年的普通时效期间。[⑦] 此种做法似乎与《民法典》专设一编保护人格权的基本立场并不协调。废除 1 年短期时效期间看似符合比较法上的立法趋势，但人身损害赔偿应否适用短期时效期间却是另一层面更为关键的问题。

人身损害时常存在较长的潜伏期，即日本等法域学理上所称潜在型或谓渐进型损害，[⑧] 加之民法原理一般认为人身损害较之财产损害或者经济

---

① 参见杨立新：《民法总则》，法律出版社 2013 年版，第 594 页。

② 参见王泽鉴：《民法总则》，北京大学出版社 2014 年版，第 492 页。

③ ［德］莱茵哈德·齐默曼：《德国新债法：历史与比较的视角》，韩光明译，法律出版社 2012 年版，第 188 ~189 页。

④ 《民法通则》第 136 条规定："下列的诉讼时效期间为一年：……（一）身体受到伤害要求赔偿的；……"

⑤ 王利明：《民法总则研究》，中国人民大学出版社 2012 年版，第 740 页。

⑥ 参见李宇：《民法总则要义：规范释论与判解集注》，法律出版社 2017 年版，第 887 页。

⑦ 梁慧星：《〈中华人民共和国民法总则（草案）〉：解读、评论和修改建议》，载《华东政法大学学报》2016 年第 5 期，第 23 页。

⑧ 参见［日］近江幸治：《民法讲义Ⅰ：民法总则》，渠涛等译，北京大学出版社 2015 年版，第 353 页。

损失更为严重，生命、健康以及身体完整性属于法律应予特别保护的法益。[①] 与之对应的诉讼时效期间较之纯粹的财产性请求权理应更长，否则将导致人之尊严降至与一般财产性权利等同的地位。[②] 法律设置诉讼时效制度通过时间期满而限制请求权的实现，旨在追求法律上的安全与和平，避免由于债务人长期无所作为而导致权利状态的明确陷入困境，进而加速法律关系的正常发展。[③] 但是，此类考量在法律价值层面不应优于人身的法益保护。人身损害受害人迟于行使权利往往是受制于客观原因，而非个人主观的懈怠。因此，基于人身权优先保护的立法理念，各国立法通常给予更特殊的、更有利于受害人的保护，鲜见规定此种请求权适用的时效期间短于普通时效期间的立法例。[④] 例如，德国《民法》第 197 条规定人身损害赔偿的消灭时效期间为 30 年，[⑤] 法国《民法》第 2226 条规定为 10 年。[⑥] 特别是德国 2002 年修法时是在一般消灭时效期间由 30 年急剧缩短为 3 年的前提之下，仍将人身损害赔偿请求权的最长期间规定为 30 年。考察德国学者的普遍论述，给予人身损害赔偿请求权更长的时效保护近乎天然，似乎

---

① 参见［德］克里斯蒂安·冯·巴尔、［英］埃里克·克莱夫主编：《欧洲私法的原则、定义与示范规则：欧洲示范民法典草案》（第 1 卷、第 2 卷、第 3 卷），高圣平等译，法律出版社 2014 年版，第 1037 页。

② 参见李永军主编：《中国民法典总则草案建议稿及理由：中国政法大学版》，中国政法大学出版社 2016 年版，第 347 页。

③ 参见［德］本德·吕特斯、［德］阿斯特丽德·施塔德勒：《德国民法总论》，于馨淼、张姝译，法律出版社 2017 年版，第 78 页。

④ 参见杨巍：《民法时效制度的理论反思与案例研究》，北京大学出版社 2015 年版，第 286 页。

⑤ 德国《民法》第 197 条“30 年的消灭时效期间”第 1 款规定：“以不另有规定为限，下列请求权经过 30 年而完成消灭时效：1. 基于故意侵害生命、身体、健康、自由或性的自主决定的损害赔偿请求权；……”参见陈卫佐译注：《德国民法典》，法律出版社 2015 年版，第 68 页。

⑥ 法国《民法》第 2226 条第 1 款规定：“因造成身体伤害之事件，受到该事件引起之损失的直接或间接受害人提起的追究责任之诉讼，时效期间为 10 年，自最初的损害或者加重的损害得到最后确定之日起计算。”参见《法国民法典》，罗结珍译，北京大学出版社 2010 年版，第 492 页。

不必赘言过多的法理与考量,[①] 而是民法人文关怀以及人权保护发展趋势的应有之义。[②] 因此，需要尽量减少人身损害罹于诉讼时效而无法得到充分赔偿的情形，稳定社会秩序等诉讼时效制度的价值考量也不应凌驾于人身权的保护之上。

与我国同样地处东亚的日本新近完成的《民法》修正应是可资参考的重要立法例。此前该法第 167 条是关于消灭时效期间的原则性规定，债权的消灭时效期间为 10 年，而债权或所有权以外的财产权的消灭时效期间为 20 年。[③④] 同时，该法第 170 条至第 174 条又根据不同职业设置了 1 年至 3 年不等的短期消灭时效，比如医生诊疗债权的期间为 3 年、律师报酬债权的期间为 2 年、旅店住宿费债权的期间为 1 年。但是，此类短期消灭时效大多基于日本在明治时期的习惯，很多并不符合现代社会的规定，而且职业之间设立不同规定的理由也日渐模糊,[⑤] 实践中难以准确判断特定债权属于何种类型。加之经济全球化时代跨境交易频繁，为了降低多元化时效制度带来的法律风险和时效管理成本，2017 年日本《民法》以债法为重点的大修废除了短期消灭时效，实现了消灭时效期间的统一,[⑥] 采用主观起

---

① 参见［德］汉斯・布洛克斯、［德］沃尔夫・迪特里希・瓦尔克:《德国民法总论》，张艳译，中国人民大学出版社 2019 年版，第 295 ~296 页;［德］本德・吕特斯、［德］阿斯特丽德・施塔德勒:《德国民法总论》，于馨淼、张姝译，法律出版社 2017 年版，第 79 ~80 页。

② 参见赖怡芳、王晓丽:《德国新债法时效制度变革及启示》，载《华南理工大学学报（社会科学版）》2009 年第 1 期，第 31 页。

③ 内田貴『総則・物権総論（民法Ⅰ）』（東京大学出版会，2008 年）314 頁。

④ 2017 年修正前的日本《民法》第 167 条第 1 款规定："债权，因十年内不行使而消灭。" 第 2 款规定："债权或所有权以外的财产权，因二十年内不行使而消灭。" 参见《日本民法典》，王爱群译，法律出版社 2014 年版，第 37 页。

⑤ 参见［日］中田裕康:《日本民法（债权法）修改概要》，刘明全译，载刘艳红主编:《东南法学》2018 年辑秋季卷，东南大学出版社 2019 年版，第 6 页。

⑥ 参见《日本民法典》，刘士国、牟宪魁、杨瑞贺译，中国法制出版社 2018 年版，第 6 页。

算点为5年、客观起算点为10年的二元模式。[①] 但是，修正后的日本《民法》第167条却又明确规定：因侵害人之生命或身体而产生之损害赔偿请求权消灭时效期间为20年，[②] 明显长于普通时效期间。日本法务省给出的理由认为：生命和身体是重要的法益，与之相关的损害赔偿请求权必须受到保护。受害人由于接受长期治疗等，往往很难迅速行使权利。[③] 因此，此种特别规定的立法理由正是基于人身权益的重要性，[④] 从而给予人身损害的受害人特殊保护。[⑤]

《民法典》虽然同样废除了《民法通则》规定的短期时效期间，但并未规定人身损害赔偿的特别时效期间。此种立法“空白”与比较法上的立法趋势相异，而且此种趋势与我国的具体国情并无不合之处。此前多个民法典草案建议稿均主张规定人身损害赔偿请求权的诉讼时效期间为10年，[⑥] 而且得到学界一定程度的认可，[⑦] 但《民法典》最终并未采用这一主张。此一问题在海事领域同样日益凸显。除最为传统的船舶碰撞导致的人身损害外，近年来我国邮轮产业快速发展，2019年全年我国邮轮旅客运

---

① 参见吕双全：《日本债法修改介绍与分析——兼论对我国〈民法典〉制定的启示》，载《上海政法学院学报（法治论丛）》2017年第5期，第46页。另参见日本《民法》第166条。

② 日本《民法》第167条规定：“因侵害人之生命或身体而产生之损害赔偿请求权消灭时效，适用前条第一款第二项之规定时，同项中‘十年间’为‘二十年间’。”参见王融擎编译：《日本民法：条文与判例》，中国法制出版社2018年版，第142~143页。

③ 「民法（債権関係）の改正に関する説明資料－主な改正事項－」による。

④ ［日］中田裕康：《日本民法（债权法）修改概要》，刘明全译，载刘艳红主编：《东南法学》2018年辑秋季卷，东南大学出版社2019年版，第6页。

⑤ 参见潘芳芳：《日本民法典（债权法）修改的动向与课题》，载李成玲主编：《日本法研究》（第3卷），中国政法大学出版社2018年版，第148页。

⑥ 参见梁慧星主编：《中国民法典草案建议稿附理由・总则编》，法律出版社2013年版，第393页；李永军主编：《中国民法典总则草案建议稿及理由：中国政法大学版》，第346页。

⑦ 例如，龙翼飞认为，将人身损害赔偿请求权的诉讼时效期间界定为10年是较为理想的立法建议。参见龙翼飞：《时效制度若干问题》，载王利明主编：《民商法前沿论坛》（第1辑），人民法院出版社2004年版，第309页。

输量已达221.4万人，[①] 旅客人身损害也是最为主要的邮轮旅游纠纷类型之一；同时，我国作为船员大国，注册船员数量位居世界第一，船员人身损害纠纷也已成为涉船员纠纷案件的主要类型。[②] 此与公司、保险、票据等其他商事活动鲜少导致人身损害明显不同。但是，3年普通诉讼时效期间总体而言仍显过短。比较法上虽有时效期间缩短的趋势，但大多配以其他规则进行平衡。例如，德国法在普通消灭时效期间大幅缩短为3年的同时，进一步放松了对于约定变更时效的限制，[③] 且为特殊请求权设有较长的特别时效期间。[④]《民法典》规定较短的3年时效期间与之不可相提并论。[⑤] 质言之，以《民法典》"诉讼时效"一章为中心的我国现行诉讼时效制度，或可应对除极端情况外的多数情形，但人身损害毕竟有别于财产损害，应当尽量使其避免罹于诉讼时效而无法获得充分赔偿，即使对于少数极端情形亦是如此，而不宜以"法律不理琐事"或类似理由置之不理。

特别诉讼时效是由时效期间和起算点两项要素共同构成，后者在一定意义上更为值得关注。《民法典》采取主观诉讼时效的立场，时效起算之时权利人必然已经意识到时间限制的存在，因而能够容许较短的时效期间。[⑥] 但是，目前我国关于诉讼时效起算的规定仍常引发争议。《民法

---

① 参见《2019年交通运输行业发展统计公报》，载交通运输部网，http://xxgk.mot.gov.cn/jigou/zhghs/202005/t20200512_3374322.html，2021年9月30日访问。

② 参见上海海事法院：《上海海事法院涉船员权益保护海事审判情况通报》，上海海事法院2017年版，第17~18页。

③ 德国《民法》第202条第1款规定："在因故意而发生的责任的情形下，不得预先以法律行为使消灭时效变得容易。"基于反对解释可得，当事人对于非因故意而产生的责任可以预先针对消灭时效作出约定。该规定改变了2002年债法大修以前一贯的规范精神，而在一定程度上认可契约自由原则可以及于约定变更法定消灭时效。参见台湾大学法律学院、台大法学基金会编译：《德国民法典》，北京大学出版社2017年版，第178页。

④ 德国《民法》第196条、第197条、第199条。

⑤ 参见李宇：《民法总则要义：规范释论与判解集注》，法律出版社2017年版，第887页。

⑥ 参见朱庆育：《民法总论》（第2版），北京大学出版社2016年版，第553页。

典》第188条第2款规定的起算点是“权利人知道或者应当知道权利受到损害以及义务人之日”，较之《民法通则》第137条增加了“知道或者应当知道义务人”的要求。同时，《〈民法通则〉意见》第168条规定：“人身损害赔偿的诉讼时效期间，伤害明显的，从受伤害之日起算；伤害当时未曾发现，后经检查确诊并能证明是由侵害引起的，从伤势确诊之日起算。”但是，人身损害赔偿请求权的特征之一在于损害行为与损害结果可能并非同时出现。请求权据以产生的损害事实并非身体伤害本身，而是受害人因身体伤害而遭受的财产损失，主要表现为支付的医疗费用。如果应当支付的医疗费用尚未确定，受害人自然无法行使损害赔偿请求权。[①] 因此，受害人在伤势确诊之后，颇有可能仍将接受长期治疗，从而继续产生财产损害，对于潜在型或渐进型的人身损害尤其如此。虽然实践中许多法院对于受害人仍在接受治疗的情形，通常均会认定时效尚未起算，但此种做法其实并无充分的法律依据。以被称为中国邮轮旅客公海人身侵权第一案的“蓝宝石公主”号案为例，[②] 受害人在船上泳池溺水后，经司法鉴定机构鉴定为持续性植物生存状态，评定为致残程度一级，属于一般医疗依赖、完全护理依赖。[③] 此种情形下，不但受害人在伤势确诊之后仍将长期持续产生大量的治疗费用，而且植物生存状态理应符合“伤害明显”的文义，如以受到伤害之日作为起算点更显失当。

海商法较之公司法、票据法、破产法等传统商法的其他分支，不仅涉及人身关系较多，而且更关注对于人身损害的规制。例如，《海商法》针对海上拖航、船舶碰撞中因过失造成第三人人身损害的情形，均设置了双

---

① 参见尹田：《民法典总则之理论与立法研究》，法律出版社2018年版，第741页。

② 羊某某与英国嘉年华邮轮有限公司、浙江省中国旅行社集团有限公司海上、通海水域人身损害责任纠纷，上海海事法院（2016）沪72民初2336号民事判决书。

③ 参见孙思琪、郑睿：《邮轮旅客人身损害责任纠纷四题——评中国邮轮旅客公海人身侵权第一案》，载《大连海事大学学报（社会科学版）》2020年第2期，第2页。

方当事人的连带赔偿责任。[①] 因此，《海商法》修改应当基于自身调整对象的特殊性，充分考虑旅客、船员等人身损害的实际情况，审慎针对海上人身损害赔偿诉讼时效期间的起算点作出特别规定，使之能够较好地应对潜在型、渐进型损害的特征，充分贯彻当代海商法的人权价值。虽然此一事项本应是诉讼时效制度整体的共通规定，但并不妨碍《海商法》在特别法的立法权限之内弥补《民法典》业已存在的缺陷，因而亦不影响法制统一与协调，同时也符合当代海商法的人权价值。考虑到当前我国法律规定的诉讼时效期间总体而言仍显较短，《海商法》修改的条件如果允许，也可参考比较法的立法趋势规定海上人身损害赔偿的诉讼时效期间适当长于普通诉讼时效期间，例如，将之设定为此前学界普遍主张的普通诉讼时效期间，即 5 年。

3. 海上旅客运输制度对于人身权的保护

海上旅客运输法律制度是海商法中与人身权保护关联最为密切的制度之一，原因在于此种海事活动本身的运送对象正是旅客也即人，因而最易产生人身伤亡。人身伤亡的损害赔偿也是海上旅客运输法律的制度设计重点所在。

《1974 年雅典公约》对于承运人责任实行的归责原则主要是过错责任原则，[②] 同时在部分特殊情形下结合了过错推定原则。[③] 《2002 年雅典公约》对于《1974 年雅典公约》进行了全面修订，核心是借鉴国际上船舶污染损害赔偿责任制度中的无过错责任原则、强制责任保险机制，加重承

---

① 《海商法》第 163 条、第 169 条第 3 款。

② 《1974 年雅典公约》第 3 条“承运人的责任”第 1 款规定：“对因旅客死亡或人身伤害和行李灭失或损坏造成的损失，如造成此种损失的事故发生在运输期间，而且是因承运人或其在职务范围内行事的雇用人或代理人的过失或疏忽所致，则承运人负有责任。”

③ 《1974 年雅典公约》第 3 条“承运人的责任”第 3 款规定：“如果旅客的死亡或人身伤害或自带行李的灭失或损坏系因船舶沉没、碰撞、搁浅、爆炸或火灾或船舶的缺陷所致，或与此有关时，除非提出反证，否则应当推定为承运人或其在职务范围内行事的雇用人或代理人的过失或疏忽。对于其他行李的灭失和损坏，不论造成灭失和损坏事故的性质如何，除非提出反证，否则应当推定为此种过失或疏忽。在所有其他情况下，索赔人应对过失或疏忽负举证之责。”

运人的责任。《2002 年雅典公约》对于承运人责任采取无过错责任原则和过错责任原则并用的归责原则体系，其中《2002 年雅典公约》第 3 条第 1 款至第 4 款规定：

1. 除非承运人能够证明事故属于下列原因造成，就航运事故导致的旅客人身伤亡造成的损失，承运人在每位旅客每次事故不超过 250,000 计算单位的范围内承担责任：

（a）由于战争行为、敌对行为、内战、武装暴动、或特殊的、不可避免的和不可抗拒性质的自然现象所造成；或

（b）完全由于第三人故意的行为或者不行为造成的，除非承运人证明造成损失的事故发生不是由于其过失或者过失，对于超过上述责任限制的损失，承运人应继续承担责任。

2. 对于非由航运事故导致的旅客人身伤亡造成的损失，如果造成损失的事故是由于承运人的过失或者疏忽造成，承运人应当承担责任。索赔人对过失或疏忽负有举证责任。

3. 对于自带行李灭失或损害造成的损失，如果造成损失的事故是由于承运人的过失或疏忽，承运人应当承担责任。由航运事故造成的损失应当推定承运人具有过失或疏忽。

4. 对于自带行李以外其他行李的灭失或损害造成的损失，除非承运人证明造成损失的事故发生不是由于其过失或疏忽，其应承担责任。

根据上述规定，承运人责任的归责原则分为以下五个层次：

第一，承运人责任的归责原则根据损害是否由航行事故（shipping incident）导致而有所不同。关于航行事故的定义，《2002 年雅典公约》第 3 条第 5 款第 a 项规定："'航运事故'系指沉没、倾覆、船舶碰撞或搁浅、船上发生的爆炸或火灾，或船舶缺陷。"承运人对于航行事故造成损害的责任总体而言采取更为严格的归责原则。

第二，对于航行事故导致的旅客人身损害，承运人在 25 万 SDR 的赔

偿责任限额以内承担无过错责任，除非承运人证明事故属于以下两种情形：一是由于战争行为、敌对行为、内战、武装暴动，或者异常而不可避免、不可抗拒的自然现象造成；二是完全由于第三人故意的作为或不作为造成。至于超出 25 万 SDR 赔偿责任限额的损失，承运人承担过错推定责任，即除非承运人证明自身不存在过错，否则应当承担损害赔偿责任。

第三，对于非航行事故导致的旅客人身损害，承运人承担过错责任，即索赔人应当证明承运人存在过错，否则承运人不承担损害赔偿责任。

第四，对于自带行李的损失，如果是由于航行事故导致，承运人承担过错推定责任，即除非承运人证明自身不存在过错，否则应当承担损害赔偿责任；如果是由于非航行事故导致，承运人承担过错责任，即索赔人应当证明承运人存在过错，否则承运人不承担损害赔偿责任。

第五，对于非自带行李的损失，承运人承担过错推定责任，即除非承运人证明自身不存在过错，否则应当承担损害赔偿责任。原因在于非自带行李主要是承运人保管的行李，因而承运人责任理应采用更为严格的归责原则。

《2002 年雅典公约》作出上述变革的原因在于，人们对于各种自然灾害和意外事故的预防、控制能力随着科学技术的发展不断取得进步，技术的发展同时也大幅改进了船舶的技术设备，提高了船舶抵御海上风险的能力，从而明显降低了船舶在航行中遭受危险的可能性。据此，提高对于承运人的要求、更为侧重保护旅客的权利不仅成为可能，同时也变得更为必要，尤其是在旅客的人身安全受到侵害是与航运活动密切相关之时。① 考察从《1974 年雅典公约》直至《2002 年雅典公约》的历史沿革，旅客人身伤亡，特别是航行事故造成旅客人身伤亡、承运人损害赔偿责任的归责原则由过错责任向无过错责任转变，承运人责任明显加重，对于旅客人身

---

① 参见司玉琢主编：《国际海事立法趋势及对策研究》，法律出版社 2001 年版，第 339 页。

权的保护程度也相应提高，充分体现了海商法对于人身权的保护，也即当代海商法的人权价值。

第三节 海商法的自由价值

一、法律自由价值的一般含义

（一）法律自由价值的基本内涵

自由是与专制相对的概念，本义是不受拘束、不受限制，① 通常是指人身、言论、信仰、集会等方面的自由。② 同时，辞书有时也将自由作为法律概念专门进行解释，比如，《现代汉语词典》“自由”词条的第 2 项释义是“在法律规定的范围内，随自己意志活动的权利”，举例则有“人身自由”和“自由平等”。③

自由在哲学上是与必然相对的概念，④ 构成辩证法的一对范畴。⑤ 自由意味着对于必然的认识和支配，以及人的自主，因而对于人具有重要价值。具体而言，自由是人的属性，即人的主体性的表现；同时也是人的自我意识的实现化，以及人类发展的助动力。⑥

---

① 参见中国社会科学院语言研究所词典编辑室编：《现代汉语词典》（第 6 版），商务印书馆 2012 年版，第 1740 页。

② 参见夏征农、陈至立主编：《辞海》，上海辞书出版社 2009 年版，第 3068 页。

③ 参见中国社会科学院语言研究所词典编辑室编：《现代汉语词典》（第 6 版），商务印书馆 2012 年版，第 1740 页。

④ 哲学上的必然是指事物的客观规律，亦即事物内在本质规定的联系或必定的发展趋势；自由相对而言则是指人们对于必然的认识和对于客观世界的改造。参见夏征农、陈至立主编：《辞海》，上海辞书出版社 2009 年版，第 142 页。

⑤ 参见夏征农、陈至立主编：《辞海》，上海辞书出版社 2009 年版，第 3068 页。

⑥ 参见张文显主编：《法理学》（第 5 版），高等教育出版社 2018 年版，第 329 页。

追求自由是人类固有的本性，人类的历史就是不断实现自由的过程。[①]法律上的自由是指一定社会之中人们受到法律保障或者得到法律认可，按照自己意志进行活动的人的权利。据此，法律上的自由至少包含以下三个方面的含义：首先，法律上的自由是人的权利，属于人权的范畴；其次，法律上的自由受到法律的认可或者得到法律的保障；最后，法律上的自由是人按照自己的意志进行活动的权利。[②] 英国哲学家约翰·洛克在《政府论》中认为：

法律按其真正含义而言与其说是限制还不如说是指导一个自由而有智慧的人去追求他的正当利益，它并不在受这法律约束的人们的一般福利范围之外作出规定。……法律的目的不是废除或限制自由，而是保护和扩大自由。这是因为一切能够接受法律支配的人类的状态中，哪里没有法律，那里就没有自由。这是因为自由意味着不受他人的束缚和强暴，而哪里没有法律，那里就不能有这种自由。但是自由，正如人们告诉我们的，并非人人爱怎样就可以怎样的那种自由（当其他任何人的一时高兴可以支配一个人的时候，谁能自由呢?)，而是在他所受约束的法律许可范围内，随其所欲地处置或安排他的人身、行动、财富和他的全部财产的那种自由，在这个范围内他不受另一个人的任意意志的支配，而是可以自由地遵循他自己的意志。[③]

据此，自由与法律之间存在着互相促进的辩证关系：自由是法律进化的恒久动力，法律又是自由实现的形式。[④] 法律对于自由的保障主要体现在两个方面：一是自由需要法律排除人们之间的强制和侵害；二是自由需

---

① 参见张文显：《法哲学范畴研究》，中国政法大学出版社 2001 年版，第 209 ~210 页。

② 参见卓泽渊：《法的价值论》（第 3 版），法律出版社 2018 年版，第 231 ~232 页。

③ ［英］洛克：《政府论（下篇）——论政府的真正起源、范围和目的》，商务印书馆 1964 年版，第 35 ~36页。

④ 参见周永坤：《法理学——全球视野》，法律出版社 2016 年版，第 199 页。

要法律排除主体自身对于自由的滥用。至于法律保障自由的一般方式，包括以权利义务方式设定自由的范围及其实现方式，责任与自由的连接，以及设置国家权力及正当程序以提供救济。①

（二）民商事法律的自由价值

法律的自由价值在私法领域直接体现为意思自治。意思自治作为私法的基本原则，曾在西方许多国家的历史上起到宪法的作用。意思自治是身份平等和社会分工的必然。② 私法自治之提倡，即在民事生活、经济生活领域，应由当事人自行协商决定互相之间的权利义务关系，国家原则上不得直接干预。③ 法律是调整社会关系的制度工具，自然人、法人和其他组织等民事主体是社会经济活动的主体，有权按照自己的意志和意愿决定是否行为以及如何行为；国家作为社会秩序的调控者，不是直接代替民事主体决策行为，而是对于人们的行为方式、范围、结果、责任加以规范和调整。因此，授予权利、规范行为、分配责任等私法调整方式应当成为平等主体之间社会经济活动的主要调整方式。④ 此亦区分公法和私法的意义之一。

1. 民法的自由价值

作为私法的基本理念之一，私法自治在民法领域形成了意思自治原则，故而此项原则又被称为私法自治原则。⑤ 所谓意思自治原则，是指民事主体依法享有在法定范围内广泛的行为自由，并且可以根据自己的意志

---

① 参见张文显主编：《法理学》（第5版），高等教育出版社2018年版，第330页。
② 参见李永军：《民法总论》，法律出版社2009年版，第11页。
③ 参见梁慧星：《民法总论》（第5版），法律出版社2017年版，第35页。
④ 参见高富平主编：《民法学》（第2版），法律出版社2009年版，第11页。
⑤ 参见邹海林：《民法总则》，法律出版社2018年版，第45页。

产生、变更、消灭民事法律关系。[①]《民法典》第5条规定："民事主体从事民事活动，应当遵循自愿原则，按照自己的意思设立、变更、终止民事法律关系。"具体而言，意思自治原则包括两个方面的含义：其一，当事人自主决定民事事项，不仅可以自主决定是否实施某一行为，是否参与某种法律关系，以自己的意思选择行为的相对人、内容、形式，设定权利和义务，而且可依自己的意思处分权利，自主选择处理纠纷的程序和基准法。当事人之间关于民事事项的约定，只要不违反法律的强制性规定，即具有法律效力。其二，当事人仅对于表达自己真实意思的行为负责，不是基于当事人真实意思的行为对于当事人不发生法律效力。[②]

确立意思自治原则的必要性，在于民法以维护个人利益为目标，呈现利益个体化的要求。据此，最好的实现方法应是由利益个体自作安排，此外别无更为恰当的方法。何况个人需要、个人尊严也必然要求拒绝外力的强行介入。意思自治原则的核心是尊崇意思选择，即从法律上承认当事人可以自由决定相应的法律关系。[③] 因此，意思自治原则的重要价值在于保障民事主体的行为自由，即赋予民事主体在法律规定范围内的行为自由。[④]

随着近代民法在20世纪的发展与修正，意思自治原则在近现代民法上同样有其沿革。法国《民法》第1134条第1款规定："依法成立的契约，对于缔结契约的人，有相当于法律之效力。"[⑤] 学者普遍认为，此一规定确

① 参见王利明：《民法总则》，中国人民大学出版社2017年版，第56页。

② 参见北京大学法学百科全书编委会编：《北京大学法学百科全书：民法学·商法学》，北京大学出版社2004年版，第1095页。

③ 参见龙卫球：《民法总论》，中国法制出版社2002年版，第53页。

④ 参见王利明：《民法总则研究》（第3版），中国人民大学出版社2018年版，第104~105页。

⑤ 《法国民法典》，罗结珍译，北京大学出版社2010年版，第303页。

立了近代民法上的契约自由或意思自治原则。[①] 契约自由也与所有权绝对、过错责任共同成为近代民法的三大原则，而契约自由又是私法自治的核心部分。[②] 然而，现代民法的特征之一却是对于契约自由的限制。20 世纪以来，资本主义自由竞争不断走向垄断。第二次世界大战以后，一些主要资本主义国家在本国经济政策中相继采纳了凯恩斯主义，从而扩大政府职能，加强对于经济的全面干预。法律领域的合同自由原则也由于国家干预经济的加强而受到越来越多的限制。合同自由的限制由此成为20 世纪以来合同法发展的重要趋向之一。为了限制垄断、平抑物价、维护竞争秩序，西方国家制定了许多反垄断和维护自由竞争的法律，此类法律本身即是对于合同自由的限制。现代合同法对于契约自由的限制，主要表现为强制缔约制度的产生，限制格式条款和免责条款，对于某些特殊合同形式的特殊要求，以及通过诚实信用原则等手段干预合同关系。[③] 因此，对于自由施以合理而必要的限制也是现代民法自由价值的题中之义。

意思自治原则在民法的不同分支各有不同程度的体现，以及相应迥异的称谓。此中首推合同法领域的合同自由原则，民法理论以及立法例中也常以合同自由原则代替意思自治原则。[④] 合同自由原则主要包括缔约自由、选择相对人自由、合同内容自由以及合同方式自由四个方面。[⑤] 此前《合同法》第 4 条也规定：“当事人依法享有自愿订立合同的权利，任何单位和个人不得非法干预。”

物权法上的意思自治主要表现为所有权自由，即所有权人对其所有物

---

① 参见北京大学法学百科全书编委会编：《北京大学法学百科全书：民法学・商法学》，北京大学出版社 2004 年版，第 1095 页。

② 参见李永军：《合同法》，法律出版社 2010 年版，第 33 页。

③ 参见王利明：《民法总则研究》（第 3 版），中国人民大学出版社 2018 年版，第 42 页。

④ 参见梁慧星：《民法总论》（第 5 版），法律出版社 2017 年版，第 48 页。

⑤ 参见韩世远：《合同法总论》，法律出版社 2018 年版，第 45 页。

使用和处分的自由。同时，物权内容法定、物权变动、物权的公示方式、物权行使等方面也不同程度地体现了意思自治。[①]

至于侵权法领域，自由本是侵权法主要的基本价值之一，[②] 而此一价值首先体现在作为归责原则的过错责任原则。意思自治原则包含两项基本内容，即自己行为和自己责任，后者意味着民事主体应当对其自愿作出的法律行为产生的民事权利义务关系负责。[③] “法无禁止即自由”的反面要求正是每个人应对自己的行为负责。侵权法的主要任务在于实现行为自由和法益保护之间的平衡，而责任自负、过错责任能够较好地平衡二者之间的关系。[④] 日本学者吉村良一认为：

> 过失责任原则与契约自由原则一样，从另一个侧面发挥了同样的作用。即契约自由原则积极保障人们可以基于自己的意思而缔结合同的活动自由。与此相对，人们如果没有过失就不必承担责任，通过课以损害赔偿义务，过失责任原则限定了活动自由的阻碍，从消极的侧面保障了活动的自由。[⑤]

据此，过错责任原则的首要功能便是充分保障个人自由，扩张人类活动的空间。[⑥] 此外，亲属法和继承法领域的意思自治，表现为婚姻自由、遗嘱自由等。以婚姻自由原则为例，不仅《宪法》第 49 条第 4 款规定“禁止破坏婚姻自由”，此前《民法通则》第 103 条也规定：“公民享有婚姻自主权，禁止买卖、包办婚姻和其他干涉婚姻自由的行为。”《民法典》

---

① 参见崔建远：《物权法》（第 4 版），中国人民大学出版社 2017 年版，第 6 ~7 页。

② 参见程啸：《侵权责任法》（第 2 版），法律出版社 2015 年版，第 19 页。

③ 参见邹海林：《民法总则》，法律出版社 2018 年版，第 46 页。

④ 参见王利明：《民法总则研究》，中国人民大学出版社 2018 年版，第 105 页。

⑤ [日] 吉村良一：《日本侵权行为法》，张挺译，中国人民大学出版社 2013 年版，第 5 ~6 页。

⑥ 参见程啸：《侵权责任法》（第 2 版），法律出版社 2015 年版，第 93 页。

第1041条、第1042条也有相应规定。①

2. 商法的自由价值

无论如何认定民法和商法之间的关系，商法作为私法重要的组成部分，同样遵循意思自治。商法基于追求效率和营利保护，一直体现对于自治的维护和依赖。商法发轫于商人团体的自治性规范，商事自治始终是商法的显著特征。② 故此商人自治乃商法的基本理念之一，商人自主经营和营业自由的保障。商人自治组织和机构的健全，以及商事自治规则规范效力的发挥，共同构成商法发展的重要基础和源泉。③

商人自治的理念在学理上时常被具化为交易自由原则，此项原则也是自由经济主义在商法中的体现。交易自由的规范性特征表现为法律中的任意性规范，即赋予当事人自由选择的规范或者仅具有指导性的规范，当事人可以在不违反强制性法律规范或者公共政策的限度之内自由决定商业事务。具体而言，交易自由在商法中主要表现为合同自由、企业自治和市场自律。同时，正如契约自由在现代民法上受到限制，私法自治原则在现代商法中同样得到了较大程度的修正，并且受到商法其他原则的影响和冲击。④

以合同自由为例，保险合同中有保险金额的概念，即投保人对于保险标的的实际投保金额，也是保险人承担赔偿责任的最高金额。⑤ 人身保险由于不存在保险标的的价值问题，保险金额完全由双方当事人自由约定，

---

① 《民法典》第1041条第2款规定："实行婚姻自由、一夫一妻、男女平等的婚姻制度。"第1042条第1款规定："禁止包办、买卖婚姻和其他干涉婚姻自由的行为。禁止借婚姻索取财物。"

② 参见冯果、卞翔平：《论私法的二元结构与商法的相对独立》，载王保树主编：《中国商法年刊》创刊号，上海人民出版社2002年版，第130页。

③ 参见李长兵：《商法理念研究》，法律出版社2015年版，第170~171页。

④ 参见施天涛：《商法学》，法律出版社2018年版，第14~15页。

⑤ 参见温世扬主编：《保险法》，法律出版社2016年版，第228页。

通常并无限制，仅受投保人本身投保意愿和经济能力的制约。[①] 但是，以死亡为给付保险金条件的合同，保险金额原则上必须经被保险人同意。[②] 财产保险的投保人和保险人虽然亦可自由约定保险金额，但《保险法》第55条第3款规定："保险金额不得超过保险价值。超过保险价值的，超过部分无效，保险人应当退还相应的保险费。"据此，双方当事人约定的保险金额不得超过保险标的的实际价值，否则即构成超额保险，超出部分无效。[③]

允许当事人自由约定足额保险或不足额保险明显贯彻了交易自由原则，而禁止超额保险又同时体现了对于特殊商事交易领域合同自由的合理限制，充分反映了现代商法对于自由的维护和制约。投保人在超额保险的情况下可能获得额外的利益，产生不当得利，因而违反了保险法遵循的损失补偿原则。如果法律无法有效控制超额保险情形的发生，投保人很有可能为了获取额外利益而故意促成或制造保险事故，影响保险标的的安全，最终危害社会秩序的正常运行。[④] 此即法律禁止超额保险的旨意所在。但是，导致超额保险的原因不尽相同，可能非因投保人的恶意，比如，投保人不了解市场行情而过高地估计了财产价值；也有可能是因为投保人希望获得更多补偿，即投保人的故意；还有可能是市场价格浮动所致。比较法上存在不少立法例，规定投保人恶意造成的超额保险合同无效。[⑤] 我国

---

① 参见李玉泉主编：《保险法学：理论与实务》，高等教育出版社2010年版，第138页。

② 《保险法》第34条第1款。

③ 参见傅廷中：《保险法学》，清华大学出版社2015年版，第38页。

④ 参见孙荣、罗立：《超额保险的成因、立法意旨及其法律规制——基于〈保险法〉第五十五条的分析》，载《上海保险》2015年第3期，第53页。

⑤ 例如，意大利《民法》第1909条"关于超过物的价额的金额的保险"第1款规定："关于超过被保险的物的实际价额的金额的保险，在被保险人方面有恶意场合，没有效力。于保险人为善意场合，对于进行中的保险期间的保险费有权利。"第2款规定："在契约人方面没有恶意场合，契约在被保险的物的实际价额限度内有其效果，而且契约人有向将来按照保险费的情况取得减额的权利。"参见《意大利民法典》，陈国柱译，中国人民大学出版社2010年版，第329~330页。

《保险法》对于投保人主观心理状态的善恶并未区分，一概规定超过部分无效显得不尽科学，可能反而不利于制止道德风险和保护保险合同当事人的合法利益。①

二、海商法自由价值的具体表现

正如民商事法律遵循的意思自治原则，海商法领域的自由价值同样主要体现在合同自由、所有权自由以及过错责任三个方面。虽然海商法历来便有租船合同之类自始几乎完全奉行合同自由的领域，但海商法的主要制度整体而言仍然具有鲜明的强制性。海洋环境保护、船员权益保障等方面的规定具有强制性自不待言，关于船舶碰撞、海难救助、海事赔偿责任限制等事项的法律也有许多属于强制性规定，当事人必须严格遵守。② 例如，《1989 年国际救助公约》第 10 条“提供救助的义务”第 1 款规定：“只要不至于对其船舶及船上人员造成严重危险，每个船长都有义务援救在海上有丧生危险的任何人员。”因此，似乎可以认为自由是海商法领域最不突出的法律一般价值之一，此亦海商法虽为民商事法律尤其是商法，但却具有的另一特殊性。

虽然海商法具有不断扩展的强制性，③ 但法律的自由从来不是无限的自由，而是法律认可范围之内有限的自由，因而对于自由的限制本是法律自由价值的题中之义。“法律替一切人划定了自由和不自由的界限，个人自由只能是法定界限以内的自由。”④ 而且，法律对于自由的限制并非随意而为，而是必须给出充分的理据。⑤ 从合同自由的角度考察，合同自由从

---

① 参见李玉泉：《保险法》，法律出版社 2003 年版，第 198 页。

② 参见郭瑜：《海商法的精神——中国的实践和理论》，北京大学出版社 2005 年版，第 181 页。

③ 参见郭瑜：《海商法的精神——中国的实践和理论》，北京大学出版社 2005 年版，第 181 页。

④ 李达：《法理学大纲》，法律出版社 1983 年版，第 100 页。

⑤ 参见沈宗灵主编：《法理学》，北京大学出版社 2014 年版，第 49 页。

来不是毫无限制的自由，只是在不同时代、不同国家受到限制的具体表现不尽相同。

合同自由从近代法到现代法的演变，正是自由限制的演变。[①] 正如王泽鉴所言："契约自由应受限制，为事理之当然。无限制的自由，乃契约制度的自我扬弃。在某种意义上，一部契约自由史，就是契约如何受到限制，经由醇化，而促进实践契约正义的记录。"[②] 鉴于此，自由之所以被归入当代海商法的新兴价值，主要原因在于海上货物运输法作为海商法的核心，此一领域的合同自由存在较为特别的历史沿革。海上货物运输法经历了从完全自由到强制体制的发展过程，而且当代国际海上运输立法中的合同自由似乎还在一定程度上呈现复归的趋势。

（一）合同自由

海商法领域的许多合同类型均在很大程度上遵循合同自由原则，最为典型的便是租船合同。无论是何种类型的租船合同，当事人通常均是富有经验且具有平等议价能力的商业人士，双方皆可在市场中有效保护自身利益，似乎并不存在必须保护承租人免受出租人过于强大的谈判优势影响的需要。[③] 据此，租船合同总体而言属于任意法的调整范畴，原则上法律并不强行介入合同的内容。[④] 租船合同的双方当事人可以充分自由地约定和处理合同条款以及双方的权利、义务、责任和风险分配等事项。[⑤]

---

① 参见韩世远：《合同法总论》，法律出版社 2018 年版，第 47 页。

② 王泽鉴：《债法原理》，北京大学出版社 2013 年版，第 110 页。

③ 参见［瑞士］亚历山大·凡·基格勒、［瑞典］约翰·斯蔡林、［意］斯蒂佛诺·祖纳若礼主编：《2008 年鹿特丹规则》，郭萍、李莹莹等译，法律出版社 2016 年版，第 42 页。

④ 参见［日］中村真澄、［日］箱井崇史：《日本海商法》，张秀娟、李刚、朴鑫译，法律出版社 2014 年版，第 256 页。

⑤ 参见吴焕宁主编：《〈鹿特丹规则〉释义：〈联合国全程或者部分海上国际货物运输合同公约〉》，中国商务出版社 2011 年版，第 31 页。

从立法的角度考察，租船合同领域至今尚无任何国际公约，海上货物运输国际公约无一例外均规定不适用于租船合同，[①] 各国国内立法一度也以不作专门规定居多。即使是设有专门规定的国家，也大多明确相关规定属于任意性规范，双方当事人的意思自治优先于法律规定。例如，俄罗斯联邦《商船航运法典》第十章“定期租船合同”第199条“本章规定的适用”规定：“合同双方没有另行约定的，适用本章规定。”[②] 该法第十一章“无船员的船舶租赁合同（光船租赁合同）”第212条“本章规定的适用”也有相同规定。[③] 我国《海商法》亦规定，仅有海上货物运输合同承运人的适航义务、不得绕航义务强制适用于航次租船合同，[④] 但即使对于此种有限的强制性规定仍然不乏批评之声。例如，林源民认为：

> 租船市场是契约自由的领域。《海商法》针对租船合同作出适航义务的规定有多管闲事之嫌。……
>
> 《海商法》针对租船合同规定适航义务不仅违背了契约自由的原则，而且事与愿违，适得其反。这样的规定不会给租船合同当事人带来方便，却给当事人增加了不少缔约和履约的障碍和困难。[⑤]

海商法领域的合同自由最为特殊的应属海上货物运输合同。从国际航运实践来看，世界各国海运立法几乎均对提单、海运单或运输单证以及由

---

① 《海牙规则》第5条第2款规定：“本公约的规定，不适用于租船合同，但如果提单是根据租船合同签发的，则上述提单应符合本公约的规定。”《汉堡规则》第2条“适用范围”第3款、《鹿特丹规则》第6条“特定除外情形”第1款也有类似规定。

② 《俄罗斯联邦海商法典》，石均正译，中国政法大学出版社2018年版，第82页。

③ 俄罗斯联邦《海商法典》第十一章“无船员的船舶租赁合同（光船租赁合同）”第212条“本章规定的适用”规定：“合同双方没有另行约定的，适用本章规定。”《俄罗斯联邦海商法典》，石均正译，中国政法大学出版社2018年版，第86页。

④ 《海商法》第94条第1款规定：“本法第四十七条和第四十九条的规定，适用于航次租船合同的出租人。”

⑤ 林源民：《适航义务的事与愿违》，载新浪博客2018年12月24日 http：//blog. sina. com. cn/s/blog_ 7da2c5100102z7rv. html。

此证明的班轮运输合同设置了诸多旨在限制合同自由的规定，[①] 其中尤以承运人责任制度最为突出，此类规则被称为海上货物运输法的强制性体制。此种强制性体制的假设基础在于海上货物运输的承托双方之间时常谈判实力悬殊，为免承运人滥用合同自由设置免责条款，需要法律通过强制性规范加以干预。

《海商法》第44条规定："海上货物运输合同和作为合同凭证的提单或者其他运输单证中的条款，违反本章规定的，无效。此类条款的无效，不影响该合同和提单或者其他运输单证中其他条款的效力。将货物的保险利益转让给承运人的条款或者类似条款，无效。"第45条规定："本法第四十四条的规定不影响承运人在本章规定的承运人责任和义务之外，增加其责任和义务。"因此，《海商法》第四章规定的承运人的义务和责任，均为最低限度的义务和责任，规定的承运人的权利则是最高限度的权利。当事人不得通过意思自治约定低于法律规定的承运人义务和责任，以及高于法律规定的承运人权利，但可以约定更为严格的责任和义务。

类似的规定也存在于海上旅客运输领域，例如，我国《海商法》第126条第2款规定：

海上旅客运输合同中含有下列内容之一的条款无效：

（一）免除承运人对旅客应当承担的法定责任；

（二）降低本章规定的承运人责任限额；

（三）对本章规定的举证责任作出相反的约定；

（四）限制旅客提出赔偿请求的权利。

上述海上旅客运输合同条款无效的情形，主要是出于保护旅客权益而避免承运人利用合同条款减轻自身责任。海上货物运输法强制性体制的生

---

① 参见吴焕宁主编：《〈鹿特丹规则〉释义：〈联合国全程或者部分海上国际货物运输合同公约〉》，中国商务出版社2011年版，第31页。

成与变迁，充分体现了合同自由原则在海商法领域的贯彻与限制，也即自由作为海商法的新兴价值目标在当代的形成与发展。

1. 海上货物运输法强制性体制的形成

海上货物运输合同作为合同的一种具体类型，属于典型的商事合同，本应充分贯彻合同自由原则。事实上，迟至19世纪后半叶，海上货物运输法律也确实完全遵循合同自由原则。当时海运领域提单免责条款的使用开始骤增，国际范围内的运费竞争愈演愈烈，承运人在契约自由的名义下将本应由其承担的责任以降低运费为条件转嫁至托运人或提单持有人的情形不断增多，免责条款的使用也在19世纪80年代前后达到顶峰。① 以至于英国有人带有强烈讽刺意味地描述此种情形："承运人除收取运费以外，似乎已无其他责任可言。"②

此种混乱无序的状态引起了各国的重视，尤其是遭到了作为最大贸易国的美国的反对。美国于1893年通过了《关于船舶航行、提单以及与财产运输有关的某些义务、职责和权利的法律》，即通常所称的《哈特法》。《哈特法》对于现代海上货物运输立法的贡献主要有二：其一，为承运人确立了最低限度的义务，即承运人不得在合同中降低或减少自己对于货物应尽的基本义务；其二，对于承运人的权利加以限制，通过法律规定取消了承运人的许多过失免责权利，主要保留了船长、船员的航海过失免责，并将航海过失区分为驾驶船舶的过失和管理船舶的过失。《哈特法》的制定对于各国海上货物运输立法产生了重要影响，英美法系的许多国家均效仿美国的做法制定了本国的国内法律。③

尽管澳大利亚、新西兰、加拿大等国相继采纳《哈特法》确定的基本

① 参见［日］中村真澄、［日］箱井崇史：《日本海商法》，张秀娟、李刚、朴鑫译，法律出版社2014年版，第131页。

② 英文为："There seems to be no other obligation on the shipowner than to receive the freight."

③ 参见傅廷中：《海商法》，法律出版社2017年版，第156页。

原则制定了本国的国内法律，但若要全球性地消除承运人滥用合同自由的状况，必须通过制定国际公约。据此，《海牙规则》于1924年应运而生。《海牙规则》第3条第8款规定：

运输合同中的任何条款、约定或协议，凡是解除承运人或船舶对由于疏忽、过失或未履行本条规定的责任和义务，因而引起货物或关于货物的灭失或损害的责任的，或以下同于本公约的规定减轻这种责任的，则一律无效。有利于承运人的保险利益或类似的条款，应视为属于免除承运人责任的条款。

此条规定表明，承运人根据《海牙规则》承担的责任和义务是最低限度的责任和义务，享有的免责和权利是最大限度的免责和权利。此一源于《哈特法》的原则后为各国海上货物运输法律广泛采纳，也是当今国际海上货物运输法律遵循的一项基本原则。承运人最低限度的责任和义务、最大限度的免责和权利是国际海上货物运输法律中的核心规定，促使第三者收货人的利益在此范围内能够得到充分保护。[①] 此后《汉堡规则》《鹿特丹规则》等海上货物运输公约总体上维持了此种强制性体制。[②]

海上货物运输法的强制性体制实际是在很大程度上排除了合同自由原则对于海上货物运输合同的适用，[③] 因而本身即是合同自由的对立物。但是，强制性体制得以持续维系，正是由于合同自由长期以来在海上货物运

---

① 参见司玉琢主编：《海商法》，法律出版社2018年版，第129～133页。

② 《汉堡规则》第23条“合同规定”第1款规定：“海上运送合同、提单或作为海上运送合同证明的任何其他文件内所载的任何规定，在其直接或间接减损本公约的规定的范围内概属无效。此种规定的无效不影响合同或由合同构成其一部分的文件的其他规定的效力。将货物的保险利益让与运送人的条款，或任何类似条款，概属无效。”《鹿特丹规则》第79条“一般规定”第1款也规定：“除非本公约另有规定，运输合同中的条款，凡有下列情形之一的，一概无效：（a）直接或者间接，排除或者限制承运人或者海运履约方在本公约下所承担的义务；（b）直接或者间接，排除或者限制承运人或者海运履约方对违反本公约下的义务所负的赔偿责任；或者（c）将货物的保险利益转让给承运人或者第18条述及的人。”

③ 参见吴焕宁主编：《国际海上运输三公约释义》，中国商务出版社2007年版，第49页。

输领域滋生、发展，方才造就了海上货物运输法的强制性体制。因此，对于强制性体制渊源的历史诠释必须依赖对海上货物运输法中合同自由原则的正确认识。① 海上货物运输法形成强制性体制的理由颇为复杂：海上风险巨大，承运人需要特别的保护。但是，船方的谈判实力却往往强于货方，因而又需要限制承运人滥用合同自由为自己谋取更大的利益。更为重要的是，海上运输时间漫长，多数情况下需要采用可转让的提单以代表在运输途中的货物进行交易，而提单持有人的权利义务可能受到运输合同条款的影响。据此，现代海上货物运输法并未像处理一般合同一样将商业安排留待商人自己完成，而是直接规定了承运人的法定义务和法定免责，从而在承运人和货主之间建立了一个强制性的利益平衡。此种强制性体制导致的结果，便是合同自由在海上货物运输领域萎缩为法定框架内的有限自由，而且合同双方拥有的自由程度并不对等。②

现代民法以限制契约自由作为修正近代民法的特征之一，原因在于现代社会已经意识到契约订立人在社会上或经济上地位悬殊时，弱者不免将被强者利用，契约自由只能徒具虚名。例如，大型企业独占市场，对于商品的价格及价金支付的方法等事项，通常由生产者一方决定，消费者并无商讨的余地，仅有接受的自由而已。为免强者利用契约自由原则压迫弱者，或谓为免单方自由，现代法律在适当范围之内引入契约公正的观念，对于复杂环境下契约自由的缺陷加以补救。③ 海上货物运输法强制性体制的形成，同样是由于承运人滥用合同自由，制定大量明显有失公允的免责条款，方才需要通过强制性规范限制当事人的合同自由，以此在承运人和托运人之间形成海上货物运输合同最为基本的合同正义，因而符合自由，

① 参见马得懿：《海上货物运输法强制性体制论》，中国社会科学出版社 2010 年版，第 86 ~87 页。

② 参见郭瑜：《海商法的精神——中国的实践和理论》，北京大学出版社 2005 年版，第 182 ~185 页。

③ 参见龙卫球：《民法总论》，中国法制出版社 2002 年版，第 55 页。

尤其是合同自由在近现代民法中的发展趋势。

2. 海上货物运输领域合同自由的回归趋势

《鹿特丹规则》第 80 条“批量合同特别规则”第 1 款规定：“虽有第 79 条的规定，在承运人与托运人之间，本公约所适用的批量合同可以约定增加或者减少本公约中规定的权利、义务和赔偿责任。”此条规定给予批量合同当事人较为充分的合同自由，突破了始于《哈特法》并为《海牙规则》《维斯比规则》《汉堡规则》以及各国海商法继承的承运人强制性责任体制。① 我国台湾地区学者杨仁寿认为：“鹿特丹规则第八十条规定‘批量契约特别规则’，就契约自由之原则而言，颇足称道，此无疑系自海牙规则或海牙威士比规则以来，最具冲击性的规定。”② 《鹿特丹规则》第十六章“合同条款的有效性”第 79 条“一般规定”延续了海上货物运输法的强制性体制，而且将强制性体制扩大适用至托运人、收货人、控制方、持有人或单证托运人等承运人以外的主体。③ 据此，《鹿特丹规则》第 80 条的规定为《海牙规则》以来海上货物运输合同严格限制的合同自由打开了一个缺口，促使合同自由在一定范围内得以重新复活。④

海上货物运输法强制性体制建立的初衷是加强作为可转让运输单证和买卖交易融资基础的提单的可信赖程度。但是，随着提单作为运输单

① 参见胡正良等：《〈鹿特丹规则〉影响与对策研究》，北京大学出版社 2014 年版，第 73 页。

② 杨仁寿：《鹿特丹规则》，台北，作者 2015 年自版，第 869 页。

③ 《鹿特丹规则》第 79 条“一般规定”第 1 款规定：“除非本公约另有规定，运输合同中的条款，凡有下列情形之一的，一概无效：（a）直接或者间接，排除或者限制承运人或者海运履约方在本公约下所承担的义务；（b）直接或者间接，排除或者限制承运人或者海运履约方对违反本公约下的义务所负的赔偿责任；或者（c）将货物的保险利益转让给承运人或者第 18 条述及的人。”第 2 款规定：“除非本公约另有规定，运输合同中的条款，凡有下列情形之一的，一概无效：（a）直接或者间接，排除、限制或者增加托运人、收货人、控制方、持有人或者单证托运人在本公约下所承担的义务；或者（b）直接或者间接，排除、限制或者增加托运人、收货人、控制方、持有人或者单证托运人对违反本公约下任何义务所负的赔偿责任。”

④ 参见胡正良等：《〈鹿特丹规则〉影响与对策研究》，北京大学出版社 2014 年版，第 73 页。

证和融资基础的作用不断减弱，考虑保护承运人作为合同一方当事人的利益并非毫无必要。而且，当时对于给予货方特殊保护的必要性也存在不少质疑。特别是托运人较之承运人有时反而具有更强的谈判能力，由此产生了需要在何种程度上为保护货方利益而继续保持强制性体制的问题。①

从《鹿特丹规则》第 80 条的立法背景来看，本条规定的缘起可以追溯至中国代表团提交的提案，主张批量合同、海上货物运输总合同、航次租船合同等自由协商性质的海上货物运输合同均应纳入公约调整，而且除适航义务、不得绕航义务、故意或重大过失行为等个别条款外均应赋予合同自由。但是，部分欧洲国家主张上述合同应当一律排除适用公约。此后经过反复讨论，各方终于在美国的坚持下达成妥协，仅将班轮运输中的批量合同纳入公约调整，并且赋予较为广泛的合同自由。② 因此，设置本条规定的目的是为适当放松合同自由的限制，通过订立批量合同的方式发挥合同自由，以期适应现代国际海上经贸发展的要求。③ 此种规定也在一定程度上得到一些地区的认可。

《鹿特丹规则》关于批量合同的特别规定，固然在一定程度上重新开启了海上货物运输法领域的合同自由。但是，从《鹿特丹规则》通过十数年以来国际社会的态度来看，此种合同自由作为公约的组成部分显然并未得到充分认可，公约的生效仍然遥遥无期、前景渺茫。此种现状也与公约起草过程中多数国家对于批量合同特别规则的担忧不谋而合。《鹿特丹规

---

① 参见［瑞士］亚历山大·凡·基格勒、［瑞典］约翰·斯蔡林、［意］斯蒂佛诺·祖纳若礼主编：《2008 年鹿特丹规则》，郭萍、李莹莹等译，法律出版社 2016 年版，第 287 ~289 页。

② 参见司玉琢、韩立新主编：《〈鹿特丹规则〉研究》，大连海事大学出版社 2009 年版，第 554 ~555 页。

③ 参见吴焕宁主编：《〈鹿特丹规则〉释义：〈联合国全程或者部分海上国际货物运输合同公约〉》，中国商务出版社 2011 年版，第 304 页。

则》第1条"定义"第2项界定的批量合同并未设置最低货运量之类的门槛,[①] 导致几乎所有班轮运输的运输合同均可视为批量合同,[②] 或者采用所谓批量合同的形式订立。《鹿特丹规则》通过以来，完成本国海商法修改的德国、日本、韩国等航运大国，均未吸收公约关于批量合同的规定。我国《海商法（修改送审稿)》也未予以借鉴。

自由虽是海商法作为法律之一部理当贯彻的价值目标，但《鹿特丹规则》体现的海上货物运输领域合同自由的复归，究竟是顺应航运实践发展的必然选择，还是如同打开了潘多拉魔盒，使承运人假借"批量合同"的名义重新获得《海牙规则》乃至《哈特法》以前不尽合理的优势地位，重新出现滥用免责条款的现象，进而危害国际贸易的整体环境,[③] 值得审慎考量。可以肯定的是，法律自由价值的贯彻，特别是自由与限制之间的平衡和取舍，始终将是未来国际以及各国海上货物运输立法不可回避的重要命题。

（二）所有权自由

物权是权利人直接支配标的物并排除他人干涉而享受利益的权利，因而物权法的许多内容属于强制性规范，当事人必须无条件地适用而不能通过约定变更。而且，物权法的基本原则之一是物权法定原则，即物权的种类和内容等事项均由法律规定，不允许当事人自行创设。[④] 我国《民法典》第116条也规定："物权的种类和内容，由法律规定。"但是，物权法定主义以及物权法诸多强行性规定的存在，并不意味着物权法领域不遵循民法

---

① 《鹿特丹规则》第1条"定义"第2项规定："'批量合同'是指在约定期间内分批装运约定总量货物的运输合同。货物总量可以是最低数量、最高数量或者一定范围的数量。"

② 参见吴焕宁主编：《〈鹿特丹规则〉释义：〈联合国全程或者部分海上国际货物运输合同公约〉》，中国商务出版社2011年版，第304页。

③ 参见胡正良等：《〈鹿特丹规则〉影响与对策研究》，北京大学出版社2014年版，第73页。

④ 参见申卫星：《物权法原理》，中国人民大学出版社2016年版，第27页。

的意思自治原则，事实上物权的相关民事活动仍然存在很大的意思自治空间。例如，财产所有权的转移、用益物权的设定、担保物权的设定等方面即实行意思自治原则，不允许强制他人转移财产所有权，或者设定用益物权、担保物权。[①] 此类规则反映了物权法作为民法之一依然秉持的自由价值。

物权法领域意思自治的集中体现，应是所有权自由。基于私法自治，所有人原则上可以自由行使所有权，包括所有权的让与和抛弃。[②] 受到物权法定原则的影响，当事人的所有权自由必然受到法律的限制，尤其应当遵守法律、尊重社会公德，不得损害公共利益和他人合法权益。[③] 船舶物权制度是物权法在海商法领域的特别规则，因而船舶所有权同样奉行所有权自由。船舶所有人可以自由对其享有所有权的船舶进行使用和处分，包括转让和抛弃船舶所有权。

从所有权行使自由的层面分析，船舶虽为动产，但物权变动的公示方式却有特殊之处。一般动产物权变动的公示方法为交付，而船舶以及机动车、航空器等交通工具由于价值高昂、权属变动较为频繁，因而在物权立法上通常作为特殊动产处理。根据我国《海商法》第 9 条以及《民法典》第 225 条，船舶所有权变动实行“交付生效 + 登记对抗”的公示方式。也即，在船舶所有权的公示方式方面，船舶所有人的自由受到一定限制。如果船舶所有权的设立、变更、转让、消灭未经登记，此时本应属于对世权、绝对权的船舶所有权却无法获得对抗第三人的效力，因而也就不具有完全的物权权能。但是，不同于不动产物权变动严格要求依法登记方才发生效力，若从反面推论船舶所有权公示方式的限制，所有权人如果愿意承

① 参见梁慧星、陈华彬：《物权法》（第 6 版），法律出版社 2016 年版，第 26 页。

② 参见王泽鉴：《民法物权》，北京大学出版社 2010 年版，第 15 页。

③ 原《物权法》第 7 条。

受自身权利无法对抗第三人的缺陷，仍然享有选择不经登记公示而处分船舶所有权的自由。此种所有权自由较之不动产总体而言程度更高，同时也反映了海商法的自由价值。

（三）过错责任

过错责任原则是以过错作为价值判断标准，判断行为人对其造成的损害应否承担侵权损害赔偿责任的归责原则，[①] 也是侵权责任最为基本的归责原则。过错原则的基本价值之一在于维护行为自由：一个人唯有在存在过失的情况下方才应当对其造成的损害负责；如果个人已尽注意义务，即使造成他人损害，也可免除责任，从而维护行为自由。[②] 过错原则本质上是一种理性自由法则。法律调整是人们的外在行为规则与内在行为意志之间的协调过程，因而侵权法应当承认一个基本事实：不法行为及损害结果是人们通过主观努力所能避免。因此，法律应当设法调动人们防止不法行为和避免损害结果的主观能动性。为了调动此种能动性，法律必须将责任限定在过错即不法意志状态的范围之内。一个人如果达到了法律和道德要求的注意程度，相应的行为便无可指责，从而也不应被要求承担民事责任。[③] 此即过错责任原则的理论基础所在。

海商法领域的许多损害赔偿责任实行过错责任原则。例如，船舶碰撞是海事活动中最为典型的侵权行为，《1910 年统一船舶碰撞某些法律规定的国际公约》设立过错责任原则替代了此前船舶碰撞法普遍采用的平分损害原则，国际上采用的船舶碰撞损害赔偿归责原则由此统一为过错责任原则。[④] 而且，对于互有过失碰撞，上述公约明确规定双方原则上按照过错

---

① 参见杨立新：《侵权损害赔偿》，法律出版社 2016 年版，第 72 页。

② 参见王利明：《侵权责任法研究》（上卷），中国人民大学出版社 2016 年版，第 237 页。

③ 参见王卫国：《过错责任原则：第三次勃兴》，中国法制出版社 2000 年版，第 247 页。

④ 参见胡正良主编：《海事法》，北京大学出版社 2016 年版，第 45 页。

程度比例承担赔偿责任。[①] 船舶碰撞法作为调整船舶碰撞侵权行为的法律制度，实行过错责任原则符合此项制度的功能和价值取向：船舶碰撞法既要保护船舶碰撞受害方的利益，使其遭受的损害能够得到及时、充分的补救；同时又要维护航运活动的自由竞争和秩序，避免运营船舶的相关主体动辄得咎，遏制海上航运事业的发展。[②] 又如，我国《海商法》规定海上拖航的承拖方与被拖方之间的损害赔偿责任原则上也实行过错责任原则。[③] 更为特殊从而也更值得关注的应是海上货物运输承运人责任的归责原则。

《海牙—维斯比规则》实行的是不完全过错责任原则，即承运人享有航海过失免责、火灾过失免责两类特殊的过失免责。此后，《汉堡规则》《鹿特丹规则》均在国际立法上废除了此类过失免责，转而对于承运人责任采取完全的过错责任原则。从《鹿特丹规则》通过以来各国国内立法的情况来看，废除和保留航海过失免责的立法例皆而有之。例如，德国《商法》旧法第607条“对辅助人和船员的责任”第2款规定：“损害是因驾驶船舶所发生的，或者是通过对船舶的其他操纵所发生的，或者是因火灾所发生，承运人仅对自己的过错承担责任。主要为货物利益所采取的措施，不属于船舶操纵行为。”[④] 2013年德国海商法改革以后，《商法》第501条“其他人的责任”删除了上述规定，[⑤] 实行完全的过错责任原则。

---

① 《1910年统一船舶碰撞某些法律规定的国际公约》第4条第1款规定：“如果两艘或两艘以上的船舶犯有过失，各船应按其所犯过失程度，按比例分担责任。”

② 参见曲涛：《船舶碰撞损害赔偿责任研究》，法律出版社2015年版，第118~120页。

③ 《海商法》第162条第1款规定：“在海上拖航过程中，承拖方或者被拖方遭受的损失，由一方的过失造成的，有过失的一方应当负赔偿责任；由双方过失造成的，各方按照过失程度的比例负赔偿责任。”

④ 参见《德国商法典》，杜景林、卢谌译，法律出版社2010年版，第302页。

⑤ 德国《商法》第501条“其他人的责任”规定：“承运人应当为其属员和船舶乘务人员的过错承担相同责任，犹如所涉及的过错系承运人本人所致。这种情况还适用于承运人使用的其他为货物运输提供服务的人。”《德国〈商法典·第五编　海商〉》，马金星译，载刘艳红主编：《东南法学》2016年辑秋季卷，东南大学出版社2016年版，第222页。

与此截然相反的是，日本2018年连同《商法》第三编“海商”一并修正的《国际海上货物运输法》第3条“与货物相关的注意义务”仍然保留了航海过失免责和火灾过失免责，[①] 继续实行不完全的过错责任原则。

虽然《汉堡规则》和《鹿特丹规则》并未得到国际社会的广泛认可，但随着人们抵御海上特殊风险的能力不断增强，承运人特殊免责的废除、过错责任原则的完全化应是海上货物运输立法的必然趋势，区别不过实现时间之久暂而已。过错责任原则的完全化趋势，使承运人为其过错承担损害赔偿责任的范围得以完整。同时，法律特别是侵权法具有维护行为自由的功能，另一表现在于侵权法禁止人们从事有损于他人自由的行为。任何一个具有意志自由、能够选择自己行为的人均仅能在法律规定的范围内享有行为自由。[②] 特殊免责的废除意味着原本得到法律认可的损害他人权利的特定行为重新受到禁止，因而也促使法律对于行为自由的维护在海商法领域得到矫正与强化。因此，过错责任原则在海上货物运输法领域的发展趋势，也在一定程度上体现了自由作为当代海商法新兴价值目标的勃兴。

---

① 日本《国际海上货物运输法》第3条“与货物相关的注意义务”第1款规定：“由于承运人本人或者其受雇人就货物的接收、装船、积载、运输、保管、卸载以及交付疏于注意造成货物灭失、损坏或者迟延交付的，承运人负赔偿责任。”第2款规定：“前款规定不适用于由于船长、海员、引航员以及其他承运人的受雇人在驾驶或者管理船舶中的行为造成的损害，或者由于船上火灾（由于承运人的故意或者过失所造成的除外）造成的损害。”参见《日本最新商法（有关运输/海商部分）和国际海上货物运输法》，张秀娟、李晓楠、梁赟译，载《中国海商法研究》2020年第1期，第71页。

② 参见王利明：《侵权责任法研究》（上卷），中国人民大学出版社2016年版，第131页。

第五章　海商法的价值实现

海商法的价值属于海商法基础理论的范畴，而理论的重要功能之一便是指导实践。理论思维是以实践为基础，即理论源于实践。从实践到理论是在实践的基础之上，生动的直观上升为抽象的概念，思维得以把握事实之间联系的过程。海商法的价值理论也是在此种过程之中逐渐形成、完善。然而，源于实践的认识还应回到实践之中，因而理论对于实践的能动作用首先体现在为实践指出明确的目的。①

海商法价值论是关于海商法的目的价值的理论，此种理论对于高度重视实践意义的海商法学科而言并非仅仅作为有闲者的空谈，而应将其最终目的聚焦于为海商法的制定、实施等法律活动提供理论指导，也即指导海商法律实践。据此，本章研究海商法的价值实现，是指海商法的价值目标得以现实化、海商法价值研究发挥现实意义的过程，理应作为海商法价值理论不可或缺的组成部分。正如卓泽渊所言："法的价值实现研究有助于使既有的法的价值理论不再是理论家在书房里的文字游戏或者讲坛上的高谈阔论，而是可以在法律实践中运用的理论真谛。"②

---

① 参见冯契：《认识世界和认识自己》，华东师范大学出版社 1996 年版，第 175 ~176 页。

② 卓泽渊：《法的价值论》（第 3 版），法律出版社 2018 年版，第 423 页。

第一节　法律的价值实现

一、法律价值实现的概念

实现的本意是指使之成为事实。① 法律价值实现同样也是法律价值目标的现实化，是指确定价值目标、推进价值实践、作出价值选择、进行价值评价的过程及其结果。认识价值、创造价值是为了实现价值；实现价值是认识和创造价值的目的，也是认识和创造价值的逻辑发展和归宿，既是一次价值活动的终点，又是另一次价值活动的起点。价值如果未能实现，认识和创造的价值只是可能的价值，具有的意义相应也将非常有限。②

从价值哲学的角度来看，价值实现（realization of value）是指由潜在的价值转变成现实价值的过程，即在主体的实践—认识活动之中，客体的存在、属性以及合乎规律性的变化，从而实现了与主体的存在和发展相互统一的性质和状态。此种状态的本质是以主体与客体相互作用的过程之中主体的内在尺度为根据而实现，因而也表现为主体需要的实际满足过程。价值实现作为价值关系运动的现实具体状态或现实效果，也是主体价值活动的结果。此种结果通过主体本身的存在和变化表现出来，即价值关系运动过程之中主客体之间相互作用的客观效果和后果，表现为主体本身存在、结构、功能的活动变化的方式。质言之，价值实现既是价值关系运动的结果，也是价值关系运动的起点。③

至于法律领域的价值实现，法律价值实现本质上是法律价值主体促使

---

① 参见中国社会科学院语言研究所词典编辑室编：《现代汉语词典》（第 6 版），商务印书馆 2012 年版，第 1186 页。

② 参见王玉樑：《价值哲学新探》，陕西人民教育出版 1993 年版，第 352 页。

③ 参见李德顺主编：《价值学大词典》，中国人民大学出版社 1995 年版，第 290 页。

作为客体的法律的潜在价值、内在价值转化为现实价值、外在价值，并对作为主体的人产生应有或期望意义的过程；同时，法律价值实现也是法律价值客体的主体化过程，即法律在价值方面产生实际影响、效果、效益的过程。因此，法律价值实现首先是指法律价值目标的现实化，[①] 涵盖法律价值的实现障碍以及法律价值的冲突与整合。本书也是在此意义上研究海商法的价值实现。

二、法律价值实现的方式

法律价值实现的方式颇为多元，既包括价值指引、价值服从等无须特别程序的一般方式，也包括需要通过立法机关、司法机关乃至仲裁机构等法律机构方能实现的法律制定、实施等专门方式。[②] 法律的价值是法律的意义，也是法律得以设立并实施的重要依据。法律制定、实施的各个环节均需进行价值认识、价值评价和价值选择。[③] 研究作为具体法律领域的海商法的价值实现，重点应当在于海商法的制定与实施。

法律制定即立法，是指特定主体依据一定职权和程序，运用一定技术制定、认可和变动法律的活动。[④] 具体而言，立法包括法律的创制、修改和废止，均属于广义法律制定的范畴。[⑤] 法律制定解决了有法可依，随之而来的便是有法必依，即法律的全面严格实施。法律实施是相对于法律制定而言，是指法律通过执法、司法、守法、法律监督等各种形式在社会生活中得以运用、应用和实现的活动。[⑥] 对于海商法的价值实现而言，法律

---

① 参见卓泽渊：《法的价值论》（第 3 版），法律出版社 2018 年版，第 419 ~420 页。

② 参见卓泽渊：《法的价值论》（第 3 版），法律出版社 2018 年版，第 428 ~430 页。

③ 参见周永坤：《法理学——全球视野》，法律出版社 2016 年版，第 97 页。

④ 参见周旺生：《立法学》（第 2 版），法律出版社 2009 年版，第 55 页。

⑤ 《立法法》第 2 条第 1 款规定：“法律、行政法规、地方性法规、自治条例和单行条例的制定、修改和废止，适用本法。”

⑥ 参见张文显主编：《法理学》（第 5 版），高等教育出版社 2018 年版，第 241 ~242 页。

实施的重点应是其中的司法环节，即国家司法机关依据法定职权和法定程序具体应用法律处理案件的专门活动。①

法律制定作为法律价值实现的主要方式之一，本书第六章将以我国《海商法》的修改为中心进行系统论述。至于法律实施作为法律价值的另一实现方式，对于海商法而言主要是指法院在适用法律进行裁判时能否较好地贯彻当代海商法的价值。特别是在法律规定本身确有歧义，甚或存在立法漏洞乃至空白的情况下，如何通过法律解释以及其他方法作出符合法律价值的裁判结果。以下选取两例近年来较为典型的海事案件，分析司法审判对于海商法价值的实现。

（一）公平价值的司法实现：以三福公司船舶建造保险合同案为例

以最高人民法院于2017年12月26日宣判的中国人民财产保险股份有限公司航运保险运营中心（以下简称人保航运中心）、泰州三福船舶工程有限公司（以下简称三福公司）保险纠纷再审一案为例，② 该案是船舶建造保险合同纠纷，原被告双方的争议焦点之一在于涉案保险的责任范围条款与除外责任条款。该案泰州三福船舶工程有限公司与案外人赫密恩海运有限公司（以下简称船东）签订的造船合同约定：三福公司担保在海水比重为1.025、干舷吃水为8.25米的条件下，船舶的载重吨不少于16,900吨。③ 船东和三福公司在船舶交付时却发现载重吨不足16,900吨，三福公司因船舶设计错误遭受的损失共计人民币31,362,118.63元。据此，船舶建造保险合同双方当事人的争议在于，此种损失究竟属于保险责任抑或除外责任。

① 参见张文显主编：《法理学》（第5版），高等教育出版社2018年版，第250页。

② 最高人民法院（2017）最高法民再242号民事判决书。

③ 上海市高级人民法院（2015）沪高民四（海）终字第11号民事判决书。

涉案保险单背面印制的《中国人民财产保险股份有限公司船舶建造保险条款（2009版）》第3条“责任范围”约定：“本公司对保险船舶的下列损失、责任和费用，负责赔偿：1. 保险船舶在船厂建造、试航和交船过程中，包括建造该船所需的在保险价值内的一切材料、机械和设备在船厂范围内装卸、运输、保管、安装，以及船舶下水、进出坞、停靠码头过程中，由于下列原因所造成的损失和费用：……（5）保险船舶任何部分因设计错误而引起的损失。”① 同时又于第4条“除外责任”约定：“下列各项，本公司不予负责：……2. 对设计错误部分本身的修理、修改、更换或重建的费用及为了改进或更改设计所发生的任何费用；……6. 建造合同规定的罚款以及由于拒收和其他原因造成的间接损失。”

我国《保险法》第30条规定：“采用保险人提供的格式条款订立的保险合同，保险人与投保人、被保险人或者受益人对合同条款有争议的，应当按照通常理解予以解释。对合同条款有两种以上解释的，人民法院或者仲裁机构应当作出有利于被保险人和受益人的解释。”通说认为，该条是关于疑义利益解释原则的规定，其中“疑义”是指保险合同条款令人迷惑生疑而无法确定准确含义，“利益”则是指投保人一方的利益，

① 本案船舶建造保险合同条款的此项内容实际来自英国《协会船舶建造保险附加错误设计及保障赔偿责任限制保险条款》（*Builders' Risks Institute Clause for Limitation of Liability in Respect of Faulty Design & P. & I. Risks*），其中规定：“除非保单或附贴条款另有相反的约定：（1）本保险承保在保险期间内，由于任何部件或零部件的错误设计导致保险标的的损害或损坏，但本保险不负责修理、修改、更换、翻新任何缺陷零部件花费或费用，也不承保由于改进或变更设计的花费或费用。（Notwithstanding anything to the contrary which may be contained in the Policy or the clauses attached thereto：（1）This insurance includes loss of or damage to the subject-matter insured caused and discovered during the period of this insurance arising from faulty design of any part or parts thereof but in no case shall this insurance extend to cover the cost or expense of repairing, modifying, replacing or renewing such part or parts, nor any cost or expense incurred by reason of betterment or alteration in design.）”据此不难发现，人保航运中心的本意是承保保险船舶因设计错误而遭受的灭失或损坏，而非本案中由于船舶设计错误导致造船人向船东承担责任造成的经济损失，因而人保航运中心主张三福公司的损失属于除外责任。

即有利于投保人一方的意思。此项原则的基本内容系指当保险人与投保人或被保险人对于格式合同的内容发生争议，且保单用语可以作出两种解释时，应当依照不利于保险人的方式，即有利于被保险人的方式进行解释。[①] 此项原则的目的是适应保险合同格式化的趋势，以保护经济上的弱者利益而发展形成的保险合同条款解释原则，[②] 即针对保险人与投保人或被保险人之间不平等的交易地位而进行司法调整以实现公平价值。但是，由于该条规定较为原则、笼统，我国司法实践中法院援引该条加以适用时，会作出不利于保险人的解释，[③] 这会导致原本用于贯彻公平价值的规定反而破坏了保险合同双方当事人之间的公平，使保险人面对的法律风险过于严苛。

最高人民法院在对本案的裁判中并未适用该条第 2 句的规定，而是依据第 1 句详细分析了船舶建造保险合同条款的“通常理解”：

涉案保险承保的“损失、责任和费用”系针对被保险人而言，而不是针对保险船舶而言。在概念上，“有形（物理）损害”（即损坏）与“无形（经济）损害”相对应。只有“损失”针对船舶（物）而言，才可能认定为限于“有形损害”即“损坏”；而当“损失”针对人而言，在没有特别限定情况下通常可以包含有形物理损害（损坏）和无形的经济损失，由此可以认定涉案保险条款中的“损失”包括有形物理损害（损坏）和无形的经济损失。涉案保险承保的直接损失包括直接物理损失和直接的经济损失。人保航运中心主张涉案船舶建造险条款约定承保的“保险船舶任何部分因设计错误而引起的损失”不包含被保险人除保险船舶物理损害之外的经济损失，与通常理解不符，本院不予支持。一、二审判决认定因船舶

---

① 参见李秀芬：《论保险合同疑义利益解释原则》，载《法学论坛》2008 年第 1 期，第 53 页。

② 参见邹海林：《保险法教程》，首都经济贸易大学出版社 2002 年版，第 130 页。

③ 参见樊启荣：《保险合同“疑义利益解释”之解释——对〈保险法〉第 30 条的目的解释和限缩解释》，载《法商研究》2002 年第 4 期，第 84 页。

设计错误引起的经济损失属于涉案船舶建造险的承保责任范围，具有充分事实与法律依据，本院予以支持。

此种解释虽然仍是有利于被保险人，但并非盲目依据《保险法》第30条规定的疑义利益解释原则作出，而是充分考虑合同条款本身的文义认定的通常理解。此种解释较为理想地遵从了各个条款之间的内在联系，以对保险条款按照通常理解进行解释为根本，结合查明案件事实的前提，从逻辑和实务的角度对于涉案保险合同的责任范围以及除外责任条款的真正含义予以确定。① 此种判决由于有着详细而周延的解释与说理过程，因而能够达到定分止争的理想裁判效果，较好地通过司法实践实现了当代海商法的公平价值。此亦该案再审判决得以获得业界的较高评价，并且入围2018年全国法院优秀裁判文书评选活动的原因所在。

（二）自由价值的司法实现：以“加百利”轮雇佣救助合同案为例

不同于三福公司船舶建造保险合同案，同为最高人民法院再审的交通运输部南海救助局与阿昌格罗斯投资公司、香港安达欧森有限公司上海代表处海难救助合同纠纷一案，② 对于法律价值的实现却不甚理想。该案涉及的救助合同属于雇佣救助合同，即以救助作业实际所花的费用、时间和努力程度为根据计算报酬的救助合同，③ 也即不采用“无效果，无报酬”原则而是在合同中约定固定的救助费率。最高人民法院在该案再审判决中

① 参见陈柚牧、张琪：《尘埃尚未落定——解读最高人民法院首例船舶建造险案件判决》，载微信公众“航运界”2018年3月8日，https://mp.weixin.qq.com/s/59bW-K8j6CFXDcUmJePvqA。

② 参见最高人民法院（2016）最高法民再61号民事判决书。

③ 我国学理上通常认为：“雇佣救助，又称实际费用救助。这种救助是以救助人所花的人力和设备按章计时为依据的，有时约定如救助成功，或者在一定日数内成功则按比例增加若干救助费。”参见张既义、司玉琢、尹东年、於世成编著：《海商法概论》，人民交通出版社1983年版，第152页。

认为《海商法》第 180 条、[①] 第 183 条[②]应当仅可适用于"无效果，无报酬"的救助合同，因而最终适用了作为一般法的《合同法》第 107 条关于违约责任的规定进行裁判。[③]

《1989 年国际救助公约》和我国《海商法》第九章"海难救助"本身并未排除雇佣救助合同，至多是其中关于"无效果，无报酬"原则的部分规定无法悉数适用。从《海商法》第 180 条、第 183 条的文义来看，也并不排除对于雇佣救助合同的适用。以第 180 条为例，如果根据《海商法》第 176 条第 2 项[④]的规定调整雇佣救助合同的救助款项，也应充分考虑雇佣救助合同作为海难救助合同具体类型的特殊性，遵循一定的标准。《海商法》第 180 条及《1989 年国际救助公约》第 13 条"评定报酬的标准"第 1 款虽然规定了确定救助报酬应当考虑的因素，但该条通常被习惯性地认为是关于"无效果，无报酬"原则的具体规定。最高人民法院在本案再审判决中也认为《海商法》第 180 条是在"无效果，无报酬"原则的基础

---

① 《海商法》第 180 条第 1 款规定："确定救助报酬，应当体现对救助作业的鼓励，并综合考虑下列各项因素：（一）船舶和其他财产的获救的价值；（二）救助方在防止或者减少环境污染损害方面的技能和努力；（三）救助方的救助成效；（四）危险的性质和程度；（五）救助方在救助船舶、其他财产和人命方面的技能和努力；（六）救助方所用的时间、支出的费用和遭受的损失；（七）救助方或者救助设备所冒的责任风险和其他风险；（八）救助方提供救助服务的及时性；（九）用于救助作业的船舶和其他设备的可用性和使用情况；（十）救助设备的备用状况、效能和设备的价值。"第 2 款规定："救助报酬不得超过船舶和其他财产的获救价值。"

② 《海商法》第 183 条规定："救助报酬的金额，应当由获救的船舶和其他财产的各所有人，按照船舶和其他各项财产各自的获救价值占全部获救价值的比例承担。"

③ 原《合同法》第 107 条规定："当事人一方不履行合同义务或者履行合同义务不符合约定的，应当承担继续履行、采取补救措施或者赔偿损失等违约责任。"《民法典》第 577 条也规定："当事人一方不履行合同义务或者履行合同义务不符合约定的，应当承担继续履行、采取补救措施或者赔偿损失等违约责任。"

④ 《海商法》第 176 条规定："有下列情形之一，经一方当事人起诉或者双方当事人协议仲裁的，受理争议的法院或者仲裁机构可以判决或者裁决变更救助合同：（一）合同在不正当的或者危险情况的影响下订立，合同条款显失公平的；（二）根据合同支付的救助款项明显过高或者过低于实际提供的救助服务的。"

上进一步规定了救助报酬的评定标准。

《海商法》第 180 条是关于确定救助报酬应当考虑的因素的规定，如果救助报酬已经通过双方当事人的合意确定，自然不必也不能适用该条的规定。因此，雇佣救助合同原则上无法适用《海商法》第 180 条的主要原因在于，雇佣救助合同对于救助款项的计算费率及计算方式已有明确的约定。但是，如果合同根据《海商法》第 176 条第 2 项的规定需要调整，此时救助款项原先确定的基础业已动摇，不能再认为救助款项已有明确约定的计算费率及计算方式，雇佣救助合同不适用《海商法》第 180 条的逻辑前提便也不复存在。此时，即应根据合同原有约定，结合《海商法》第 180 条对于救助报酬予以调整。① 广州海事法院在本案一审判决中即认为：

根据《海商法》第一百八十条的规定，确定报酬时应综合考虑救助方所用的时间、支出的费用和遭受的损失，救助方或者救助设备所冒的责任风险和其他风险等。在实际救助工作中，救助方守护作业的成本消耗、技术要求及责任风险等与拖带作业相比均有一定的差距。②

即使是以比较法解释的方法考察，其他法域亦有类似规定。例如，日本 2018 年修改后的《商法》第 794 条“增减救助报酬的请求”规定：“以合同约定了遭遇海难时的救助报酬的，该金额明显不合理时，当事人可以要求予以增加或者减少。在此情形下，准用前条的规定。”作为前条的第 793 条“救助报酬的金额”则规定：“在对救助报酬没有特别约定的情况下，关于救助报酬的金额有争议时，法院考虑危险的程度、救助的效果、为救助所付出的劳力与费用（包括为了防止或者减少海洋污染所付出的劳

① 参见孙思琪：《雇佣救助合同法律适用论辩——最高人民法院（2016）最高法民再 61 号民事判决之评释》，载《西部法学评论》2017 年第 6 期，第 123 页。

② 广州海事法院（2012）广海法初字第 898 号民事判决书。

力与费用）以及其他一切因素，予以确定。”① 据此，日本法下如果雇佣救助合同约定的救助费率显著不当，可以准用法律规定的确定救助报酬应当考虑的因素加以调整。因此，最高人民法院选择《合同法》而非《海商法》作为本案的主要裁判依据，一定程度上等于人为地排除了《海商法》第九章对于雇佣救助合同的适用，即限制了海难救助双方基于法律规定原本可以享有的约定固定救助费率的合同自由，从而对于当代海商法的自由价值在司法审判中的实现明显不妥。

第二节 海商法价值的实现障碍

法律实现的障碍可以分为主观和客观两个方面，其中主观障碍主要包括对于法律价值的误解和偏执两种情形，而客观障碍则涉及法律制度的障碍和社会现实的障碍。海商法作为具体的法律领域，价值实现的障碍主要集中于法律制度的障碍，具体又可分为制度设置和制度转换两个方面。法律价值实现的客观障碍是影响和制约法律价值实现的重要因素。法律制度有助于法律价值的实现自不待言，但也可能阻碍法律的价值实现。法律制度本身的缺陷、矛盾、疏漏均有可能成为阻碍法律价值实现的因素。②

一、法律制度设置的障碍

（一）制度内容的矛盾

不同的法律往往是由不同人员起草，尤其是目前我国立法仍然普遍采

① 《日本最新商法（有关运输/海商部分）和国际海上货物运输法》，张秀娟、李晓楠、梁赟译，载《中国海商法研究》2020 年第 1 期，第 66 页。

② 参见卓泽渊：《法的价值论》（第 3 版），法律出版社 2018 年版，第 460 ~476 页。

用部门立法的方式。不同法律之间可能在价值取向上存在矛盾，进而影响法律的价值实现。因此，法律制度内容的矛盾首先成为法律制度设置对于海商法价值的实现障碍。

海商法作为民事特别法，其与民事一般法在制度内容价值取向上存在的矛盾往往尤为突出。以运输合同为例，此前《合同法》第299条规定：“承运人应当按照客票载明的时间和班次运输旅客。承运人迟延运输的，应当根据旅客的要求安排改乘其他班次或者退票。”根据该条规定，客运合同的承运人负有按照客票载明的时间和班次运送旅客的义务。[①] 立法机关的释义认为：

这里的迟延运输包括由于承运人的责任造成的，也包括其他原因造成的运输迟延。不可抗力虽然不是承运人造成的，但考虑到旅客在突然降临的自然灾害面前被迫停止乘运，虽然不是承运人造成的，承运人也不能把旅客放在旅途中撒手不管。在承运人迟延运输的情况下，如何处理的选择权在旅客手中。[②]

《民法典》不仅保留了此种规定，而且强化了相关表述，明确承运人同时负有告知和提醒义务。《民法典》第820条规定：

承运人应当按照有效客票记载的时间、班次和座位号运输旅客。承运人迟延运输或者有其他不能正常运输情形的，应当及时告知和提醒旅客，采取必要的安置措施，并根据旅客的要求安排改乘其他班次或者退票；由此造成旅客损失的，承运人应当承担赔偿责任，但是不可归责于承运人的除外。

设置此种规定的原因在于客票记载的时间、班次构成了合同的主要内

---

① 参见余延满：《合同法原论》，武汉大学出版社1999年版，第653页。

② 《〈中华人民共和国合同法〉释义》，载中国人大网，http：//www. npc. gov. cn/npc/flsyywd/minshang/2000 -11/25/content_ 8379. htm。

容。如果承运人随意变更合同内容，势必影响旅客利益。而且，此处所称迟延运输同时包括出现法定事由、约定事由导致的运输迟延，承运人均应为旅客安排换乘或者办理退票手续。[①] 因此，此种规定对于铁路之类受到天气等外界因素影响相对较小的运输方式固然较为合理，不但可以避免承运人滥用优势地位损害旅客利益、影响合同正义，而且能够较为有效地维护承运人和旅客之间的交易秩序以及由此形成的交通运输秩序，因而符合法律的公平、秩序价值。但是，对于海上运输、航空运输等受到天气因素制约较为明显的运输方式，此种规定的合理性便有待商榷。

例如，邮轮旅游作为以海上旅客运输为基本实现方式的旅游形式，也是近年在我国快速发展的新兴旅游形式。上述规定与邮轮旅游的特殊性明显有所龃龉：邮轮旅游涉及的海上旅客运输不属于公共运输。[②] 同一邮轮公司在同一邮轮母港通常每周仅有一个班次，因而要求承运人在迟延运输的情形下安排旅客换乘其他班次其实并不现实。邮轮旅游与海上特殊风险密切相关，受到台风等恶劣天气的影响而发生航程变更，特别是迟延开航并不鲜见。如果动辄允许旅客主张退票，未免过于苛责邮轮公司，不仅不符合海上特殊风险对于法律调整的特殊需要，也将影响邮轮旅游市场正常的经营秩序，有欠公允。而且，邮轮旅游本质上毕竟属于旅游活动，邮轮船票证明的海上旅客运输合同因不可抗力而发生迟延运输的处理规则，也应与《旅游法》第 67 条确立的旅游服务合同的不可抗力处理规则有所协调，该条规定：

因不可抗力或者旅行社、履行辅助人已尽合理注意义务仍不能避免的事件，影响旅游行程的，按照下列情形处理：

---

① 参见王利明：《合同法研究》（第 3 卷），中国人民大学出版社 2015 年版，第 523 页。

② 参见孙思琪：《〈海商法〉修改视角下邮轮旅游法律制度构建》，载《大连海事大学学报（社会科学版）》2017 年第 6 期，第 13 页。

（一）合同不能继续履行的，旅行社和旅游者均可以解除合同。合同不能完全履行的，旅行社经向旅游者作出说明，可以在合理范围内变更合同；旅游者不同意变更的，可以解除合同。

（二）合同解除的，组团社应当在扣除已向地接社或者履行辅助人支付且不可退还的费用后，将余款退还旅游者；合同变更的，因此增加的费用由旅游者承担，减少的费用退还旅游者。

（三）危及旅游者人身、财产安全的，旅行社应当采取相应的安全措施，因此支出的费用，由旅行社与旅游者分担。

（四）造成旅游者滞留的，旅行社应当采取相应的安置措施。因此增加的食宿费用，由旅游者承担；增加的返程费用，由旅行社与旅游者分担。

该条针对因不可抗力或者旅行社、履行辅助人已尽合理注意义务仍不能避免的事件导致合同不能完全履行的情形，允许旅行社经向旅游者作出说明后先行在合理范围内变更合同，唯有旅游者不同意变更时方才可以解除合同，而未像《民法典》第820条一样直接赋予旅客对于变更合同或解除合同的选择权。即使是在旅游服务合同解除的情形下，《旅游法》第67条也允许旅行社扣除已向地接社或者履行辅助人支付且不可退还的费用。

类似的情形也存在于航空运输。航班延误的情况较为复杂，延误原因有时难以准确明晰和界分。但是，航班延误的原因仍可大致分为四类，即航空公司自身原因、流量控制、天气原因和其他原因；美国立法则将航班延误原因分为承运人原因、天气原因、国家航空系统原因和安全原因四类。[1] 除航空公司自身原因或称承运人原因外，其他各类原因均非承运人能够准确控制。此时如果仍然对于迟延运输的原因不加区分，一概要求承运人根据旅客的要求安排改乘其他班次或者退票，明显不尽合理。针对此

① 参见郝秀辉：《航空运输合同法》，法律出版社2015年版，第202页。

种情形，航空运输立法中往往设置相应的免责事由，例如，我国《民用航空法》第126条规定："旅客、行李或者货物在航空运输中因延误造成的损失，承运人应当承担责任；但是，承运人证明本人或者其受雇人、代理人为了避免损失的发生，已经采取一切必要措施或者不可能采取此种措施的，不承担责任。"

比较法上关于旅客运输合同的一般立法许多亦有类似规定。例如，俄罗斯联邦《民法典》第795条"承运人延误运送旅客的责任"第1款规定："因运送旅客的运输工具迟发，或者该运输工具晚点到达目的地（市内和郊区公共交通运输除外），如果不能证明，迟发或晚点是由于不可抗力，以及因清除运输工具中威胁旅客生命和健康的故障，或承运人意志以外的状况引起时，承运人应按有关运输章程或运输法典规定的金额，向旅客支付罚金。"①

基于上述分析不难发现，至少对于海上运输、航空运输等较为特殊，尤其是受到天气因素影响较大的运输方式，是否承运人原因造成的迟延运输应当在立法上有所区别。对于一般运输合同而言符合法律价值目标的规定，置于海上旅客运输合同的场合反而可能违背了海商法等领域的公平、秩序价值。此即一般法和特别法之间的制度内容矛盾对于海商法价值实现造成的客观障碍。

此外，不同法律领域之间也有可能存在制度内容矛盾，破产法与海商法在航运企业跨境破产领域的交集即为一例。规范的商事活动不同决定了破产法与海商法虽然同为传统商法的分支，但二者的立法理念及价值目标却有着相当明显的差异。破产法规范破产程序，关注的焦点应是债务人的生死。现代破产法的制度价值之一在于给予债务人重新开始的机会。但是，海商法用于规范海事活动，商法的效益性在海事法律中得到充分贯

---

① 《俄罗斯联邦民法典》，黄道秀译，北京大学出版社2007年版，第280页。

彻。船舶优先权、船舶扣押等制度仅仅关顾具体债权的实现，对于债务人的生死则在所不问。即使债权的实现可能导致债务人破产，也要尽量满足债权的清偿。简言之，海商法关注效率，破产法更重秩序。[①] 二者价值目标的分歧必然造成具体制度内容的矛盾，因而航运企业的跨境破产方才成为司法实践的疑难问题。

（二）制度表述的失误

任何法律制度均须通过语言文字进行表述。成文法的表述一旦出现问题，产生的影响往往并不限于个案，而是对于一类案件处理的共性失误。[②] 成文法最为显著的外部特征之一，在于法律是由文字以及文字构成的语言排列、组合而成。语言文字由此成为一切成文法最为基本的要件。一部法律、法规、规章或其他规范性文件是否成功、科学，固然与立法的条件成熟与否，以及立法者的思想水平、知识水平、对于法律调整的社会关系了解的深入、全面程度直接相关，但毋庸置疑也与立法的语言文字水平密不可分，原因在于立法语言文字的作用首先便是准确表达立法者的立法意图、目的、政策。[③]

1. 法条表述的失误

以我国《海商法》为例，该法受限于起草当时的立法技术水平，由于语言文字表述引起的争议不在少数。例如，《海商法》第 11 条是关于船舶抵押权的定义："船舶抵押权，是指抵押权人对于抵押人提供的作为债务担保的船舶，在抵押人不履行债务时，可以依法拍卖，从卖得的价款中优先受偿的权利。"其中，关于"在抵押人不履行债务时"的表述明显有失

① 参见孙思琪：《航运企业跨境破产的法律困局》，载王欣新、郑志斌主编：《破产法论坛》（第 13 辑），法律出版社 2018 年版，第 818 页。

② 参见卓泽渊：《法的价值论》（第 3 版），法律出版社 2018 年版，第 463 页。

③ 参见周旺生：《立法学》（第 2 版），法律出版社 2009 年版，第 479 ~480 页。

周延，原因在于通常认为抵押权的实现条件除债务人不履行到期债务外，还应发生了当事人约定的实现抵押权的情形。[①] 当事人约定的实现抵押权的情形颇多，比如抵押权人和抵押人可以在抵押合同中约定，抵押人必须为抵押财产购买保险，否则抵押权人有权立即实现抵押权；又如，双方可以约定即使主债务尚未到期，但如果债务人已经破产或者出现了严重的支付不能情形，抵押权人同样有权实现抵押权。允许当事人约定实现抵押权的情形，有助于充分实现当事人的意思自治，[②] 符合法律的自由价值以及民法的意思自治原则。

《民法典》第 394 条第 1 款规定："为担保债务的履行，债务人或者第三人不转移财产的占有，将该财产抵押给债权人的，债务人不履行到期债务或者发生当事人约定的实现抵押权的情形，债权人有权就该财产优先受偿。"但是，《海商法》第 11 条的语言文字表述明显限制了此种当事人之间合理的意思自治，有违海商法应当具有的自由价值。《海商法（修改送审稿）》第 14 条的内容与现行《海商法》第 11 条完全相同，并未修正此项制度表述上的失误。

《海商法》第 11 条引起争议更大的应是其中关于"可以依法拍卖"的表述。《民法典》第 410 条第 1 款规定："债务人不履行到期债务或者发生当事人约定的实现抵押权的情形，抵押权人可以与抵押人协议以抵押财产折价或者以拍卖、变卖该抵押财产所得的价款优先受偿。协议损害其他债权人利益的，其他债权人可以请求人民法院撤销该协议。"该条规定的抵押权的实现方式分为三种，即折价、拍卖和变卖。据此产生的争议便是船舶抵押权的实现方式是否只能局限于《海商法》明文规定的"拍卖"。赞同《海商法》现有规定的观点认为：船舶价值巨大，而且除船舶抵押权外

---

① 参见梁慧星、陈华彬：《物权法》（第 6 版），法律出版社 2016 年版，第 292 ~293 页。

② 参见王利明：《物权法研究》（第 4 版），中国人民大学出版社 2016 年版，第 1254 ~1255 页。

往往还涉及船舶优先权、船舶留置权以及各类债权，从而不仅关乎抵押人和抵押权人的利益外，对于船舶优先权人、船舶留置权人以及各类债权人的利益也有影响。而且，船舶优先权和船舶留置权担保的债权的受偿顺位优先于船舶抵押权担保的债权。如果船舶抵押权的实现方式包括折价或者变卖，由于折价或者变卖的不公开性，船舶优先权人、船舶留置权人以及其他债权人的利益可能受到损害，而依法拍卖具有的公开性和公正性可以保障此类权利人的合法利益。

反对的观点则认为：依法拍卖不但具有成本高、程序复杂等缺点，而且与商事交易的意思自治原则不相契合。允许市场主体自行商定船舶抵押权的实现方式，有助于保护商事主体的意思自治，节省抵押权实现的成本，提高抵押权实现的效率，减轻抵押关系方的诉累。

交通运输部于2018年3月23日开展定向征求意见的《海商法（修订征求意见稿）》明显采纳了反对观点，并于第25条第1款参考原《物权法》第195条规定："抵押人不履行到期债务或者发生当事人约定的实现船舶抵押权的情形时，抵押权人可以与抵押人协议以抵押船舶折价或者以拍卖、变卖抵押船舶所得的价款优先受偿。"但是，此种简单吸收一般民事法律规定的做法，并未充分考虑船舶及其相关权利的特殊性。抵押权人与抵押人协议以折价或者变卖的方式实现船舶抵押权，不利于相关利益方的利益保护。船舶抵押权的实现方式除涉及抵押人和抵押权人的利益外，还涉及权利受偿顺位在抵押权人之前的船舶优先权人、船舶留置权人的利益，以及权利受偿顺位在抵押权人之后的各类债权人的利益。而且，船舶价值巨大的特征决定了相关利益方的利益受到船舶抵押权实现方式的影响往往较大。此时众多利益方的合法权益，尤其是受偿顺位在抵押权人之前的船舶优先权人、船舶留置权人的权益，应当成为法律规定船舶抵押权实现方式的首要考虑因素。

针对以折价或者拍卖、变卖等方式实现抵押权可能产生的低于抵押财产市场价格，从而损害其他债权人利益的情形，《民法典》第 410 条第 1 款规定了其他债权人的撤销权，也即协议损害其他债权人利益的，其他债权人可以请求人民法院撤销该协议，而且进一步取消了原《物权法》第 195 条第 1 款规定的 1 年时效限制。[①] 但是，其他债权人实际上追求的并非行使撤销权，而且实践中其他债权人即使行使撤销权往往也难以获得应有的法律救济。具体到船舶的情形，其他债权人行使撤销权时，船舶往往处于买受人占有之下而可能位于境外，国内法院作出的支持撤销权的裁判许多时候难以切实执行。而且，撤销权的行使亦有可能损害船舶抵押权人、承租人等善意第三人的利益。因此，以折价或者变卖方式实现船舶抵押权不利于相关利益方的利益保护，而依法拍卖则不存在此种缺陷。此时协议折价或者变卖方式具有的便捷以及经济等优点，理应让位于不特定多数人利益的保护，即应当采用更有利于保护不特定的多数第三人利益的船舶抵押权实现方式。

除船舶抵押权的实现外，《海商法》第 88 条第 1 款针对货物的处置规定："承运人根据本法第八十七条规定留置的货物，自船舶抵达卸货港的次日起满六十日无人提取的，承运人可以申请法院裁定拍卖；货物易腐烂变质或者货物的保管费用可能超过其价值的，可以申请提前拍卖。"根据该条规定，"申请法院裁定拍卖"只是可供承运人选择的权利实现方式，而不是具有强制性、唯一性的法定方式。不同于海运货物，船舶的价值巨大，而且船舶的处置很有可能涉及不特定的多数第三人的利益，因而相应的制度设计应以公平为主要价值取向，故此对于船舶的处置统一使用依法拍卖的方式；与此相反，海运货物较之船舶通常价值不高，而且货物处置

---

① 原《物权法》第 195 条第 1 款规定："债务人不履行到期债务或者发生当事人约定的实现抵押权的情形，抵押权人可以与抵押人协议以抵押财产折价或者以拍卖、变卖该抵押财产所得的价款优先受偿。协议损害其他债权人利益的，其他债权人可以在知道或者应当知道撤销事由之日起一年内请求人民法院撤销该协议。"

一般也不涉及不特定的多数第三人的利益，因而价值取向应以效率为主，货物的处置可以采用依法拍卖的方式，也可以是承运人自己选择的其他方式。《民法典》第453条第1款后段也规定："债务人逾期未履行的，留置权人可以与债务人协议以留置财产折价，也可以就拍卖、变卖留置财产所得的价款优先受偿。"因此，承运人应当也可通过折价、变卖等途径实现货物留置权。例如，上海海事法院在徐州秋明建筑材料有限公司与上海汇进国际货运代理有限公司海上货物运输合同纠纷案中认为，承运人可以采用变卖方式处理留置的货物：

根据《中华人民共和国海商法》第八十七条的规定，应当向承运人支付的运费滞期费等费用没有付清，又没有提供适当担保的，承运人可以在合理的限度内留置货物。涉案两批货物于2019年3月8日和3月14日到港卸货，在长时间无人提取的情况下，海运费无人支付，且会产生集装箱超期使用费和堆存费等费用，汇进公司此时主张留置货物，并向秋明公司发出通知，符合法律规定。《中华人民共和国海商法》第八十八条规定，留置货物自船舶抵达卸货港的次日起满六十日无人提取的，承运人可以申请法院裁定拍卖……拍卖所得价款，用于清偿保管、拍卖货物的费用和运费以及应当向承运人支付的其他有关费用；不足的金额，承运人有权向托运人追偿；剩余的金额，退还托运人。汇进公司在2019年6月4日向秋明公司发出处置货物的通知，此时涉案货物已经到港超过六十日。汇进公司称根据以色列当地法律，在以色列并无申请司法拍卖的途径，且申请官方拍卖将拖延更多的时间，造成更大损失。综合我国法律规定和国际航运市场的一般惯例，本院认为汇进公司留置货物并予以变卖的做法并无不妥之处。①

《海商法》针对不同财产的特征规定了不同的处置方式，较好地体现

① 上海海事法院（2019）沪72民初2159号民事判决书。

了公平与效率两项价值之间的平衡。因此，《海商法》第 11 条将船舶抵押权的实现条件规定为“在抵押人不履行债务时”，属于制度表述的失误，不利于贯彻海商法应有的自由价值；但是，该条将船舶抵押权的实现方式限定为依法拍卖，则是恰当而准确的规定与表述，更有利于海商法的公平价值与效率乃至自由等价值之间的协调。

2. 术语翻译的失误

制度表述失误的另一具体表现应是外文术语翻译的偏差。我国《海商法》制定当时由于大量参考国际公约、国际惯例、标准格式合同乃至外国法律，相关术语翻译的表述失误并不鲜见。较为典型的是将英美法律文件中的“lien”译为“留置权”，而将《海牙—维斯比规则》中的“seizure under legal process”译为“司法扣押”。例如，《海商法》第 141 条规定：“承租人未向出租人支付租金或者合同约定的其他款项的，出租人对船上属于承租人的货物和财产以及转租船舶的收入有留置权。”该条规定实际来自 1946 年定期租船合同土产格式即 NYPE 格式，其中第 18 条规定：“船舶所有人得因任何根据本租船合同应得款项，包括共同海损分摊，而对所有货物和所有转手运费行使留置权……（That the Owners shall have a lien upon all cargoes, and all sub-freights for any amounts due under this Charter, including General Average contributions...）”[①]《海商法》第 141 条将标准格式合同条款中的“lien”径直翻译为了“留置权”。

根据我国《民法典》第 447 条第 1 款的定义，[②] 留置权的取得在我国首先须以债权人占有属于债务人的动产为积极要件，[③] 因此，我国法律制度下的留置权主要是指占有留置权。相较而言，英美法上的“lien”虽然

---

① 司玉琢主编：《海商实用英语大全》，大连海事大学出版社 2000 年版，第 694 页。

② 《民法典》第 447 条第 1 款规定：“债务人不履行到期债务，债权人可以留置已经合法占有的债务人的动产，并有权就该动产优先受偿。”

③ 参见梁慧星、陈华彬：《物权法》（第 6 版），法律出版社 2016 年版，第 338 页。

具有占有留置权的含义，但并不限于占有留置权，也包括衡平法和制定法上不限于留置物必须在债权人占有之下的留置权，海商法律制度中的船舶优先权（maritime lien）即属此类。[①] 船舶转租收入往往并不处于出租人的占有之下，因而《海商法》将标准格式合同条款规定的“lien”翻译为“留置权”并适用于转租收入，其实不符合我国法律关于留置权的基本规定，也可能使出租人在实践中行使所谓的转租收入留置权存在诸多困难。

术语翻译失误对于海商法价值实现的影响，最为典型的例证应是《海商法》第207条第1款规定：

下列海事赔偿请求，除本法第二百零八条和第二百零九条另有规定外，无论赔偿责任的基础有何不同，责任人均可以依照本章规定限制赔偿责任：

（一）在船上发生的或者与船舶营运、救助作业直接相关的人身伤亡或者财产的灭失、损坏，包括对港口工程、港池、航道和助航设施造成的损坏，以及由此引起的相应损失的赔偿请求；

（二）海上货物运输因迟延交付或者旅客及其行李运输因迟延到达造成损失的赔偿请求；

（三）与船舶营运或者救助作业直接相关的，侵犯非合同权利的行为造成其他损失的赔偿请求；

（四）责任人以外的其他人，为避免或者减少责任人依照本章规定可以限制赔偿责任的损失而采取措施的赔偿请求，以及因此项措施造成进一步损失的赔偿请求。

上述第1项实际来自《1976年海事赔偿责任限制公约》第2条“可限制责任的索赔”第1款第a项，其中“船舶营运”一词是对公约原文

---

① 参见薛波主编：《元照英美法词典》，北京大学出版社2013年版，第847~848页。

"operation of the ship"的翻译,[①] 公约通行的中文译本也将其译为"船舶营运"。[②] "operation"一词用于机器、系统时的含义是运转、运行、操作,[③] 因而译为"营运"未必恰当。"营运"一词针对车船等交通工具的含义是指营业和运行,[④] 似乎包含了"operation"所指的机器运行的本义,但我国司法实践中针对《海商法》规定的"营运"多取该词在早期白话中的经营之意,[⑤] 故而认为具有描述商业活动的基本色彩。据此,"船舶营运"在我国司法实践中的含义明显较之"船舶操作"为窄。

值得注意的是,公约同项还有"salvage operations"的表述,公约通行中文译本和《海商法》均将其译为"救助作业"。从比较法的角度考察,日本《船舶所有人等责任限制法》(船舶の所有者等の責任の制限に関する法律)第3条第1款第1项采用的表述是"船舶の運航",[⑥] 而"運航"一词

---

① 《1976年海事赔偿责任限制公约》第2条"可限制责任的索赔"第1款第a项原文如下:"(a) claims in respect of loss of life or personal injury or loss of or damage to property (including damage to harbour works, basins and waterways and aids to navigation), occurring on board or in direct connexion with the operation of the ship or with salvage operations, and consequential loss resulting therefrom."

② 《1976年海事赔偿责任限制公约》通行中文译本对于第2条"可限制责任的索赔"第1款第a项的翻译如下:"有关在船上发生或与船舶营运或救助作业直接相关的人身伤亡或财产的灭失或损害(包括对港口、工程港池、水道和助航设施的损害),以及由此引起的损失的索赔……"

③ 参见Sally Wehmeier主编:《牛津高阶英汉双解词典》,石孝殊、王玉章、赵翠莲等译,商务印书馆2004年版,第1208页。

④ 参见中国社会科学院语言研究所词典编辑室编:《现代汉语词典》(第6版),商务印书馆2012年版,第1572页。

⑤ 参见中国社会科学院语言研究所词典编辑室编:《现代汉语词典》(第6版),商务印书馆2012年版,第1572页。

⑥ 日本《船舶所有人等责任限制法》第3条第1款第1项原文如下:"船舶上で又は船舶の運航に直接関連して生ずる人の生命若しくは身体が害されることによる損害又は当該船舶以外の物の滅失若しくは損傷による損害に基づく債権……"我国台湾地区学者黄裕凯译为:"发生于船上或与船舶操作有关之人命伤亡、系争船舶以外之财产毁损、船舶以外之财产之毁损灭失所致生损害之求偿……"参见黄裕凯编译:《日本船舶所有人责任限制法》,载海商人网,http://merchantmarine.financelaw.fju.edu.tw/data/Documents/General/Japan%20LLMC%201975.pdf,2021年9月30日访问。

在日语中的基本含义是船舶、航空器的航行，并无专指商业活动的意味。

《海商法》现有表述在司法实践中遭遇的困境在于建造中船舶的试航是否属于“船舶营运”，进而由此造成的人身伤亡或者财产的灭失、损坏是否构成限制性海事请求。试航是船舶建造基本完成之后对于船舶进行的一次综合性测试。虽然船东和船级社参与了船舶建造的整个过程，包括图纸的审核和船舶建造的每一个阶段和步骤，但船舶的状况及其功能以及是否符合船级社和主管当局的要求，以及是否符合船舶建造合同以及规格书的要求，必须通过试航方能得到证实。① 我国作为世界第一造船大国，允许船舶试航造成的人身伤亡或者财产的灭失、损坏享受海事赔偿责任限制，具有重要的实际意义。即使认为建造中船舶不属于海船，但至少属于海上移动装置，符合《海商法》第 3 条规定的船舶，② 因而船舶试航应当属于“船舶操作”的范围。因此，允许船舶试航造成的人身伤亡或者财产的灭失、损坏享受海事赔偿责任限制，实为海事赔偿责任限制制度的应有之义，也是船舶所有人、船厂基于国际公约以及我国国内立法理应享有的合法权利，符合法律公平价值的要求；反之，将“operation of the ship”翻译为“船舶营运”，进而导致司法实践产生误解而将船舶试航排除在“船舶营运”之外，便是术语翻译错误引致的制度表述失误，对于海商法价值实现造成的客观障碍。

二、法律制度转换的障碍

法律制度转换对于海商法价值实现造成的客观障碍，主要体现为新法与旧法的不同价值标准相互影响产生的障碍因素。③ 尤其海商法作为特别

① 参见林源民：《船舶建造》，上海浦江教育出版社 2013 年版，第 357 页。

② 《海商法》第 3 条第 1 款规定：“本法所称船舶，是指海船和其他海上移动式装置，但是用于军事的、政府公务的船舶和 20 总吨以下的小型船艇除外。”

③ 参见卓泽渊：《法的价值论》（第 3 版），法律出版社 2018 年版，第 467 页。

法，还有可能存在一般法的新法与特别法的旧法在价值标准方面的差异。

诉讼时效制度是海商法与民商法关联最为密切的制度之一。上文在论述海商法的效率价值时已经提及，时效短期化是海商法效率价值的主要表现之一。通常认为诉讼时效制度的功能有三，即稳定法律秩序、促使权利人行使权利以及作为证据之代用。[①] 一方面，权利人如果长久未有行使权利，颇有可能导致证据灭失，一旦任由当事人无限期地在诉讼上主张权利，不仅将会推翻长期以来已经存在的事实状态，以及基于此一事实状态而形成的各种法律关系，造成社会经济秩序的紊乱，也有可能导致诉讼久拖不决，对于义务人有失公平；若以诉讼时效期间替代证据，可以简化法律关系，避免诉讼上的举证责任。另一方面，诉讼时效制度能够较好地平衡实际权利人与非实际权利人之间的利益关系，敦促真正的权利人及时行使权利以避免不利后果；同时在权利人存在时效过失时，促使利益有利于非真正权利人，从而体现“法律帮助勤勉人，不帮助睡眠人”的法谚精神。[②] 据此，诉讼时效制度本身较为主要的价值取向在于效率、秩序。但是，诉讼时效制度毕竟是有可能导致权利不受法律保护的民事法律制度，而权利之存在本身有其正当性，即使出于追求效率、秩序的合理目的，对于权利的剥夺或者放弃保护合法权利也应慎之又慎，否则便有可能损害法律的公平性。质言之，诉讼时效制度本身即代表了法律公平价值与效率、秩序等价值的冲突及其协调。

此前《民法通则》规定的普通诉讼时效期间为 2 年。此种较短的诉讼时效期间与我国传统的欠债还钱、诚实守信的观念颇有抵触，使不诚信的债务人可因诉讼时效经过而轻易逃脱债务，因而遭到普遍批评。原《民法总则》以及《民法典》将普通诉讼时效期间修改为 3 年作为回应，以此实

---

① 参见梁慧星：《民法总论》（第 5 版），法律出版社 2017 年版，第 248 ~249 页。

② 参见杨立新：《中国民法总则研究》，中国人民大学出版社 2017 年版，第 1062 ~1063 页。

现强化民事权利保护的目的，也与亟待强化信用的现实社会背景相符。① 《民法典》实现的诉讼时效制度转化由此也更为强调体现法律的公平价值。但是，此时便会产生《海商法》与《民法典》诉讼时效制度之间的适用关系问题。

最高人民法院于2018年7月23日公布的《关于适用〈中华人民共和国民法总则〉诉讼时效制度若干问题的解释》并未澄清此一问题。北京市高级人民法院民事审判第一庭《关于〈民法总则〉施行后适用诉讼时效制度的参考意见》认为："2017年9月30日之前（本意见中'之前'、'之后'均包括本日）施行的民事单行法中规定的诉讼时效为二年的，其性质与《民法通则》规定的二年普通诉讼时效无异，故根据新法优于旧法的原则，在《民法总则》施行后应适用三年的诉讼时效期间。"但是，海事诉讼时效期间较之一般民事诉讼时效期间往往更短，目的在于适应海事活动特别是海上运输活动迅速进行的需要，② 同时顾及海损事故相关证据往往不易保存的客观现实。而且，《海商法》第十三章"时效"针对该法各章涉及的具体海事请求的诉讼时效期间和起算点进行规定，既是保持与相应国际公约规定的一致，也是基于海商法体系性、海上特殊风险性、海事海商争议的技术性等因素的综合考虑。③ 如果轻易地以《民法典》规定的3年诉讼时效期间替代《海商法》目前规定的2年诉讼时效期间，便有可能辜负《海商法》设立特别诉讼时效制度的上述考虑，特别是海商法作为商事特别法对于效率的价值追求。此种试图以价值目标不尽合辙的一般法新法替代海商法既有规定的现象，即属法律制度转换对于海商法价值实现造成的客观障碍。

---

① 参见李宇：《民法总则要义：规范释论与判解集注》，法律出版社2017年版，第882~886页。

② 参见郭瑜：《海商法教程》，北京大学出版社2012年版，第342页。

③ 参见吴胜顺：《〈民法总则〉对海商法诉讼时效制度的影响与协调》，载《中国海商法研究》2018年第1期，第16页。

第三节 海商法的价值冲突

价值哲学对于价值冲突的关注更多着眼于价值观念的冲突。价值观念是人们内心深处的价值取向或价值理念，不仅是人类特有的一种精神形态，也是人们关于基本价值的信念、信仰、理想的系统。① 据此，价值观念的冲突是指人们价值生活的知识和经验在人们头脑中积淀而形成的关于价值和价值关系的观念系统的冲突。价值观念的冲突是一种客观的现实，也是一种普遍性的存在。此种冲突并非只有消极的意义，同时还具有积极的作用，更是推动价值观念发展的重要动力。②

解决法律的价值冲突也是研究法律价值的重要目的。法律冲突能够得到妥善的解决，便可以最小的法律成本获得最佳的法律效益；如果法律价值冲突的解决不尽理想，则有可能出现不必要的成本浪费，不仅得不偿失，甚至时常有失无得。③ 因此，海商法的价值冲突与整合也是海商法价值实现的重要内容。

一、法律的价值冲突

所谓冲突，是指事物之间互相矛盾而不协调。④ 法律的价值冲突顾名思义便是法律的各项价值目标之间互相矛盾而不尽协调的状态。

法律的各个目的价值均为值得希求和珍视的美好之物，如果能够使得

---

① 参见李德顺：《价值论》（第 3 版），中国人民大学出版社 2013 年版，第 137 页。

② 参见李德顺主编：《价值学大词典》，中国人民大学出版社 1995 年版，第 274 ~275 页。

③ 参见卓泽渊：《法的价值论》（第 3 版），法律出版社 2018 年版，第 510 页。

④ 参见中国社会科学院语言研究所词典编辑室编：《现代汉语词典》（第 6 版），商务印书馆 2012 年版，第 179 页。

法律的各项价值均不受任何限制地充分实现，固然是法律价值实现的理想状态。但是，法律的目的价值之间存在非常复杂的关系，大抵可以分为三类：

一是无涉状态，即不同价值之间不存在直接关联，既无正相关关系，也无负相关关系，比如公平与人权的关系；

二是耦合状态，即不同价值之间存在正相关关系，二者之间任何一个变量的增减均意味着另一变量的增减，比如秩序与安全的关系；

三是竞合状态，即不同价值之间存在负相关关系，二者交集在一个点上并互相竞争，彼此消长之间呈现反向关联，秩序与效率、自由与秩序、鼓励航运业发展与公平之间的关系皆属此类。

如果法律的不同目的价值在特定场合处于竞合状态，法律的价值冲突便会产生。具体而言，人类生活需求的多样性决定了价值目标的多元化，而人类社会利益主体的多元化促使法律价值冲突变得更为常见和复杂。此外，社会变迁、制度改革以及立法政策的变更等因素，均有可能引起法律的价值冲突。①

海商法作为具体的法律领域，相应的法律价值冲突主要体现在立法环节。立法环节的冲突也是法律价值冲突最为复杂的类型，此种法律价值冲突产生的根本原因可以归结为两个方面：一是立法主体的法律价值观冲突，二是法律价值准则本身的多元性。现代民主政治社会参与立法的主体具有多元性和流变性，而社会生活不同主体又有着不同的价值要求，即使相同的主体甚至同一主体在不同时间也会有不同的价值需要。据此立法环节的法律价值冲突具体也表现在两个方面：一是不同立法主体所持的不同法律价值观在立法过程中的博弈；二是不同法律规范之间出现的价值

① 参见张文显主编：《法理学》（第5版），高等教育出版社2018年版，第316~318页。

冲突。[①]

二、海商法价值冲突的具体表现

当代海商法的价值体系包括公平、秩序、效率、安全、人权、自由等一般价值，以及作为特有价值的鼓励航运业发展。不同价值代表着不同的目标，因而互相之间或多或少存在程度不一的矛盾。具体而言，海商法的价值冲突主要集中表现在三组可能产生竞合状态的价值目标之间：一是秩序与效率；二是自由与秩序；三是鼓励航运业发展与公平。

（一）秩序与效率的冲突

秩序与效率作为法律价值的冲突几乎无可避免。从商事活动的角度而言，法律往往是采用强制性规范的方式介入，以此维护商事活动的秩序，而强制性规范的运用本身即是针对商事活动的限制，从而难免影响交易效率。但是，二者之间又并非绝对矛盾，而是存在协调并存的空间。商事活动追求最大经济效率的根本目标决定了法律必须适当维护资金与产品的流转频率，同时又须以稳定的交易秩序为商事活动提供基本的安全保障。

海商法作为商事法律，许多制度均是秩序与效率两项价值冲突及协调的结果，典型便是上文已经提及的运输单证流转、船舶物权变动等能够体现海商法秩序价值的法律规则。从提单流转的角度而言，凭单交付货物有利于保障交易安全从而维护秩序，但显然不利于交易效率，特别是在运输单证的流转速度慢于货物本身流转速度的情况下，而不凭单交付货物正好相反，颇有可能损害收货人等权利人的合法利益。因此，允许不可转让的运输单证或电子运输记录可以不凭单交付货物，成为对于秩序与效率之间

---

① 参见付子堂主编：《法理学高阶》（第 2 版），高等教育出版社 2018 年版，第 222～223 页。

价值冲突进行协调的理性选择。①

至于船舶物权的变动规则，船舶与机动车、航空器作为经济价值较高的交通工具，物权法上通常作出特殊处理，因而时常被称为“特殊动产”或“准不动产”。我国《海商法》和《民法典》对于船舶的所有权变动采取“交付生效＋登记对抗”的立法模式。采取此种立法模式的考量主要有二：

其一，秩序也即交易安全方面的考虑。船舶的经济价值颇高，而交付作为公示方式对于船舶而言的效果不甚理想，如果允许当事人轻易通过交付完全实现船舶所有权变动的法律效果，将会在很大程度上危及损害交易安全。

其二，效率也即交易便捷方面的考虑。船舶作为交通工具的权属变动较为频繁。现实生活中船舶许多时候均在不断地发生空间上的位移，甚至在国际范围之内运行。如果实行登记生效也即强制登记制度，对于当事人从事交易将会造成诸多不便，而且也未必能够有效地确认产权归属。②

以上两个方面的因素缺一不可。譬如一枚价值百万的钻石戒指，虽然同样具有较高的经济价值，但鲜少发生权属变动，因而不必采用登记作为公示方法。此时秩序和效率作为海商法的不同价值分别追求的交易安全和交易便捷，本身即存在一定冲突。上述立法模式未有片面强调二者之中的任何一项，从而采用仅依交付生效或者登记生效的权属变动规则，而是以交付和生效两种公示方法相互组合、各有制约，既能保障基本的交易安全，又可最大程度地提供交易便捷，体现了秩序和效率作为海商法的不同价值在立法上的冲突及其协调。

---

① 参见胡正良、孙思琪：《海商法基础理论的内涵、研究现状与研究意义》，载《中国海商法研究》2017 年第 1 期，第 9 页。

② 参见王利明：《物权法研究》（第 4 版），中国人民大学出版社 2016 年版，第 364 页。

（二）自由与秩序的冲突

自由与秩序同为法律的主要价值，前者强调的是主体个性的发挥，而秩序强调的是有序状态的建立与维持。自由难免存在打破既有平衡也即秩序的趋势，而秩序又在一定程度上压抑自由，维持平衡的状态。因此，自由与秩序作为法律价值的冲突在所难免。[①] 从一定程度上说，法律是秩序的化身，法律和秩序的存在本身就是对于自由的束缚和规制，因而自由必须以秩序为依归，以法律为准绳。秩序是立法追求的目的之一，而自由是立法制约的对象。自由与秩序之间是辩证的对立统一关系，二者在实际的法律操作上时常对立，[②] 进而产生法律价值的冲突。

虽然海商法的许多内容均遵循意思自治原则，但上文已经说明海上货物运输法作为海商法的核心具有鲜明的强制性体制，尤其对于承运人责任而言时常存在自由与秩序在法律价值取舍上的冲突。目前我国《海商法》修改在此方面存在的较为突出的争议便是航次租船合同出租人法定义务的存废。

所谓法定义务，是指直接依据法律规定而非当事人约定产生的义务，也即法律明确规定的强制性义务。《海商法》第 94 条第 1 款规定："本法第四十七条和第四十九条的规定，适用于航次租船合同的出租人。"第 2 款规定："本章其他有关合同当事人之间的权利、义务的规定，仅在航次租船合同没有约定或者没有不同约定时，适用于航次租船合同的出租人和承租人。"据此，《海商法》第四章除第 47 条、第 49 条外的其他规定，对于航次租船合同而言均属任意性规定。第 47 条、第 49 条分别规定了承运

---

① 参见卓泽渊：《法的价值论》（第 3 版），法律出版社 2018 年版，第 519 页。

② 参见卓泽渊：《法理学》，法律出版社 2016 年版，第 213 ~214 页。

人的两项法定义务，一是适航，[①] 二是不作不合理绕航，[②] 作为法定义务同样强制适用于航次租船的出租人。

1.《海商法》设置航次租船出租人法定义务的主要考量

《海商法》针对航次租船合同设置不同于一般海上货物运输合同的上述规定，属于该法第四章“海上货物运输合同”第七节的标题“航次租船合同的特别规定”中的“特别规定”。《海商法》作出此种安排主要出于以下三个方面的考量：

第一，航次租船合同属于海上货物运输合同的一种具体类型，[③] 此亦我国学界关于航次租船合同性质最为主流的观点之一。[④] 航次租船合同虽与定期租船合同、光船租赁合同同为租船合同的具体类型，但基本性质却是海上货物运输合同。航次租船合同的出租人和承租人的权利和义务，与作为一般海上货物运输合同当事人的承运人和托运人的权利和义务大抵相似。因此，《海商法》在体例安排上将关于航次租船合同的规定置于第四章“海上货物运输合同”，而非第六章“船舶租用合同”，即后者仅适用于定期租船合同和光船租赁合同两类租船合同。

---

① 《海商法》第 47 条规定：“承运人在船舶开航前和开航当时，应当谨慎处理，使船舶处于适航状态，妥善配备船员、装备船舶和配备供应品，并使货舱、冷藏舱、冷气舱和其他载货处所适于并能安全收受、载运和保管货物。”

② 《海商法》第 49 条第 1 款规定：“承运人应当按照约定的或者习惯的或者地理上的航线将货物运往卸货港。”

③ 参见尹东年：《关于〈海商法〉第四章、第五章、第六章》，载交通部政策法规司、交通部交通法律事务中心编：《〈海商法〉学习必读》，人民交通出版社 1993 年版，第 76 页。

④ 例如，郭萍认为：“由于航次租船合同之下，船长、船员的聘用以及配备的权利由船舶出租人控制，所以用人权仍在船舶出租人手中。而船舶的营运安排及调度工作，也由船舶出租人负责。即出租人是通过对船长、船员的聘用和控制从而实际占有和控制船舶，他只是将整艘船舶或部分舱室出租出去，完成一港至另一港之间的货物运输，并对因此付出的劳务有权收取运费。综上，航次租船合同属于海上货物运输合同，尽管合同名称含有‘租’的字样，合同当事人的称谓也不再是承运人与托运人，但航次租船合同并不是财产租赁合同。因此航次租船合同的适用法律，应该是有关调整海上货物运输方面的法律。”参见郭萍：《租船实务与法律》，大连海事大学出版社 2014 年版，第 14 页。

第二，航次租船的实践情况。航次租船实践中双方当事人订立的合同对于出租人和承租人之间权利和义务关系的约定，与一般海上货物运输合同的承运人和托运人的权利和义务较为接近。特别是航次租船合同中通常订有“首要条款”（paramount clause），[①] 约定《海牙—维斯比规则》或者采纳该规则的国内法适用于航次租船合同。[②] 此种约定使运输中如果发生货物灭失或者损坏，《海牙—维斯比规则》或者采纳规则的国内法不仅调整根据航次租船合同签发的提单体现的承运人（航次租船合同的出租人）、托运人和收货人之间的权利和义务关系，还调整出租人与承租人之间的权利和义务关系。《海牙—维斯比规则》第 3 条第 1 款正是关于适航义务的规定。[③]

第三，航次租船合同的合同自由。航次租船合同通常是在出租人和承租人充分协商的基础上订立，而且出租人和承租人的谈判地位和订约能力总体而言较为平等。鉴于此，航次租船合同乃至整个租船合同领域至今未有任何国际公约产生，英美法系国家的国内立法也很少针对航次租船合同设置专门规定。因此，《海商法》第四章对于航次租船合同出租人和承租人之间权利和义务的规定以任意性规定为主，强制性规定仅限于该法第 94

---

① 所谓首要条款，是指合同中指明合同受某一国际公约或者国内法制约的条款。此类条款通常规定提单受《海牙规则》《海牙—维斯比规则》或者采纳上述规则的国内法，比如英国《1971 年海上货物运输法》、美国《1936 年海上货物运输法》的制约。参见司玉琢主编：《海商法》，法律出版社 2018 年版，第 115 页。

② 例如，航次租船合同的首要条款可能约定：“1924 年 8 月 25 日在布鲁塞尔签订的《统一提单若干法律规定的国际公约》（海牙规则），1968 年 2 月 23 日在布鲁塞尔签订的经修正的议定书（海牙—维斯比规则），以及装运出口国的国内立法，均应当适用于本合同。如果装运出口国法律规定不适用《海牙—维斯比规则》，则应当适用目的地国家的相应立法，而不管这一立法是否仅适用于出口货物运输。”参见郭萍编：《租船缩略语与常用条款》，大连海事大学出版社 2010 年版，第 292 页。

③ 《海牙—维斯比规则》第 3 条第 1 款规定：“承运人须在开航前和开航当时恪尽职责：（a）使船舶适于航行；（b）适当地配备船员、装备船舶和供应船舶；（c）使货舱、冷藏舱和该船其他载货处所能适宜和安全地收受、运送和保管货物。”

条明确规定的第 47 条和第 49 条，即适航义务和不作不合理绕航的义务，原因在于此类义务可能涉及关乎公共利益的海上安全。

分析上述理由，不难发现《海商法》设置航次租船出租人的法定义务并非随意而为，而是确有法律价值层面的考量。从海商法的自由价值的角度考察，既然航次租船合同双方当事人的谈判能力和订约能力通常较为平等，允许当事人享有广泛充分的合同自由而不过多通过强制性规范进行法律层面的干涉，符合自由价值的内容。据此，《海商法》关于航次租船合同的多数规定均为任意性规定，仅在合同本身未有约定时适用。同时，上文在分析自由价值时已经提及，对于意思自治的必要而合理的限制本是当代海商法自由价值的应有之义。

以适航义务为例，适航是船舶的一种状态，意味着船舶具有抵御风险的能力，[①] 包括能够抵御海上常见风险和自然灾害的抗风险能力，以及完成航海并将货物安全运抵目的地的航行能力。[②] 据此，出租人提供的船舶是否适航，尤其是否具备安全航行的能力，不仅对于航次租船合同是否能够顺利、妥善履行事关重大，而且关乎船舶在海上的航行安全，以及船员等船上人员的人命安全。因此，船舶是否适航本质上不再只是航次租船合同双方当事人之间的商业事务。如果放任合同当事人自行约定适航的相关事项，有时确定的适航要求过低甚至没有适航要求，即有可能危及海上安全，从而违背海商法的安全价值对于海上航行安全的维护。此亦航次租船合同的当事人对于适航问题不应享有完全的合同自由的原因所在，《海商法》由此也仍然通过第 94 条为出租人设置了谨慎处理使船舶处于适航状态等最低限度的适航义务，当事人同时享有约定更高标准的适航要求的有限合同自由。

---

① 参见司玉琢主编：《海商法》，法律出版社 2018 年版，第 82 页。

② 参见傅廷中：《海商法》，法律出版社 2017 年版，第 110 页。

出租人不作不合理绕航义务的设置原因与此基本相同，如果合同未约定航线并且没有习惯或地理上的航线，绕航在很多情况下是指有意偏离了最为安全、直接的航线，[①] 不仅可能影响船舶迅速到达，更有可能招致额外的风险。[②] 而且，绕航往往增加船舶在海上航行的时间，船货暴露于海上的时间越久，蒙受海上风险的可能性也就越大，因而对于海上航行安全也将产生明显的不利影响。

值得注意的是，《海商法》未将针对一般海上货物运输合同承运人设置的各项法定义务，悉数作为强制性规定适用于航次租船合同。以该法第48条规定的管货义务为例，[③] 如果航次租船的出租人未能妥善管理货物，由此导致的不利后果总体而言均在航次租船合同的双方当事人之间，而与海上安全等公共利益无涉，因而不必顾及秩序、安全等法律价值方面的考量，可以给予当事人较为充分的合同自由，自行约定管货的相关事项。

2. 反对设置航次租船出租人法定义务的主要理由

反对《海商法》针对航次租船合同的出租人设定适航等法定义务的观点，主要理由仍然在于租船合同领域的意思自治也即合同自由。例如，林源民认为：

《海牙规则》是基于保护货方公众利益而制定的国际公约，规定适航义务理所当然。但租船合同是私下的平等当事人之间的合同，既不用担心谁欺负谁，也不会涉及特定社会利益集团遭遇不公正对待的问题。当事人的合同地位很大程度上取决于市场的起伏和变化。《海牙规则》以后，我们又有了《海牙—维斯比规则》、《汉堡规则》以及《鹿特丹规则》，但我们却始终没有一个关于租船合同的国际公约。这绝非偶然，而是因为租船

① 参见张新平：《海商法》，台北，五南图书出版股份有限公司2016年版，第206页。

② 参见郭瑜：《海商法教程》，北京大学出版社2012年版，第89页。

③ 《海商法》第48条规定："承运人应当妥善地、谨慎地装载、搬移、积载、运输、保管、照料和卸载所运货物。"

市场是契约自由的领域。《海商法》针对租船合同作出适航义务的规定有多管闲事之嫌。《海商法》的理由应当是要对船东严加管束，因为“船东”和“承运人”长得实在太相像了，而承运人是有适航义务的。若以此为据规定租船合同船东的适航义务恐怕太过草率。

……

《海商法》针对租船合同规定适航义务不仅违背了契约自由的原则，而且事与愿违，适得其反。这样的规定不会给租船合同当事人带来方便，却给当事人增加了不少缔约和履约的障碍和困难。[①]

基于合同自由原则在租船合同领域的广泛影响，学理上对于租船合同的法律调整也形成了一种几近共识的印象：租船运输下签订的合同不同于班轮运输的提单、海运单，不受到国际海运公约或者国内立法的强制调整，而是由双方当事人平等地自由协商，通过合同明确约定彼此的权利和义务。只要合同约定的内容不违反法律的基本原则，双方当事人本着平等、互利的精神而不存在有意欺诈，应当根据租船合同的内容作为履约以及解决争议的依据。目前尚无调整租船合同的国际海运公约，租船合同大多由各国国内法律予以调整。一些国家的海商法典设有关于租船运输的专门规定，但多数属于任意性规定，仅在租船合同未有规定时适用。而且，更多国家——特别是英美法系国家，并无关于租船合同的特别立法。关于租船合同的争议，完全依照“遵循先例原则”和“契约自由原则”进行处理，双方拟订合同条款具有很高的自由度。[②]

无论是否赞成针对航次租船出租人设置适航等法定义务，均不否认在租船合同领域应当体现海商法的自由价值，即给予当事人较为充分的合同

---

① 林源民：《适航义务的事与愿违》，载新浪博客 2018 年 12 月 24 日，http：//blog. sina. com. cn/s/blog_ 7da2c5100102z7rv. html。

② 参见郭萍编著：《租船实务与法律》，大连海事大学出版社 2014 年版，第 40 ~41 页。

自由。分歧主要在于合同自由的程度，也即是否针对部分特定事项限制当事人的自由，设置相应的强制性规范进行调整。此种分歧的实质应是秩序、安全等当代海商法的其他价值，是否可以甚至需要在租船合同的部分特定问题上优于自由价值，从而制约合同自由。而且，持反对观点者其实也并不否认航次租船的出租人应当负有适航义务，甚至认为租船合同本身约定的适航义务往往较之《海商法》的现有规定更为严格，属于不以谨慎处理为条件的绝对义务。只是此种义务不应由法律强制规定，而是仍应留待当事人通过意思自治约定，① 而航次租船实践中出租人的适航义务其实已然几近成为惯例。② 因此，此一问题的本质是当代海商法的自由价值与秩序等其他价值的冲突。判断《海商法》设置航次租船出租人的法定义务妥当与否，应当从秩序、安全等海商法的其他价值出发，判断航次租船在我国实践的客观情况下，是否需要法律通过强制性规范介入的必要。

3. 比较法上关于航次租船合同的立法例

从比较法的角度，新近完成海商法修订的德国、日本、韩国，以及正在进行修订的其他法域，总体而言均倾向于增加设置关于租船合同的专门章节，并且多数采用准用性规定的形式明确规定航次租船的出租人负有适航等法定义务。

（1）德国

德国于2013年完成了《商法》第五编“海商”的修订，并在第二章“运输合同”第二节“海运合同”增设了第二目“航次运输合同”，也即关于航次租船合同的专门规定。同时，该编还增设了第三章“租船合同”，

---

① 参见林源民：《适航义务的事与愿违》，载新浪博客2018年12月24日，http：//blog. sina. com. cn/s/blog_ 7da2c5100102z7rv. html。

② See Julian Cooke，Timothy Young，Michael Ashcroft，Andrew Taylor，John Kimball，David Martowski，LeRoy Lambert and Michael Sturley，*Voyage Charters*，Informa Law form Routledge，2014，p. 233 –234.

包括“出租船舶”（光船租赁）和“定期租船”两节。[①] 以上关于三类租船合同的专门规定均为此次修订新设，此前该法第四章“货物运送的货运营业”（第556条至第663b条）并无关于租船合同的专门规定。[②]

根据德国《商法》第527条“航次运输合同”第2款的规定，该法第485条“适航；适货”准用于航次租船合同，[③] 而后者正是关于承运人的适航法定义务的规定。该条规定：“承运人必须保证船舶处于适于航行的状态，且适当地装置、操控和配备充足供应物品（适航承运人还必须保证包括冷藏和冷冻室在内的货舱及其他船上结构，处于适宜接收运输和保存货物的状态（适货）。”[④] 而且，该法并无此项义务对于航次租船的出租人属于任意性规定的表述，因而适航义务在德国法下对于出租人而言也是强制性的法定义务。此外，该法第560条“以合同约定的状态运营船舶”也规定了定期租船出租人的适航义务，同样并无属于任意性规定的表述。[⑤]

德国学者迪特尔·施韦普（Dieter Schwampe）指出：法律关于件杂货运输合同的规定多数适用于航次租船合同。除少数特定的特别规定外，航次租船合同出租人的义务与件杂货运输合同承运人的义务基本相同。[⑥]

---

① 参见王彦：《德国海商法的改革及评介》，载《中国海商法研究》2015年第2期，第78页。

② 参见《德国商法典》，杜景林、卢谌译，法律出版社2010年版，第289~320页。

③ 德国《商法》第527条“航次运输合同”第2款规定：“除第528条至第535条另有规定外，航次运输合同准用第481条至第511条以及第513条至第525条的规定。”参见《德国〈商法典·第五编　海商〉》，马金星译，载刘艳红主编：《东南法学》2016年辑秋季卷，东南大学出版社2016年版，第228页。

④ 《德国〈商法典·第五编　海商〉》，马金星译，载刘艳红主编：《东南法学》2016年辑秋季卷，东南大学出版社2016年版，第217页。

⑤ 德国《商法》第560条“以合同约定的状态运营船舶”规定：“在定期租船合同约定期间内，出租人应当保持船舶处于合同约定用途的使用状态。尤其是，出租人应当保证船舶适航，当船舶用于运输货物时，还应保证船舶适货。”参见《德国〈商法典·第五编　海商〉》，马金星译，载刘艳红主编：《东南法学》2016年辑秋季卷，东南大学出版社2016年版，第234页。

⑥ Dieter Schwampe, *Transport Law in Germany*, Wolters Kluwer, 2018, p. 90 -91.

（2）日本

日本于2018年5月通过了《〈商法〉和〈国际海上货物运输法〉部分修改的法律案》，其中《商法》第三编“海商”第一章“船舶”第三节、第四节以及第三章“海上货物运输的特别规定”第二节分别为“船舶租赁”“定期租船”“航次租船”，体例上均为新增的关于租船合同的专门规定。此前日本《商法》第一章“船舶及船舶所有人”（第684条至第704条）、第三章“运输”（第737条至第787条）均无关于租船合同的专门规定。[①] 日本学者对此认为：租船合同完全基于对于船舶的需求和供给，缔结合同的当事人在经济上享有对等的交涉能力，因而不同于一般的海上货物运输合同，原则上不受强制法的规制。[②]

日本现行《商法》第756条规定第739条第1款准用于航次租船合同，[③] 而第739条第1款规定：

由于开航当时未做到下列事项造成货物灭失、损坏或者迟延交付的，承运人负赔偿责任。但是，承运人证明开航当时就该事项没有疏于注意的，不在此限：

（一）使船舶处于适航状态；

（二）妥善配备船员、装备船舶和配备供应品；

（三）使货舱、冷藏舱和其他载货处所适于收受、运输和保管货物。

同时，该条第2款规定：“免除或者减轻前款规定的承运人的损害赔

---

① 参见《日本最新商法典译注》，刘成杰译注，中国政法大学出版社2012年版，第257~269页。

② 参见［日］中村真澄、［日］箱井崇史：《日本海商法》，张秀娟、李刚、朴鑫译，法律出版社2014年版，第255页。

③ 日本《商法》第756条第1款规定：“第七百三十八条至第七百四十二条（第七百三十九条第二款除外）、第七百四十四条、第七百四十六条以及第七百四十七条的规定，准用于航次租船合同。在此情形下，将第七百四十一条第一款中的‘金额’置换为‘金额以及滞期费’、第七百四十四条中的‘前条’置换为‘第七百五十三条第一款或者第七百五十五条中准用的前条规定’、第七百四十七条中的‘本节’置换为‘下一节’。”

偿责任的特别约定无效。”该款规定根据第756条并不适用于航次租船合同，也即航次租船的出租人和承租人之间关于适航义务责任免除或减轻的特别约定有效。因此，日本法规定了航次租船出租人的适航义务，但不同于我国以及德国的立法模式，该项义务在日本法下属于任意性规定。但是，日本《商法》第756条第2款同时规定：“承运人不得以免除依照前款中准用的第七百三十九条第一款所规定的承运人的损害赔偿责任或者减轻该责任的特别约定对抗提单持有人。”①

根据日本学者松井信宪、大野晃宏的解释，上述立法模式的考量主要在于航次租船合同的当事人之间谈判实力相等，且具有较为充分的专业知识，法律没有必要干预当事人的意思自治，同时又要避免在签发提单的情况下件杂货运输合同和航次租船合同的承运人责任出现失衡。②

（3）韩国

韩国《商法》第五编“海商”最近一次整体修订完成于2007年，其中第二章“运输和租船”第三节“航次租船”、第四节“定期租船”、第五节“光船租赁”在体例上也是新增的专门规定。③ 此前韩国《商法》第四章“运输”第一节“货物运输”（第780条至第820条）也未设关于租船合同的专门规定。

韩国《商法》第794条是关于承运人“注意适航能力之义务”的规定：

承运人若未能证明本人或者船员及其他船舶使用人在起航之际未怠于下列事项，则应当承担因货物的灭失，毁损或者迟延到达而发生的损害赔

---

① 《日本最新商法（有关运输/海商部分）和国际海上货物运输法》，张秀娟、李晓楠、梁赟译，载《中国海商法研究》2020年第1期，第63～64页。

② 参见松井信憲＝大野晃宏『一問一答　平成30年商法改正』（商事法務，2018年）94頁参照。

③ 参见于耀东：《韩国海商法评介》，载上海海事大学海商法研究中心编：《海大法律评论2007》，上海社会科学院出版社2008年版，第406页。

偿责任：

1. 必须使船舶处于安全航海状态；

2. 必要船员乘船，修饰船舶及配备必需品；

3. 使船舱、冷藏室及其他货物处于适合领取、运输、保存货物的状态。

同时，韩国《商法》第 841 条“准用规定”第 1 款规定，第 794 条准用于航次租船合同，[①] 而且在表述上并不属于任意性规定。因此，韩国法下航次租船的出租人负有强制性的适航义务，不能通过合同约定免除。

韩国学者金仁显也认为：出租人在航次租船合同下的角色也是承运人。韩国《商法》关于航次租船合同设有若干规定。航次租船合同和班轮运输合同的当事人之间均具有承运人和托运人的特征。两类合同据此均属于运输合同，但合同自由的使用程度却有所不同。作为承运人的出租人和作为托运人的承租人在航次租船合同下具有相近的谈判实力，因而韩国《商法》除适航义务外对于出租人和承租人之间的关系不作强制性的干预。适航义务对于航次租船合同而言同样具有强制性。[②]

除上述立法例外，俄罗斯联邦《商船航运法典》第 124 条“船舶适航状态”也规定了适航义务，虽然此项义务对于航次租船的出租人并非强制性规定。[③] 以上比较法的立法进展表明，不仅学理上一贯认为的各个法域

---

① 韩国《商法》第 841 条“准用规定”第 1 款规定：“第 134 条，第 136 条，第 137 条，第 140 条，第 793 条至第 797 条，第 798 条第 1 款至第 3 款，第 800 条，第 801 条，第 803 条，第 804 条第 1 款至第 4 款，第 805 条至第 808 条，第 810 条至第 813 条的规定准用于航次租船合同。”

② In Hyeon Kim, *Transport Law in South Korea*, Wolters Kluwer, 2017, p. 83.

③ 俄罗斯联邦《商船航运法典》第 124 条“船舶适航状态”第 1 款规定：“船舶起航前，承运人应当预先使船舶处于适航状态；保证船舶技术上适航、适当地装备船舶、配齐船员和供给所有必需物品，以及使装运货物的船舱和其他舱室处于适合货物接收、运输和保存状态。”第 3 款规定：“货物运输以提单为根据实施的，或者提单依据租船合同签发并且该提单调整的是承运人和不是船舶承租人的提单持有人之间关系的，合同双方与本条第 1 款相抵触的协议无效。”参见《俄罗斯联邦海商法典》，石均正译，中国政法大学出版社 2018 年版，第 48 ~49 页。

较少设置租船合同专门规定的刻板印象不再符合实际，我国《海商法》关于航次租船出租人适航等义务的规定也远非孤例，比较法上似已渐成趋势，且以设置强制性规范居多。虽然日本、韩国等东亚地区法域的做法不乏借鉴甚或模仿《海商法》的因素，但如此一致的立法趋势恐怕不能简单视为一种不谋而合的错误，而是存在各个法域共同认可的法理基础，特别是秩序等法律价值方面的考量。

4. 自由与秩序冲突对于航次租船出租人法定义务立法的影响

既然关于航次租船合同出租人的适航等法定义务的争议，本质上是当代海商法自由价值与秩序价值的冲突。解决此一问题同样应从法律价值层面出发，考察航次租船出租人的法定义务的设置与否，对于航运经济秩序可能产生的影响。

从国际海上货物运输的角度分析，航次租船合同大多参照《统一杂货租船合同》也即金康合同的不同版本签订，而且多数亦会约定出租人的适航义务。例如，用于航次租船合同的散货运输质量条款可能约定：

出租人和承租人据此达成一致共识，即安全运输和质量保证系履行租船合同的不可或缺的部分。特别是，出租人应当谨慎处理：

(a) 在开航之前和开航当时使船舶适航，而且船舶在各个方面都适用于其被租用的航次。

(b) 在整个租船合同履行期内都应确保船舶和船长、驾驶员、其他船员遵守有关安全、健康等相关法律规定，并且应当遵守船旗国与合同履行地有关安全、装货、航次履行以及卸货方面的法律规定。①

双方当事人甚至可能确如持反对观点者所论，约定更为严格的、不以谨慎处理为条件的绝对适航义务。但是，通过强制性规范设置的出租人法定义务是最低限度的义务，并不影响当事人自行约定较之法律规定更为严

① 郭萍编:《租船缩略语与常用条款》，大连海事大学出版社 2010 年版，第 250 ~251 页。

格的义务。据此不将适航义务作为法定义务进行强制规定，对于国际海上货物运输产生的负面影响或许并不明显，也即尚不至于背离当代海商法的秩序价值，自由与秩序两项价值的冲突不甚突出。至于少数合同订立不规范或者约定不明确的情形，目前我国实践中航次租船合同履行产生的争议主要分为两类：一是货物装卸时间、速遣费和滞期费的争议，二是出租人对于货物灭失或损坏的赔偿责任的争议。维持现行《海商法》第 94 条的规定对于妥善解决后一类争议、维护航运经济秩序有着颇为重要的积极意义。

此外，《海商法》的修改很有可能将该法的适用范围扩展至国内水路货物运输。2018 年 3 月《海商法（修订征求意见稿）》以及 2018 年 11 月《海商法（修订征求意见稿）》均增设了第五章“国内水路货物（运输）合同”。《〈中华人民共和国海商法〉修订说明》列出的第一项修订主要内容便是“扩大调整范围”：

基于国内水路货物运输的重要性、《国内水路货物运输规则》废止后带来的法律调整缺失，将国内水路货物运输纳入海商法的调整范围，将“海上运输”的范围扩展为“海上或者与海相通的可航水域的货物运输和旅客运输”，并相应将船舶范围由“海船和其他海上移动式装置”扩大为“海上或者与海相通可航水域的移动式装置”。同时，新增“国内水路货物运输合同”一章，对水路货物运输合同下当事人的权利义务做出规定。

《海商法（修改送审稿）》则是在第四章“海上货物运输合同”增设了第七节“国内水路货物运输合同”。《〈中华人民共和国海商法（修稿送审稿）〉的起草说明》也指出：“新增‘国内水路货物运输合同’一节，对国内水路货物运输合同当事方的权利义务进行调整。”虽然目前《海商法》修改显示的立法技术不尽完善，也未能尽数妥善处理适用范围扩大与共同海损、海难救助、海事赔偿责任限制等其他海商法律制度的关系，但适用范围的扩大似乎已经成为此次修法无意逆转的趋势。

目前我国航运实践中，以航次租船形式开展国内水路货物运输的情形颇为普遍，相反典型的班轮运输在国内水路货物运输中已逐渐减少，[①] 并且当事人之间订立的合同无论在形式抑或内容上均不甚规范。目前的沿海、内河航运实践中，合同的免责条款尚不多见，双方当事人更为关注的是运费问题。虽然此前由于航运经济持续下滑，货少船多的矛盾日益突出，承运人在合同谈判中处于明显的弱势地位，滥用合同自由的机会不复存在。但是，如果赋予航次租船合同充分的合同自由，随着航运市场的恢复，船方在占有一定的优势地位时便会利用合同自由损害货方权益，必将引发大量的矛盾纠纷。而且，国内水路货物运输合同种类繁多，难以准确区分、界定应当限制抑或给予合同自由的运输合同类型，不仅立法难度必然增加，也会带来司法实践的不确定因素。严格限制包括航次租船合同在内的沿海、内河货物运输的合同自由，有助于进一步明确当事人权利义务责任，强化契约意识、规则意识和责任意识，符合规范国内水路货物运输市场的立法目的，[②] 也契合当代海商法的秩序价值对于维护航运经济秩序的要求。

与此相反，如果针对国内水路货物运输领域的航次租船合同完全实行的合同自由，必将不利于维护市场经营的基本秩序，因而需要法律通过强制性规范的形式进行干预，乃以设置航次租船出租人的适航等法定义务为宜。2018 年 11 月《海商法（修订征求意见稿)》第 5. 6 条也针对国内水路货物运输合同也规定了适航义务：“承运人在船舶开航前、开航当时和航程中，应当谨慎处理，使船舶处于并保持适航状态，妥善配备船员、装备

---

① 参见侯伟：《关于将内河货物运输纳入〈海商法〉调整范围的立法建议》，载《中国海商法研究》2017 年第 3 期，第 14 页。

② 参见侯伟：《关于将内河货物运输纳入〈海商法〉调整范围的立法建议》，载《中国海商法研究》2017 年第 3 期，第 16 页。

船舶和配备供应品，并使货舱、船舶其他载货处所以及承运人提供的载货集装箱适于并能安全收受、载运和保管货物并保持此种状态。”

（三）鼓励航运业发展与公平的冲突

考察当代海商法的价值体系，鼓励航运业发展与公平两项价值的冲突应是最为明显而必然的现象。此种冲突一定程度上是由海商法的本质所决定。海商法是关于海上企业营利活动的法律。海上企业以船舶作为基本运输工具，承受海上风险进行营利活动。例如，船舶在海上遭遇台风等恶劣天气时发生事故的危险，远高于在陆地遭遇台风的情形。出于保护船舶所有人等经营主体的需要，各类特殊的海商法律制度应运而生。此类制度以海事赔偿责任限制制度以及承运人航海过失免责制度最为典型，较之民法之法理明显具有例外性。①

鼓励航运业发展作为海商法特有的价值目标，本身即以对于船舶所有人等航运企业的特殊保护为主要内容，如海事赔偿责任限制制度以及承运人单位赔偿责任限制制度是对民事损害赔偿完全赔偿原则的背离，严格而言并不符合一般民事法律追求的公平。因此，可以认为海商法之所以存在，本身便是为了通过制度安排维持船货双方以及其他相关主体之间的特殊利益平衡，从而实现鼓励航运业发展的目标。据此，鼓励航运业发展与公平作为当代海商法的价值目标必然存在冲突，如何协调此种冲突也相应成为海商法始终无法回避的重要命题。

值得注意的是，鼓励航运业发展必须与客观实际相符，即对于特定参与方的特殊保护必须适当。特别是在科学技术与航海技术已经高度发达的今天，海上特殊风险的确已有明显减少，因而法律对于航运业的倾斜理应

---

①　参见［韩］金仁顯：《海商法》，法文社 2018 年版，第 7 页。

随之限缩。[①] 基于客观实际准确把握给予航运业特殊保护的限度，也是妥善协调鼓励航运业发展与公平之间的价值冲突的重要标准。

以国际海事立法为例，一部国际海事公约——尤其是海上货物运输国际公约——是否能够取得国际社会的广泛认可，很大程度上取决于公约能否妥善协调鼓励航运业发展与公平之间的价值冲突。最为典型的例证便是《汉堡规则》。《汉堡规则》并未承袭《海牙—维斯比规则》的体系和体例，而是通过规定承运人和托运人双方的权利和义务，尝试重新分配船货双方在海上货物运输中的风险分担。此种变化着重表现为取消了《海牙—维斯比规则》设置的承运人对于船长、船员等驾驶船舶或者管理船舶过失也即航海过失以及火灾过失的免责，从而对于承运人实行完全的过错责任原则，同时大幅提高了承运人的单位赔偿责任限额。[②] 据此，一般认为《汉堡规则》在很大程度上代表和维护了货方的利益，反映了货方要求在船货双方之间重新划分权利、义务和分配海上运输风险的主张，因而受到了托运人及货方的欢迎。但是，《汉堡规则》自1992年11月1日生效至今已逾1/4个世纪，但截至2021年9月，虽有约35个国家或地区参加了《汉堡规则》，但绝大多数是位于非洲和南美洲的国家，不少是航运和经济尚不发达的发展中国家，甚至是内陆国家，航运大国以及经济发达的国家几乎均未加入公约。

《汉堡规则》多数缔约国的进出口货物仍然需要依靠别国的船舶进行运输，虽然有着丰富的资源和潜在的经济实力，但现阶段对于世界航运市场的制约能力和实质影响仍然非常有限。作为新兴力量的发展中国家积极参与国际事务，争取在国际舞台的话语权，以及在建立国际经济新秩序进程中的一次集体努力，《汉堡规则》的实际效果在国际政治中的象征意义

① 参见韩立新主编：《海上侵权行为法研究》，北京师范大学出版社2011年版，第42页。

② 参见司玉琢主编：《海商法》，法律出版社2018年版，第139～140页。

似乎更为突出。[①] 此次国际立法的失败，实为《汉堡规则》片面维护货方利益而追求船货双方之间形式上的公平，忽略了海商法必然需要考虑航运活动的客观条件，并在当时以及此后较长的一个历史时期给予船方特殊保护的事实基础，也即未能妥善协调海商法的鼓励航运业发展和公平两项价值的冲突的结果。

三、海商法与其他法律领域的价值冲突

除海商法价值体系内部各项价值目标的冲突外，海商法与其他法律领域的价值也会产生冲突。下文选取破产法、消费者保护法、体育法作为重点，分别以航运企业跨境破产、海运搬家合同、帆船运动碰撞事故为例，结合典型案例分析海商法与其他商法分支、民事法律以及交叉法律领域三个层次的价值冲突。

（一）海商法与其他商法分支的价值冲突：以航运企业跨境破产为例

公平、秩序、效率三项价值目标虽是针对商法整体的价值提炼与总结，但不同商法分支基于自身具体调整对象的区别，相应形成的价值体系仍然存在差异。不仅公平、秩序、效率三项价值目标之间的优劣先后存在差异，而且亦有可能形成自身特有的价值目标，正如商法价值与法律一般价值之间也存在类似的相互关系。

以航运企业跨境破产问题为例，2017 年韩进海运株式会社的破产使此一问题愈加受到关注。船舶是航运企业最为重要的财产，某种意义上也是整个海商法律制度的基础与核心所在。正如韩国学者对于海商法的体系划分，船舶是海上企业的营业基础之一。船舶的基本功能在于航行全球进行运输，因而船舶涉及的法律关系往往跨越广阔的地域，可能涉及多个截然

---

① 参见张永坚：《国际海运公约》，法律出版社 2018 年版，第 265 ~267 页。

不同的法域。航运企业一旦陷入破产，引发的法律问题也远比一般企业的跨境破产复杂。本已纷繁复杂的破产法与海商法，在航运企业跨境破产中的冲突与碰撞不可谓不激烈，现象的背后更是两个法律领域之间价值目标的分歧。

破产法与海商法的制度冲突表现在多个方面。以我国国内的法律制度为例，《企业破产法》第21条规定："人民法院受理破产申请后，有关债务人的民事诉讼，只能向受理破产申请的人民法院提起。"该条规定显然对于海事案件的专属管辖不无影响。具体而言，破产法与海商法在国内层面的冲突着重表现为债权受偿顺序的冲突，尤其受到船舶优先权以及作为其实现方式的船舶扣押的影响。船舶优先权是以船舶为客体的担保物权，法律规定的债权人据此对于船舶拍卖所得价款享有优先受偿的权利。《海商法》第22条第1款规定了5种受船舶优先权担保的债权，包括：（1）船长、船员和在船上工作的其他在编人员根据劳动法律、行政法规或者劳动合同产生的工资、其他劳动报酬、船员遣返费用和社会保险费用的给付请求；（2）船舶营运中发生的人身损害的赔偿请求；（3）船舶吨税、引航费、港务费和其他港口规费的缴付请求；（4）海难救助的救助款项的给付请求；（5）船舶在营运中因侵权行为产生的财产赔偿请求。根据《海商法》第23条之规定，以上债权原则上应当依照上述排列顺序受偿。同时，《企业破产法》第113条第1款却又规定了破产财产在优先清偿破产费用和共益债务后的清偿顺序，包括：（1）破产人所欠职工的工资和医疗、伤残补助、抚恤费用，所欠的应当划入职工个人账户的基本养老保险、基本医疗保险费用，以及法律、行政法规规定应当支付给职工的补偿金；（2）破产人欠缴的除前项规定以外的社会保险费用和破产人所欠税款；（3）普通破产债权。

比较上述两部法律规定的债权受偿顺序，仅在船上人员工资及相关费用和税费方面有所交集，工资和税收历来也在破产债权中居于优先地位。

除此之外，《海商法》规定的海难救助款项等债权在《企业破产法》之下并无优先性，仅能在最末顺位作为普通破产债权清偿。《企业破产法》第 19 条规定："人民法院受理破产申请后，有关债务人财产的保全措施应当解除，执行程序应当中止。"作为行使船舶优先权的必由之路，船舶扣押应当属于该条规定的保全措施，但该条规定的效力是否能够及于破产清算程序中作为担保物权的船舶优先权，现行立法并未明确，学界亦多有争议。《企业破产法》第 109 条规定："对破产人的特定财产享有担保权的权利人，对该特定财产享有优先受偿的权利。"如果认为《企业破产法》第 19 条的效力能够及于破产清算程序中的担保物权，上述规定之间似有矛盾之处。因此部分观点认为，船舶所有人破产时受船舶优先权担保的债权人可在自身请求权的限度之内对于船舶行使别除权。① 但是，船舶优先权的行使往往先于破产清算，破产法下的普通破产债权如果可以倚仗海商法的规定获得优先受偿，却又颇有可能阻碍其他普通破产债权获得清偿。而且，各国立法对于船舶优先权的法律规定多有分歧，实践中债权人通常倾向于选择扣船更为方便、船舶优先权担保范围更广的国家进行扣船。此种制度冲突背后的根本原因，实是破产法与海商法的价值分歧。

规范的商事活动不同决定了破产法与海商法虽然同为传统商法的分支，但二者的立法理念及价值目标却有着相当明显的差异。借用词家笔法，白天与黑夜的冲突背后，两个法律领域似乎"坚持各自等在原地，把彼此站成两个世界"。破产法规范破产程序，关注的焦点应是债务人的生死。现代破产法的制度价值之一在于给予债务人重新开始的机会，即诚实的债务人通过破产制度能够从沉重的债务中解脱出来，从而开始全新的经

---

① 参见李永军：《破产法：理论与规范研究》，中国政法大学出版社 2013 年版，第 306 页。

济生活。[1] 因此，破产法律的追求在于向死而生，使债务人经历破产以后能够置之死地而后生。但是，海商法用于规范海事活动，商法的效益性在海事法律中得到充分贯彻。船舶优先权、船舶扣押等制度仅仅关顾具体债权的实现，对于债务人的生死则在所不问。即使债权的实现可能导致债务人破产，也要尽量满足债权的清偿。简言之，海商法关注效率，破产法更重秩序，至少在航运企业的破产问题上应是如此。

例如，有财产担保的债权的受偿本身就是跨境破产中的疑难问题，原因在于有担保债权的受偿无疑将会影响无担保债权的受偿，同时也与破产法秉持的公平原则存在矛盾。商事交易的目标在于充分利用现有资源以追求最大经济效益，而资金与商品的流转频率与其获得的效益成正比。[2] 因此，保障交易便捷也是商事法律的基本原则之一。但是，一如船舶优先权的日文表达，船舶优先权是一种“特权”。[3] 此项制度之下不同类型的债权之间等级森严，孰优孰劣相当分明。船舶优先权制度对于已被法律明文规定为特权的债权，首先关注的是保障债权个体的实现，而对于债务清偿全局的形式公平却不多置喙。对于享有此种特权的债权人而言，如果沦落为与其他普通债权在形式上平等受偿，反而可能辜负创设船舶优先权制度的特殊考量，进而造成实质上的不公。而且，船舶航行全球的基本功能导致扣押船舶的机会转瞬即逝，因而债权人必然希望尽早通过扣押船舶建立对于自身债权的保障，既可避免陷入在其他普通债权林立的外国主要破产程序中降格以求的窘境，也能免于遭受语言、制度、文化差异造成的障碍。

不同于海商法，破产法的产生虽然首先是为满足债权人公平受偿的需

---

① 参见［美］大卫·G. 爱泼斯坦、［美］史蒂夫·H. 尼克勒斯、［美］詹姆斯·J. 怀特：《美国破产法》，韩长印等译，中国政法大学出版社 2003 年版，第 6 页。

② 参见范健、王建文：《商法学》，法律出版社 2015 年版，第 10 页。

③ 船舶优先权在日文中表述为“船舶先取特權”。

求,[①] 但在追求效率的商事活动中却更多居于善后、收尾的地位，目的之一在于形成健康的财务危机处理机制和有序的市场主体退出机制，公平、秩序便也顺理成章地成为破产法的主要价值。公平在破产法律中首先表现为公平清偿债权债务，此亦《企业破产法》第1条确立的立法宗旨之一。[②] 如果一种债权基于海商法的规定能够在航运企业的跨境破产之中享有特权，便有可能破坏破产法追求的公平。当然，破产法作为商事法律也并非不追求效率，但破产法的效率价值要求更多在于及时、高效地解决破产事务，尤其是尽量在一个相对统一的破产程序中完成债权清偿，最大限度地避免个别清偿的发生。船舶被扣押并拍卖属于典型的个别清偿，如果航运企业的船舶在主要利益中心以外的世界各地被一再扣押、拍卖，破产程序难免陷入不稳定的未知状态，海商法与破产法追求的效率便会发生冲突。[③]

（二）海商法与民事法律的价值冲突：以海运搬家合同为例

随着经济全球化的不断演进，移民人士、外籍雇员、外交机构人员以及留学生在不同国家之间的往返活动日益增多，对应的家具等私人物品的国际运输需求也逐渐产生，由此促使海运搬家业务快速发展。具体而言，海运搬家通常是由物流公司依据与托运人之间的合同约定，上门包装托运人的私人物品并负责装船，以海运为运输方式、船舶为运输工具将物品运至他国，然后通过卸船、分流等环节配送到门，并收取长途搬家运费。海运搬家的一方主体是专门提供私人物品海上运输服务的物流公司，另一方主体大多是移民人士、留学生等具有私人物品跨国运输需求的人员。海上

① 参见范健、王建文：《商法学》，法律出版社2015年版，第349页。

② 《企业破产法》第1条规定："为规范企业破产程序，公平清理债权债务，保护债权人和债务人的合法权益，维护社会主义市场经济秩序，制定本法。"

③ 参见孙思琪：《航运企业跨境破产的法律困局》，载王欣新、郑志斌主编：《破产法论坛》（第13辑），法律出版社2018年版，第814~819页。

运输较之航空、铁路等运输方式，具有通过能力强、运量大、性价比较高等特点，因而已是当前跨国搬家服务依靠的主要运输方式。

上海海事法院曾于2019年审理了一起围绕海运搬家合同产生的海上货物运输合同纠纷案件。原告委托被告国际物流公司将涉案家具通过海运方式由中国上海运至加拿大多伦多。物品运至目的地后，原告根据仓储文件发现物品的实际体积明显小于被告此前告知并依据收取运费的体积，据此认为被告提供的服务存在欺诈行为，要求被告退还运费，同时依据《消费者权益保护法》第55条第1款的规定，承担运费3倍的惩罚性赔偿。[①]

虽然本案最终是以调解的方式结案，但随着海运搬家业务日趋成熟，可以预见此类纠纷在海事审判实践中将会逐渐增多。不同于传统海上货物运输法重点关注面向国际贸易的海上运输，海运搬家业务由于托运人通常作为个人同时具有消费者的身份，导致在适用法律层面与消费者保护法产生交集。消费者保护法是典型的民事法律，价值取向与商事法律殊为不同。特别是海上货物运输法与消费者保护法的价值取向迥然有异，前者基于鼓励航运业发展的价值形成了倾斜保护承运人等船方的立法传统，而后者给予特别保护的消费者在海运搬家合同下却是承运人的相对方。尤其是在物品发生灭失、损坏或迟延交付等特定场合，海上货物运输法和消费者保护法分别设有单位赔偿责任限制规则和惩罚性赔偿规则，二者虽均突破了作为损害赔偿原则的完全赔偿原则，却是朝向限制责任与加重责任两个截然相反的方向拓展。而且，惩罚性赔偿针对的欺诈行为，颇有可能不是物品灭失、损害或迟延交付的原因，因而未必引致承运人丧失单位赔偿责任限制的权利。以上诸种因素的共同作用，导致海运搬家合同承运人的责任承担在司法实践中尚未形成相对统一的裁判规则。

---

① （2019）沪72民初3263号。

1. 海运搬家合同的法律性质认定

（1）海运搬家合同的海上货物运输合同性质

《海商法》第41条规定："海上货物运输合同，是指承运人收取运费，负责将托运人托运的货物经海路由一港运至另一港的合同。"海运搬家合同承运人一方的主给付义务是提供运输服务，即将托运人的私人物品经由海路运送至目的地，而托运人一方的主给付义务是支付运费。

例如，上述案件的涉案合同约定"乙方为甲方提供私人物品国际运输服务"。至于承运人是否提供上门测量估价、物品包装、拆包就位等其他服务，需要根据双方当事人的具体约定情况确定。因此，海运搬家合同符合《海商法》关于海上货物运输合同的定义，具有海上货物运输合同的性质。"海运搬家"只是依其服务内容形成的习惯称谓，表明运输的标的物是需要实现跨国搬家的私人物品，但并不改变服务本身的海上货物运输属性。除非其中涉及的海上运输属于我国港口之间的海上货物运输，否则应当适用《海商法》第四章关于海上货物运输合同的规定。

（2）海运搬家合同的消费者合同性质

仅从合同法的角度分析，消费者合同在我国现行法律体系之下并非典型合同，立法上也未明确界定消费者合同的内涵，即使是《消费者权益保护法》亦不例外。合同是消费者购买、使用商品或者接受服务的媒介，也是消费者享有权利、经营者承担义务的基础，《消费者权益保护法》确实也针对消费者权利和经营者义务分别设置专章进行了规定，但该法除第24条第1款外并未直接提及消费者与经营者之间的合同关系。[①]《消费者权益保护法》第24条第1款规定：

经营者提供的商品或者服务不符合质量要求的，消费者可以依照国家规定、当事人约定退货，或者要求经营者履行更换、修理等义务。没有国

① 参见孙思琪：《邮轮旅游法律要论》，法律出版社2018年版，第326页。

家规定和当事人约定的，消费者可以自收到商品之日起七日内退货；七日后符合法定解除合同条件的，消费者可以及时退货，不符合法定解除合同条件的，可以要求经营者履行更换、修理等义务。

消费者合同客观上也不应被视为具体的合同类型，或者至少不能与《民法典》合同编典型合同部分规定的各类典型合同，以及海上货物运输合同等特别法上的典型合同并列，而是同时涵盖以生活消费为目的订立的买卖合同、服务合同、保险合同等多种合同类型。消费者合同的特殊性主要在于合同订立的目的以及双方当事人。①

我国法律鲜少直接采用“消费者合同”的表述，仅有的例外应是《涉外民事关系法律适用法》第42条规定：“消费者合同，适用消费者经常居所地法律；消费者选择适用商品、服务提供地法律或者经营者在消费者经常居所地没有从事相关经营活动的，适用商品、服务提供地法律。”该条虽然创设了以消费者合同概念为基础的法律规则，即消费者合同的法律适用，但同样未有明确界定消费者合同的内涵。因此，须以《消费者权益保护法》为基础，结合该法相关条文进行解释方能确定消费者合同的概念。

《消费者权益保护法》第2条前段规定：“消费者为生活消费需要购买、使用商品或者接受服务，其权益受本法保护。”该条虽是关于调整范围的规定，但也同时明确了消费的基本含义，即为生活消费需要购买、使用商品或者接受服务。其中“生活消费”应当是指为生存、发展及享受需要而购买、使用商品或接受服务的行为。因此，只要提供商品或者服务的一方是从事市场经营活动的经营者，购买商品或者接受服务的一方是为了个人或者家庭终极消费需要，而不是为了从事生产经营或者职业活动需要，② 即属于《消费者权益保护法》的调整范围，双方此时订立的合同便

---

① 参见孙思琪：《邮轮旅游法律适用论要》，载《武大国际法评论》2018年第2期，第120页。

② 参见李适时主编：《〈中华人民共和国消费者权益保护法〉释义》，法律出版社2013年版，第13页。

也属于消费者合同。

考察比较法上的学理观点，我国台湾地区“消费者保护法”同样未对消费者及消费关系作出明确定义，学者的理解则与上述分析大抵相同。例如，洪志宏认为：“所谓‘消费’，系指不再用于生产情形下的‘最终消费’。盖就消费者保护法而言，消费行为是指商品之使用行为之主要目的，乃是为达到生活上之目的，而非以供业务执行或生产为目的（营业或投资为目的）者……”① 质言之，界定消费者合同的关键在于双方当事人，一方须为消费者，另一方须为经营者。②

移民人士、留学生等人员接受物流公司提供的海运搬家服务，目的是实现个人物品的国际运输，以此配合自身在不同国家之间的往返流动，因而属于较为典型的个人目的终极消费需要。此时托运人应当具有消费者的身份，海运搬家合同也构成消费者合同，应当适用《消费者权益保护法》的规定。

2. 单位赔偿责任限制与惩罚性赔偿的规范关系

（1）单位赔偿责任限制与惩罚性赔偿的规范对象

①承运人单位赔偿责任限制的规范对象

考察承运人单位赔偿责任限制与消费者惩罚性赔偿的规范对象，前者相对而言更为明确。根据《海商法》第 56 条、第 57 条的规定，③ 承运人

---

① 洪志宏：《消费者保护法》，台北，五南图书出版股份有限公司 2017 年版，第 43 页。

② 参见韩世远：《合同法总论》，法律出版社 2018 年版，第 911 页。

③ 《海商法》第 56 条第 1 款规定：“承运人对货物的灭失或者损坏的赔偿限额，按照货物件数或者其他货运单位数计算，每件或者每个其他货运单位为 666.67 计算单位，或者按照货物毛重计算，每公斤为 2 计算单位，以二者中赔偿限额较高的为准。但是，托运人在货物装运前已经申报其性质和价值，并在提单中载明的，或者承运人与托运人已经另行约定高于本条规定的赔偿限额的除外。”第 57 条规定：“承运人对货物因迟延交付造成经济损失的赔偿限额，为所迟延交付的货物的运费数额。货物的灭失或者损坏和迟延交付同时发生的，承运人的赔偿责任限额适用本法第五十六条第一款规定的限额。”

单位赔偿责任限制的适用对象是货物灭失、损坏或者迟延交付，即承运人仅针对货物灭失、损坏或者迟延交付的情形，方才享有法律规定的单位赔偿责任限制的权利。

同时值得关注的应是单位赔偿责任限制权利的丧失。《海商法》第59条第1款规定：

经证明，货物的灭失、损坏或者迟延交付是由于承运人的故意或者明知可能造成损失而轻率地作为或者不作为造成的，承运人不得援用本法第五十六条或者第五十七条限制赔偿责任的规定。

如果承运人的故意或者明知可能造成损失而轻率地作为或不作为导致了货物的灭失、损坏或迟延交付，承运人即丧失了单位赔偿责任限制的权利，而应进行完全赔偿。我国学理通说认为，上述规定中的“故意”是指民法上的直接故意，而“明知可能造成损失而轻率地作为或者不作为”是指间接故意。直接故意是指行为人明知其行为可能发生侵害他人民事权益的后果，仍然有意为之而追求后果发生的主观心理状态；间接故意是指行为人明知其行为可能发生侵害他人民事权益的后果，仍然放任后果发生的主观心理状态。[①] 因此，如果承运人仅是过失的心理状态，即行为人对于侵害他人民事权益的后果发生应当注意或者能够注意而未注意的主观心理状态，仍然能够主张单位赔偿责任限制的权利。此种理解符合承运人责任的不完全过错责任原则，即承运人承担责任的前提本是存在过错，因而导致丧失单位赔偿责任限制权利的主观心理状态范围必须小于过错，否则造成的结果将是凡属承运人应当承担责任的情形，均符合丧失单位赔偿责任限制权利的条件。

②消费者合同惩罚性赔偿的规范对象

至于消费者合同的惩罚性赔偿，《消费者权益保护法》第55条第1款

① 参见程啸：《侵权责任法》（第3版），法律出版社2021年版，第292页。

规定：

经营者提供商品或者服务有欺诈行为的，应当按照消费者的要求增加赔偿其受到的损失，增加赔偿的金额为消费者购买商品的价款或者接受服务的费用的三倍；增加赔偿的金额不足五百元的，为五百元。法律另有规定的，依照其规定。

据此，惩罚性赔偿的适用首先以经营者客观上实施了欺诈消费者的行为为要件。根据此前国家工商行政管理局《欺诈消费者行为处罚办法》第2条的规定，欺诈消费者行为，是指经营者在提供商品或者服务中，采取虚假或者其他不正当手段欺骗、误导消费者，使消费者的合法权益受到损害的行为。①

存在争议的应是消费者主张惩罚性赔偿是否以遭受损失为前提。仅从法条的文义分析，《消费者权益保护法》第55条第1款确实采用了“赔偿……损失”的表述，因而不少学者对此持肯定态度。例如，王兴运认为：

根据《消费者权益保护法》第55条的规定，经营者有欺诈行为的，应当按照消费者的要求增加赔偿其受的损失。可见，经营者是在消费者所受损失基础上进行增加赔偿（即惩罚性赔偿），无损失便无赔偿。因此，消费者遭受一定的损失也是惩罚性赔偿责任的构成要件之一。②

但是，上述理解明显与我国的司法实践不符。例如，上海市第一中级人民法院在最高人民法院公报案例邓某华诉上海永达鑫悦汽车销售服务有限公司买卖合同纠纷案中明确指出：“从法条文义看，只要经营者提供商品或者服务有欺诈行为，则需要按照商品价款或接受服务的费用的三倍进

① 该办法已于2015年被《侵害消费者权益行为处罚办法》废止，后者在第5条、第6条详细列举了侵害消费者权益的行为，同时第16条明确规定其中部分类型构成欺诈行为。

② 王兴运：《消费者权益保护法》，北京大学出版社2015年版，第256页。

行赔偿。该法条未对消费者受到损失的大小进行区分。因此，邓某华要求三倍赔偿的诉讼请求，具有相应的法律依据，予以支持。”①

北京市第一中级人民法院在张某军与北京沃尔玛百货有限公司等买卖合同纠纷一案中也认为：“惩罚性赔偿尽管是损害赔偿的一种形式，但其不同于传统民法理论上的补偿性赔偿的概念，而是经营者对自己实施的欺诈行为所承担的加重后果。因此，惩罚性赔偿不以损失的补偿为前提，更不以损失的实际发生为条件。只要经营者实施了欺诈行为，就应当向消费者承担三倍赔偿金的责任。”②

因此，惩罚性赔偿的目的不在填补损失，而是惩罚不法行为，③ 因而不应以消费者实际遭受损失为适用前提。而且，惩罚性赔偿的金额也是以商品价款或服务费用为标准，而与损失金额无关。

（2）单位赔偿责任限制与惩罚性赔偿的立法目的

①承运人单位赔偿责任限制的立法目的

单位赔偿责任限制制度主要是为保护承运人一方。④ 民事损害赔偿的最高原则是完全赔偿原则，力求促使受害人恢复到尚未遭受侵害时应处之状态。⑤ 但是，海事活动由于海上特殊风险的存在而成败难卜，如果要求船方完全承担此种风险，投资者颇有可能裹足不前，从而难以推进航运业的发展。⑥ 因此，海商法基于实质公平的价值追求，以及鼓励航运业发展等特殊政策考量，背离完全赔偿原则创设了特殊的赔偿责任限制制度，其中之一即为承运人的单位赔偿责任限制制度。

---

① 邓某华诉上海永达鑫悦汽车销售服务有限公司买卖合同纠纷案，《最高人民法院公报》2018 年第 11 期。

② 北京市第一中级人民法院（2016）京 01 民终 5800 号民事判决书。

③ 参见韩世远：《合同法总论》，法律出版社 2018 年版，第 912 页。

④ 参见张新平：《海商法》，台北，五南图书出版股份有限公司 2016 年版，第 247 页。

⑤ 参见程啸：《侵权责任法》（第 3 版），法律出版社 2021 年版，第 758 页。

⑥ 参见桂裕编著：《海商法新论》，台北，正中书局 1974 年版，第 124 页。

海商法通过设置特殊的责任限制制度，赋予承运人等特定主体将其理应承担的赔偿责任限定在一定数额之内的权利，虽然客观上导致受害者遭受的损失无法得到充分、有效的赔偿，[①] 但在海事活动的特定背景之下却更为符合法律的公平价值。一般民商事法律遵循的公平原则作为法律公平价值之体现，要求实现当事人利益的平衡，并且防止出现利益衡量的显失公平，[②] 甚或延伸至对于不利益也即风险和负担的分配亦须均等。[③] 海商法创设承运人单位赔偿责任限制制度本身即有不同于一般民事法律的特殊利益衡量，学说上也认为海上债务具有特殊平衡性。[④]

②消费者合同惩罚性赔偿的立法目的

针对消费者合同创设惩罚性赔偿，主要是通过惩罚现实的加害者，同时威慑潜在的加害者，[⑤] 实现对于消费者权益的保护。消费者与经营者之间的经济实力往往存在差距，同时在信息占有方面也有明显的不对等现象，加之商家经营成本的外部化，导致消费者在交易活动中多数处于弱势地位，[⑥] 需要在立法上予以适当干预进行纠正。

消费者保护法本就是以保护消费者权益为内容。尤其对于消费者合同法而言，立法目的在于通过谋求消费者合同的缔结过程以及内容的适当公正化，确保消费者的合法权益，从而有利于消费生活的安定及提高。消费者合同法据此重视消费者和经营者在交易活动中关系的对等化，帮助双方基于自己责任而实施正当的缔约行为。[⑦] 惩罚性赔偿即可在一定程度上促

---

① 参见何丽新、谢美山：《海事赔偿责任限制研究》，厦门大学出版社 2008 年版，第 71 页。

② 参见王利明：《民法总则研究》（第 2 版），中国人民大学出版社 2012 年版，第 120 ~121 页。

③ 参见胡正良主编：《海事法》，北京大学出版社 2016 年版，第 599 页。

④ 参见赖来焜：《最新海商法论》，台北，神州图书出版有限公司 2002 年版，第 11 页。

⑤ 参见王兴运：《消费者权益保护法》，北京大学出版社 2015 年版，第 253 页。

⑥ 参见中国消费者权益保护法学研究会：《消费者权益保护法学》，中国社会出版社 2017 年版，第 30 页。

⑦ 参见张严方：《消费者保护法研究》，法律出版社 2003 年版，第 267 页。

使经营者规范自身的经营行为，尽量减少欺诈行为的发生。

（3）单位赔偿责任限制与惩罚性赔偿的适用关系

基于单位赔偿责任限制和惩罚性赔偿的上述立法目的，应当认为海上货物运输法和消费者保护法的价值取向存在一定冲突。前者是通过保护承运人一方实现鼓励航运业发展，后者则以保护消费者的权益为中心。二者倾斜保护的对象恰是海运搬家合同的双方当事人。但是，海运搬家合同的法律调整不应碍于此种障碍而有所偏废。

较之一般民事损害赔偿的完全赔偿原则，单位赔偿责任限制和惩罚性赔偿均属背离原则的特别规则。前者是通过设定限额减轻责任，后者则是增加赔偿加重责任。基于《立法法》第92条确立的“特别法优于一般法”规则，[①] 二者皆属特别法，且均为针对特定事项的特别法。海上货物运输法针对的特定事项是海上货物运输合同，而海运搬家合同仅是其中一类；消费者保护法针对的特定事项是消费者合同，但消费者合同亦不限于海运搬家合同。二者的调整对象重合于海运搬家合同，但在效力方面并不存在何者应当优先适用的位阶差异。

惩罚性赔偿的发生根据在于法律的直接规定，作为一种额外负担以其法定性而具有独立性，而与合同运行的结果并无必然联系。违约责任并不影响惩罚性赔偿的特殊性质，二者可以并用不悖。[②] 单位赔偿责任限制规则减轻的责任即属此类。既然惩罚性赔偿是额外负担的赔偿责任，原有的违约责任是否能够主张限制也应与之无碍。因此，单位赔偿责任限制和惩罚性赔偿应当可以同时用于确定海运搬家合同承运人的责任。值得顾虑的应是单位赔偿责任限制针对货物的灭失、损坏或迟延交付，而惩罚性赔偿

---

① 《立法法》第92条规定：“同一机关制定的法律、行政法规、地方性法规、自治条例和单行条例、规章，特别规定与一般规定不一致的，适用特别规定；新的规定与旧的规定不一致的，适用新的规定。”

② 参见韩世远：《合同法总论》，法律出版社2018年版，第916页。

针对的欺诈行为同样可能导致货物发生此类结果。但是，单位赔偿责任限制以故意或者明知可能造成损失而轻率地作为或者不作为为丧失条件，而欺诈行为应当属于故意的情形，因而对于同一损害并不存在承运人可以限制责任但应承担惩罚性赔偿的情形。

3. 其他运输方式惩罚性赔偿的司法实践

除海上货物运输外，其他运输方式基于运输活动涉及的特殊风险，大多也设有不同程度的单位赔偿责任限制。例如，《民用航空法》第 129 条第 2 项中规定，国际航空运输承运人对于货物的赔偿责任限额为每公斤为 17 特别提款权。[①] 特别是随着电商行业快速发展产生的物流运输需要，快递企业的运单条款大多约定较低的赔偿责任限制。例如，顺丰速运《快递运单契约条款》第 4. 2 条规定："快件延误的赔偿仅为免除当次运费（不含保价费等附加费用）。"第 4. 3 条规定："未保价快件在运输环节发生灭失、破损、短少的，顺丰在 7 倍运费的限额内向您赔偿托寄物的实际损失，双方另有约定的除外。如您认为该赔偿标准不足以弥补您的损失，应根据托寄物的实际价值进行保价。如您未保价，视为托寄物价值不超过 1000 元。"

考察我国司法实践的具体情况，托运人作为消费者主张惩罚性赔偿的情况并不多见。此种现象的形成应有两个方面的原因：一是承运人单方预先拟定的运输单证条款作为格式条款，通常明确设有赔偿责任限制的规定，消费者如不具有相关的法律专业知识，大多在发生纠纷后便会接受此种规定；二是快递等货物运输活动的运费相对低廉，而与海运搬家合同动

---

① 《民用航空法》第 129 条第 2 项规定："国际航空运输承运人的赔偿责任限额按照下列规定执行：……（二）对托运行李或者货物的赔偿责任限额，每公斤为 17 计算单位。旅客或者托运人在交运托运行李或者货物时，特别声明在目的地点交付时的利益，并在必要时支付附加费的，除承运人证明旅客或者托运人声明的金额高于托运行李或者货物在目的地点交付时的实际利益外，承运人应当在声明金额范围内承担责任。"

辄数万元的费用不可同日而语，托运人通常不愿为此耗费精力展开诉讼。

分析少数涉及惩罚性赔偿的案件，法院大多认可此类运输合同具有消费者合同的属性。例如，广东省深圳市中级人民法院在范某鹤与广东红楼国通快递有限公司（以下简称国通公司）合同纠纷一案中认为："《中华人民共和国消费者权益保护法》第二条规定，消费者为生活消费需要购买、使用商品或者接受服务，其权益受本法保护。本案中，上诉人范某鹤将自己购买的物品交由国通公司运送，是为了将不适宜的货物退还商家，这是一种个人生活消费需要，而非商业目的，上诉人国通公司则属于提供快递服务的经营者，因此上诉人范某鹤应属消费者。上诉人范某鹤与上诉人国通公司之间既是一个运输合同关系，同时也是消费者与经营者的服务与被服务关系，因此上诉人范某鹤依据《中华人民共和国消费者权益保护法》维护自己的权利，并不违反法律规定。"① 但是，多数法院同时倾向于通过以下两种方式回避惩罚性赔偿规则的适用：

其一，认可运输单证条款关于赔偿责任限制的规定。以袁某辉与顺丰速运集团（上海）速运有限公司、顺丰速运有限公司运输合同纠纷一案为例，托运人委托承运人运送价值14,257元的奢侈品，而快件送达收件人时却被调换为了食品。由于运费的3倍不足500元，因而托运人主张了500元的惩罚性赔偿，同时认为寄件网点未标识保价告示，工作人员亦未提醒保价，而且保价条款应当属于无效的格式条款。但是，上海铁路运输法院认为托运人主张格式条款无效缺乏事实和法律依据，仅酌定承运人赔偿140元，并返还运费20元。②

其二，对于承运人是否构成欺诈行为从严认定。以邓某海与上海安誉国际物流有限公司运输合同纠纷为例，托运人认为承运人实际使用了20尺

---

① 广东省深圳市中级人民法院（2015）深中法民终字第3309号民事判决书。

② 上海铁路运输法院（2020）沪7101民初340号民事判决书。

集装箱，而非双方约定的40尺集装箱，因而多收取了37,000元的运费，存在欺诈行为。但是，一审法院上海市金山区人民法院认为：使用20尺或40尺集装箱的区别是由于打包家具过程中的测算错误，不应构成欺诈行为，因而托运人主张惩罚性赔偿缺乏事实和法律依据。[①] 二审法院上海市第一中级人民法院也未否定此项判断。[②] 但是，也有部分法院针对类似的运费计算问题持有不同看法。例如，广东省深圳市宝安区人民法院在冯某迪与顺丰速运有限公司航空货物运输合同纠纷一案中认为：承运人存在通过过多计算轻抛重量以多收运费的行为，该行为具有欺诈性，承运人据此应当承担惩罚性赔偿。[③]

即使是在上文已经提及的范某鹤与国通公司合同纠纷一案中，法院虽然认可了此类运输合同可以适用《消费者权益保护法》，但仍未适用惩罚性赔偿规则。该案中托运人委托承运人运送的物品未能送达，托运人主张："范某鹤邮寄的物品一直存放在国通公司，但国通公司客服却一直未向范某鹤交代实际情况，面对范某鹤的质疑总是模棱两可，含糊应对，范某鹤多次交涉未果，无奈之下才将国通公司告上法庭，直至开庭之日，国通公司才出示范某鹤邮寄之物品，这段时间距离范某鹤将物品交付国通公司已长达半年多，可见国通公司侵占该物品、欺诈范某鹤的主观故意明显。"承运人解释的原因为托运人填写的信息不清晰，而法院查明的事实表明托运人提交的快递单底联的收件地址、收件人姓名、联系电话等信息内容均清晰可见。但是，法院仍然认为承运人的行为属于过失而非故意，因而不构成欺诈行为，不应适用惩罚性赔偿规则。

少数较为宽松地认定欺诈行为进而适用惩罚性赔偿的案例，应是湖南

① 上海市金山区人民法院（2018）沪0116民初2219号民事判决书。

② 上海市第一中级人民法院（2018）沪01民终7118号民事判决书。

③ 广东省深圳市宝安区人民法院（2020）粤0306民初1832号民事判决书。

省岳阳市岳阳楼区人民法院审理的王某军与被告湖南顺丰速运有限公司、湖南顺丰速运有限公司岳阳分公司运输合同纠纷一案。该案中承运人采用了公路运输方式，而非双方约定的次日件应当采用的航空运输方式。虽然承运人主张未采用航空运输方式的原因是快件中包含航空违禁品，但法院基于证据规则等因素未予认可，进而认定承运人未按合同约定时间将快件送达目的地，应当承担惩罚性赔偿。[①]

4. 海运搬家合同承运人的责任承担规则

基于海上货物运输法的承运人单位赔偿责任限制和消费者保护法的惩罚性赔偿可以同时适用于海运搬家合同，针对承运人不能依法免除自身责任的情形，确定承运人的责任需要考虑三项因素：一是物品是否发生灭失、损坏或迟延交付；二是承运人是否存在欺诈行为；三是欺诈行为是否导致物品灭失、损坏或迟延交付。暂不考虑承运人除欺诈行为外存在其他故意或者明知可能造成损失而轻率地作为或者不作为的情形，海运搬家合同承运人的责任承担规则应当分为以下三种情况（见表5-1）：

第一，物品未发生灭失、损坏或迟延交付，但承运人存在欺诈行为。例如，承运人通过故意错误测算物品体积、重量等行为，实现过多收取运费的目的。此时承运人应当承担运费三倍的惩罚性赔偿。

第二，物品发生灭失、损坏或迟延交付，承运人同时存在欺诈行为，且欺诈行为是物品发生灭失、损坏或迟延交付的原因。例如，承运人承诺将以直达航线运输物品，但实际船舶的航线绕航挂靠多个港口，导致物品发生迟延交付。此时欺诈行为作为物品发生迟延交付的原因，构成故意的情形，承运人丧失单位赔偿责任限制的权利，同时还应承担运费三倍的惩罚性赔偿。

第三，物品发生灭失、损坏或迟延交付，承运人同时存在欺诈行为，

① 湖南省岳阳市岳阳楼区人民法院（2016）湘0602民初3846号民事判决书。

但欺诈行为不是物品发生灭失、损坏或迟延交付的原因。例如，承运人通过故意错误测算多收运费，同时物品由于承运人未能妥善保管而损坏。此时承运人针对货物损坏可以享受单位赔偿责任限制，但同时仍应承担运费3倍的惩罚性赔偿。

表5-1　海运搬家合同承运人的责任承担规则

承运人责任的认定因素			承运人责任	
物品是否发生灭失、损坏或迟延交付	承运人是否存在欺诈行为	欺诈行为是否构成物品灭失、损坏或迟延交付的原因	是否享有海事赔偿责任限制的权利	是否应当承担惩罚性赔偿
否	是	—	—	是
是	是	是	否	是
是	是	否	是	是

我国民事立法并非未有考虑一般民事损害赔偿与惩罚性赔偿的衔接。例如，《民法典》第179条第2款规定："法律规定惩罚性赔偿的，依照其规定。"但是，此一问题在海事法律领域尚未受到充分关注。虽然单位赔偿责任限制和惩罚性赔偿基于现行规则可以同时适用于海运搬家合同，但具体的适用结果难免存在令人疑虑之处，即规则背后依托的价值取向存在明显冲突。尤其是在承运人丧失单位赔偿责任限制权利的情形，此时承运人实际已经遭受颇为沉重的惩罚，如果继续对其加以惩罚性赔偿，未免施加了过于苛严的责任，而距倾斜保护承运人的价值取向相去甚远。而且，此种价值冲突似乎一时无法调和，原因在于托运人作为消费者和承运人作为经营者本就居于对立关系，但对双方的倾斜保护却又均有颇为充分的法理正当性乃至实际需要，二者皆应得到贯彻而不可偏废。

造成上述现象的原因之一应是海商法历来较少调整企业与个人之间的民事合同，因而海上运输法与消费者保护法此前少有交集，至多限于海上旅客运输合同一类。但是，随着海淘、跨境电商等购物方式日趋成熟，加之邮轮旅游在我国的快速发展，海上运输法与消费者保护法的冲突在司法实践中将会逐渐产生。特别是《旅游法》第 70 条第 1 款后段同样规定了违约惩罚性赔偿。[①] 海上运输法与消费者保护法之间价值冲突的协调，应是今后立法和司法无法回避的重要命题，同时也是海商法与民事法律价值冲突之典型。

（三）海商法与交叉法律领域的价值冲突：以帆船运动碰撞事故为例

体育法是典型的交叉法律领域，类似于部分学者提出的领域法，即调整特定经济社会领域的法律集合，其中时常涉及民事法律规则。作为调整体育社会关系的法律领域，[②] 体育法传统上与调整海上运输关系和船舶关系的海商法鲜有交集。2021 年 2 月，广东省高级人民法院对于深圳市南山人防工程防护设备有限公司与粤和兴激光刀模（深圳）有限公司、中国太平洋财产保险股份有限公司深圳分公司船舶碰撞损害责任纠纷一案作出二审判决，[③] 本案也是目前我国仅有的一起以判决形式结案的帆船运动碰撞事故损害赔偿责任纠纷。[④]

帆船运动本质上是一种航海活动，经由帆船航海实践的娱乐化与竞技化，逐渐发展成为今日独立的体育运动项目，但很大程度上仍然反映着航海文化的内涵。[⑤] 现代帆船运动集娱乐性、观赏性、探险性、竞技性于一

---

① 《旅游法》第 70 条第 1 款后段规定："旅行社具备履行条件，经旅游者要求仍拒绝履行合同，造成旅游者人身损害、滞留等严重后果的，旅游者还可以要求旅行社支付旅游费用一倍以上三倍以下的赔偿金。"

② 参见董小龙、郭春玲主编：《体育法学》（第 3 版），法律出版社 2018 年版，第 8 页。

③ 广州海事法院（2017）粤 72 民初 874、1020 号民事判决书；广东省高级人民法院（2019）粤民终 635、636 号民事判决书。

④ 根据中国裁判文书网 2022 年 2 月 28 日的检索结果。

⑤ 参见姚新培、刘峥：《帆船运动文化初探》，载《体育文化导刊》2011 年第 4 期，第 76 ~77 页。

体，已经成为世界沿海国家和地区最为普及的休闲体育娱乐活动。[①] 海商法自始就以鼓励航海冒险为初衷，其中基于处置海上风险而创设的法律制度以船舶碰撞损害赔偿为典型。本案集中体现了体育法与海商法存在的交集，以及在法律规则乃至价值取向层面可能发生的冲突，而且对于各类涉及船舶的体育运动项目具有较高的普适性。

帆船运动碰撞事故的侵权责任认定主要涉及三个层面的三组关系，其中实质是体育法倡导体育自治与海商法维护航行安全的冲突与协调。一是责任类型层面，一般侵权责任与船舶碰撞侵权责任的适用关系；二是责任成立层面，帆船运动竞赛规则与海上避碰规则作为过错认定依据的关系；三是责任免除层面，适用自甘风险规则与犯规行为是否构成重大过失的关系。

1. 案情概要与裁判要旨

（1）案情概要

中国杯帆船赛组委会发布的2016年第十届中国杯帆船赛赛事公告载明：中国杯帆船赛于2016年10月27日至30日在中国深圳及香港水域举行；比赛规则执行世界帆船运动联合会《帆船竞赛规则2013—2016》中定义的规则，不采用任何国家官方规定。

2016年10月29日，白鲨号与中国杯24号在参加比赛期间，在深圳市大鹏新区万科浪骑游艇会附近水域发生碰撞，事故造成双方船舶受损。视频显示，事发前中国杯24号与白鲨号同舷受风，中国杯24号游艇作为上风船突然左转，船头碰撞白鲨号右后方，未见白鲨号游艇采取避让措施。

白鲨号登记的船舶所有人为深圳市南山人防工程防护设备有限公司（以下简称人防公司），中国杯24号登记的船舶所有人为粤和兴激光刀模（深圳）有限公司（以下简称粤和兴公司）。事发后双方关于船舶损坏情况

① 参见郑伟涛等：《帆船帆板运动项目特征与制胜规律初探》，载《武汉体育学院学报》2008年第6期，第44页。

及赔偿事宜未能达成一致，人防公司据此诉至广州海事法院，粤和兴公司提出反诉。

（2）裁判要旨

①广州海事法院一审判决

一审法院广州海事法院认为：本案系船舶碰撞损害责任纠纷。事故发生在帆船竞赛期间，根据赛事公告应当适用竞赛规则划分两船责任。

本案执行的竞赛规则是世界帆船运动联合会《帆船竞赛规则 2013—2016》（以下简称《规则》），其中第 11 条规定：

当船只位于同舷风并相联行驶时，上风船应避让下风船。①

第 14 条规定：

如果在合理可能的情况下，一条船应避免与另外一条船接触。但是，有航行权的船只、有权拥有空间或绕标空间的船只可以：

（a）不需采取避免接触的行为，直至很明显另外一条船不避让或不给予空间或绕标空间时；并且

（b）如果接触没有造成损坏或受伤，违反这条规则者可以免除处罚。②

中国杯 24 号作为上风船，根据《规则》第 11 条应当避让处于下风的白鲨号，但中国杯 24 号不但未避让，反而转向白鲨号并发生碰撞，严重违反《规则》第 11 条的规定。中国杯 24 号向白鲨号转向时，未见白鲨号采取避碰措施，白鲨号违反《规则》第 14 条的规定。由于赛事公告和《规则》均未就船舶碰撞损害赔偿责任作出规定，本案应当根据《侵权责任法》等法律解决。

结合事故发生后白鲨号第一时间向赛事组委会提出抗议，中国杯 24 号因此退赛，以及中国杯 24 号此轮比赛成绩被取消，可知中国杯 24 号存在

---

① 李全海主编：《帆船竞赛规则 2013—2016》，湖北人民出版社 2012 年版，第 17 页。

② 李全海主编：《帆船竞赛规则 2013—2016》，湖北人民出版社 2012 年版，第 17 ~18 页。

重大违规，构成重大过错；白鲨号未根据《规则》第14条采取措施，对于损失产生也存在一定过错。综合两船违规程度等情况，酌定中国杯24号对于事故承担90%的责任，白鲨号承担10%的责任。

②广东省高级人民法院二审判决

二审法院广东省高级人民法院认为：本案二审的核心争议为案涉碰撞事故能否适用自甘风险规则免除致害方的赔偿责任。

《民法典》第1176条确立了自甘风险规则。本案双方当事人的参赛行为符合自甘风险的行为要件。案涉事故发生在帆船竞赛过程中，帆船竞赛具有一定的风险性。双方当事人系在明知帆船竞赛的风险性的前提下自愿报名参赛。竞赛中因对方参赛者的行为而遭受损害，符合《民法典》第1176条规定的“自愿参加具有一定风险的文体活动”的适用前提条件。[①]

本案不存在自甘风险规则的除外情形。对方船舶应否承担侵权损害赔偿责任，关键在于损害的发生主观上是否存在故意或者重大过失。本案为体育竞技过程中产生的船舶碰撞事故，不同于一般的船舶碰撞侵权行为纠纷，不宜以违反避碰规则即构成过错和侵权进行认定，而应充分关注体育竞技中的正当风险和竞技活动的特殊性。衡量致害方有无故意或者重大过失，是否违反竞赛规则当然是重要因素，但仅违反规则并不必然构成故意或者重大过失。帆船竞赛中，获得最为有利的风速、风向，保证帆船高速前进，进而赢得比赛是参赛者的共同心态，也是此项竞技运动存在一定风险的原因。为鼓励体育竞技精神，不宜对参赛者课以过于严格的谨慎注意义务，更不宜仅以违反规则作为故意或者重大过失的评价标准，而应结合比赛的固有风险、比赛的激烈程度、犯规者的技术水平、犯规者对于规则的熟悉程度、犯

① 本案适用《民法典》规定的依据是最高人民法院《关于适用〈中华人民共和国民法典〉时间效力的若干规定》第3条规定：“民法典施行前的法律事实引起的民事纠纷案件，当时的法律、司法解释没有规定而民法典有规定的，可以适用民法典的规定，但是明显减损当事人合法权益、增加当事人法定义务或者背离当事人合理预期的除外。”

规行为的意图等因素，对于致害方的主观意图进行综合分析判断。

根据本案查明的事实及双方当事人的确认，中国杯24号在竞赛中左转系为满足竞赛的绕标要求，主观上并无损害他船的故意。人防公司确认：帆船行进依靠风力驱动，卸除风力后再次加速需要时间且存在困难，中国杯24号系以为能够避开白鲨号而未能避开，结果导致碰撞白鲨号船尾。说明人防公司亦认可中国杯24号当时的行动系判断失误，属于过于自信的过失。人防公司主张中国杯24号已构成《规则》第69.1条规定的恶意犯规，主要依据是中国杯24号退赛并被取消比赛成绩。但是，本案事故未经抗议委员会或仲裁委员会审理认定，违反《规则》第11条并不意味着已构成第69条规定的情形，① 现有证据不足以认定中国杯24号存在涉嫌品行不端的问题。因此，本案尚不足以认定中国杯24号对于案涉碰撞事故的发生具有故意或重大过失。

双方船舶对于案涉事故的发生均无故意或重大过失，根据《民法典》第1176条的规定，人防公司和粤和兴公司均不得请求对方承担侵权责任，本案应由双方当事人各自承担案涉事故对于本船造成的损失。

2. 一般侵权与船舶碰撞的责任类型区分

本案的案由是船舶碰撞损害责任纠纷，且一审由海事法院管辖。船舶碰撞损害赔偿责任纠纷作为《民事案件案由规定》规定的第一种海事海商纠纷，是指因船舶与船舶之间在海上或者与海相通的可航水域发生碰撞事故而引起的损害责任纠纷。② 但是，本案对于侵权责任的裁判并未援引

① 《规则》第69.1条第a项规定："参赛者不应当有明显的品行不端行为，包括恶意违反规则、良好行为准则、或体育道德，或者为体育赛事带来负面影响的行为。在整个69条中，'参赛者'是指一条船的船员或者所有者。"参见李全海主编：《帆船竞赛规则2013—2016》，湖北人民出版社2012年版，第59~60页。

② 参见最高人民法院民事案件案由规定课题组编著：《最高人民法院民事案件案由规定理解与适用》，人民法院出版社2011年版，第308页。

《海商法》第八章“船舶碰撞”的任何规定，而是适用了当时《侵权责任法》以及现行《民法典》关于侵权责任的一般规定。因此，本案虽然在程序法角度归入海事海商纠纷，但在实体法层面却是作为一般民事纠纷处理。

船舶碰撞严格而言与陆上发生的车辆碰撞等交通事故并无根本的性质区别，也应归入民事侵权的范畴。但是，船舶碰撞发生在海上，具有部分不同于陆上交通事故的特征，例如可能导致严重的环境污染，以及由于事故现场无法保留且大多缺少第三人现场见证，通常取证尤其困难。海商法由此创设了船舶碰撞法，用以调整此类特殊的海上交通事故。[①]

海商法意义上的船舶碰撞需要满足四项构成要件：一是碰撞发生在特定船舶之间；二是船舶之间发生实质性接触；三是碰撞发生在海上或者与海相通的可航水域；四是碰撞造成相碰船舶或第三人的损害后果。[②] 本案帆船赛事在我国深圳及香港水域举行，双方船舶之间确实发生了实质性接触，且均遭受了财产损失。但是，导致本案无法适用《海商法》的原因在于，双方船舶不属于船舶碰撞损害赔偿制度的适用范围。

《海商法》第165条第1款规定：“船舶碰撞，是指船舶在海上或者与海相通的可航水域发生接触造成损害的事故。”第2款规定：“前款所称船舶，包括与本法第三条所指船舶碰撞的任何其他非用于军事的或者政府公务的船艇。”同时，该法第3条第1款规定：“本法所称船舶，是指海船和其他海上移动式装置，但是用于军事的、政府公务的船舶和20总吨以下的小型船艇除外。”据此，船舶碰撞的各方船舶，一方不能是军事或政府公务用途的船舶，以及20总吨以下的小型船艇；另一方或多方可以是非军事

---

① 参见郭瑜：《海商法教程》，北京大学出版社2012年版，第224页。

② 参见傅廷中：《海商法》，法律出版社2017年版，第249~251页。

或政府公务用途的任何船舶，包括内河船舶和 20 总吨以下的小型船艇。[①]本案白鲨号和中国杯 24 号分别为 19 总吨和 8 总吨，因而恰好不符合《海商法》第八章“船舶碰撞”适用的船舶范围。

排除 20 总吨以下小型船艇之间的碰撞，立法理由主要在于此类事故涉及的法律关系较为简单，不必适用海商法创设的颇为复杂的船舶碰撞损害赔偿法律制度，避免法律适用的成本过高而效率过低。[②] 但是，《海商法》关于船舶碰撞的规定，较之《民法典》侵权责任编属于特别规定。根据“特别法优于一般法”的法律适用规则，如果帆船运动碰撞事故的一方船舶达到了 20 总吨，[③] 且符合船舶碰撞的水域、接触、损害等其他要件，此时仍应适用《海商法》的规定。易言之，虽然船舶碰撞主要表现为海上运输中的非正常事件，[④] 但海商法名称中的“商”字更多只是相沿成俗的习称，[⑤] 并不意味着船舶碰撞法调整的碰撞活动必须基于贸易运输等商事活动。帆船运动碰撞事故虽然发生于体育活动之中，但在符合构成要件的前提下仍然构成海商法意义上的船舶碰撞，应当优先适用船舶碰撞法的规定。

3. 竞赛规则与避碰规则作为过错认定标准的适用关系

（1）船舶碰撞责任的过错认定标准

现代船舶碰撞法对于船舶碰撞的侵权责任采取过错责任原则，[⑥]《海商

---

① 参见司玉琢、张永坚、蒋跃川编著：《中国海商法注释》，北京大学出版社 2019 年版，第 260 页。

② 参见胡正良主编：《海事法》，北京大学出版社 2016 年版，第 40 页。

③ 《船舶登记条例》第 2 条第 2 款规定：“军事船舶、渔业船舶和体育运动船艇的登记依照有关法规的规定办理。”用于体育运动的帆船目前在我国由中国帆船帆板运动协会而非海事局系统负责登记，中国帆船帆板运动协会为此专门制定了《中国帆船帆板运动协会运动帆船登记管理办法》。此类帆船是否构成《海商法》第 3 条规定的“海船”目前尚不明朗。

④ 参见司玉琢、吴兆麟：《船舶碰撞法》，大连海事大学出版社 1995 年版，第 6 页。

⑤ 参见司玉琢主编：《海商法》，法律出版社 2012 年版，第 3 页；侯军、吕建编著：《当代国际海事法》，人民交通出版社 1992 年版，第 2 页。

⑥ 参见曲涛编著：《船舶碰撞责任法原理》，人民交通出版社 2018 年版，第 42 页。

法》亦是如此。[①] 通常认为船舶违反航行安全规范时，即存在过失。[②] 实践中船舶碰撞主要是由于船长、船员和引航员的过失，即驾驶船舶的过失导致，而判断过失的主要标准是海上避碰规则，集中体现为《1972 年国际海上避碰规则》。[③]

避碰规则的作用主要体现在两个方面：一是在海上航行时，作为船长、船员、引航员安全驾驶和操纵船舶，避免发生船舶碰撞的技术规则；二是在船舶发生碰撞后，作为法院或仲裁庭衡量、判定船长、船员、引航员在驾驶和操纵船舶的过程中是否存在过失的法定标准和首要依据。[④] 虽然多数观点倾向于认为，避碰规则不是关于船舶碰撞责任的法律规范，[⑤] 但也有学者主张避碰规则同时具有技术规范与法律规范的双重性质。[⑥]

无论如何理解避碰规则的性质，是否违反避碰规则均是船舶碰撞责任中认定过失的主要标准。例如，日本学者认为船舶碰撞法包括以船舶避碰为内容的公法，以及分配碰撞发生后的损害赔偿责任的私法，而海商法意义上的船舶碰撞法主要是指后者。日本即有以避碰规则为主要内容的《海上碰撞预防法》（海上衝突予防法），与《海上交通安全法》和《港口法》合称"海上交通三法"。[⑦] 即使对于《国际海上避碰规则》适用范围以外的内河碰撞，我国也制定了专门的《内河避碰规则》。

《国际海上避碰规则》第 1 条第 1 款规定：规则适用于在公海和连接于公海而可供海船航行的一切水域中的一切船舶；规则同时在第 3 条第 3

① 《海商法》第 169 条第 1 款第 1 句规定："船舶发生碰撞，碰撞的船舶互有过失的，各船按照过失程度的比例负赔偿责任；过失程度相当或者过失程度的比例无法判定的，平均负赔偿责任。"

② 参见刘宗荣：《海商法》，台北，三民书局 2021 年版，第 429 页。

③ 参见胡正良主编：《海事法》，北京大学出版社 2016 年版，第 65 页。

④ 参见曲涛：《船舶碰撞损害赔偿责任研究》，法律出版社 2015 年版，第 165 页。

⑤ 参见张既义等编著：《海商法概论》，人民交通出版社 1984 年版，第 133 页。

⑥ 参见司玉琢、吴兆麟：《船舶碰撞法》，大连海事大学出版社 1995 年版，第 338 页。

⑦ 参见箱井崇史『船舶衝突法』（成文堂，2012 年）2 頁。

款专门定义了帆船的概念，即任何驶帆的船舶，包括装有推进器而不在使用者。据此，如果一艘船舶仅使用风帆航行，即属于规则适用的帆船，[①]帆船运动使用的船舶应属此类。

（2）帆船运动竞赛规则的法律性质

帆船运动如果发生碰撞事故，此时侵权责任中过失认定的特殊之处在于，赛事公告通常均会规定专门的竞赛规则，主要表现为世界帆船运动联合会（World Sailing）制定的《帆船竞赛规则》。[②] 特别是多数赛事公告还会特别强调，不采用任何国家官方规定。[③]《帆船竞赛规则 2021—2024》（以下简称《帆船竞赛规则》）第二章是关于船舶相遇的规定，适用于在竞赛场地区域内或场地区域附近航行及准备竞赛、正在竞赛或一直处于竞赛中的船舶，[④] 主要内容即为帆船竞赛期间包括避碰在内的避碰规则。其专门规定了《帆船竞赛规则》与《国际海上避碰规则》的关系：

一条按照这些规则航行的船与一艘未按这些规则航行的船舶相遇时，须遵守《国际海上避碰规则（IRPCAS）》或航行权的政府规定。如果竞赛通知中作出了这样的说明，那么，IRPCAS 或航行权的政府规定将替代第二章的规则。[⑤]

根据上述规定，只有帆船竞赛的赛事公告或航行细则等文件，明确说明适用《国际海上避碰规则》时，后者方可替代《帆船竞赛规则》第二章规定的全部规则；赛事的组织方也可以将《国际海上避碰规则》的部分规则并入

---

① 参见蔡存强编著：《国际海上避碰规则释义》，人民交通出版社 1995 年版，第 17 页。

② 世界帆船运动联合会制定的《帆船竞赛规则》目前每 4 年修订一次，本案适用的竞赛规则为《帆船竞赛规则 2013—2016》，但下文的分析主要基于最新版本即《帆船竞赛规则 2021—2024》展开。

③ 例如，2019 年第十三届中国杯帆船赛《赛事公告》第 1.5 条规定："不采用任何国家官方规定。"

④ 参见世界帆船运动联合会编著：《2021—2024 帆船竞赛规则》，曲春总编译，中国海洋大学出版社 2020 年版，第 17 页。

⑤ 世界帆船运动联合会编著：《2021—2024 帆船竞赛规则》，曲春总编译，中国海洋大学出版社 2020 年版，第 17 页。

竞赛的航行细则等具体文件。而且，此处可以适用的避碰规则其实并不限于《国际海上避碰规则》，也可以是特定国家或地区政府制定的航行规则，[①] 如我国的《内河避碰规则》。

此时首先需要厘清的是，《帆船竞赛规则》在法律意义上的性质。世界帆船联合会虽是国际奥林匹克委员会认定的世界帆船运动管理机构，但其制定的《帆船竞赛规则》至多仅可作为国际惯例获得适用。国际体育组织制定的规范性文件不具有法律性质，即不以国家强制力作为实施的保障。此类规范性文件对于体育争议的裁决具有较强的适用效力，但主要体现在国际体育仲裁上诉仲裁院等机构开展仲裁时。[②]

《帆船竞赛规则》第 4 条专门规定了参赛人员对于规则的接受，其中第 4. 1 条规定参加或准备参加赛事的每位选手或船东即表示同意接受规则，同时第 4. 3 条规定：接受规则意味着受到规则的约束，接受强制性的判罚以及其他根据规则采取的行动，尊重由此形成的决议且不诉诸规则未规定的任何法院或特别法庭。[③] 因此，赛事组织方组织帆船竞赛、选择适用《帆船竞赛规则》，以及参赛选手同意参赛，对于其中第二章关于船舶相遇的规定而言，可以认为是各方合意选择了竞赛期间帆船航行的避碰规则。

（3）竞赛规则与避碰规则的价值冲突

帆船运动竞赛规则与海上避碰规则的上述关系，实则是体育法与海商法在同时适用于帆船运动的碰撞事故时，体现的二者之间价值目标的冲突。体育组织制定特定体育项目的竞赛规则，很大程度上是体育自治的体

---

① 参见世界帆船运动联合会编：《2021—2024 帆船案例书》，曲春编译，中国海洋大学出版社 2021 年版，第 22 页。

② 参见董小龙、郭春玲主编：《体育法学》（第 3 版），法律出版社 2018 年版，第 358 页。

③ 参见世界帆船运动联合会编著：《2021—2024 帆船竞赛规则》，曲春总编译，中国海洋大学出版社 2020 年版，第 14 ~15 页。

现。体育自治原则作为体育法自由价值的直接反映，是指体育行业进行自我管理、自我约束、自我发展的规范性准则。[①] 体育自治建立在体育的特殊性之上，能够从根本上保证体育行业秩序以及体育规则的有效实施。体育自治的实现能够帮助体育组织自由建立，保证已经建立的体育组织形成内部的管理结构以及管理程序，保障体育制度的制定以及有效应用，乃至部分特殊规则的实施，最终得以维护体育的价值和意义。[②]

海上避碰规则体现的是当代海商法的安全价值，特别是对海上航行安全的维护。安全在当代成为海商法主要的新兴价值之一，本质上是受到当代海商法公私融合倾向影响的结果，《国际海上避碰规则》作为船舶碰撞责任中过错的主要认定标准，则是此种公私融合倾向的典型实例。

考察《国际海上避碰规则》与《帆船竞赛规则》的具体内容，二者之间确实存在一定冲突，最为典型的应是帆船互见中的行动规则。《国际海上避碰规则》第 12 条第 1 款关于两船不同舷受风时的规定，[③] 与《帆船竞赛规则》第 10 条基本相同，[④] 即左舷受风的船舶应当避让右舷受风的船舶。但是，对于同舷受风的情形，《帆船竞赛规则》引入了相联以及明显在后与明显在前的概念。如果一方的船体及其处于正常位置的器材，位于另一方船体及其处于正常位置的器材的最后一点的正横线之后，前者即为明显在后，后者相应则是明显在前。如果任何一方均不构成明显在后，此

---

① 参见彭昕：《中国体育自治构建论》，科学出版社 2020 年版，第 34 页。

② 参见康晓磊：《论国际体育自治的缘起、内涵及实效》，载《体育文化导刊》2017 年第 12 期，第 31 页。

③ 《国际海上避碰规则》第 12 条第 1 款规定："两艘帆船相互驶近致有构成碰撞危险时，其中一船应按下列规定给他船让路：（1）两船在不同舷受风时，左舷受风的船应给他船让路；（2）两船在同舷受风时，上风船应给下风船让路；（3）如左舷受风的船看到在上风的船而不能断定究竟该船是左舷受风还是右舷受风，则应给该船让路。"

④ 《帆船竞赛规则》第 10 条规定："当船相对舷风行使时，左舷船须避让右舷船。"参见世界帆船运动联合会编著：《2021—2024 帆船竞赛规则》，曲春总编译，中国海洋大学出版社 2020 年版，第 17 页。

时双方船舶的状态即为相联。[①] 因此，不同于《国际海上避碰规则》直接规定同舷受风时上风船应当避让下风船，《帆船竞赛规则》第 11 条和第 12 条根据相联与否设置了不同的规则，即相联行驶时上风船必须避让下风船，而非相联时明显在后的一方应当避让明显在前的一方。[②]

（4）竞赛规则与避碰规则的适用关系

本案一审、二审判决均未讨论竞赛规则与避碰规则的适用关系，只有二审说理部分提及“不宜以违反避碰规则即构成过错和侵权进行认定”。《帆船竞赛规则》与《国际海上避碰规则》可能产生冲突的场合，帆船运动引发的纠纷主要分为两类：一是围绕竞赛的胜负结果，特别是犯规行为认定产生的纠纷，即技术型纠纷；二是由于参赛帆船之间发生碰撞事故，引发的船舶碰撞损害赔偿责任纠纷，即责任型纠纷。《帆船竞赛规则》与《国际海上避碰规则》的适用关系，应当依据纠纷类型不同分别加以处理。

技术型纠纷主要通过赛事本身的纠纷解决程序，或者体育组织内部的纠纷处理机制，乃至体育仲裁机构解决纠纷。此时应当优先适用《帆船竞赛规则》，原因在于此类事项完全属于体育自治的范畴，应当充分贯彻体育法的自由价值；即使排除适用《国际海上避碰规则》，也不会明显影响海上航行安全。而且，《国际海上避碰规则》是针对各类海上航行活动设计的共性规则，而《帆船竞赛规则》包含的航行权等避碰规则，本就是为应对帆船竞赛的技术型事项，因而较之《国际海上避碰规则》属于调整特定事项的特别规则。此外，技术型纠纷通常适用的替代性纠纷解决方式具有较强的可控

---

① 参见世界帆船运动联合会编著：《2021—2024 帆船竞赛规则》，曲春总编译，中国海洋大学出版社 2020 年版，第 14～15 页。

② 《帆船竞赛规则》第 11 条规定：“当船同舷风相联行使时，上风船须避让下风船。”第 12 条规定：“当船同舷风但不相联时，明显在后的船须避让明显在前的船。”参见世界帆船运动联合会编著：《2021—2024 帆船竞赛规则》，曲春总编译，中国海洋大学出版社 2020 年版，第 17 页。

制性和灵活性，[1] 当事人可以较为自由地选择应当适用的具体规则。

责任型纠纷虽然也可采用仲裁、调解等替代性纠纷解决方式，但更为常见的仍是法院诉讼院。此时争议已不再是体育竞赛中运动员、裁判员或赛事组织方围绕技术判罚等竞赛事项产生的技术型纠纷，[2] 而是明显超出了体育自治的范畴。而且，即使在帆船竞赛的场合，船舶碰撞责任海事事项的属性也明显强于体育事项，应当优先适用《国际海上避碰规则》。具体理由主要包括以下三个层面的原因：

其一，价值取向层面。帆船运动作为体育项目虽然强调体育自治，但体育自治“并不意味要去创造一个立法真空或是一个平行的机构，而只是要使体育在符合一般法律以及体育自身职责的框架下去规范自己、去管理具体的体育事务”[3]。船舶碰撞责任主要是海事事项，且与体育自治关注的公平和秩序关联较小，此时海上航行安全的价值取向应当优于体育自治获得更为充分的贯彻。世界帆船运动联合会关于《帆船竞赛规则》的权威释义也指出：《国际海上避碰规则》的目的是通过防止可能导致船舶碰撞发生的情况，保护海上船舶的安全。如果《国际海上避碰规则》替代了《帆船竞赛规则》第二章关于船舶相遇的规定，此时可以有效地防止享有航行权的船舶在靠近负有避让义务的船舶时，前者向后者改变航线继而引发碰撞事故。[4]

其二，法律效力层面。《国际海上避碰规则》是否构成法律规范虽然在学理上存在争议，但规则本身是以国际条约的形式获得各国认可。基于缔约国国家强制力的保障，《国际海上避碰规则》的适用具有强制性，法

① 参见［英］布莱克肖：《体育纠纷的调解解决：国内与国际的视野》，郭树理译，中国检察出版社2005年版，第9页。

② 参见徐士韦：《体育纠纷及其法律解决机制构建》，法律出版社2019年版，第52页。

③ ［德］托马斯·巴赫：《多样中的团结：尊重、责任、信誉——在2009年哥本哈根奥林匹克大会上的演讲》，潘霞译，《体育文化导刊》2010年第11期，第1页。

④ 参见世界帆船运动联合会编著：《2017—2020帆船竞赛规则与案例解析》，曲春等译，青岛出版社2017年版，第8页。

律效力理应高于《帆船竞赛规则》。至少在强调“以法律为准绳”的司法诉讼中，《帆船竞赛规则》作为民间规则即使构成国际惯例，当事人也不能以约定适用《帆船竞赛规则》的形式，排除《国际海上避碰规则》的适用。我国法院的司法实践明确指出：会遇船舶采取的合意避让等协议，不能违反包括《国际海上避碰规则》在内的法律、行政法规的强制性规定，即在涉及公共利益或法律强制性规定时，应以公共利益或法律强制性规定为优先。协议违反避碰规则的约定虽经双方达成合意，但此种约定违背了海上航行的公共秩序，可能危及他船安全甚至公共安全，对于此类协议在司法上应当给予否定性的评价。[①] 最高人民法院指导案例第 31 号的裁判要旨亦持相同态度。[②]

其三，意思自治层面。船舶碰撞的损害赔偿责任属于侵权责任，侵权责任法较之同属私法的合同法、物权法，明显具有更多的强行法色彩。不仅法律关于侵权责任构成要件与法律效果的规定属于强制性规范，不能任由当事人协商改变；侵权法规则的可适用性亦为强制，同样不能任由当事人协商决定。此种对于当事人意思自治的限制，很大程度上同样是出于维护公共利益的考虑。[③] 因此，帆船运动碰撞事故的双方当事人不能通过意思自治合意改变船舶碰撞责任的构成要件，包括其中过错的认定标准。

4. 自甘风险规则与犯规行为的关系

（1）自甘风险规则适用的消极要件

《民法典》第 1176 条首次在我国以法律的形式规定了自甘风险规则：

---

① 《船舶合意违反航行规则致无接触碰撞的责任承担——南京顺道航运有限公司、紫金财产保险股份有限公司江苏分公司诉宁波市沥平航运有限公司船舶碰撞损害赔偿纠纷案》，载中华人民共和国上海海事法院网，http：//shhsfy. gov. cn/hsfyytwx/hsfyytwx/spdy1358/jpal1435/2014/09/02/d_ 283530. html?tm =1644907101714。

② 最高人民法院指导案例 31 号：江苏炜伦航运股份有限公司诉米拉达玫瑰公司船舶碰撞损害赔偿纠纷案。

③ 参见程啸：《侵权责任法》（第 3 版），法律出版社 2021 年版，第 6 ~7 页。

“自愿参加具有一定风险的文体活动，因其他参加者的行为受到损害的，受害人不得请求其他参加者承担侵权责任；但是，其他参加者对损害的发生有故意或者重大过失的除外。”此前我国法律虽未明文规定自甘风险规则，学理和实务却均予以承认，[①] 司法实践也不乏运用此项规则或其基本原理进行裁判的案例。例如，上海市第二中级人民法院认为：“竞技体育运动均有一定的风险，对运动参与者而言，其应当对相应风险有所认识，其参与运动的行为即表明其对于可能造成的损害后果自愿承担。”[②]

帆船运动发生的碰撞事故，无论根据船舶吨位构成一般侵权还是船舶碰撞，以及适用竞赛规则抑或避碰规则认定过失，自甘风险作为免责事由均有适用的空间。根据《民法典》的上述规定，自甘风险的构成要件除受害人自愿参与具有一定风险的文体活动外，还包括消极要件即造成损害的参与者不得存在故意或重大过失。[③] 本案实则反映了体育活动适用自甘风险规则的共性问题，即犯规行为何时能够构成故意或重大过失，进而排除自甘风险规则的适用。二审判决也指出：“本案为体育竞技过程中产生的碰撞事故，不同于一般的船舶碰撞侵权行为纠纷，不宜以违反避碰规则即构成过错和侵权进行认定，而应充分关注体育竞技中的正当风险和竞技活动的特殊性。”

所谓重大过失，是指显然欠缺普通人之注意的过失，[④] 表现为行为人的极端疏忽或极端轻信的心理状况。[⑤] 作为程度最为严重的过失类型，行为人是以一种异乎寻常的方式违背了必要的注意，作出的行为特别重大而

---

① 参见朱岩：《侵权责任法通论·总论（上卷·责任成立法）》，法律出版社2011年版，第502页。

② 上海市第二中级人民法院（2014）沪二中民一（民）终字第696号民事判决书。

③ 参见程啸：《侵权责任法教程》，中国人民大学出版社2020年版，第136~137页。

④ 参见最高人民法院侵权责任法研究小组编著：《〈中华人民共和国侵权责任法〉条文理解与适用》，人民法院出版社2010年版，第499页。

⑤ 参见张新宝：《侵权责任法》，中国人民大学出版社2020年版，第35页。

且在主观上不可宽恕地违反了义务，已经显著超出了通常的过失程度。[①] 重大过失的认定根据体育项目的风险程度不同也存在明显差别，需要考虑的因素至少包括活动的性质、周围环境对于安全的影响、对抗激烈程度、发生事故特别是人身伤害的概率、发生人身伤害的严重程度、防范措施、救助和救济手段及能力。[②]

至于自甘风险与犯规行为的关系，一般认为体育项目要求的风险承受程度也即容忍度越高，参与者应尽的注意义务相应越小。据此，体育运动恶意犯规的范围从大到小依次应是非对抗项目、非身体接触对抗项目、身体接触对抗项目、特殊对抗项目。[③] 例如，搏击运动作为参与者主动且必须选择发生身体接触的特殊对抗项目，本身即以击倒甚或伤害对手为目的，导致正常风险和异常风险皆有可能造成人身损害，适用自甘风险规则具有较为突出的特殊性，[④] 参与者负有的注意义务以及对应的重大过失范围也应明显限缩。帆船运动碰撞事故的特殊之处在于，项目风险造成的损害更多或谓首先表现为财产损害，即船舶作为运动设备遭受的损害，而不是体育运动适用自甘风险规则通常关注的人身损害。至少对于船舶遭受的损害，由于人身权的法律保护通常高于财产权，帆船运动的风险承受程度应当更高。

（2）帆船运动碰撞事故的重大过失

《国际海上避碰规则》的制度设计是以商业运输船舶的海上航行为主要对象，较少考虑帆船运动等船舶涉及的体育运动项目。虽然对于责任型纠纷，《国际海上避碰规则》应当优先于《帆船竞赛规则》适用，但前者

① 参见程啸：《侵权责任法》（第3版），法律出版社2021年版，第296页。

② 参见张新宝：《中国民法典释评·侵权责任编》，中国人民大学出版社2020年版，第45页。

③ 参见刘双玉主编：《体育运动人身损害司法典型案例精析》，人民法院出版社2018年版，第41页。

④ 参见孙思琪、金怡雯：《自甘风险规则对于搏击运动的适用与嬗变——基于〈民法典侵权责任编草案〉第954－1条的分析》，载《天津体育学院学报》2020年第2期，第216页。

作为技术规范，主要规定驾驶和航行规则、号等和号型、声响和灯光信号，[1] 核心内容包括分道通航制、适当瞭望、安全速度、避碰方式等，[2] 由此决定了规则只能用于认定当事船舶是否存在过失，即在责任成立层面判断是否存在作为构成要件的过错。但是，作为责任免除层面适用自甘风险规则的消极要件，重大过失与一般过失的区分属于典型的法律事项，需要充分考虑当事人的主观心理状态，即是否意识到发生严重的损害结果具有较高的可能性，[3] 而《国际海上避碰规则》并不承担此项任务。此时需要根据《帆船竞赛规则》，判断当事船舶犯规行为的性质，尤其是否违反公平航行或者构成品行不端。

《帆船竞赛规则》第69条专门规定了选手、船东或后援人员不得作出品行不端的行为，即二审判决所称恶意犯规行为，其中第69.1条规定：

品行不端指的是：

（1）不文明礼貌，破坏体育精神的举止或不道德行为；或

（2）可能或已经给体育运动抹黑的行为。[4]

可能导致船舶碰撞事故的品行不端，通常包括以鲁莽的行为或方式造成或可能造成损害，违背赛事官员的合理指令，有意违反规则或煽动他人违反规则，妨碍其他选手的装备，反复违反同一规则，以及在明知犯规的情况下未采取措施避免犯规。[5] 可以肯定的是，未构成品行不端的行为同样不构成重大过失，应当适用自甘风险规则；但是，构成品行不端的行为也未必构成重大过失，原因在于品行不端的认定毕竟同时包含体育精神、

① 参见吴兆麟、赵月林主编：《船舶避碰与值班》，大连海事大学出版社2014年版，第10～11页。

② 参见郭瑜：《海商法教程》，北京大学出版社2012年版，第228页。

③ 参见邹海林、朱广新主编：《民法典评注·侵权责任编》，中国法制出版社2020年版，第132页。

④ 世界帆船运动联合会编著：《2021—2024帆船竞赛规则》，曲春总编译，中国海洋大学出版社2020年版，第52页。

⑤ 参见世界帆船运动联合会编：《2021—2024帆船案例书》，曲春编译，中国海洋大学出版社2021年版，第365～366页。

竞赛公正的考量。例如，一方船舶以鲁莽行为造成损害，并不意味着显著超出了通常的过失程度而欠缺普通人的注意。

具体到本案的情形，中国杯 24 号转弯且未减速主要是为“抢风头”，即获得最为有利的风速、风向，保证帆船能够高速前进，其中的主观心理状态是以为可以避让白鲨号而未能成功。世界帆船运动联合会编写的官方案例收录了类似情形：一艘以左舷迎风行驶的帆船试图从另一艘右舷船的前面通过，左舷船对此判断失误而未能避让。此种行为不属于故意犯规，也不构成品行不端。原因在于此类错误判断是帆船竞赛的常见情形。判定不公平竞赛或品行不端，应有充分证据显示肇事船舶知道或应当知道无法完成通过却仍试图通过。①

基于上述理由，本案中国杯 24 号的行为既不属于品行不端，也不构成重大过失，可以适用自甘风险规则免除船舶碰撞的侵权责任。此种行为造成的损害属于帆船运动的正常风险，正如搏击运动比赛期间双方选手大多保持较高的进攻强度和频率，任何步法移动或者技术动作产生的身体位置变化均有可能影响击打精度，进而导致原本计划的技术动作成为犯规行为。② 对于此类行为的容忍也是自甘风险规则的题中之义，即充分考虑体育活动的风险性，允许参与者在激烈的对抗性活动中自由发挥、尽情施展，实现对于参与者的解放。③ 帆船运动碰撞事故适用自甘风险规则时，应以当事人的主观心理状态为中心，综合考虑航海活动的海上特殊风险、船舶财产损害的严重程度、是否构成品行不端等因素，从严认定重大过失。

---

① 参见世界帆船运动联合会编：《2021—2024 帆船案例书》，曲春编译，中国海洋大学出版社 2021 年版，第 367 页。

② 参见孙思琪、金怡雯：《自甘风险规则对于搏击运动的适用与嬗变——基于〈民法典侵权责任编草案〉第 954－1 条的分析》，载《天津体育学院学报》2020 年第 2 期，第 219 页。

③ 参见邹海林、朱广新主编：《民法典评注·侵权责任编》，中国法制出版社 2020 年版，第 129 页。

第六章 《海商法》修改的法律价值维度

《海商法》与《海上交通安全法》《港口法》和尚未出台的“航运法”一同构成我国航运法律领域的四大“龙头法”，也是我国社会主义法律体系的重要组成部分。《海商法》自 1993 年 7 月 1 日起施行至今已近 30 年，对于调整海上运输关系和船舶关系发挥了不可替代的规范作用，同时也对维护当事人各方的合法权益、促进海上运输和经济贸易的发展发挥了重要的社会作用。[①] 但是，随着过去二十多年以来国际和国内航运经济、航运实践、我国航运政策与发展战略以及相关民事立法的深刻变化，加之《海商法》施行以来逐渐暴露的该法本身的缺陷与不足，该法已经不能适应当前以及今后一个时期，航运活动对于法律的需要，亟待通过修改实现现代化。

法律的修改作为立法活动的具体类型之一，是指立法主体对于现行法律实施变动，使其呈现崭新面貌的专门活动。法律修改的任务在于针对现行法律的内容加以修缮改动，通过此种活动促使法律重新臻于立法主体预期达到的状况。[②]《海商法》修改的必要性根本上也正是在于符合该法施行二十多年来已经变化的各类情势，弥补该法在施行过程中暴露的缺陷与漏

---

① 参见胡正良：《中国〈海商法〉需要现代化》，载《中国远洋航务》2015 年第 3 期，第 66 页。

② 参见周旺生：《立法学》（第 2 版），法律出版社 2009 年版，第 499 页。

洞并加以完善。[1] 目前《海商法》修改已经列入第十三届全国人民代表大会常务委员会立法规划的第二类项目，即需要抓紧工作、条件成熟时提请审议的法律草案，并且作为激发市场主体活力和推动形成全面开放新格局的重点领域立法。

立法是法律价值的主要实现方式之一。立法的任务是将社会价值转化为法律规范，也即设定法律中的价值。[2] 司法、执法、守法乃至法律监督，均须以相关法律制度的制定作为前提和基础。所有的法律行为对于法律制度均有必然的依赖关系。法律制度良好的价值设定，是为法律行为提供良好规则的前提，可以为法律价值的实现提供更好的条件，使之更加顺利和富有成效。[3] 因此，《海商法》修改也是当代海商法价值理论的实践过程，必须充分贯彻当代海商法的公平、秩序、效率、安全、人权、自由以及鼓励航运业发展等价值。是否能够合理、恰当地设定海商法的价值，也将成为《海商法》修改成功与否的重要衡量标准。据此，本章尝试从法律价值的视角考察《海商法》修改的必要性，逐一分析《海商法》修改对于当代海商法各项具体价值的应有设定。

第一节 《海商法》修改必要性的法律价值考察

《海商法》修改的必要性是该法通过立法活动加以完善的基本动因，具体而言，《海商法》修改的必要性主要表现在五个方面：一是该法不符合施行以来航运实践等方面的发展变化；二是该法不适应制定时遵循的具

① 参见胡正良：《论〈海商法〉修改的必要性》，载《当代法学》2003 年第 12 期，第 142 页。
② 参见周永坤：《法理学——全球视野》，法律出版社 2016 年版，第 178 页。
③ 参见卓泽渊：《法的价值论》（第 3 版），法律出版社 2018 年版，第 439 页。

体原则的内容变化；三是该法缺失部分重要的海商法律制度；四是该法与一般民事法律存在不协调；五是该法自身部分内容存在不足与缺陷。以上五个方面均与法律价值有着不同程度的关联，即现行《海商法》亟待修改的根本原因之一在于该法已经无法较好地设定当代海商法的价值。

一、《海商法》不符合该法施行以来航运实践等方面的发展变化

滞后性是法律尤其是成文法律的局限性之一，主要表现为法律与社会生活条件的脱节。[①]《海商法》施行以来，我国航运实践、航运经济、航运政策与发展战略等方面产生了明显而深刻的变化，使该法的滞后性愈发突出，从而在一定程度上违背了海商法的秩序、效率等主要价值目标。

（一）航运实践

《海商法》施行以来，船舶类型和海上运输方式发生了深刻变化。随着船舶专业化的不断发展，海上运输涉及的船舶早已告别简单区分为“货船”和“客船”的年代，货船类型呈现多样化的态势，包括集装箱船、干散货船、油轮、LPG船和LNG船、液体化工品船、杂货船和特种船等多种类型，而且不同类型的船舶各有特点。传统单一的海上货物运输随着集装箱运输的发展迅速向货物多式联运与物流发展，不同于传统海上旅客运输的邮轮旅游运输也在过去十余年间在我国得以快速发展。随着内河航行条件的改善，海船进江更为普遍，内河船也呈现大型化和自航化的趋势，使海船与内河船、海运与河运的界限逐渐淡化。尤其对于长江而言，由于下游航道疏浚和三峡大坝的使用，海船进入长江航行呈现常态化。船舶融资租赁、无船承运、船舶经营、船舶管理等新兴的航运经济组织形式迅速

---

① 参见徐国栋：《民法基本原则解释：成文法局限性之克服》，中国政法大学出版社2001年版，第181页。

发展，航运市场经营主体也随之愈发多元化。随着“互联网+”的广泛应用，货物运输单证也正处于从传统的纸面单证向电子单证的变革之中。

海商法起源于航运实践，具有很强的实践品格。无论是大致形成于公元前7世纪、对于调整希腊等地中海国家海上贸易活动曾起到重要作用直至12世纪，并以位于地中海的希腊罗德岛（Rhodia）命名的《罗德海法》（*Lex Rhodia*，Rhodian Sea Law），还是中世纪后曾广泛适用于西欧诸国并对近代海商法有着深刻影响的三部法律，即形成于西班牙巴塞罗那的《康索拉度法》（*Lex Consolato*，Libre del Consolat de Mar，也称“海事裁判集”）、以位于大西洋的法国第二大海岛奥列隆（Oleron）命名的《奥列隆法》（Laws of Oleron，也称“奥列隆惯例集”）以及以位于波罗的海的瑞典港口维斯比（Visby）命名的《维斯比海法》（Laws of Visby），均是对于地区性航海贸易习惯做法的汇编。即使是海事立法自20世纪20年代开始进入制定国际条约时代以后，普遍的航运实践做法仍是许多国际海事条约和各国国内海事立法的基础与来源。

海商法与航运实践的紧密关联性，要求海商法必须适应航运实践的发展变化，才能充分发挥规范和指引航运实践的作用，保障航运市场有序运行。早期的海商法主要基于船舶和运输方式单一化与航运经营市场主体简单化的基本背景而创设制度和规则，而上述发展变化要求当代海商法改变传统的理念和做法。例如，创设电子运输单证制度，不仅符合信息技术快速发展背景下航运活动对于运输单证流转速度的要求，还符合当代海商法的效率价值。因此，《海商法》需要适应以上诸种方面的发展变化，创设或更新相应的制度和规则内容，发挥海事立法保障航运经济效率、维护航运经济秩序的作用，贯彻当代海商法的秩序、效率等主要价值目标。

（二）航运经济

《海商法》施行以来，我国已逐渐发展成为世界航运、贸易、港口、船员、海上保险和造船大国。根据联合国贸易和发展会议发布的《2020 年海运述评》，截至 2020 年 1 月 1 日，我国内地拥有船舶的净载重达到 228, 376, 872 吨，排名第三，仅次于希腊（363, 854, 232 吨）和日本（233, 134, 877 吨）；同时，我国香港特别行政区拥有船舶的净载重也达到 100, 957, 393 吨，排名第五，[①] 其中大部分为我国内地的公司或个人投资。

我国也是世界第一货物进出口大国。根据海关总署的统计数据，2020 年我国货物进出口总值达 32. 16 万亿元人民币，其中出口 17. 93 万亿元，进口 14. 23 万亿元。[②] 我国进出口货物 90% 以上采用海运方式进行运输，港口货物吞吐量长期位居世界第一。

我国注册船员数量同样位居世界第一。截至 2020 年年底，我国共有注册船员 1, 716, 866 人，其中海船船员 808, 183 人，内河船舶船员 908, 683 人。[③] 此外，我国还是世界第一造船大国。

我国在航运、贸易、港口、船员、航运保险和造船等领域的大国地位，以及《海商法》施行以来航运生产力、经济与社会的迅速发展，使《海商法》制定当时谋求的利益平衡有所动摇，需要依据当代海商法的公平价值重新调整。这要求《海商法》通过修改使其制度设计符合国家整体经济利益，重新平衡船货双方、承运人与旅客、责任限制主体与索赔人、保险人与被保险人等不同主体之间的利益，并在很大程度上改变《海商法》制定时明显偏向某一方或几方利益的做法，从而更好地体现海商法的公平价值目标。

此外，当代海商法已然超脱早期海商法规范航运实践的单一使命，促

① 参见《2020 年海运述评》，载联合国贸易和发展委员会网，https://unctad. org/system/files/official-document/rmt2020_ en. pdf，2021 年 9 月 30 日访问。

② 参见《国务院新闻办就 2020 年全年进出口情况举行发布会》，载中国政府网，http：//www. gov. cn/xinwen/2021 -01/14/content_ 5579875. htm。

③ 参见中华人民共和国交通运输部：《2020 年中国船员发展报告》。

进和保障航运经济有序发展也已成为当代海商法的主要使命。修改后的《海商法》必须切实贯彻现行第1条规定的“维护当事人各方的合法权益、促进海上运输和经济贸易发展”的立法宗旨，有效维护航运经济秩序，同时适应具有中国特色的航运经济的发展要求。

（三）国家航运政策以及相关战略和倡议

目前我国基本航运政策已经成熟，正在实施多项国家战略和倡议。特别是国务院于2014年8月15日印发《关于促进海运业健康发展的若干意见》，[①] 明确了现阶段我国的基本航运政策，并且首次发布国家海运发展战略，推进海运强国建设；此后，国务院又于2014年9月25日印发《关于依托黄金水道推动长江经济带发展的指导意见》，[②] 明确进一步开发长江黄金水道、加快推动长江经济带发展属于国家战略；国家主席习近平于2013年9月和10月在出访中亚和东南亚国家期间先后提出共建“丝绸之路经济带”和“21世纪海上丝绸之路”的重大倡议，国家发展和改革委员会、外交部和商务部据此于2015年3月28日联合发布《推动共建丝绸之路经济带和21世纪海上丝绸之路的愿景与行动》，明确了“一带一路”倡议。“一带一路”倡议的实施必将大力促进和推动海上贸易与航运的发展，并对我国海事立法提出了全新的战略性要求。

国家政策与法律存在内在联系：政策指导法律的制定，法律保障政策的实施；政策是立法的先导，法律是政策的体现。政策及其实践可以视为立法的起点，也是立法的预备和前缀。[③] 基于法律与国家公共政策之间的必然关系，《海商法》应当通过修改反映现阶段我国的基本航运政策，符

---

① 国发〔2014〕32号。

② 国发〔2014〕39号。

③ 参见肖金明：《为全面法治重构政策与法律关系》，载《中国行政管理》2013年第5期，第39页。

合相关国家战略和倡议实施对于海事立法的客观要求，进而保障此类国家战略和倡议的实施。

例如，《推动共建丝绸之路经济带和21世纪海上丝绸之路的愿景与行动》提出“推动21世纪海上丝绸之路邮轮旅游合作”，过去十余年间邮轮旅游在我国快速发展。但是，目前实践中邮轮旅游引发的民事纠纷不断增多，而《海商法》包括第五章“海上旅客运输合同”在内的现有规定，总体而言还是基于传统海上旅客运输的立场，无论是在经营者责任、涉外关系法律适用抑或其他方面均无法较好地适应邮轮旅游的特殊性，难以有效保护旅客的合法权益。此种现状未能达到当代海商法的人权、公平乃至秩序等价值目标，应当尽快结合“一带一路”倡议的要求加以完善。

同时，“一带一路”倡议不但要求《海商法》尽快实现现代化，同时要求该法修改后能够发挥作为“一带一路”沿线国家海事立法的示范法的作用，帮助相关国家制定和完善本国海商法律，以此促进和保障“一带一路”倡议的实施，从而有助于在硬实力输出的同时实现我国在法律特别是航运法律方面的软实力输出，提升我国在国际海事立法领域的影响力和话语权。

二、《海商法》不适应该法制定时遵循的具体原则的内容变化

《海商法》制定时遵循了五项具体原则：第一，从我国海上运输、经济贸易等实际情况出发；第二，以当时通行的国际海事条约为基础；第三，吸收体现国际航运惯例的民间规则；第四，借鉴具有广泛影响的有关合同标准格式；第五，适当考虑国际海事立法的发展趋势。① 上述五项具体原则并非《海商法》制定之初便已确定，而是《海商法》出台以后对于该法制定过程的高度总结。除第一项原则外，其余各项原则主要针对国际

① 参见司玉琢主编：《〈中华人民共和国海商法〉问答》，人民交通出版社1993年版，第2~3页。

上海商领域的规则和实践做法，因而上述五项具体原则的基础所在应是航运活动的国际性特点以及海商法国际统一的客观需要。《海商法》施行近三十年以来，上述各项具体原则的内容均发生了较为重大的变化。

以第一项原则也即“从我国海上运输、经济贸易等实际情况出发”为例，根据《海商法》第 117 条第 4 款和第 211 条第 2 款的授权性规定，① 1993 年 11 月 15 日原交通部发布了经国务院批准的《港口间海上旅客运输赔偿责任限额规定》，其中第 3 条规定承运人在每次海上旅客运输中对旅客人身伤亡的赔偿责任限额，每名旅客不超过 4 万元人民币；② 第 4 条规定海上旅客运输的旅客人身伤亡赔偿责任限制，按照 4 万元人民币乘以船舶证书规定的载客定额计算赔偿限额，但最高不超过 2100 万元人民币。③ 同时，根据《海商法》第 210 条第 2 款的授权性规定，④ 1993 年 11 月 15 日原交通部发布了经国务院批准的《交通部关于不满 300 总吨船舶及沿海运输、沿海作业船舶海事赔偿限额的规定》，其中第 4 条规定从事我国港口之间货物运输或者沿海作业的船舶，海事赔偿限额为《海商法》第 210

---

① 《海商法》第 117 条第 4 款规定：“中华人民共和国港口之间的海上旅客运输，承运人的赔偿责任限额，由国务院交通主管部门制定，报国务院批准后施行。”《海商法》第 211 条第 2 款：“中华人民共和国港口之间海上旅客运输的旅客人身伤亡，赔偿限额由国务院交通主管部门制定，报国务院批准后施行。”

② 《港口间海上旅客运输赔偿责任限额规定》第 3 条规定：“承运人在每次海上旅客运输中的赔偿责任限额，按照下列规定执行：（一）旅客人身伤亡的，每名旅客不超过 4 万元人民币；（二）旅客自带行李灭失或者损坏的，每名旅客不超过 800 元人民币；（三）旅客车辆包括该车辆所载行李灭失或者损坏的，每一车辆不超过 3200 元人民币；（四）本款第（二）项、第（三）项以外的旅客其他行李灭失或者损坏的，每千克不超过 20 元人民币。承运人和旅客可以书面约定高于本条第一款规定的赔偿责任限额。”

③ 《港口间海上旅客运输赔偿责任限额规定》第 4 条规定：“海上旅客运输的旅客人身伤亡赔偿责任限制，按照 4 万元人民币乘以船舶证书规定的载客定额计算赔偿限额，但是最高不超过 2100 万元人民币。”

④ 《海商法》第 210 条第 2 款规定：“总吨位不满 300 吨的船舶，从事中华人民共和国港口之间的运输的船舶，以及从事沿海作业的船舶，其赔偿限额由国务院交通主管部门制定，报国务院批准后施行。”

条第 1 款规定的赔偿限额的 50%。[①] 随着我国经济发展和人民生活水平的提高，国内海上旅客运输承运人的赔偿责任限额和国内航行船舶的海事赔偿责任限额不仅数额本身过低，而且与国际海上旅客运输承运人的单位赔偿责任限额和国际航行船舶的海事赔偿责任限额差距较大。

至于其他四项具体原则，《海商法》施行以来相关领域产生了许多新的国际海事条约或者议定书，较为典型者如《鹿特丹规则》《2002 年雅典公约》《〈1976 年海事赔偿责任限制公约〉1996 年议定书》；作为国际航运惯例的《约克—安特卫普规则》相继问世了 1994 年、2004 年、2016 年三个版本；各类租船合同标准格式也均已有不少版本更新，如 1994 年金康合同、2015 年 NYPE 格式以及 2001 年、2017 年贝尔康格式。而且，部分新近制定的国际海事条约虽然尚未生效，但在一定程度上反映了国际海事立法的发展趋势，其中不乏可供我国海事立法借鉴之处，典型便是《鹿特丹规则》以及《1996 年 HNS 公约》。为了适应上述变化，《海商法》同样应当适时进行修改，通过吸收国际海事立法等方面的新近发展，以期更好地设定当代海商法的各项价值。

三、《海商法》缺失部分重要的海商法律制度

《海商法》制定当时不同方面诸种因素的共同影响，加之过去近三十年以来我国国内法律体系的发展变化，导致该法缺失了部分重要的海商法律制度，至少包括国内水路货物运输制度、船舶污染损害赔偿制度、船员权益保障制度以及港口货物作业合同制度。

以港口货物作业合同为例，我国是世界第一港口大国，港口货物吞

---

① 原交通部《关于不满 300 总吨船舶及沿海运输、沿海作业船舶海事赔偿限额的规定》第 4 条规定："从事中华人民共和国港口之间货物运输或者沿海作业的船舶，不满 300 总吨的，其海事赔偿限额依照本规定第三条规定的赔偿限额的 50% 计算；300 总吨以上的，其海事赔偿限额依照《中华人民共和国海商法》第二百一十条第一款规定的赔偿限额的 50% 计算。"

吐量连续15年位列世界第一。根据交通运输部发布的《2020年交通运输行业发展统计公报》，2020年年末全国港口拥有生产用码头泊位22,142个，其中沿海港口生产用码头泊位5461个，内河港口生产用码头泊位16,681个；全国港口完成货物吞吐量145.50亿吨，其中沿海港口完成50.70亿吨，内河港口完成94.80亿吨。[①] 与此形成鲜明对比的则是港口货物作业合同制度在我国的缺失，难以适应我国的世界第一大港口国地位。

港口货物作业合同此前在我国主要由原交通部于2000年制定的《港口货物作业规则》调整，该规则规定了港口货物作业合同和当事人的定义、合同的订立、作业委托人和港口经营人的权利和义务以及货物的交接，对于规范港口货物作业行为、明确港口经营人和委托人的权利和义务发挥了较好的法律作用。但是，《港口货物作业规则》碍于部门规章的立法权限等因素已于2016年被废止，使港口货物作业合同关系在我国缺少明确的法律规范。目前港口货物作业合同当事人和利害关系人的权利和义务仅由《民法典》合同编等一般法调整，而此种一般法的调整缺乏针对性和可操作性，实际效果并不理想。港口货物作业是最为主要的港口经营活动，除需要行政管理法律的调整外，还需要民事法律规定港口经营人、作业委托人和收货人的权利和义务，以此规范港口货物作业行为，维护港口经营人和其他利益方的正当权益，保障港口经营秩序和效率。

《海商法》修改增设港口货物作业合同法律制度的意义，着重体现在保障港口货物作业合同充分发挥确定当事人权利义务的作用。我国作为世界第一港口大国，不但港口吞吐量巨大，而且港口经营规模不一，港口经

① 参见交通运输部：《2020年交通运输行业发展统计公报》，载中国政府网，http：//www.gov.cn/xinwen/2021-05/19/content_5608523.htm。

营人、船方和货方等利益主体数量众多、认知程度不同，不仅在市场经济体制下港口经营竞争激烈，而且经营不规范的现象较为普遍。港口具有天然垄断性，通常港口经营人相对于小型货主或小型船东在订立港口货物作业合同时具有一定的优势地位，但规模较小的港口经营人相对于大型货主或大型船东却又可能处于弱势地位，进而存在处于优势地位的当事人滥用优势地位的现象。而且，我国航运实践中港口货物作业合同形式多样，内容具体程度不一，部分合同内容不甚规范，有些甚至没有订立书面合同，从而在合同履行过程中较易产生纠纷。

此外，港口货物作业具有很强的专业性，不但需要投资巨大的专门设施和设备，而且作业环节繁多，往往货物数量巨大、价值较高，作业过程中发生货物灭失、损坏、短少或者错误交付等情形的风险较高，因而与合同当事人和第三人的利益也有较大程度的关联。因此，需要设立专门的法律制度调整港口货物作业合同，对于合同自由原则在港口货物作业合同领域的适用以及相应的当事人权利和义务进行必要的限制与约束。[①]《海商法》修改创设港口货物作业合同制度，对于维护港口经营秩序和效率、保障港口作业各方合法权益、合理限制当事人意思自治等方面均有鲜明的现实意义，且与当代海商法的秩序、效率、公平、自由等价值有所呼应。

四、《海商法》与一般民事法律存在不协调

《海商法》出台之时，我国一般民事立法数量较少，最为主要的应属1986年制定的《民法通则》。《海商法》施行以来，我国民事立法取得了根本性的进步，先后制定了《担保法》（1995年实施）、《保险法》（1995

---

① 参见胡正良等：《〈海商法〉修改应设立港口货物作业合同法律制度》，载《中国港口》2018年第6期，第11～12页。

年制定，2002 年、2009 年、2014 年、2015 年修正)、《合同法》（1999 年实施)、《物权法》（2007 年实施)、《侵权责任法》(2010 年实施)、《涉外民事关系法律适用法》（2011 年实施）等一般民事法律。2020 年 5 月 28 日，第十三届全国人民代表大会第三次会议审议通过了《民法典》，标志着中华人民共和国首部民法典的问世，同时将对我国民事法律体系产生根本性的深刻影响。《海商法》作为调整海上运输关系和船舶关系的民事特别法，将来的修改也将受到《民法典》的影响。

《海商法》除第一章“总则”第 4 条至第 6 条的规定属于航运经济法和行政法的范畴外，主要调整平等主体之间在海上运输以及其他与船舶有关的活动中形成的特殊的人身关系和财产关系；《关于〈中华人民共和国海商法（草案)〉的说明》也明确指出该法属于民事特别法。因此，《民法典》与《海商法》之间构成一般法与特别法的关系，二者应当保持必要之协调，即《海商法》的特别规定应以该法调整对象特殊性的客观需要为限，着重表现为海上特殊风险对于相关社会关系的影响，以及据此对于法律制度产生的特殊需要。

但是，《海商法》的部分规定与上述一般民事法律的规定不相协调，而且无关该法调整对象特殊性的客观需要，因而不符合《立法法》第 4 条确立的法制统一原则。[①] 法制统一原则要求一个国家在以宪法为基础和核心的前提之下，各个法律部门、各种法律渊源和各个法律文件形成的法律体系整体上处于互相协调而不抵触、彼此配合而不重复的状态。[②] 例如，《保险法》第 10 条第 1 款规定的保险合同当事人是保险人与投保人，而《海商法》第十二章“海上保险合同”第 216 条第 1 款规定的海上保险合

---

① 《立法法》第 4 条规定：“立法应当依照法定的权限和程序，从国家整体利益出发，维护社会主义法制的统一和尊严。”

② 参见沈宗灵主编：《法理学》，北京大学出版社 2014 年版，第 243 页。

同当事人是保险人与被保险人，[①] 即与保险人相对的合同主体在两种合同之中分野为投保人与被保险人。该章虽然在性质上属于《保险法》的特别法，但在保险合同的主体上不应具有特殊性，因而此种不协调现象并不具备充分的正当性和必要性。

《海商法》与一般民事法律的不协调亦会直接影响海事立法的价值取向。[②] 以承运人对于货物的留置权为例，《海商法》第 87 条规定："应当向承运人支付的运费、共同海损分摊、滞期费和承运人为货物垫付的必要费用以及应当向承运人支付的其他费用没有付清，又没有提供适当担保的，承运人可以在合理的限度内留置其货物。"我国司法实践通常认为，该条规定中的"其"是指应向承运人支付运费或其他费用的人即债务人，"其货物"是指债务人所有的货物，即承运人仅能留置负有向承运人支付运费、共同海损分摊、滞期费和其他费用的人享有所有权的货物，也即债务人本人的货物。例如，最高人民法院民事审判第四庭《涉外商事海事审判实务问题解答》第 138 条规定：

沿海内河运输中，托运人或者收货人不支付运费、保管费以及其他运输费用的，依照《合同法》的规定，承运人对相应的运输货物享有留置权，除非当事人之间另有约定；非我国港口之间的海上货物运输，依照《海商法》的有关规定，应当向承运人支付的运费、共同海损分摊、滞期费和承运人为货物垫付的必要费用以及应当向承运人支付的其他费用没有付清，又没有提供适当担保的，承运人可以在合理的限度内留置债务人所有的货物。审判实践中应当注意不同的法律规定就留置权的行使所作的不

---

① 《保险法》第 10 条第 1 款规定："保险合同是投保人与保险人约定保险权利义务关系的协议。"《海商法》第 216 条第 1 款："海上保险合同，是指保险人按照约定，对被保险人遭受保险事故造成保险标的的损失和产生的责任负责赔偿，而由被保险人支付保险费的合同。"

② 参见梁慧星：《修改〈中华人民共和国海商法〉的诉求与时机》，载《中国海商法年刊》2010 年第 2 期，第 4 页。

同规定。

但是，运输途中货物的所有权归属应当依据货物买卖合同的约定，或者在未有约定时依据法律规定以交付为界限而从买方转移至买方，而承运人对于货物所有权归属和转移的准确情况往往并不了解；《海商法》施行后一段时期之内，出现了不少承运人错误留置货物的情况，使原本用于保护承运人利益的留置权规则反而成了承运人的负累。

《海商法》的上述规定也与《民法典》第836条的规定不相协调："托运人或者收货人不支付运费、保管费或者其他费用的，承运人对相应的运输货物享有留置权，但是当事人另有约定的除外。"后者仅要求运费、保管费和其他运输费用系因所留置货物的运输而产生，而无所有权方面的限制要求。而且，货方未提供适当的担保不应作为留置权成立的条件，相反，货方若已提供适当的担保即应归入承运人不得行使留置权的情形。《海商法》第87条的此种与一般民事法律不相协调的规定，与法律创设留置权作为担保物权之一的立法目的相悖，恐有违当代海商法的公平价值。担保物权是为确保债务的履行而对他人提供担保的物或权利的价值依法享有的权利，因而也是市场经济社会的重要物权类型。市场经济乃信用经济，而担保物权制度则是保障债权实现、维护市场信用的重要制度。[①] 我国台湾地区学者郑玉波也认为：

留置权乃基于法律规定当然而生之一种担保物权（法定担保物权），法律所以创设此制度者，系本于公平原则而来，盖对于占有他人之物，而享有与该物有关联之债权者，当其债权受清偿前，若先将占有物返还，实非公平之道，因而法律遂予以得拒绝返还该物之权利，斯即谓之留置权。[②]

---

① 参见王利明：《物权法研究》（第4版），中国人民大学出版社2016年版，第1071~1072页。

② 郑玉波：《民法物权》，台北，三民书局2013年版，第461页。

《海商法》与一般民事法律之间之所以存在诸多不尽协调的规定，并非源于《海商法》应有的特别法地位，而是由于该法制定当时我国特定的法制环境和立法格局，该法早于除《民法通则》外的多数一般民事法律出台，因而在一定程度上有违立法应有的“先一般，后特别”的逻辑次序。此种时代缺陷应在我国法律体系大幅完善的今天尽快加以弥补。《海商法》的内容应当限于调整海上运输关系和船舶关系所需的、与一般民事法律不同但必要的特别法律制度和规则，以及为保证海商法律制度完整性所需的、与一般民事法律一致的规则。因此，《海商法》应当通过修改尽量消除此类与一般民事法律的不协调，而将《海商法》的特别规定控制在特别法基于调整对象特殊性所需的必要限度之内，以期充分贯彻当代海商法的公平以及其他各项主要价值目标。

五、《海商法》自身部分内容存在不足与缺陷

《海商法》施行近三十年以来的实践表明，该法自身部分内容存在缺陷与漏洞。造成此种缺陷与漏洞的原因主要集中于三个方面：

第一，《海商法》制定之时设立某一法律制度或规则的条件尚不成熟，但由于情势变化目前条件已经成熟并且必要。此种现象最为突出的便是《海商法》第四章“海上货物运输合同”不适用于我国国内的海上货物运输合同，以及未设立船舶污染损害赔偿责任制度。此外，《海商法》第十一章“海事赔偿责任限制”是以《1976 年海事赔偿责任限制公约》为基础而制定，但该法第 204 条第 2 款“前款所称的船舶所有人，包括船舶承租人和船舶经营人”的规定中，[①] 缺少了公约第 2 条第 2 款规定的船舶管

① 《海商法》第 204 条第 1 款规定：“船舶所有人、救助人，对本法第二百零七条所列海事赔偿请求，可以依照本章规定限制赔偿责任。”第 2 款规定：“前款所称的船舶所有人，包括船舶承租人和船舶经营人。”

理人。[①] 个中原因在于《海商法》制定当时我国国内船舶均由船舶所有人自行管理，因而没有船舶管理业，甚至不存在船舶管理人的概念。但是，目前我国已经形成庞大的船舶管理业，如果船舶管理人碍于法律规定在文义方面的时代局限性而无法享受海事赔偿责任限制，明显与当代海商法的公平价值不符，《海商法》修改时应当填补此一立法漏洞。

第二，受到《海商法》起草、论证当时客观情况的限制，对于一些问题的考虑不够周延。例如，《海商法》第二章“船舶”第 14 条针对建造中船舶设定抵押规定：“建造中的船舶可以设定船舶抵押权。建造中的船舶办理抵押权登记，还应当向船舶登记机关提交船舶建造合同。”此种规定较为笼统，尤其是未能明确作为抵押标的物的建造中船舶的范围，以及可以设定抵押的时间。《海商法》生效以来的航运实践表明，此种规定缺乏可操作性，不符合实践中广泛采用的建造中船舶抵押作为融资方式的现实需要，同时也未达到当代海商法的效率、自由等价值目标。

第三，部分领域在《海商法》制定当时缺乏广泛实施的国际条约，也无合适的国外成功立法经验可供借鉴，《海商法》对于部分的复杂问题仅采用保守方法作出了原则性规定，导致缺乏充分的可操作性。例如，《海商法》第四章“海上货物运输合同”第 42 条第 3 项将托运人定义为两种情形：一是与承运人订立海上货物运输合同的人，二是将货物交给与海上货物运输合同有关的承运人的人。[②] 此一定义来自《汉堡规则》关于托运人的定义。上述两种托运人成为托运人的基础不同，前者是因与承运人订立海上货物运输合同而成为托运人，后者则是因将货物交给承运人而成为

① 《1976 年海事赔偿责任限制公约》第 1 条“有权限制责任的人”第 2 款规定：“‘船舶所有人’一词，是指海船的所有人、承租人、经理人和经营人。”

② 《海商法》第 42 条第 3 项规定：“‘托运人’，是指：1. 本人或者委托他人以本人名义或者委托他人为本人与承运人订立海上货物运输合同的人；2. 本人或者委托他人以本人名义或者委托他人为本人将货物交给与海上货物运输合同有关的承运人的人。”

托运人，从而权利和义务也应有所区别。但是，《海商法》总体上直接采用了《汉堡规则》关于托运人权利和义务的规定，未能作出合理的区分。而且，国际货物买卖FOB价格条件下，两种托运人很可能同时存在，由此产生的问题是如果两种托运人同时要求承运人签发提单，提单应当向谁签发，以及承运人是否有权向第二种托运人请求运费。《海商法》关于托运人的定义在航运实践中引发了许多纠纷，一定程度上影响了航运经济活动的正常秩序。因此，《海商法》修改时应当对此进行修正，遵循当代海商法的秩序价值，充分发挥对于航运经济秩序的维护作用。

第二节 《海商法》修改对于法律价值的应有设定

当代海商法的价值包括公平、秩序、效率、安全、人权、自由等法律的一般价值，以及作为海商法特有价值的鼓励航运业发展。《海商法》的修改应当较为妥善、周全地设定以上法律价值，以之作为填补现有制度的不足与缺陷、创设各类新兴制度、借鉴国际海事立法以及国外先进立法，乃至妥善处理与我国国内其他立法之间关系的价值衡量标准。

一、公平价值

法律的诸项一般价值之中，《海商法》必须首先考虑的应是公平的价值目标。能否妥善协调船货双方以及其他各方当事人之间的利益平衡，理应作为评判一部海商法律的制定或修改成功与否的重要标准。

上文已经一再提及，公平价值在海商法领域最为特殊的体现便是赔偿责任限制制度，原因在于此类制度本质上是对民事损害赔偿完全赔偿原则的背离，因而赔偿责任限额的调整也是《海商法》修改设定公平价值的关键所在。如果法律规定的赔偿限额过高，使责任主体在绝大多数情况下均无机会享受责任限制，必然导致单位赔偿责任限制制度形同虚设，无法给予船方应有的特殊保护，从而造成对于船方的不公平；如果赔偿限额过低，则将使船方可以轻易享受赔偿责任限制，导致船货双方之间的利益过于朝向船方倾斜，因而又对货方有失公允。具体而言，《海商法》修改关于赔偿责任限额的调整主要应当关注两个方面：其一，赔偿责任限额本身的确定，包括海上货物、旅客运输承运人的单位赔偿责任限额，以及海事赔偿责任限额；其二，国际与国内运输、船舶的赔偿责任限额之间的关系处理。

（一）赔偿责任限额本身的确定

海商法中的赔偿责任限额主要分为两类，一是海上运输承运人的单位赔偿责任限额；二是海事赔偿责任限额，也称综合赔偿责任限额。海上运输承运人的单位赔偿责任又可分为货物运输和旅客运输两个方面。

1. 海上运输承运人的单位赔偿责任限额

（1）海上货物运输承运人的单位赔偿责任限额

关于海上货物运输承运人的单位赔偿责任限额，《海商法》第 56 条第 1 款前半段规定：

承运人对货物的灭失或者损坏的赔偿限额，按照货物件数或者其他货运单位数计算，每件或者每个其他货运单位为 666.67 计算单位，或者按照货物毛重计算，每公斤为 2 计算单位，以二者中赔偿限额较高的为准。

上述规定的赔偿责任限额是参考《海牙—维斯比规则》而确定。[①] 从国际海上货物运输立法的趋势来看，《汉堡规则》和《鹿特丹规则》均不同程度地提高了承运人的单位赔偿责任限额：前者规定为每件或者每

① 《海牙—维斯比规则》第 4 条第 5 款第 a 项。

单位835特别提款权，或者每公斤2.5特别提款权；[①] 后者规定为每件或者每单位875特别提款权，或者每公斤3特别提款权。[②]《鹿特丹规则》规定的限额较之《海牙—维斯比规则》以及我国《海商法》的规定分别提高了31%和50%，相较《汉堡规则》的规定分别提高了5%和20%。据此，《海商法》修改是否需要提高目前设置的海上货物运输承运人的单位赔偿责任限额，乃至应否采纳《汉堡规则》或《鹿特丹规则》规定的限额，成为该法承运人责任制度完善的重要命题之一。

我国海运出口货物的运输合同适用《海商法》的情形较少，承运人单位赔偿责任限额的影响主要针对进口货物。承运人单位赔偿责任限额的设置应当促使货物索赔人在多数情形下能够获得充分赔偿，而在少数情形下使承运人得以享受赔偿责任限制，因而不能也无法单纯依据法理演绎确定，而是需要基于较为充分的统计数据。根据《海商法》第55条的规定，承运人对于货物灭失的赔偿数额为货物的CIF价格，对于货物损坏的赔偿数额则是货物受损前后CIF价格的差额。[③] 因此，承运人单位赔偿责任限额的设置也应充分考虑我国海运进口货物的CIF价格。

以国家统计局公布的《中华人民共和国2020年国民经济和社会发展统计公报》为例，其中列举了13种主要进口商品，除集成电路以及车辆的统计单位分别为“个”和“辆”而不便以重量进行计算外，[④] 其余11种主要进口商品均可通过计算得出平均价格，具体可见表6－1。

---

① 《汉堡规则》第6条“责任的限度”第1款第a项。

② 《鹿特丹规则》第59条“赔偿责任限额”第1款。

③ 《海商法》第55条第1款规定：“货物灭失的赔偿额，按照货物的实际价值计算；货物损坏的赔偿额，按照货物受损前后实际价值的差额或者货物的修复费用计算。”第2款规定：“货物的实际价值，按照货物装船时的价值加保险费加运费计算。”

④ 参见《中华人民共和国2020年国民经济和社会发展统计公报》，载国家统计局网，http：//www.stats.gov.cn/tjsj/zxfb/202102/t20210227_1814154.html。

表 6－1 2020 年我国主要进口商品价格统计

序号	商品名称	数量（万吨）	金额（亿元）	单价（元/公斤）
1	大豆	10, 033	2743	2. 73
2	食用植物油	983	515	5. 24
3	铁矿砂及其精矿	117, 010	8229	0. 70
4	煤及褐煤	30, 399	1411	0. 46
5	原油	54, 239	12, 218	2. 25
6	成品油	2835	818	2. 89
7	天然气	10, 166	2315	2. 28
8	初级形状的塑料	4063	3628	8. 93
9	纸浆	3063	1088	3. 55
10	钢材	2023	1165	5. 76
11	未锻轧铜及铜材	668	2988	44. 73
合计		235, 482	37, 118	1. 58

根据表 6－1 统计数据，2020 年我国 11 种主要进口商品中金额最高的是原油，金额为 12, 218 亿元，数量 54, 239 万吨，平均价格为每公斤 2. 25 元；金额次之的是铁矿砂及其精矿，金额为 8229 亿元，数量为 117, 010 万吨，平均价格为每公斤 0. 70 元。11 种商品的平均价格为每公斤 1. 58 元。根据国际货币基金组织公布的特别提款权换算标准，2021 年 9 月 17 日 1 特别提款权约等于 9. 18 元人民币。《海商法》第 56 条规定的赔偿责任限额中每件或每个单位 666. 67 特别提款权约等于 6120. 03 元人民币，每公斤 2 特别提款权约等于 18. 36 元人民币。可见，12 种主要进口商品的平均价格每公斤 1. 58 元远低于《海商法》目前规定的赔偿限额，11 种商品各自的平均价格仅有未锻轧铜及铜材的每公斤 44. 73 元高于赔偿限额。

此外，2020 年我国共计进口集成电路 5435 亿个，金额为 24, 207 亿元，平均价格为每个 4. 45 元，同样低于 666. 67 特别提款权的赔偿限额；

汽车的进口数量为93万辆，金额为3242亿元，平均价格为每辆34.86万元，反而远高于赔偿限额。因此，可以认为现行《海商法》第56条规定的承运人单位赔偿责任限额，总体而言能够满足我国海运进口货物损害赔偿的现实需要，特别是针对我国占据主导地位的进口散装货物；至于汽车、仪器、设备等价值较高的进口商品，存在承运人享受赔偿责任限额的空间，但此类货物在我国进口货物的总金额中所占比例较小。

目前较为普遍的观点认为，承运人对于我国海运进出口货物灭失或者损坏的情形，得以享受单位赔偿责任限制的比例约为30%。此一现状总体而言符合承运人单位赔偿责任限制制度设置的基本目标。因此，现行《海商法》第56条规定的赔偿限额符合当前我国海运实践的客观需要。即使从比较法的角度，日本、韩国两个东亚法域以及德国关于海上货物运输承运人赔偿责任限额的规定也完全一致，均采《海牙—维斯比规则》规定的赔偿责任限额，即与《海商法》的现行规定一致。

此外，目前国际上保赔协会也大多是以会员承担的责任不超过依据《海牙—维斯比规则》或者类似国内立法规定的承运人赔偿责任为限，即对于超出部分的赔偿责任不予以承担。例如，《中国船东互保协会保险条款2021/2022》第三部分“保赔险承保风险”第16条规定：

适用中国海商法或其他有关货物运输的规则

除非董事会另作决定，或经理机构书面同意给予特别保险，并以此为限，本协会对如果货物以适用中国海商法有关规定的合同进行运输，或以并入了有关承运人责任不比海牙规则或海牙—威斯比规则不利的条款进行运输便不会产生的责任或不必支付的费用不负赔偿责任。①

因此，《海商法》修改时应当维持现行第56条规定的海上货物运输承

① 《中国船东互保协会保险条款2021/2022》，载中国船东互保协会网，https://www.chinapandi.com/index.php/cn/publications-cn/rules-cn，2021年9月30日访问。

运人的单位赔偿责任限额，而不必盲目参照《汉堡规则》抑或《鹿特丹规则》提高限额，以期承运人能够在合理的限度和概率之内享受责任限制，避免单位赔偿责任限制制度形同虚设，从而破坏船货双方之间的利益平衡，违背当代海商法的公平价值，同时亦能较好地实现公平与鼓励航运业发展两项价值目标之间的协调。

2018 年 3 月《海商法（修订征求意见稿）》第 79 条针对承运人单位赔偿责任限额设置了两种方案，一是《汉堡规则》规定的数额，二是维持现有规定；[①] 2018 年 11 月《海商法（修订征求意见稿）》第 4.17 条则径直采取了《汉堡规则》规定的数额，[②] 大幅提高了承运人的单位赔偿责任限额，恐怕有失妥当。考虑我国海运实践的现实需要，以及公平作为当代海商法主要价值目标的客观要求，此举恐将导致利益过于朝向货方倾斜，值得审慎考量。2020 年 5 月《海商法（修改送审稿）》则保留了原条文，即继续采用现行限额。[③]

（2）海上旅客运输承运人的单位赔偿责任限额

现行《海商法》第 117 条规定，承运人对于每次海上旅客运输中旅客人身伤亡的赔偿责任限额为 46,666 特别提款权，根据国际货币基金组织公布的特别提款权换算标准，2021 年 9 月 17 日 1 特别提款权约等于 9.18 元

---

① 2018 年 3 月《海商法（修订征求意见稿）》第 79 条规定："承运人对货物的灭失或者损坏的赔偿限额，按照货物件数或者其他货运单位数计算，每件或者每个其他货运单位为［835］/［666.67］计算单位，或者按照货物毛重计算，每公斤为［2.5］/［2］计算单位，以二者中赔偿限额较高的为准。但是，托运人在货物装运前已经申报其性质和价值，并在运输单证中载明的，或者承运人与托运人已经另行约定高于本条规定的赔偿限额的除外。"

② 2018 年 11 月《海商法（修订征求意见稿）》第 4.17 条第 1 款规定："承运人对货物的灭失或者损坏的赔偿限额，按照货物件数或者其他货运单位数计算，每件或者每个其他货运单位为 835 计算单位，或者按照货物毛重计算，每公斤为 2.5 计算单位，以二者中赔偿限额较高的为准。但是，托运人在货物装运前已经申报其性质和价值，并在运输单证中载明的，或者承运人与托运人已经另行约定高于本条规定的赔偿限额的除外。"

③ 《海商法（修改送审稿）》第 64 条。

人民币，折合约为428,393.88万元人民币。1992年《海商法》通过时，我国城镇居民人均生活费收入为1826元，[①] 而2017年城镇居民人均可支配收入为43,834元，约为1992年的24倍。因此，现行《海商法》规定的赔偿限额的替代率已降至仅有9.77年，而最高人民法院《关于审理人身损害赔偿案件适用法律若干问题的解释》第29条规定的死亡赔偿金计算基本标准是20年。[②] 目前实行的赔偿限额已经无法适应《海商法》通过以来我国国民经济的快速发展。

关于《海商法》修改时提高海上旅客运输承运人单位赔偿责任限额的具体方案，有观点主张提高为现行标准的2倍，即旅客人身伤亡的赔偿责任限额提高至93,332特别提款权，[③] 约合856,787.76元人民币，替代率为19.55年。但是，现行《海商法》施行至今已近30年，修改后的《海商法》也应有着更强的生命力，[④] 相关赔偿标准的设置不宜仅按目前的经济发展情况进行考虑，因而此一方案对于目前海上旅客运输的赔偿情况以及今后可以预见的发展趋势而言可能仍显过低。而且，邮轮旅游近年来在我国快速发展，《海商法》"海上旅客运输合同"一章同样适用于邮轮旅游包含的海上旅客运输。不同于传统海上旅客运输具有明显的公共运输性质，邮轮旅游运输应属高端消费服务，[⑤] 而且邮轮公司收取的费用也明显高于

---

① 参见《中华人民共和国国家统计局关于1992年国民经济和社会发展的统计公报》，载国家统计局网，http：//www.stats.gov.cn/tjsj/tjgb/ndtjgb/qgndtjgb/200203/t20020331_30006.html。

② 最高人民法院《关于审理人身损害赔偿案件适用法律若干问题的解释》第17条第1款规定："被扶养人生活费根据扶养人丧失劳动能力程度，按照受诉法院所在地上一年度城镇居民人均消费支出标准计算。被扶养人为未成年人的，计算至十八周岁；被扶养人无劳动能力又无其他生活来源的，计算二十年。但六十周岁以上的，年龄每增加一岁减少一年；七十五周岁以上的，按五年计算。"

③ 参见陈琦：《中国海上旅客运输法完善的动因、问题与建议——以〈海商法〉第五章的修改为核心》，载《大连海事大学学报（社会科学版）》2017年第5期，第7页。

④ 参见孙思琪：《临崖勒马抑或坐失机宜？——评〈海商法（修订征求意见稿）〉对于邮轮旅游之处理》，载《大连海事大学学报（社会科学版）》2018年第6期，第7页。

⑤ 参见孙思琪：《邮轮旅游法律要论》，法律出版社2018年版，第318页。

传统海上旅客运输。如果承运人的单位赔偿责任限额过低，必然导致邮轮公司收取的费用和承担的损害赔偿责任之间存在权利义务失衡，同样与当代海商法的公平价值不相契合。

提高海上旅客运输承运人单位赔偿责任限额，较为可行的方案应是提高至《修正〈1974 年海上旅客及其行李运输雅典公约〉的 1990 年议定书》的标准，即旅客人身伤亡的赔偿责任限额为 175, 000 特别提款权，约为现行标准的 3. 75 倍，约合 1, 606, 500 元人民币，替代率为 36. 65 年。虽然《1974 年雅典公约》以及《〈1974 年海上旅客及其行李运输雅典公约〉的 1976 年议定书》已于 1994 年 8 月 30 日对我国生效，但公约第 7 条第 2 款规定："虽有本条第 1 款的规定，本公约任何当事国的国内法在承运人为该国国民时仍可规定每一旅客的更高赔偿责任限额。"据此，即使《海商法》修改时规定高于公约的责任限额，亦于履行公约无甚妨碍。

2018 年 3 月《海商法（修订征求意见稿）》即对旅客人身伤亡的赔偿责任限额采取了上述方案，较为合理；对于旅客自带行李、车辆以及其他行李灭失或者损坏的赔偿责任则采取了较《〈1974 年雅典公约〉1990 年议定书》更高的限额，甚至高于《2002 年雅典公约》,① 反而可能由于数额过高而不甚恰当。但是，2018 年 11 月《海商法（修订征求意见稿）》在

① 2018 年 3 月《海商法（修订征求意见稿）》第 157 条第 1 款规定："承运人在每次海上旅客运输中的赔偿责任限额，依照下列规定执行：（一）旅客人身伤亡的，每名旅客不超过 175, 000 计算单位；（二）旅客自带行李灭失或者损坏的，每名旅客不超过 3123 计算单位；（三）旅客车辆包括该车辆所载行李灭失或者损坏的，每一车辆不超过 12, 499 计算单位；（四）本款第（二）、（三）项以外的旅客其他行李灭失或者损坏的，每名旅客不超过 4500 计算单位。"第 2 款规定："承运人和旅客可以约定，承运人对旅客车辆和旅客车辆以外的其他行李损失的免赔额。但是，对每一车辆损失的免赔额不得超过 439 计算单位，对每名旅客的车辆以外的其他行李损失的免赔额不得超过 49 计算单位。在计算每一车辆或者每名旅客的车辆以外的其他行李的损失赔偿数额时，应当扣除约定的承运人的免赔额。"

此基础上针对旅客人身伤亡设置了更高的250,000特别提款权作为赔偿责任限额，约为现行标准的5.36倍，约合2,295,000元人民币，替代率接近52.36年，似乎稍显过高；对于旅客自带行李、车辆以及其他行李灭失或者损坏的赔偿责任限额则降低至《2002年雅典公约》的标准。[①]《海商法（修改送审稿）》却又转而采用了《修正〈1974年海上旅客及其行李运输雅典公约〉的1990年议定书》的标准，即旅客人身伤亡的赔偿责任限额为100,000特别提款权，[②] 约为现行标准的2.14倍，约合918,000元人民币，替代率为20.94年，似乎又显过低。

2. 海事赔偿责任限额

目前我国《海商法》第十一章“海事赔偿责任限制”规定的海事赔偿责任限额，主要是参照《1976年海事赔偿责任限制公约》设置。以总吨位2000吨的船舶为例，对于人身伤亡和非人身伤亡的赔偿请求的责任限额分别为1,083,000特别提款权和471,500特别提款权。较为科学、合理的海

---

① 2018年11月《海商法（修订征求意见稿）》第6.12条第1款规定：“承运人在每次海上旅客运输中的赔偿责任限额，依照下列规定执行：（一）旅客人身伤亡的，每名旅客不超过250,000计算单位；（二）旅客自带行李灭失或者损坏的，每名旅客不超过2250计算单位；（三）旅客车辆包括该车辆所载行李灭失或者损坏的，每一车辆不超过12,700计算单位；（四）本款第（二）、（三）项以外的旅客其他行李灭失或者损坏的，每名旅客不超过3375计算单位。”第2款规定：“承运人和旅客可以约定，承运人对旅客车辆和旅客车辆以外的其他行李损失的免赔额。但是，对每一车辆损失的免赔额不得超过330计算单位，对每名旅客的车辆以外的其他行李损失的免赔额不得超过149计算单位。在计算每一车辆或者每名旅客的车辆以外的其他行李的损失赔偿数额时，应当扣除约定的承运人免赔额。”

② 《海商法（修改送审稿）》第142条第1款规定：“承运人在每次海上旅客运输中的赔偿责任限额，依照下列规定执行：（一）旅客人身伤亡的，每名旅客不超过100,000计算单位；（二）旅客自带行李灭失或者损坏的，每名旅客不超过1785计算单位；（三）旅客车辆包括该车辆所载行李灭失或者损坏的，每一车辆不超过7142计算单位；（四）本款第（二）、（三）项以外的旅客其他行李灭失或者损坏的，每名旅客不超过2571计算单位。”第2款规定：“承运人和旅客可以约定，承运人对旅客车辆和旅客车辆以外的其他行李损失的免赔额。但是，对每一车辆损失的免赔额不得超过251计算单位，对每名旅客的车辆以外的其他行李损失的免赔额不得超过28计算单位。在计算每一车辆或者每名旅客的车辆以外的其他行李的损失赔偿数额时，应当扣除约定的承运人的免赔额。”

事赔偿责任限额，应当能够使人身损害在多数情况下得到较为充分的赔偿，财产损害则应获得适当赔偿，而不致利益过于朝向责任限制权利主体倾斜。

目前国际上海事赔偿责任限制制度确定责任限额的通行标准是金额制，币值稳定与通货膨胀是金额制的两大缺陷，而特别提款权作为单位的采用可以较为有效地解决币值稳定问题，但通货膨胀仍然必须依赖定期检视全球物价指数等因素并作相应调整，以此维持金额值的基本价值。[①] 受到社会经济发展以及通货膨胀等因素的影响，海上事故造成的人身和财产损害数额不断增大，海事赔偿责任限额也应当随之提高，以求继续符合此项制度的功能与价值。类似于海上旅客运输承运人的单位赔偿责任限额，随着《海商法》通过近30年来我国国民经济的快速发展，该法目前规定的海事赔偿责任限额已经无法适应航运实践的客观需要。

从海事赔偿责任限制国际立法的趋势来看，《1976年海事赔偿责任限制公约〉1996年议定书》已于2004年5月13日生效。该议定书大幅提高了公约原先设置的责任限额。同样以总吨位2000吨的船舶为例，对于人身伤亡和非人身伤亡的赔偿请求的责任限额分别达到2,000,000特别提款权和1,000,000特别提款权，较之《1976年海事赔偿责任限制公约》也即现行《海商法》规定的责任限额分别约为1.85倍和2.12倍。从比较法的角度考察，航运发达国家的海事赔偿责任限制立法也有许多已然采取了《〈1976年海事赔偿责任限制公约〉1996年议定书》的标准。例如，德国《商法》第611条“关于责任限制的公约”第1款规定：“海事赔偿责任根据对德意志联邦共和国生效的、经1996年5月2日议定书修订的1976年11月19日《海事赔偿责任限制公约》（《责任限

① 参见黄裕凯：《海事限责公约2012年最新修正有感》，载《世新法学》第6卷第2期，第54~55页。

制公约》）中的规定予以限制。该规定也适用于2001年《国际燃油污染损害民事责任公约》中的燃油污染损害责任。”[①] 而且，此种限额也较为符合目前我国航运实践的实际需要。因此，建议《海商法》修改时同样将海事赔偿责任限额提高至《〈1976年海事赔偿责任限制公约〉1996年议定书》的标准，巩固海事赔偿责任限制制度在保障航运业稳步发展的同时，平衡赔偿责任人与索赔权利人之间利益的功能，从而较好地设定当代海商法的公平价值。

2018年3月《海商法（修订征求意见稿）》提供的方案一以及2018年11月《海商法（修订征求意见稿）》和《海商法（修改送审稿）》即采用了《〈1976年海事赔偿责任限制公约〉1996年议定书》的标准，方案二则采用了2012年4月通过的《〈1976年海事赔偿责任限制公约〉1996年议定书》责任限额修正案的标准。[②] 仍以总吨位2000吨的船舶为例，该修正案将人身伤亡和非人身伤亡的赔偿请求的责任限额分别提高至3, 020, 000特别提款权和1, 510, 000特别提款权，较之《1976年海事赔偿责任限制公约》也即现行《海商法》规定的责任限额分别约为2. 79倍和3. 20倍。此种限额对于我国当前的航运经济形势而言似有过高之嫌，实非可供考虑的立法方案。《海商法》修改时也不宜盲目迎合国际海事立法的发展动态而予以采纳。

（二）国际与国内运输、船舶赔偿责任限额的关系处理

无论是海上运输承运人的单位赔偿责任限额还是海事赔偿责任限额，国际与国内运输、船舶适用不同限额的双轨制是我国长期以来采用的立法

---

① 《德国〈商法典·第五编　海商〉》，马金星译，载刘艳红主编：《东南法学》2016年辑秋季卷，东南大学出版社2016年版，第244页。

② 2018年3月《海商法（修订征求意见稿）》第280条、2018年11月《海商法（修订征求意见稿）》第12. 7条、《海商法（修改送审稿）》第241条。

模式。最为典型的便是国际海上货物运输和国内水路货物运输，后者在我国主要适用《民法典》第三编“合同”的规定，而该法对于承运人赔偿责任实行的是无过错责任的归责原则，承运人并不享有单位赔偿责任限制的权利。现已废止的《国内水路货物运输规则》同样未规定承运人的单位赔偿责任限制。

海商法设置责任限制制度的主要考量之一是海上特殊风险的影响。海事立法处理海上特殊风险的难点在于，受到海上特殊风险抽象性以及法条文字表述局限性的制约，往往只能通过具体的社会活动类型体现海上特殊风险，而无法直接规定海上特殊风险的影响。运输是否在我国港口之间进行是区分国际与国内运输的基本标准，更多是基于国家主权、领土对应的地理划分，然而客观上国内运输面临的海上特殊风险却未必小于国际运输。宁波至广州的运输与国际运输面临的海上特殊风险无异，却因属于国内运输而须适用无过错责任原则；而珠海到香港的运输距离较短，却被视同国际运输处理。而且，国际与国内运输责任限额的双轨制颇易导致“同命不同价”的争议。

例如，一艘行驶国际航线的邮轮与从事沿海旅客运输的船舶发生碰撞，二者各自的承运人享有的单位赔偿责任限额存在巨大差距，双方船舶运送的旅客所能获得的损害赔偿自然亦不可同日而语。《民法典》第1180条规定：“因同一侵权行为造成多人死亡的，可以以相同数额确定死亡赔偿金。”即使海商法的责任限制制度具有充分的正当性，仅因地理上航行线路的不同便设置差距较大的赔偿责任限额，恐怕仍于当代海商法的公平价值目标有所不容。因此，《海商法》修改对于国际与国内运输、船舶赔偿责任限额的关系处理，理当遵循的原则之一应是缩小二者之间的差距，尽量使之趋于公平。不同于2018年3月《海商法（修订征求意见稿）》，2018年11月《海商法（修订征求意见稿）》和《海商法（修改送审稿）》均赋予了国内水路货物运输承运人单位赔偿责任限制的权利，而且在限额设置上与国际海上货物运输完全相同,[①] 具有一定的合理性。

关于我国港口之间的海上旅客运输的承运人单位赔偿责任限额,《海商法》第117条第4款规定:“中华人民共和国港口之间的海上旅客运输,承运人的赔偿责任限额,由国务院交通主管部门制定,报国务院批准后施行。”原交通部据此制定了《中华人民共和国港口间海上旅客运输赔偿责任限额规定》,其中第3条第1款第1项规定:“承运人在每次海上旅客运输中的赔偿责任限额,按照下列规定执行:(一)旅客人身伤亡的,每名旅客不超过4万元人民币;……”此种赔偿责任限额显然已经脱离了《海商法》通过近30年来我国国民经济迅速发展的客观现实。而且,“东方之星”号作为近年来我国内河旅客运输发生的重大事故,针对每名旅客的赔偿标准已经达到82.5万元,甚至接近现行国际海上旅客运输承运人单位赔偿责任限额的2倍。2018年9月交通运输部等十个部门联合下发的《关于促进我国邮轮经济发展的若干意见》,多次提及沿海邮轮旅游以及内河游轮旅游,包括2035年沿海邮轮市场基本形成、加强与长江等内河及沿海游轮市场的衔接、试点推动中资方便旗邮轮开辟沿海游等。随着我国沿海邮轮旅游逐渐兴起,现行赔偿责任限额更是亟待提高,使之尽量接近国际海上旅客运输的赔偿责任限额。《海商法》修改时可以考虑删除现行第117条第4款,也即国际与国内海上旅客运输实行单轨制;或者如果认为此种限额对于国内海上旅客运输过高,可以考虑在将国际海上旅客运输限额提高至《修正〈1974年海上旅客及其行李运输雅典公约〉的1990年议定书》标准的同时,对于国内水路旅客运输采用《1974年雅典公约》的限额,也即现行《海商法》针对国际海上旅客运

---

① 2018年11月《海商法(修订征求意见稿)》第五章“国内水路货物运输合同”第5.4条第5项规定:“本法第四章的下列规定,适用于本章:(五)第4.17条、第4.18条关于承运人单位责任限额的规定。”《海商法(修改送审稿)》第119条第8项的规定基本相同。

输规定的标准。2018 年 11 月《海商法（修订征求意见稿)》以及《海商法（修改送审稿)》即删除了现行第 117 条第 4 款,[①] 2018 年 3 月《海商法（修订征求意见稿)》则将该款改为“【虽有前款规定，对沿海或者与海相通内陆水域的旅客及其行李运输，承运人的赔偿责任限额，以及承运人和旅客可以约定车辆和旅客车辆以外的其他行李的最高免赔额，按照本条第一款、第二款规定的数额的一半计算。】”方头括号意味着该款属于仍需考虑的备选方案。

至于国内运输船舶的海事赔偿责任限额，《海商法》第 210 条第 2 款规定：“总吨位不满 300 吨的船舶，从事中华人民共和国港口之间的运输的船舶，以及从事沿海作业的船舶，其赔偿限额由国务院交通主管部门制定，报国务院批准后施行。”原交通部据此制定了《交通部关于不满 300 总吨船舶及沿海运输、沿海作业船舶海事赔偿限额的规定》，其中第 4 条规定：“从事中华人民共和国港口之间货物运输或者沿海作业的船舶，不满 300 总吨的，其海事赔偿限额依照本规定第三条规定的赔偿限额的 50% 计算；300 总吨以上的，其海事赔偿限额依照《中华人民共和国海商法》第二百一十条第一款规定的赔偿限额的 50% 计算。”根据相关统计数据，由于国内运输船舶事实上享有赔偿责任限额减半的权利，索赔人在沿海船舶造成的海损事故纠纷中有近八成的概率不能获得财产损失的全部赔偿，其中又有近五成事故的财产损失获赔比例低于 50%，因而可以认为国内船舶的海事赔偿责任限额在实践中处于较低水平，导致索赔人的财产利益无法得到适当保护,[②] 而此种现状并不符合海事赔偿责任限制立法的指导思想。因此,《海商法》修改时即使不取消双轨制，国内运输船舶的海事赔

---

① 2018 年 11 月《海商法（修订征求意见稿)》第 6. 12 条、《海商法（修改送审稿)》第 142 条。

② 参见仲海波：《我国海事赔偿责任限额完善之研究》，载上海海事大学海商法研究中心编：《海大法律评论 2016—2017》，上海浦江教育出版社 2018 年版，第 218 页。

偿责任限额至少应当达到该法目前针对国际运输船舶规定的标准，即《1976年海事赔偿责任限制公约》的限额，以此给予索赔人较为充分、适当的权益保护，妥善设定当代海商法的公平价值。2018年11月《海商法（修订征求意见稿）》已删除了目前的授权性规定，即取消了双轨制，[①] 但《海商法（修改送审稿）》又恢复了该规定。[②]

除海上运输承运人单位赔偿责任限额以及海事赔偿责任限额的提高外，《海商法》修改时还应从其他方面设定当代海商法的公平价值，至少包括：

1. 针对《旅游法》第71条，规定邮轮旅游旅行社援引邮轮公司作为海上旅客运输承运人的单位赔偿责任限制的权利；

2. 借鉴德国《商法》第581条、[③] 日本《商法》第797条、[④] 韩国《商法》第889条，[⑤] 规定船长和其他船员的救助报酬请求权；

---

① 2018年11月《海商法（修订征求意见稿）》第12.7条、第12.8条。

② 《海商法（修改送审稿）》第241条第2款。

③ 德国《商法》第581条“分配请求权”第1款规定：“遇难船舶及其货物被其他船舶全部或部分救助的，救助报酬或特别补偿应当在实施救助的船舶所有人或船东、租船人或船长以及其他船上乘务人员之间分配。在此过程中，首先向船舶所有人或船东补偿施救过程中船舶遭受的损害以及施救发生的费用，再就剩余部分，船舶所有人或船东获得三分之二，租船人、船长或其他船上乘务人员各得六分之一。”第2款规定：“除租船人或船长外，归属于船上乘务人员的报酬分配，应在特别考虑各船上乘务人员在事务上或人员上能效的基础上分配。租船人或船长根据分配计划进行分配。分配计划应当确定每个船上乘务人员可得到的份额。分配计划应当在航次结束之前告知船上乘务人员。”第3款规定：“任何偏离第1款和第2款的规定，损害租船人、船长或其他船上乘务人员的协议，自始不发生效力。”参见《德国〈商法典·第五编　海商〉》，马金星译，载刘艳红主编：《东南法学》2016年辑秋季卷，东南大学出版社2016年版，第238页。

④ 日本《商法》第797条第1款规定：“关于实施了救助的船舶的救助报酬，应当将其三分之二支付给船舶所有人，将其三分之一支付给船员。”参见《日本最新商法（有关运输/海商部分）和国际海上货物运输法》，张秀娟、李晓楠、梁赟译，载《中国海商法研究》2020年第1期，第66页。

⑤ 韩国《商法》第889条“同一船舶内的救助费分配”第1款规定：“在船舶参加救助而得到报酬的情形下，应先向船舶所有权人支付船舶的受损金额及救助所需费用，后将其余额平分给船长与海员。”第2款规定：“船长将根据第1款规定拟向海员分配的报酬额，在该航海结束之前参照每一海员的劳力及其效果，情况等制作分配方案并向海员告示。”

3. 以《1989年国际救助公约》规定的“环境损害”替代《海商法》第九章规定的“环境污染损害”，扩大特别补偿制度的适用范围；

4. 参照《2016年约克—安特卫普规则》规则Ⅵ，允许特定情形下的救助报酬认入共同海损；

5. 参照《1976年海事赔偿责任限制公约》第1条，规定船舶管理人为海事赔偿责任限制主体，以及责任保险人独立的海事赔偿责任限制权利；

6. 依据《民法典》第195条的规定，规定诉讼外请求作为海事诉讼时效的中断事由。

二、秩序价值

当代海商法的秩序价值主要表现为对于航运经济秩序的维护，也即通过立法建立和保障航运经济发展的基本规则，明确各个航运经济主体之间的权利义务关系。因此，《海商法》修改对于当代海商法秩序价值的应有设定，着重表现为因应该法通过以来的情事变化，创设一些必要的新兴法律制度。除船舶污染损害赔偿制度同时也是安全价值对于海洋环境保护的要求外，其他主要包括扩大该法的适用范围至国内水路货物运输合同、创设港口货物作业合同法律制度、针对邮轮旅游的特殊性完善海上旅客运输合同制度。

（一）扩大适用范围至国内水路货物运输合同

现行《海商法》第2条第2款规定：“本法第四章海上货物运输合同的规定，不适用于中华人民共和国港口之间的海上货物运输。”该法是我国的国内法，第四章“海上货物运输合同”又是其中最为重要的章节，此项规定却令之不适用于我国沿海货物运输合同和与海相通的内陆水域的货物运输合同，维系了国际海上货物运输和国内水路货物运输实行不同法律制度也即双轨制的传统做法，而且两种法律制度分列于不同法律。[①] 同时也造成了《海商法》最大的立法缺陷。[②] 此项规定导致的结果是我国虽然有着庞大的国内水路货物运输市场，[③] 但国内水路货物运输合同立法除《民法典》第三编“合同”等一般法外，长期以来仅能适用交通运输主管部门制定的部门规章。因此，国内水路货物运输市场的秩序需求亟待《海商法》修改有所回应。

《海商法》修改应当扩大适用海上货物运输合同的范围，目前各界已经基本达成共识。争议主要在于扩大的程度，即是否囊括内河货物运输合同。内河货物运输合同的法律规制，必须考虑与船舶优先权、海事赔偿责任限制、共同海损乃至船员管理等法律制度的协调，而非简单扩大货物运输合同法律制度的适用范围即可解决。但是，目前《海商法》修改已有的三个正式草案似乎并未能够有效实现此种协调。

2018 年 3 月《海商法（修订征求意见稿)》第五章“国内水路货物运输合同”共有 26 个条文，其中 10 条涉及准用第四章“国际海上货物运输合同”的相关规定，援引的具体条文达到 21 条之多，其余不少条文是《国内水路货物运输规则》的原有规定或作部分修改，实质性的新增规定很少；2018 年 11 月《海商法（修订征求意见稿)》第五章“国内水路货物运输合同”也有大量内容是准用第四章“国际海上货物运输合

---

① 参见胡正良、孙思琪：《我国〈海商法〉修改的基本问题与要点建议》，载《国际法研究》2017 年第 4 期，第 58 页。

② 参见胡正良：《论〈海商法〉修改的必要性》，载《当代法学》2013 年第 12 期，第 143 页。

③ 根据交通运输部《2020 年交通运输行业发展统计公报》，截至 2020 年年末我国共有内河航道通航里程 12.77 万公里，沿海运输船舶和内河运输船舶分别为 10,352 艘和 11.50 万艘。参见交通运输部：《2020 年交通运输行业发展统计公报》，载中国政府网，http：//www.gov.cn/xinwen/2021-05/19/content_5608523.htm。

同”的规定[①]或者来自《国内水路货物运输规则》;[②]《海商法（修改送审稿)》也存在类似情况。

仅从立法技术的角度考虑，目前将内河货物运输合同一概纳入《海商法》调整的条件是否成熟，仍然值得立法机关审慎考量。不可否认的是，国际海上货物运输和国内水路货物运输的共性日渐增强，国内运输的不少事项可以直接适用国际运输的既有规则。《海商法》修改对于国内水路货物运输合同较为可行的处理方法，仍是在“海上货物运输合同”一章增设“国内水路货物运输合同的特别规定”一节，使之适用于国内海上货物运输合同以及与海相通的内陆可航水域的货物运输合同，并且作出必要的特别规定，如水路货物运单和承运人的归责原则、免责事由以及是否享有单位赔偿责任限制等少数特殊事项，从而确立国际海上货物运输合同和国内水路货物运输合同的“最小双轨制”。[③] 特别是2018年11月《海商法（修订征求意见稿)》和《海商法（修改送审稿)》已经赋予国内水路货物运输承运人单位赔偿责任限制的权利，使此种双轨制可以控制在更小的范

---

① 2018年11月《海商法（修订征求意见稿)》第5.4条规定：“本法第四章的下列规定，适用于本章：(一）第4.13条关于活动物运输的规定；(二）第4.14条关于舱面货运输的规定；(三）第4.16条关于货物灭失或者损坏赔偿额计算的规定；(四）第4.10条第二、三、四款关于承运人迟延交付的规定；(五）第4.17条、第4.18条关于承运人单位责任限额的规定；(六）第4.21条、第4.22条、第4.23条、第4.24条、第4.25条、第4.26条关于承运人和实际承运人的规定；(七）第4.67条第三款关于多式联运经营人与区段实际承运人承担连带责任的规定；(八）第4.15条、第4.19条关于混合责任及抗辩理由的规定；(九）第4.28条、第4.29条、第4.30条、第4.32条关于托运人义务和责任的规定；(十）第4.41条、第4.42条、第4.43条、第4.44条、第4.45条关于货物交付的规定；(十一）第4.49条、第4.50条、第4.51条关于运输合同变更或者终止的规定。”

② 例如，2018年11月《海商法（修订征求意见稿)》第5.12条规定：“货物在运输过程中因不可抗力灭失，未收取运费的，承运人不得要求支付运费；已收取运费的，托运人可以要求返还。货物在运输过程中因不可抗力部分灭失的，承运人按照实际交付的货物比例收取运费。”该条内容与《国内水路货物运输规则》第49条完全相同。

③ 参见胡正良、孙思琪：《我国〈海商法〉修改的基本问题与要点建议》，载《国际法研究》2017年第4期，第64页。

围内。

（二）创设港口货物作业合同制度

2018 年 11 月《海商法（修订征求意见稿）》第 4.2 条第 2 项修改了实际承运人的定义规定："'实际承运人'，是指接受承运人委托或者转委托，从事货物运输或者部分运输，包括在港区内从事货物作业的人。"第 4.27 条又规定："就货物灭失、损坏或者迟延交付，对在港区内接受托运人、实际托运人或者收货人委托从事货物作业的人提起的任何诉讼，不论是根据合同或者是根据侵权行为提起的，准用本章关于承运人的抗辩理由和限制赔偿责任的规定。"该章的修改要点第 1 项也指出："将接受承运人委托在港区内从事货物作业的人纳入实际承运人范畴；明确承运人抗辩理由和责任限制的规定适用于港区内接受货方委托从事货物作业的人。"

上述修改应是针对港口经营人作出的规定，固然可以使关于承运人义务、归责原则、免责事由、赔偿责任限制的规定适用于港口经营人，从而解决港口经营人的赔偿责任等实践中较为突出的问题，但仍然无法设立系统的港口货物作业合同法律制度。港口货物作业合同的订立、港口经营人和委托人的义务等内容仍将由《民法典》调整，从而难以充分、有效地解决一般民事合同立法对于港口货物作业合同的不适应性问题，[①] 也即仍未触及问题的本质，无法切实维护港口经营秩序。

设立港口货物作业合同制度的重要目的，应是将港口货物作业合同作为一种典型合同加以规制，即在法律层面实现港口货物作业合同的有名化。港口具有天然的垄断性，港口货物作业合同双方当事人的谈判地位和缔约能力往往不甚平等，需要法律介入加以干涉，规定港口经营人、作业

---

① 参见胡正良、张磊、刘卫国、顾寅：《〈海商法〉修改应设立港口货物作业合同法律制度》，载《中国港口》2018 年第 6 期，第 16 页。

委托人和收货人的权利和义务，规范港口货物作业行为，维护港口经营人和其他利益方的正当权益，保障港口经营秩序和效率。现已废止的《港口货物作业合同》也在第二章“作业合同的订立”开篇专设第4条规定：“作业合同，应当按照公平的原则订立。”而且，承运人与港口经营人的分离是我国立法长期发展的趋势与结果。原交通部1973年制定、1987年修正的《水路货物运输规则》在二十余年的施行时间内一直将装货港、航运公司和卸货港也即“两港一航”共同作为承运人。1995年原交通部公布的《水路货物运输规则》在法律地位上将从事港口作业服务的港口经营人与从事水路货物运输服务的承运人加以分离，促使港口经营人成为独立的法律主体，港、航之间的关系也从承运人的内部关系转变为平等主体之间的民事法律关系，并且强调此种法律关系应当通过合同加以调整。该规则第1条明确规定立法目之一是明确承运人和港口经营人之间分工和责任。2000年相关部门规章修订时不仅维持了港口经营人的独立法律主体地位，更是单独制定了《港口货物作业规则》。[①] 因此，如果通过修改实际承运人的定义解决港口经营人的法律问题，等于重新将港口经营人与承运人一方混为一谈，无疑是违背立法趋势的倒退现象。

创设港口货物作业合同制度较为理想的途径，应是在“海上货物运输合同”一章增设“港口货物作业合同”一节，参照《港口货物作业规则》的原有内容，规定定义与港口货物作业合同的内容、港口经营人的责任期间与义务、作业委托人的义务、货物交接、港口经营人的赔偿责任、作业委托人的赔偿责任等内容，[②] 而专设“港口货物作业合同”一章恐怕很难得到立法机关的认可并获得通过。但是，部分学者顾虑港口货物作业合同

---

① 参见叶红军、翁笑冰编著：《〈国内水路货物运输规则〉〈港口货物作业规则〉条文释义》，人民交通出版社2000年版，第108页。

② 参见胡正良等：《〈海商法〉修改应设立港口货物作业合同法律制度》，载《中国港口》2018年第6期，第14页。

不是海上货物运输合同，例如，司玉琢认为：

港口作业合同不是运输合同，放在运输合同里面不合适。港口作业合同不论作为独立一节特别规定，还是单独作为一章，都不是运输合同，如果让运输合同来调整港口作业合同，这个从立法来讲是一个很大的难度。[①]

从现行《海商法》第四章的体系来看，该章规定了两种海上货物运输合同以外的典型合同，即多式联运合同和航次租船合同。多式联运合同不是或者至少不只是海上货物运输合同，不过是在内容上涉及海上货物运输，但该章也设置了专节加以规定；航次租船合同虽然在学理上通常被认为是海上货物运输合同的特殊类型，但从《海商法》第41条和第92条的定义来看，航次租船合同至少并非该法明文定义或称狭义的海上货物运输合同，[②] 但该章同样设置了专节进行规定。而且，2018年11月《海商法(修订征求意见稿)》已将第七节的节名从“航次租船合同的特别规定”修改为“航次租船合同”，并增设第4.3条规定“除第七节另有规定外，本章不适用于租船合同”，意味着关于航次租船合同的规定已非特别规定，却仍可置于该章之内。考虑到我国航运实践的客观需要，以及港口货物作业合同与海上货物运输的密切关联及历史渊源，增设“港口货物作业合同”一节似乎并无不可。即使是从合同内容的角度分析，港口货物作业主要是指货物的装卸、驳运、储存、装拆集装箱，[③] 而2018年11月

---

① 参见司玉琢：《关于〈海商法〉修改的几点看法》，载微信公众号“海商法研究中心”2018年10月6日，https://mp.weixin.qq.com/s/5wJLTHiydMw-Ft2Y6_QY9w。

② 《海商法》第41条规定：“海上货物运输合同，是指承运人收取运费，负责将托运人托运的货物经海路由一港运至另一港的合同。”第92条规定：“航次租船合同，是指船舶出租人向承租人提供船舶或者船舶的部分舱位，装运约定的货物，从一港运至另一港，由承租人支付约定运费的合同。”因此，《海商法》规定的海上货物运输合同的当事人是承运人和托运人，而航次租船合同的当事人是承租人和出租人，二者之间实非种属概念的包含关系。

③ 《港口货物作业规则》第2条规定：“在中华人民共和国境内，为水路运输货物提供的装卸、驳运、储存、装拆集装箱等港口作业适用本规则。”

《海商法（修订征求意见稿）》第 4.8 条规定的承运人管货义务包括接收、装载、搬移、堆放、运输、保管、照料、卸载和交付 9 个环节，涵盖从接收到交付的整个过程，因而港口作业在一定意义上仍然属于运输的范畴。

（三）针对邮轮旅游完善海上旅客运输合同制度

邮轮旅游是近年来在我国快速发展的新兴旅游形式，《推动共建丝绸之路经济带和 21 世纪海上丝绸之路的愿景与行动》也明确提出："推动 21 世纪海上丝绸之路邮轮旅游合作。"邮轮旅游的快速发展必然导致相应民事纠纷的产生，我国司法实践处理的邮轮旅游纠纷也已达到一定规模。但是，由于缺乏专门的法律规范予以调整，邮轮旅游对应的运输、旅游法律规则分列于《海商法》《旅游法》等法律，二者对于邮轮旅游的特殊性均难以适应，甚或存在相互制约的现象，导致其中涉及的基础法律关系、法律适用、管辖权、旅客人身损害赔偿以及航程变更等事项在实践中均不乏争议。法律制度的缺失也在一定程度上导致我国邮轮市场量增而价跌，长期处于繁而不荣的局面，低价竞争引发的低质服务现象亦不鲜见。我国邮轮旅游专门立法目前仅有地方性的《上海市邮轮旅游经营规范》，无法充分应对实践中日趋频繁、复杂的邮轮旅游纠纷。而且，该规范第 22 条规定："本规范自 2016 年 4 月 10 日起施行。有效期五年。"目前应当已经失效。完备的邮轮旅游民事法律制度亟待建立，以此维护我国邮轮旅游市场的经营秩序。①

邮轮旅游民事法律规则可供考虑的立法选择主要包括《海商法》修改、《旅游法》修改以及单行立法。《旅游法》作为我国规范旅游活动的基

① 参见孙思琪：《邮轮旅游法律要论》，法律出版社 2018 年版，第 371 ~372 页。

本法律，2013年方才通过施行，[①] 短期之内进行实质性修改的可能性很小。而且，基于《旅游法》对于各类旅游活动的共性调整，难以妥善处理邮轮旅游活动的特殊性。同时，限于目前我国立法资源颇为有限的现实格局，加之邮轮旅游法律制度本身所需的法律规范数量客观上并不非常丰富，针对邮轮旅游制定单行法律恐怕亦非科学而可行的立法选择。对于制度缺失动辄主张诉诸单行立法，也是我国法学界、尤其是海商法学界长期以来较为普遍存在的认识误区。相较而言，邮轮旅游是以海上旅客运输为其基本实现方式，而且相应法律规则的内容更多集中于邮轮公司、旅行社在海上旅客运输法律制度下的责任承担，因而与《海商法》关联密切。形成此种关联的具体原因有二：其一，邮轮本身不可否认地具有船舶属性，而船舶正是海商法律的核心元素之一；其二，邮轮旅游较之一般旅游活动的特殊性，突出表现为海上特殊风险的影响。一般旅游法律对此不能也无必要过多考虑，而海商法却正是以海上特殊风险为制度存在的主要正当性以及现实基础。[②]

邮轮旅游民事法律制度应当通过《海商法》修改创设，对此各界目前已经基本达成共识。例如，郭萍认为：考虑到当前我国邮轮合同订立模式的实然现状，以及大力发展我国邮轮产业的实际需要，基于邮轮作为船舶的本质属性，以及邮轮活动具有的运输属性等因素，邮轮旅游法律制度可以通过《海商法》修改予以解决；[③] 又如，方懿认为：《海商法》是对涉海、涉船等相关民事关系进行规制的基础法律，应当以《海商法》修改为

---

① 《旅游法》于2013年4月25日通过，自2013年10月1日起施行，并于2016年11月7日、2018年10月26日两次小幅修正。

② 参见孙思琪：《邮轮旅游法律要论》，法律出版社2018年版，第373~374页。

③ 参见郭萍：《邮轮合同法律适用研究——兼谈对我国〈海商法〉海上旅客运输合同的修改》，载2016海商法国际研讨会暨国际航运法律与政策高端论坛论文集，第88~93页。

契机将海上旅游合同纳入立法讨论的范畴。① 此前2018年3月《海商法（修订征求意见稿）》第六章“海上旅客运输合同”也增加了第三节“邮轮旅游的特别规定”。

根据现行《海商法》第1条之规定，通说认为，该法是调整海上运输关系和船舶关系的法律，邮轮旅游形成社会关系的主要内容应当属于海上运输关系和船舶关系的范畴，符合该法的调整对象。海商法律制度的正当性主要源于海上特殊风险的存在，尤其是人们抵御海上特殊风险的能力相对较弱，导致海事活动较之一般民事活动具有较为鲜明的特殊性，需要特殊的法律制度予以调整。邮轮旅游相对于其他旅游活动的特殊性主要也来源于海上特殊风险，航程变更等实践中频繁引起纠纷的事项均与此不无关系。邮轮航程变更的原因大多是由于邮轮在海上航行过程中遭遇台风天气等海上风险，或者邮轮自身存在不适航情况。而且，《海商法》目前已有较为完备的海上旅客运输合同法律制度，可以作为构建邮轮旅游法律制度的基础。②

目前围绕邮轮旅游的特殊性，完善《海商法》规定的海上旅客运输合同法律制度正逢其时，也符合当代海商法的秩序价值。此种完善的重点应是邮轮旅游的特殊性对于海上旅客运输规则的影响，包括邮轮船票的出具和主要内容、邮轮公司的告知义务、航程变更及其处置、海上运输事故与休闲娱乐服务事故分离原则、旅行社援引承运人赔偿责任限制的权利等内容。

除扩大适用范围至国内水路货物运输合同、创设港口货物作业合同法律制度、针对邮轮旅游的特殊性完善海上旅客运输合同制度外，《海商法》修改时亦应从其他方面设定当代海商法的秩序价值，至少包括：

---

① 参见方懿：《海上旅游合同立法刍议——以我国〈海商法〉修改为契机》，载2016海商法国际研讨会暨国际航运法律与政策高端论坛论文集，第122页。

② 参见孙思琪：《邮轮旅游法律要论》，法律出版社2018年版，第371~372页。

1. 明确船舶所有人的识别标准，应对国内水路运输或作业船舶大量采用的挂靠形式；

2. 完善船舶所有权的变动规则，尽量克服最高人民法院《关于审理买卖合同纠纷案件适用法律的解释》第7条、最高人民法院《关于适用〈中华人民共和国民法典〉物权编的解释（一）》第6条的负面影响；

3. 依据《民法典》第197条，明确诉讼时效的强行性。

三、效率价值

海商法作为商事法律之一，对于效率价值目标的追求同样着重表现在三个方面，即权利证券化、时效短期化、交易定型化。《海商法》修改对于当代海商法效率价值的设定，也应从以上三个方面入手，主要包括创设电子运输记录规则、完善海事诉讼短期时效、根据标准格式合同以及民间规则的版本更新修改相关规定。

（一）创设电子运输记录规则

创设电子运输记录规则本质上是运输单证在法律层面得以实现电子化的过程。运输单证的电子化能够大幅提高运输单证的流转速度，节约单证成本、提升单证效率，并且亦可在很大程度上解决传统提单普遍存在的无单放货问题，[①] 因而符合效率作为当代海商法主要价值目标的客观要求。

《鹿特丹规则》构建了运输单证与电子运输记录并行的二元体系，二者基本共用同一法律制度，即在单证的功能、签发、记载事项、转让、证据效力等方面适用相同或者相似的规则。《鹿特丹规则》在第1条明确了电子运输记录、电子通讯、可转让电子运输记录、不可转让电子运输记录

---

① 参见胡正良等：《〈鹿特丹规则〉影响与对策研究》，北京大学出版社2014年版，第495页。

以及可转让电子运输记录转让的定义的同时，通过第三章“电子运输记录”设立了专门的电子运输记录规则，并且通过第八章“运输单证和电子运输记录”确立了运输单证与电子运输记录二者共用的商务规则。然而，《鹿特丹规则》创设的电子运输记录规则是以传统提单规则和一般电子商务规则为基础加以组合而成，并无充分而成熟的航运实践可供参考，因而能否有效运行暂不可知。但是，《鹿特丹规则》对于电子运输记录基本法律效力的认可值得《海商法》修改时加以借鉴。

成熟的电子运输单证法律规则必须基于充分的航运实践，但充分航运实践的开展又要求电子运输单证在法律上的效力应当得到基本的认可。二者之间存在的悖论决定了电子运输记录立法必须慎之又慎，避免过于详细的规则反而可能由于适应性较差而阻碍电子运输记录的发展。从比较法的角度，《鹿特丹规则》通过以来不少国家在修订本国海商法时吸收了《鹿特丹规则》或其草案的有关规定，创设了电子运输记录或电子提单的基本规则，但均是仅对电子运输记录或电子提单的法律效力作出基本的原则性规定，而不作其他具体的制度构建。

例如，韩国2007年修改后的《商法》第862条“电子提单”第1款规定：“承运人代替发行第852条至第855条的提单而取得托运人、租船人的同意，通过在法务部长官指定的登记机关登记的方式发行电子提单。此时，电子提单与第853条及第855条规定的提单具有相同的法律效力。”又如，2013年德国《商法》第五编“海商”的修订同样赋予电子运输单证基本的法律效力，其中第516条“提单格式；法令授权”第2款规定：“与提单具有相同功能的电子记录（电子提单）应被视为等同于提单，前提是在任何时候都可保证记录的真实性和完整性。”[①] 关于电子运输单证的

① 《德国〈商法典·第五编 海商〉》，马金星译，载刘艳红主编：《东南法学》2016年辑秋季卷，东南大学出版社2016年版，第225页。

具体规则，上述立法大多规定授权本国相关部门制定具体规定。例如，德国《商法》第516条“提单格式；法令授权”第3款规定：“联邦司法部有权依据与联邦内政部规定一致的规则，对电子提单的签发、出示、收回和转让，以及向电子提单发布补记的程序作出具体规定，而无须另行获得联邦参议院的同意。”① 韩国《商法》第862条“电子提单”第5款也规定：“电子提单的登记机关的指定要件，发行及背书的电子方式，运输物的具体受领程序和其他必要的事项，总统令加以规定。”

结合以上比较法的经验，承认电子运输记录基本的法律效力但不作具体的制度构建，应是现阶段创设电子运输记录法律规则较为可行的立法模式。② 建议《海商法》修改时参考上述国家的做法，认可电子运输记录最为基本的法律效力，以此提高运输单证的流转效率，同时设置授权性条款规定由交通运输部作为交通运输主管部门制定关于电子运输记录的具体规则。2018年11月《海商法（修订征求意见稿）》也增加了关于电子运输记录的规定，其中第4.2条第7项明确了电子运输记录是运输单证的一种类型，③ 并于第9项规定了电子运输记录的定义。④ 同时，第4.40条第4项、第5项规定了签发电子运输记录情况下的货物交付规则。⑤ 《海商法（修改送审稿）》的规定基本相同。

---

① 《德国〈商法典·第五编　海商〉》，马金星译，载刘艳红主编：《东南法学》2016年辑秋季卷，东南大学出版社2016年版，第225页。

② 参见孙思琪：《论当代海商法国家自主性与国际统一性之关系》，载梁慧星主编：《民商法论丛》第63卷，法律出版社2017年版，第399~400页。

③ 2018年11月《海商法（修订征求意见稿）》第4.2条第7项规定：“‘运输单证’，是指包括提单、电子运输记录在内的证明海上货物运输合同和货物已经由承运人接收或者装船的单证。”

④ 2018年11月《海商法（修订征求意见稿）》第4.2条第9项规定：“‘电子运输记录’，是指承运人根据海上货物运输合同签发的数据电文形式的运输单证。”

⑤ 2018年11月《海商法（修订征求意见稿）》第4.40条第4项、第5项规定：“承运人交付货物，依照下列规定执行……（四）签发可转让电子运输记录的，向电子运输记录的持有人交付货物；（五）签发不可转让电子运输记录的，凭收货人的身份证明交付货物……”

（二）完善海事诉讼短期时效

短期时效化的目的是尽快确定交易行为及其所生债权的效果，海事诉讼时效更是如此。随着原《民法总则》以及《民法典》将普通诉讼时效期间由 2 年修改为 3 年，《海商法》修改应当对于目前规定的海事诉讼短期时效根据不同的具体情形分别加以处理。《海商法》第十三章“时效”规定的诉讼时效主要可以分为以下三类。

1. 参照国际条约规定的诉讼时效

《海商法》参照国际条约规定的诉讼时效，包括第 257 条规定就海上货物运输向承运人要求赔偿的请求权的诉讼时效期间为 1 年，主要参考了《海牙—维斯比规则》；第 258 条规定就海上旅客运输向承运人要求赔偿的请求权的诉讼时效期间为 2 年，主要参考了《1974 年雅典公约》；第 261 条规定有关船舶碰撞的请求权的诉讼时效期间为 2 年，主要参考了《1910 年统一船舶碰撞某些法律规定的国际公约》；第 262 条规定有关海难救助的请求权的诉讼时效期间为 2 年，主要参考了《1989 年国际救助公约》；第 265 条规定有关船舶发生油污损害的请求权的诉讼时效期间为 3 年，主要参考了《1969 年油污公约》。

考虑到我国国内立法与国际条约的协调，无论我国是否参加了相应的国际公约，此类诉讼时效期间除特定的国内实际情况确有充分需要外，似无延长的必要。2018 年 11 月《海商法（修订征求意见稿）》第 15. 2 条、第 15. 5 条、第 15. 6 条、第 15. 9 条维持了目前规定的海上旅客运输、船舶碰撞、海难救助、船舶油污损害的诉讼时效期间，但该稿第 15. 1 条将就国际海上货物运输发生在承运人、实际承运人与托运人、收货人或运输单证持有人之间的请求权的诉讼时效期间规定为 2 年，是否妥当还需审慎把握。从比较法的立法趋势来看，参考《海牙—维斯比规则》规定 1 年时效期间的仍是多数，如德国《商法》第 605 条“一年的消灭时效期间”第 1 项仍然规定因海上货物运输合同和提单产生的请求权的消灭时效期间为 1 年。[①]《海商法（修改送审稿)》维持了 1 年的诉讼时效期间。

2. 根据《海商法》规定的 2 年诉讼时效期间

根据《海商法》规定的 2 年诉讼时效期间，包括第 257 条规定的有关航次租船合同的请求权的诉讼时效期间，第 259 条规定的有关船舶租用合同的请求权的诉讼时效期间，以及第 264 条规定的根据海上保险合同向保险人要求保险赔偿的请求权的诉讼时效期间。

比较法上关于租船合同的诉讼时效期间，规定 1 年或者 2 年的立法例皆而有之，但超过 2 年的例证却并不多见。例如，德国《商法》第 605 条“一年的消灭时效期间”第 2 项规定因租船合同产生的请求权的消灭时效期间为 1 年；[②] 又如，韩国《商法》第 846 条、第 851 条分别规定定期租船合同、光船租赁合同的时效期间为 2 年。[③] 因此，虽然《民法典》已经延长了普通诉讼时效期间，但《海商法》规定的上述诉讼时效期间似乎并无相应延长的必要。2018 年 11 月《海商法（修订征求意见稿)》第 15. 3 条、第 15. 8 条维持了目前规定的 2 年诉讼时效期间，总体而言较为适宜；但是，《海商法（修改送审稿)》删除了现行第 259 条的规定，意味着有关船舶租用合同的请求权的诉讼时效期间实质上延长为 3 年，即《民法典》规定的普通诉讼时效期间，第 315 条第 3 款则明确将有关航次租船合同的

---

① 德国《商法》第 605 条“一年的消灭时效期间”第 1 项规定：“以下请求权自发生之时起一年内消灭：①因海上货物运输合同和提单产生的请求权；……”参见《德国〈商法典·第五编　海商〉》，马金星译，载刘艳红主编：《东南法学》2016 年辑秋季卷，东南大学出版社 2016 年版，第 243 页。

② 德国《商法》第 605 条“一年的消灭时效期间”第 2 项规定：“以下请求权自发生之时起一年内消灭……②因租船合同产生的请求权；……”参见《德国〈商法典·第五编　海商〉》，马金星译，载刘艳红主编：《东南法学》2016 年辑秋季卷，东南大学出版社 2016 年版，第 243 页。

③ 韩国《商法》第 846 条“定期租船合同上的债权的消灭”第 1 款规定：“关于定期租船合同发生的当事人之间的债权，自将船舶交还于船舶所有权人之日起 2 年以内，若无审判上的请求，则即行消灭。”第 851 条“光船租赁合同中债权的消灭”第 1 款规定：“将船舶返还给船舶所有权人之日起两年内没有裁判上请求时，光船租赁而发生的当事人之间的债权即消灭。”

请求权的诉讼时效期间规定为3年。[①]

3.《海商法》自行设定的短期诉讼时效期间

《海商法》自行设定的短期诉讼时效期间，包括第260条规定的有关海上拖航合同的请求权的1年诉讼时效期间，以及第263条规定的有关共同海损分摊的请求权的1年诉讼时效期间。

2018年11月《海商法（修订征求意见稿）》第15.4条将有关海上拖航合同的请求权的诉讼时效期间延长为了2年，并无明显不妥，较之《民法典》规定的3年普通诉讼时效期间仍属短期时效，基本可以满足海上拖航实践的需要；但是，《海商法（修改送审稿）》删除了现行第260条的规定，意味着此项诉讼时效期间实质上延长为3年。

至于共同海损的时效期间，《2004年约克—安特卫普规则》规则XXIII“共同海损的分摊时效”规定了1年的时效期间，此后《2016年约克—安特卫普规则》也予以维持，[②] 加之大陆法系各国对于共同海损分摊请求的时效几乎均规定为1年。[③] 例如，日本《商法》第812条规定：“因共同海损的分摊所产生的债权，自理算结束时起一年内不行使权利的，因时效而消灭。”[④] 因此，对于共同海损的诉讼时效期间并无延长的必要，2018年11月《海商法（修订征求意见稿）》第15.7条和《海商法（修改送审稿）》

---

① 《海商法（修改送审稿）》第315条第3款规定：“有关航次租船合同的请求权，时效期间为三年，自权利人知道或者应当知道权利被侵害之日起计算。但航次租船合同当事人依据第四章第六节提出的请求权，诉讼时效适用本条第一款的规定。”

② 《2016年约克—安特卫普规则》规则XXIII“共同海损分摊的时效”第1款第1项规定：“除非要求分摊的一方在共同海损理算书发出后一年内提起诉讼，要求共同海损分摊的权利，包括基于共同海损保证书和担保函的权归于灭失。但在共同航程终止之日起六年后将不得提起诉讼。”参见叶伟膺：《〈2016年约克—安特卫普规则〉评介》，载上海海事大学海商法研究中心编：《海大法律评论2016—2017》，上海浦江教育出版社2018年版，第419页。

③ 参见蒋跃川：《共同海损》，法律出版社2009年版，第238页。

④ 参见《日本最新商法（有关运输/海商部分）和国际海上货物运输法》，张秀娟、李晓楠、梁赟译，载《中国海商法研究》2020年第1期，第68页。

第 319 条均维持了现行规定的时效期间。

综合上述三种情形，基于海事活动迅速进行的需要，以及海损事故相关证据往往不易保存的客观现实，《海商法》第十三章“时效”的修改不必过多考虑《民法典》普通诉讼时效期间的延长。目前规定的短期诉讼时效期间总体而言应当维持，仅有诸如海上拖航合同等少数请求权的诉讼时效期间可以考虑适当延长，以此设定当代海商法的效率价值。

（三）借鉴标准格式合同以及民间规则的版本更新

交易定型化也是商事法律提高交易活动效率的主要手段之一。《海商法》制定时第四章第七节“航次租船合同”、第六章“船舶租用合同”、第七章“海上拖航合同”、第十章“共同海损”不同程度地借鉴了当时有着广泛影响的标准格式合同，并且吸收了体现国际海事惯例的民间规则。《海商法》通过以来，此类标准格式合同以及民间规则大多有了版本更新，具体可见表 6－2。

表 6－2　《海商法》通过以来标准格式合同以及民间规则的版本更新

制度领域	《海商法》制定时参照的版本	《海商法》通过以来更新的版本
航次租船合同	GENCON 1976	GENCON 1994
定期租船合同	NYPE 1946	NYPE 1993 NYPE 2015
	BALTIME 1974	BALTIME 2001
光船租赁合同	BARECON 1974 BARECON 1989	BARECON 2001 BARECON 2017
海上拖航合同	TOWCON 1985	TOWCON 2008
	TOWHIRE 1985	TOWHIRE 2008
共同海损	1974 年约克—安特卫普规则	1994 年约克—安特卫普规则 2004 年约克—安特卫普规则 2016 年约克—安特卫普规则

《海商法》修改时应当借鉴以上标准格式合同和民间规则的版本更新，完善租船合同、海上拖航合同、共同海损等内容的相关规定，借助交易定型化的新近进展提高航运交易的效率。例如，《海商法》第 147 条规定："在光船租赁期间，承租人负责船舶的保养、维修。"该条仅仅规定了承租人对于船舶的保养、维修义务，但对此项义务的具体内涵未作规定，因而不具备充分的可操作性。相较而言，2017 年 BARECON 格式第 13 条"维护与营运"（Maintenance and Operation）针对光船租赁船舶的维护与营运作了颇为详尽的规定，特别是该条第 1 款"维护"规定：承租人应当按照良好的商业实践做法，妥善地维护船舶使之处于良好的修理状态和有效的营运状态，并且维持约定的船级和所有必要的证书并自行承担费用。《海商法》修改时可以参考该条内容完善现行第 147 条的规定。

除创设电子运输记录规则、完善海事诉讼短期时效、根据标准格式合同以及民间规则的版本更新修改相关规定外，《海商法》修改时还应从其他方面设定当代海商法的效率价值，至少包括：

1. 吸收《海商法》通过以来《约克—安特卫普规则》历次版本更新的合理变化，推动共同海损理算简化；

2. 参考《保险法》第 16 条第 2 款，规定海上保险投保人或被保险人故意或因重大过失未履行如实告知义务时保险人行使合同解除权的期间限制，并且可以考虑根据海上保险期间较短的特性，设置更短的限制期间。

四、安全价值

当代海商法的安全价值主要体现在两个方面，即维护海上航行安全和保护海洋环境安全。《海商法》修改对于安全价值的设定，重点必然在于创设船舶污染损害赔偿法律制度，以及在其他相关制度中增加关于海洋环境保护的规定。

（一）创设船舶污染损害赔偿制度

我国有18,000公里的海岸线和约300万平方公里的管辖海域，同时也是世界最大原油进口国，其中99%采用海运方式，每天有数百艘油轮航行于我国沿海水域。船舶则是海洋环境主要污染源之一。海关总署公布的数据显示，2020年全年中国原油进口量为5.4亿吨。虽然我国沿海水域未曾发生灾难性船舶油污事故，但长期以来大小事故不断，2018年1月6日更是在我国专属经济区发生了“桑吉”轮重大船舶油污事故，该起事故是至今为止我国管辖水域发生的重大船舶油污事故之一。

《海商法》通过以来，我国相继参加了《1992年国际油污损害民事责任公约》（以下简称《1992年油污公约》）、《1971年设立国际油污损害赔偿基金国际公约》（仅适用于香港）以及《2001年燃油公约》。但是，根据《海商法》第十四章“涉外关系的法律适用”第268条第1款的规定，《1992年油污公约》和《2001年燃油公约》仅适用于具有涉外因素情形下，船载散装持久性油类货物或船舶燃油造成水域环境损害的赔偿。[①] 至于不存在涉外因素的情形，则应适用《海洋环境保护法》和依据该法制定的《防治船舶污染海洋环境管理条例》。但是，二者总体而言属于行政法的范畴，《海洋环境保护法》仅有第89条和第91条涉及海洋环境污染损害赔偿的民事责任，而且均有无法适应船舶污染损害赔偿，以及与国际公约存在矛盾的问题。2011年最高人民法院《关于审理船舶油污损害赔偿纠纷案件若干问题的规定》作为司法解释，也不得与《海洋环境保护法》和《防治船舶污染海洋环境管理条例》的规定抵触。因此，我国现行法律尚

---

① 仅有的例外情形是根据《防治船舶污染海洋环境管理条例》第50条和最高人民法院《关于审理船舶油污损害赔偿纠纷案件若干问题的规定》第5条的规定，从事国内沿海运输的船舶载运的散装持久性油类物质造成我国管辖海域污染时，赔偿限额依照《1992年油污公约》的规定确定。

未确立完善的船舶污染损害赔偿制度。[①]

原《民法总则》第9条规定了绿色原则，要求民事主体从事民事活动应当有利于节约资源、保护生态环境。《民法典》第9条延续了此一规定，并在侵权责任编重点构建了环境污染和生态破坏责任制度。保护生态环境原属环境法的原则，但鉴于当今世界生态环境形势日益严峻，人类面临由于生态环境恶化、资源过度开发利用而引发的“增长的极限”，因而在民事法律领域规定保护生态环境，同样有其意义。绿色原则作为民法基本原则的确立，以及环境污染和生态破坏责任制度的构建，皆为船舶污染损害赔偿制度的创设提供了较为直接而充分的一般法依据。

当代海商法日益呈现服务海洋环境保护的趋势，海洋环境安全也逐渐成为海商法的价值取向之一。[②] 目前我国对于船舶尤其是油轮安全、生产、管理监督等方面的行政性法规和规章已经建立了较为完备的法律体系，而船舶污染造成的民事赔偿方面的立法却较为滞后，反映了重公法而轻私法的立法倾向。[③] 我国船舶污染损害赔偿现有的零散规定比较原则、笼统而可操作性不强，导致司法实践中适用法律较为混乱。不仅案件的裁判对于我国参加的《1992年油污公约》的适用范围的认识尚不统一，即使在适用国内法律时亦有分歧存在。特别是《民法通则》《侵权责任法》《海洋环境保护法》《水污染防治法》《海商法》对于船舶污染损害赔偿责任均有不同程度涉及，且此种情况在《民法典》施行而《民法通则》《侵权责任法》废止之后也难有实质变化，致使法院适用法律时常出现混乱，索赔主体、责任主体、损失范围、损失数额和赔偿责任限额等基本问题往往成为案件的争议焦点。我国管辖海域发生船舶污染事故的损害赔偿率总体较

① 参见李宇：《民法总则要义：规范释论与判解集注》，法律出版社2017年版，第49页。

② 参见胡正良主编：《海事法》，北京大学出版社2016年版，第29页。

③ 参见韩立新：《船舶污染损害赔偿法律制度研究》，法律出版社2007年版，第45页。

低，受害人大多无法得到足额赔偿。但不可否认的是，目前我国创设船舶污染损害赔偿制度已经具备充分的现实基础，不仅国际社会颇为成熟的立法经验可为我国提供借鉴，而且我国学界在此领域已有丰富的理论研究成果。我国法院审理了大量船舶载运油类货物、有毒有害物质以及船舶燃油污染水域的损害赔偿纠纷案件，同时最高人民法院制定了专门的司法解释，为《海商法》修改创设此项制度奠定了丰富的实践基础。

《海商法》修改应当创设船舶污染损害赔偿制度，目前各界对此已经基本达成共识。但是，此种共识更多是针对船舶油污损害赔偿和船舶燃油污染损害赔偿。至于船舶运输有毒有害物质的污染损害赔偿，总体而言获得的关注尚且不多，此种现象一定程度上也与《1996 年 HNS 公约》至今尚未生效有关。从比较法的角度考察，即使是在国内海商法典设有船舶运输有毒有害物质污染损害赔偿制度的立法例，往往也将此项制度与船舶油污损害赔偿制度分开进行规定。例如，俄罗斯联邦《商船航运法典》第十八章是“船舶油污损害责任”，第十九章则是“海上运输有毒有害物质损害责任”。[①] 而且，虽然三种污染情形的损害赔偿制度具有较大的共性，但毕竟分属三部不同的公约，若是试图通过提取公因式的方法将之整合，显然需要较为完备的立法技术加以处理。但是，随着海上有毒有害物质运输不断增加，我国作为航运大国仍有必要设立基本的损害赔偿制度。修改后的《海商法》预计也将适用较长时间，如果此次修改未能将海上运输有毒有害物质的损害赔偿纳入调整范围，日后造成的缺陷程度未必不比现行《海商法》缺失船舶污染损害赔偿制度更为突出。

基于上述理由，《海商法》修改应当增设“船舶污染损害赔偿”一章，并在结构安排上采取总分结构，即对船舶载运的散装持久性货物油、有毒

---

① 参见《俄罗斯联邦海商法典》，石均正译，中国政法大学出版社 2018 年版，第 17 ~ 18 页。

有害物质，以及船舶燃油的污染损害赔偿的共性内容和个性内容分别作出规定，分为一般规定、船舶油污损害赔偿、船舶燃油污染损害赔偿、船舶运输有毒有害物质污染损害赔偿、损害赔偿范围、强制保险和财务担保等节。具体而言，各节的主要内容如下：

一般规定一节，主要规定本章的适用范围，污染损害、预防措施、事故、燃油、有毒有害物质等相关定义，损害赔偿责任主体，免责事项，连带赔偿责任，赔偿责任限制权利的丧失，以及赔偿责任限制基金。

船舶油污损害赔偿一节，主要参照《1992 年油污公约》和《1971 年设立国际油污损害赔偿基金国际公约》，规定本节适用的船舶、油类、船舶油污损害赔偿基金的定义，油污损害赔偿责任限额，船舶油污损害赔偿基金的设立与管理、赔偿范围、不予赔偿或者免责的情形和赔偿限额。

船舶燃油污染损害赔偿一节，主要参照《2001 年燃油公约》，规定船舶所有人与光船承租人、经营人和管理人的连带责任，以及赔偿责任限额。

船舶运输有毒有害物质损害赔偿一节，主要参照《2010 年国际海上运输有毒有害物质损害责任和赔偿公约》（以下简称《2010 年 HNS 公约》），规定有毒有害物质、损害、有毒有害物质损害赔偿基金的定义，本节不适用的索赔，责任主体的免责事项，赔偿责任限额，人身伤亡赔偿请求的优先受偿，以及有毒有害物质损害赔偿基金。

损害赔偿范围一节，主要参照最高人民法院《关于审理船舶油污损害赔偿纠纷案件若干问题的规定》，规定预防措施的费用、预防措施造成的进一步灭失或者损害、间接损失、纯经济损失、海水养殖损失、海洋环境损害等损失与计算方法。

强制保险和财务担保一节，主要以 2013 年修正的《船舶油污损害民事责任保险实施办法》和 2020 年修正的最高人民法院《关于审理船舶油污损害赔偿纠纷案件若干问题的规定》为基础，参照《1992 年油污公约》

《2001 年燃油公约》《2010 年 HNS 公约》的规定，规定强制责任保险或者财务担保的适用范围，针对责任保险人或者财务担保人的直接索赔，以及责任保险人或者财务担保人的抗辩事由。①

2018 年 11 月《海商法（修订征求意见稿）》增设了第十三章“船舶污染损害赔偿责任”，并且总体上遵循了上述总分结构，② 涵盖船舶所载持久性油类、船用燃油、海上运输有毒有害物质的污染损害赔偿。但是，该章设置在“海事赔偿责任限制”一章之后，此种位置安排存在一定的逻辑瑕疵。船舶碰撞、海难救助、共同海损、船舶油污均为海事活动或其损害赔偿的具体类型，其他法域学者时常将其概括为“海上危险”，而海事赔偿责任限制则是一项针对损害赔偿责任的特殊限制制度。合理的逻辑次序应是损害在先、限制在后，也即损害赔偿责任产生之后方才存在责任限制的必要。因此，“船舶污染损害赔偿”一章较为合理的位置安排应是在“共同海损”一章之后、“海事赔偿责任限制”一章之前。

此外，《海商法（修改送审稿）》增设的专章名称修改为“船舶油污损害赔偿”，即该章规定的船舶污染损害仅包括船载持久性油类、船用燃油污染损害，而不涉及船舶运输有毒有害物质污染损害。

（二）其他制度增加关于海洋环境保护的规定

除创设船舶污染损害赔偿制度外，其他章节修改时亦有必要增加关于海洋环境保护的规定。最为主要的应是海上货物运输承运人的免责事由。

---

① 参见胡正良、孙思琪：《我国〈海商法〉修改的基本问题与要点建议》，载《国际法研究》2017 年第 4 期，第 70 页。

② 2018 年 11 月《海商法（修订征求意见稿）》第十三章“船舶污染损害赔偿责任”分为“一般规定”“船舶油类污染损害赔偿责任”“船舶燃油污染损害赔偿责任”“船舶运输有毒有害物质污染损害赔偿责任”“船舶油污损害赔偿基金”五节。

《鹿特丹规则》第17条“赔偿责任基础”第3款第n项增加规定了“避免或者试图避免对环境造成危害的合理措施”作为免责事由，符合当代海商法安全价值对于保护海洋环境安全的要求，值得《海商法》修改时予以借鉴。2018年11月《海商法（修订征求意见稿）》第4.11条第2款第7项也增加了“避免或者企图避免环境受到危害的合理措施”作为免责事由，但《海商法（修改送审稿）》对此未予保留。

此外，海难救助的特别补偿制度是与海洋环境保护关联最为密切的海商法律制度之一。《1989年国际救助公约》作为我国参加的国际公约，《海商法》修改时应当完善现行第182条关于特别补偿的规定，修正与公约规定不一致之处并作其他必要的修改，包括以“环境损害”替代“环境污染损害”的概念，明确计算特别补偿的起止时间、提高特别补偿应当考虑的因素等事项。

五、人权价值

人权作为当代海商法的新兴价值之一，主要表现在船员权益保障以及海上人身损害赔偿两个领域。《海商法》修改设定当代海商法人权价值的重点，应是创设船员权益保障制度，同时明确海上旅客运输合同制度对于邮轮旅游的适用界限，以及增加规定人身损害赔偿的诉讼时效。

（一）创设船员权益保障制度

我国是世界第一船员大国，目前船员队伍总体保持稳步增长。截至2020年年底，我国共有注册船员1,716,866人，其中海船船员808,183人，内河船舶船员908,683人。[①] 但是，目前我国船员法律体系仍然不够完善。

---

① 参见中华人民共和国交通运输部：《2020年中国船员发展报告》。

我国作为《2006年海事劳工公约》的参加国，公约第5条“实施和执行责任”第1款规定：“各成员国应对管辖下的船舶和海员实施和执行为承诺履行本公约所通过的法律、法规或其他措施。”第2款规定：“各成员国应通过建立确保遵守本公约要求的制度，对悬挂其旗帜的船舶有效行使管辖和控制，包括定期检查、报告、监督和可适用法律下的法律程序。”因此，通过《海商法》修改实现我国的船员权益保障立法，应是最为可行、合理的路径。[①] 据此，既可应对《2006年海事劳工公约》对于缔约国国内制度建设的要求，也可解决目前我国船员立法层次较低，而一般劳动与社会保障法律对于船员特殊职业适应性较差的问题，从而较好地设定当代海商法的人权价值。

《海商法》第三章“船员”是目前我国法律层面唯一针对船员的专门立法，但该章规定较为原则、简单，可能造成法律适用的缺位，无法起到充分保护船员实体权利的作用。[②] 2018年11月《海商法（修订征求意见稿)》虽在第3.3条至第3.5条增加了3条关于船员劳动合同的规定，但内容仅涉及船员劳动合同的订立、船员外派时用人单位和用工单位的连带责任、船员遣返，仍然较为简略；《海商法（修改送审稿)》的“船员”一章则未有新增条文。

创设相对完善的船员权益保障制度，符合国际船员立法由义务中心向权利和义务相统一转变的趋势。虽然《海商法》总体上属于民事特别法，但该法的民事特别法性质并不妨碍该法基于我国现实需要，规定少量不属于民事法律规范的内容。通过《海商法》修改将《2006年海事劳工公约》关于船员与船东等主体之间的权利义务关系的强制

① 参见孙思琪：《海洋强国战略背景下我国船员劳动和社会保障制度构建刍议》，载《社会保障研究》2017年第3期，第79页。

② 参见张丽英：《从船员雇用方式的变化谈〈中华人民共和国海商法〉有关船员规定的修改》，载《中国海商法年刊》2011年第3期，第42页。

性规定纳入国内法，应是我国履行公约义务、实现船员权益保障立法的理想选择。①

考察我国现有船员立法，以《海商法》第三章“船员”为主要表现形式的法律、以《船员条例》为主要表现形式的行政法规以及以《船员服务管理规定》等为主要表现形式的部门规章，三者共同构成我国现行船员法律体系。此一体系的内容方面，船员管理规定的比重较大，对于船员权益保障的规定涉及甚少。考虑到船员劳动关系的特殊性，《海商法》修改后需要作出不同于《劳动法》《劳动合同法》《社会保险法》乃至《民法典》等一般法律的规定，同时该法修改的另一任务应是为《船员条例》和涉及船员的各个部门规章提供充分的上位法依据。现行《海商法》第三章“船员”仅在第一节“一般规定”第34条涉及船员的任用和劳动方面的权利、义务。② 确立船员劳动合同和其他权益保障制度的基本内容，理应成为该章修改的重点。

基于上述理由，建议修改后的《海商法》“船员”一章应当增加“船员权益保障”一节，参照《2006年海事劳工公约》的部分原则性规定，并将《船员条例》第四章“船员职业保障”的一些原则性规定上升到法律层面，有效设定当代海商法的人权价值。具体而言，该节的主要内容应当包括船员权益保障的原则、船员招募和安置、船员就业协议、船员工资和其他报酬、船员社会保险、船员健康和安全保护与医疗、船员遣返、三方协商机制、船员投诉机制，其中船员就业协议包含船员劳动合同、船员上船协议、船员集体协议。

---

① 参见李海：《关于〈海商法〉第三章“船员”的修订意见与建议》，载微信公众号“海商法资讯”2018年12月20日，https://mp.weixin.qq.com/s/EYUVO4A1tKc1O2HGlfTajA。

② 《海商法》第34条规定：“船员的任用和劳动方面的权利、义务，本法没有规定的，适用有关法律、行政法规的规定。”

（二）明确海上旅客运输合同制度对于邮轮旅游的适用界限

邮轮旅游活动兼具旅游与运输的双重性质。此类新兴旅游类型近年来在我国快速发展，由此引发的民事法律争议之一是海上旅客运输合同法律制度对于邮轮旅游的适用界限，最为典型的便是承运人单位赔偿责任限制制度对于运输以外的其他船上服务适用与否。此一问题是否能够获得立法上的妥善处理，直接影响邮轮旅客遭受的损害特别是人身损害能否得到合理而充分的赔偿。2018 年 4 月 26 日，上海海事法院针对备受关注的羊某颖诉英国嘉年华邮轮有限公司海上、通海水域人身损害责任纠纷一案（以下简称“蓝宝石公主”号案）作出一审判决。[①] 该案被称为中国邮轮旅客公海人身侵权第一案，自原告 2015 年 12 月 22 日递交起诉状以来，经过两次管辖权异议，历时超过 800 天，跨越四个审判年度。作为我国首例由于旅客在公海遭受人身侵权而提起诉讼的邮轮旅游纠纷，该案具有较为突出的典型性。[②]

2015 年 8 月 1 日，原告羊某颖及其母亲羊某云与第三人浙江省中国旅行社集团有限公司（以下简称浙江中旅）签订出境旅游合同，购买“蓝宝石公主”号邮轮“上海—济州—福冈—上海”4 晚 5 天邮轮旅游产品，该邮轮由被告英国嘉年华邮轮有限公司（CARNIVAL PLC，以下简称“嘉年华公司”）经营。原告生于 2007 年 12 月 3 日，时年 7 周岁。2015 年 8 月 5 日 15 时左右邮轮航行于公海时，原告独自来到泳池并于 15 时 17 分跳入池中，直至 15 时 25 分被其他旅客发现并救至岸上，原告母亲闻讯赶至现场。泳池旁设有告示牌，内容包括“无救生员当值—使用时请自行承担安全责任；禁止潜水或跳水；16 岁以下孩童若无责任成人监督不得使用泳池”，

① 上海海事法院（2016）沪 72 民初 2336 号民事判决书。

② 参见孙思琪：《邮轮旅游法律要论》，法律出版社 2018 年版，第 248 ~249 页。

此外并无救生员或监管人员巡视。后经司法鉴定机构鉴定：原告溺水后致缺血缺氧性脑病，遗留持续性植物生存状态，评定为致残程度一级，属于一般医疗依赖、完全护理依赖。

关于原告应获赔偿的范围和金额，法院支持了原告的绝大部分请求，同时认为：虽然本案原告和被告之间没有以船票为凭证的运输合同证明，但双方事实上存在海上旅客运输合同关系，[①] 被告的身份符合公约关于“履行承运人”的规定，[②] 依法可以享有承运人的赔偿责任限额。但是，《1974 年雅典公约》第 13 条“限制责任权利的丧失”第 1 款规定：“如经证明，损失系承运人故意造成此种损失或明知可能造成此种损失却毫不在意的行为或不为所致，承运人便无权享有第 7 条或第 8 条以及第 10 条第 1

---

① 本案一审判决书中采用“双方事实上存在海上旅客运输合同关系”的表述，似有不妥之处，较易与民法理论上的“事实合同关系”论混淆。德国学者豪普特（Günter Haupt）曾提出“事实合同关系”理论，主张在若干情形下合同关系可根据事实过程而成立，而对当事人的意思如何不再过问。豪普特认为此种因事实过程而成立的合同便是“事实上的合同关系”，其实质并非类似合同的法律关系，但却是具有合同内容的实质，与传统合同观念不同的只是成立方式，而其内容则有全部适用合同法规定的余地。豪普特进一步将“事实合同关系”类型化为三种情况：一是基于社会接触而产生，二是基于团体关系而产生，三是基于社会给付义务而产生。但是，邮轮旅游中旅客与邮轮公司之间的海上旅客运输合同关系通过船票证明。旅行社包船模式下，船票作为包价邮轮旅游产品的组成部分，无论是邮轮公司向旅行社供应船票、旅行社向旅客出售包价邮轮旅游产品还是旅客购买包价邮轮旅游产品，均有明确的意思表示。因此，旅客与邮轮公司之间海上旅客运输合同关系的成立与一般合同关系无异，只是有旅行社的代理行为介入，但并不属于所谓的“事实合同关系”。关于“事实合同关系”理论，详见王泽鉴：《债法原理》，北京大学出版社 2013 年版，第 213～216 页；韩世远：《合同法总论》，法律出版社 2018 年版，第 156～158 页。

② 无论原告取得的房卡等登船凭证是否属于实质意义上的船票，既然认定“双方事实上存在海上旅客运输合同关系”，根据“承运人系指由其或以其名义订立运输合同的人”的定义，被告嘉年华公司的法律地位应是承运人，而非实际承运人或者判决书所称的履行承运人。旅客与实际承运人之间应无直接的海上旅客运输合同关系。此外，中国人大网公布的《1974 年雅典公约》中文本对于“performing carrier”的翻译是“实际承运人”，上海海事法院作为我国法院作出的判决似乎也应遵循此种译法。

款规定的责任限额的权益。”[①] 被告在本案中始终主张适用中国法律，且被告长期在中国从事邮轮营运，明知绝大部分服务对象为中国籍旅客。而且，“蓝宝石公主”号邮轮以上海港为母港营运超过1年，被告理应遵守或者参照中国法律有关泳池的规定配备救生人员，从而符合中国旅客的认知情况和防范溺水事故的发生。涉案邮轮在1年前曾发生成年游客溺亡事故，庭审中被告也没有说明在事故后采取任何的改进或补救措施。本案中被告现场工作人员针对未穿戴任何救生设施的儿童、无成年人看管的儿童进入泳池，并无任何询问或者劝阻等有效的防范和管理，而是采取放任的态度。被告轻率地不作为造成了本案悲剧的再次发生。上述行为符合《1974年雅典公约》第13条明知可能造成损失而轻率地不为所致的规定，据此被告无权依据公约的规定享有责任限制的权利。[②]

区分航行事故与非航行事故的做法，《1974年雅典公约》自始有之，但其中并未直接采用“航行事故”的表述。[③]《2002年雅典公约》明确给出了“航行事故”（shipping incident）的定义，并与无过错责任原则和过错责任原则并用的归责原则体系紧密联系。[④] 根据《2002年雅典公约》的规定，航行事故是指船舶沉没、倾覆、碰撞搁浅，船上发生的爆炸或火

① 关于嘉年华公司丧失责任限制权利的法律依据，法院在判决书理由部分援引的是《1974年雅典公约》第13条第1款，而在判决结果部分却是依据该条第2款，显然存在矛盾。该条第1款适用的对象是“承运人”，第2款则适用于“承运人或实际承运人的雇用人或代理人”，因而两款在文义上均未涉及实际承运人。但是，公约第4条“实际承运人”第1款第2句规定：“实际承运人对其实施的那部分运输，应受本公约的约束，并有援用本公约规定的权利。”因此，实际承运人在公约的框架下应以适用关于承运人的规定为宜，具体到丧失责任限制权利的情形则应是第13条第1款。

② 参见孙思琪：《邮轮旅游法律要论》，法律出版社2018年版，第253~258页。

③ 《1974年雅典公约》第3条“承运人的责任”第3款。

④ Francesco Berlingieri, *International Maritime Conventions (Volume I): The Carriage of Goods and Passengers by Sea*, Informa Law from Routledge, 2014, p. 263.

灾，以及船舶缺陷。[①] 损害是否由航行事故导致，适用的归责原则也有所不同。承运人对于因航行事故造成的旅客人身伤亡，针对每名旅客在每一事故中的赔偿责任在24万特别提款权的限额以内适用无过错责任原则。除非承运人证明事故是由于战争行为、敌对行为、内战、暴乱或者异常的、不可避免和不可抗拒的自然现象所致，或者完全由于第三人有意造成事故的作为或不作为所致，承运人应当承担赔偿责任。上述限额以外适用过错责任原则，如果承运人证明其本人或其在受雇或代理权限范围内行事的受雇人或代理人，以及履约承运人及其在受雇或代理权限范围内行事的受雇人或代理人，对于事故的发生没有过错，即不需承担赔偿责任。承运人对于非因航行事故造成的旅客人身伤亡的赔偿责任也适用过错责任原则，并且承运人一方存在过错的举证责任由索赔方负担。[②] 足见航行事故与非航行事故的区分应当有其专门的法律意义。

现代邮轮被称为“海上流动的度假村”“移动的微型城镇”，[③] 此类别称表明普通民事活动的发生地点转移至航行于海上的船舶之上，但在本质上却无关海上运输，而与一般民事活动无异。现代邮轮旅客运输早已不再局限于传统航海事业，而是海上旅客运输与旅游服务的结合，邮轮公司既是海上运输的承运人，也是旅游服务的提供者。旅游服务的许多内容并不受到航海技术、造船技术等因素的限制，也与海上特殊风险无涉，只是服务的提供地点转移至航行于海上的船舶之上，而且此种情形未来必将愈加普遍。区分航行事故与非航行事故，使基于海上运输本身特质存在的风险

---

① 《2002年雅典公约》第3条“承运人的责任”第5款第a项。目前通行的《2002年雅典公约》中文译本将其译为“海难、捕获、船舶碰撞或搁浅、船上发生的爆炸或火灾，或船舶缺陷”，显然存在对于“shipwreck”“capsizing”的误译。参见《2002年海上旅客及其行李运输雅典公约》，李冠玉、姚鹏、安寿志译，载《中国海商法年刊》2002年，第436页。

② 参见司玉琢主编：《海商法》，法律出版社2018年版，第194页。

③ 参见程爵浩主编：《邮轮旅游业概论》，上海浦江教育出版社2015年版，第12页。

与仅将船舶作为生活场所使用的风险得以区分,[①] 后者也被称为邮轮运输的“居住”(living-in)特征。[②] “蓝宝石公主”号案中旅客溺水的情形即属非航行事故导致人身损害之典型。当然，如果是邮轮与其他船舶发生碰撞等原因造成正在使用泳池的旅客溺水，仍将构成航行事故导致的人身损害。因此，此种区分应当更多考察造成损害的原因，而非拘泥于损害的外在形态。“蓝宝石公主”号案一审判决讨论泳池未配备救生员是否构成丧失责任限制，前提应是假定承运人原先享有责任限制权利。然而，区分航行事故与非航行事故在邮轮旅游的场合引发的根本问题在于，邮轮公司对于非航行事故导致的人身损害，是否仍应适用海上旅客运输法律制度，即使适用又是否符合单位赔偿责任限制制度的本意，应否享受海上旅客运输法赋予的责任限制权利。

民事损害赔偿的最高原则是完全赔偿原则，力求促使受害人恢复到尚未遭受侵害时应处之状态。[③] 但是，船舶航行于海上往往经年累月无法靠岸，而且由于海上特殊风险的存在成败难卜。如果仍然要求承运人或者船舶所有人承担完全赔偿责任，未免风险过大，投资者将裹足不前，并且难以推进航运业之发展。[④] 因此，海商法基于鼓励航运业发展等特殊政策之考量，背离完全赔偿原则创设承运人单位赔偿责任限制制度以及海事赔偿责任限制制度。虽然客观上导致损失无法得到充分、有效的赔偿,[⑤] 但在海事活动的特定背景之下却更为符合民事法律秉持的公平原则。责任限制

---

① 区分航行事故与非航行事故对于邮轮旅游纠纷在我国的管辖同样有其意义，主要表现为非航行事故导致的人身损害是否属于通常所称的“海上人身损害”，即《民事案件案由规定》第 180 条规定的“海上、通海水域人身损害责任纠纷”，进而应由海事法院抑或地方法院管辖。

② See Yvonne Baatz (ed.), *Maritime Law.* Informa Law form Routledge, 2018, p. 217 -220.

③ 参见程啸:《侵权责任法》(第 2 版)，法律出版社 2015 年版，第 664 页。

④ 参见桂裕编著:《海商法新论》，正中书局 1974 年版，第 124 页。

⑤ 参见何丽新、谢美山:《海事赔偿责任限制研究》，厦门大学出版社 2008 年版，第 71 页。

制度也被视为海商法的特色之一。[1] 因此，海上特殊风险的存在正是责任限制制度得以具备正当性的法理基础之一。但是，邮轮旅游早已不是单纯的航运活动，而是明显与旅游产业存在深度交叉。邮轮公司在船上提供的大量休闲娱乐服务，包括美容、健身、餐饮在内，通常并未受到海上特殊风险的明显影响。旅客使用泳池亦不例外。此时如果仍然允许邮轮公司对于此类事项享有赔偿责任限制，便会背离制度设计的初衷，破坏邮轮公司与旅客之间的利益平衡。这不仅超出了责任限制制度的立法目的，也有违法律的公平目标，更有可能使原本合理的行业扶持沦为行业保护主义。

仅从《雅典公约》的文义分析，其似乎并未排除适用承运人在运输期间提供的其他船上服务。由于《海商法》通过以来我国海上旅客运输的体量总体不大，而且不存在海事因素的人身损害在邮轮旅游兴起以前的海上旅客运输中也并不多见，因而关于海上旅客运输的赔偿责任限制尚未形成充分的裁判案例可供参考。[2] 尤其在我国特有的包船模式下，旅客、邮轮公司、旅行社三方之间的法律关系通过邮轮旅游服务合同、邮轮船票证明的海上旅客运输合同、邮轮船票销售合同三种基础合同已然能够基本厘清。但是，由于《旅行社条例》第 23 条禁止外商投资旅行社经营我国内地居民的出境旅游业务，导致邮轮公司即使具备旅行社资质，也无法认定其与旅客之间存在旅游服务合同关系。邮轮公司在船上提供运输以外的服务，是否仍然具有承运人的身份、适用海上旅客运输法律制度，实为我国现行法律制度之下认定邮轮旅游法律关系的难点所在。《雅典公约》既然自始就有航行事故与非航行事故的区分，而且并未据此使承运人单位赔偿责任限制制度异其效果，理应推定立法者具有规定责任限制制度适用于非

① 参见郑玉波：《海商法》，台北，三民书局 2008 年版，第 11～12 页。

② 根据中国裁判文书网 2021 年 9 月 30 日的检索结果，以“海上、通海水域旅客运输合同纠纷”为案由的裁判文书网仅有 39 件，法律依据包括《海商法》第 117 条的案件也仅有 1 个。

航行事故的立法目的。但是，作出上述推定应有一项基本前提，即邮轮旅游海上环节的全部内容应当悉数适用《雅典公约》。然而，《雅典公约》是否以及在何种程度上适用于邮轮旅游，国际上历来存在较为明显的争议。

无论是《雅典公约》还是《海商法》第五章“海上旅客运输合同”，本质上均是运输法。运输法的适用范围应是运输活动，而非从事运输活动的船舶上发生的一切民事活动。《雅典公约》的名称也已在一定程度上表明，该公约是关于运输事项的立法，其中的基础合同是运输合同，[①] 规定的承运人责任期间也是运输期间。[②] 邮轮旅游虽然是以海上旅客运输为其基本实现方式，但毕竟不能简单等同于单纯的海上旅客运输。传统海上旅客运输中承运人同样会提供餐饮、住宿等运输以外的服务，但此类服务的体量总体而言很小，且以顺利实现运输为其根本目的，因而一并适用海上旅客运输制度并无明显不妥；但是，邮轮旅游属于典型的休闲旅游活动，早已超出了单纯的运输属性。而且，国际邮轮行业基本已经达成共识：现代邮轮本质上是旅游目的地，而不是或者至少主要不是交通运输工具。因此，如果对于邮轮旅游中大量的休闲娱乐活动，仍然机械地适用一般海上旅客运输的法律规则，尤其是其中的责任限制制度，即有可能产生不适当的裁判结果，从而构成法律漏洞。

此种法律漏洞属于隐藏漏洞，也即法律虽然含有得以适用的法条，但并未考虑特定类型案件的特质，根据立法目的对此适用并不妥当的法律不圆满状态。[③] 隐藏的法律漏洞应当可以运用目的性限缩的方法加以填补。所谓目的性限缩，是指依法律条文之文义应涵盖某一案型，但依立法目的本不应包含此案型，系由于立法者的疏忽而未将其排除在外，于是为贯彻

---

① 《1974 年雅典公约》第 1 条“定义”第 2 款。

② 《1974 年雅典公约》第 1 条“定义”第 8 款。

③ 参见梁上上：《利益衡量论》，法律出版社 2016 年版，第 56 页。

规范意旨，乃将该案型排除在该法律条文适用范围之外。[①] 通常认为，海商法律制度的特殊性之一在于因应海上特殊风险的负面影响而给予从事航运事业者尤其是承运人特殊保护，承运人单位赔偿责任限制制度一定程度上也有此项考量。邮轮旅游中非航行事故造成的人身损害并未受到海上特殊风险的明显影响，旅客使用船上泳池只是一般民事活动。由此引致的损害即使能为法条文义所涵盖，也应限缩法律规定的适用范围而将其排除在外，避免海商法律维系的特殊公平重新陷入失衡。

或许由于轻易背离法条文义未必能够得到当事人的认可，因而“蓝宝石公主”号案的判决选择了通过从严解释“明知可能造成此种损失却毫不在意的行为或不为”，同样试图达到打破邮轮公司责任限制权利的目的。但是，此种方法在其他邮轮旅游纠纷中恐怕很难套用。以同为上海海事法院判决的蒋某萍诉皇家加勒比 RCL 邮轮有限公司、浙江省国际合作旅行社有限公司上海分公司海上人身损害责任纠纷一案为例，邮轮公司已为防止旅客滑倒等类似事故的发生作了一定准备，包括安排工作人员拖水以及设置鼓风机，[②] 因而无法构成“明知可能造成此种损失却毫不在意的行为或不为”。此种情形之下如果赔偿数额较大涉及援用责任限制，仅能通过目的性限缩的方法，贯彻立法目的打破邮轮公司的责任限制权利，而无丧失责任限制规则的适用空间。

此外，目的性限缩的方法固然能将非航行事故导致的人身损害排除在责任限制制度的适用范围之外。但是，传统海上旅客运输中承运人时常也会提供部分餐饮、住宿服务，此类服务更多是为保证运输活动得以顺利开展。如果仅因邮轮旅游快速发展的影响，而将此类服务同样予以排除，反而可能破坏现行海上旅客运输法律制度对于传统运输活动的适用。此亦现

---

① 参见梁慧星:《民法解释学》，法律出版社 2015 年版，第 276 页。

② 上海海事法院（2017）沪 72 民初 136 号民事判决书。

代邮轮旅游活动特殊性对于传统海商法律造成的挑战。航行事故与非航行事故在单位赔偿责任限制制度中的区分，根本上仍应通过立法确立，裁判中法律漏洞填补方法的运用仅是一时的权宜之计。[①] 因此，建议《海商法》修改时参照《2002 年雅典公约》关于航行事故的定义，明确规定非因航行事故导致邮轮旅客人身损害、财产损失，邮轮公司不得援用承运人单位赔偿责任限制的规定；以此给予邮轮旅客较为充分的权益保护，避免海商法律责任限制制度的适用范围不尽合理地扩张，从而较好地设定当代海商法的人权价值。2018 年《海商法（修订征求意见稿）》和《海商法（修改送审稿）》均未设置航行事故与非航行事故的区分，针对邮轮旅游的特殊性也缺少合理而充分的规定，无法较好地应对海上旅客运输法律制度的发展趋势。

（三）增加规定人身损害赔偿的诉讼时效

原《民法通则》第 136 条规定了 4 种短期诉讼时效期间，其中第 1 项规定身体受到伤害要求赔偿的诉讼时效期间为 1 年。该条规定的四种情形，或许出于尽速了结债权债务关系的本意，但所选权利类型甚为随意，且与普通诉讼时效期间差距不大，对于人格权的保护更是不足，实在不能认为具有充分的正当性。[②] 但是，原《民法总则》以及《民法典》并未延续原《民法通则》设置人身损害赔偿的特别诉讼时效期间，而是规定财产损害赔偿和人身损害赔偿一律适用 3 年的普通诉讼时效期间，有欠妥当。[③] 废除 1 年短期诉讼时效期间看似符合比较法上的立法趋势，但问题的本质在于人身损害赔偿是否应当适用短期诉讼时效期间。

---

① 参见孙思琪：《邮轮旅游法律要论》，法律出版社 2018 年版，第 277 ~284 页。

② 参见李宇：《民法总则要义：规范释论与判解集注》，法律出版社 2017 年版，第 887 页。

③ 参见梁慧星：《〈中华人民共和国民法总则（草案）〉：解读、评论和修改建议》，载《华东政法大学学报》2016 年第 5 期，第 23 页。

人身的人格法益，攸关个人的生存、人格尊严以及人格自由，因而最属重要。[①] 相应的诉讼时效期间较之纯粹的财产性请求权理应更长，否则将导致人之尊严降至与一般财产性权利等同的地位。[②] 基于人身权优先保护的立法理念，各国立法通常给予更为特殊的、有利于受害人的保护，鲜见规定此种请求权适用的诉讼时效期间短于普通诉讼时效期间的立法例。[③] 例如，德国《民法》第 197 条规定为 30 年，[④] 法国《民法》第 2226 条规定为 10 年，[⑤] 因而《民法通则》规定的 1 年诉讼时效期间显属不当。

近年来，我国邮轮产业快速发展，2019 年全国港口接待国际邮轮旅客已达 221.4 万人，[⑥] 旅客人身损害纠纷时有发生；我国作为船员大国，注册船员数量位居世界第一，船员人身损害纠纷也已成为涉船员纠纷案件的主要类型之一。[⑦] 因此，《海商法》修改时应当针对海上人身损害赔偿请求权的诉讼时效作出专门规定，并且规定 5 年甚或 10 年的长期诉讼时效期间，以此在特别法的立法权限之内弥补《民法典》业已存在的不足，给予人身权更为充分的保护，凸显当代海商法的人权价值。遗憾的是，在《海商法》修改上，目前的三个正式草案均未设置人身损害赔偿的诉讼时效。

---

① 参见王泽鉴：《人格权法：法释义学、比较法、案例研究》，北京大学出版社 2013 年版，第 99 页。

② 参见李永军主编：《中国民法典总则草案建议稿及理由：中国政法大学版》，中国政法大学出版社 2016 年版，第 347 页。

③ 参见杨巍：《民法时效制度的理论反思与案例研究》，北京大学出版社 2015 年版，第 286 页。

④ 德国《民法》第 197 条"三十年之时效期间"第 1 款规定："除有其他规定外，下列请求权时效期间为三十年：1. 因生命、身体、健康、自由或性自助之故意侵害而生之损害赔偿请求权……"台湾大学法律学院、台大法学基金会编译：《德国民法典》，北京大学出版社 2017 年版，第 197 页。

⑤ 法国《民法》第 2226 条第 1 款规定："因造成身体伤害之事件，受到该事件引起之损失的直接或间接受害人提起的追究责任之诉讼，时效期间为 10 年，自最初的损害或者加重的损害得到最后确定之日起计算。"《法国民法典》，罗结珍译，北京大学出版社 2010 年版，第 492 页。

⑥ 参见交通运输部：《2019 年交通运输行业发展统计公报》，载中国政府网，http：//www.gov.cn/xinwen/2020－05/12/content_5510817.htm。

⑦ 参见上海海事法院：《上海海事法院涉船员权益保护海事审判情况通报》，上海海事法院 2017 年版，第 17～18 页。

除创设船员权益保障制度、明确海上旅客运输合同制度对于邮轮旅游的适用界限、增加规定人身损害赔偿的诉讼时效外，《海商法》修改时亦应从其他方面设定当代海商法的人权价值，如上文已经提及的提高海上旅客运输承运人的单位赔偿责任限额，以及海事赔偿责任限制制度中人身损害和海上旅客运输旅客人身损害的赔偿责任限额。

六、自由价值

自由价值在民商事法律领域集中体现为意思自治原则，具体包括合同自由、所有权自由以及过错责任。《海商法》修改对于当代海商法自由价值的设定，应当重在正确理解意思自治原则的内涵，同时改变基于意思自治原则产生的任意性规范的立法理念。

（一）正确理解意思自治原则的内涵

意思自治原则固然赋予参加民事活动的当事人在法律允许的范围之内享有完全的自由，即按照自己的自由意思决定缔结民事法律关系，可为自己设定权利或者对于他人承担义务，任何机关、组织和个人不得非法干预。[①] 但是，《海商法》修改作为民事特别法的立法活动，更为重要的应是如何确定“法律允许的范围”，即适用意思自治原则的前提所在。

现代民法的意思自治较之近代民法，最为主要的特征就是法律施予人们的选择自由较多的限制。以合同自由为例，立法者基于特定社会政策的考虑而在法律中预先为合同自由明文设置某些限制性措施，比如，当事人应当具备完全的民事行为能力、意思表示应当真实、合同标的应当确定和可能等反面的强制性规定。此类限制有些是为维护交易安全而设，有些则是为了平衡当事人之间的利益分配而设。法律对于合同自由的限制主要是

① 参见梁慧星：《民法总论》（第5版），法律出版社2017年版，第47页。

为救济事实上的决定和选择自由受到限制或者受到损害一方当事人的利益而设，即如果当事人在事实上受到的限制不尽合理而有对其予以保护的必要，立法者便可以通过在法律中设置强制性规定消除此种限制或者减轻负面效果。此时法律的强制性规定对于一方而言确是限制合同自由，而对另一方却是保护合同自由。[①] 质言之，对于自由合理而必要的限制，本身便是法律自由价值以及意思自治原则的题中之义。

基于意思自治原则在现代民商事法律领域的上述变化，以及我国航运经济秩序的客观需要，《海商法》修改时不应盲目追求所谓的意思自治，而应充分根据具体的航运活动类型分别考虑当事人之间的谈判地位和交易能力是否平等，以及如果基于完全的意思自治是否可能影响特定航运活动的秩序，甚至使之陷入无序状态。唯有正确理解意思自治原则的内涵，方能真正贯彻当代海商法的自由价值，实现自由与秩序之间的协调。

海上货物运输合同的强制性体制应当继续维持自不待言，无单放货的普遍存在也应通过创设电子运输记录规则而非简单允许记名提单无单放货解决。同时，由于《海商法》修改很有可能扩大适用范围至沿海、内河运输，而我国国内水路货物运输市场长期以来由于缺少专门法律规范调整，因此，国内水路运输涉及的航次租船合同等传统上享有较为充分合同自由的领域也应适当设置强制性规范，如出租人的适航义务、不作不合理绕航义务等。此外，创设港口货物作业合同制度也是对于当事人意思自治加以合理限制的体现。

（二）改变任意性规范的立法理念

妥善处理强制性规范与任意性规范的区别，被认为是《海商法》的特点之一。例如，郭日齐认为：“海商法对强制性规定与非强制性规范的处

① 参见崔建远：《合同法总论》（上卷），中国人民大学出版社2011年版，第35～36页。

理，是与公约、国际惯例相一致的，可以杜绝歧义，便于遵守操作。”[①] 据此，我国《海商法》制定时形成了一种较为明显的立法理念，即对于以第四章“海上货物运输合同”为典型的强制性规范力求细致详尽；至于以任意性规范为主的章节，如第四章第七节“航次租船合同的特别规定”、第六章“船舶租用合同”、第七章“海上拖航合同”以及第十章“共同海损”，由于实践中当事人大多依据意思自治原则通过合同自行约定权利义务，同时更多依赖相应的标准格式合同或者民间规则，因而主要内容均为原则性规定，具体的权利义务关系交由当事人缔结的合同加以明确。

此种立法理念导致的结果是相关章节的规定过于原则、抽象、简单，适用性和可操作性均显较差，无法满足航运实践以及司法实践的需要。即使是在关于《海商法》修改的讨论之中，仍然存在轻视任意性规范的倾向。例如，张永坚认为：

非强制性条款更多只是在一些涉及相关合同的主要问题上起到拾遗补阙和提示的作用。而单凭这些条款，还远远满足不了实际的需要。……对于这些非强制性的规定，即使在仍然施行和不改变现行《海商法》的情况下，当事人也已经拥有了随时可以修改法律规定的权利。因此，对于这类条款，在考虑修改《海商法》时，原则上并不应该作为修法所关注的重点。或者说，《海商法》中的这部分内容，应当属于可以不改的部分。[②]

从法理学的角度分析，任意性规范规定的权利和义务具有相对肯定的形式，允许双方当事人相互协商或者当事人一方任意予以变更。[③] 轻视任

① 参见郭日齐：《我国〈海商法〉立法特点简介》，载交通部政策法规司、交通部交通法律事务中心编：《〈海商法〉学习必读》，人民交通出版社 1993 年版，第 40 页。

② 张永坚：《〈海商法〉修法重点应聚焦于强制性条款的规定》，载微信公众号“大海法”2018 年 10 月 22 日，https://mp.weixin.qq.com/s/zNEb0dy1AZJrbYRopEuNCA。

③ 参见北京大学法学百科全书编委会编：《北京大学法学百科全书：法理学·立法学·法律社会学》，北京大学出版社 2010 年版，第 826 页。

意性规范的立法理念，实是对于法律作用的片面理解。法律的作用可以分为规范作用和社会作用两个方面：前者是指法律对于人们的行为加以规范、指导、划一的作用，或者法律因其规范性而具有的作用；后者则是法律对于社会和人的行为的实际影响。[①] 规范作用又包括告知作用、指引作用、评价作用、预测作用、教育作用、强制作用等具体方面，强制性规范对于当事人权利义务的调整主要是强制作用的体现，即仅为法律作用的其中一个方面，而非法律作用之全部。

法律规范存在行为规范与裁判规范之分，民事法律规范亦然。行为规范以行为人为拘束对象，裁判规范拘束裁判者。[②] 郑玉波指出：

民法乃吾人日常生活上，行为之准则，以不特定之一般人民为规律对象，易言之，民法属于“裁判规范”，惟对于此种规范，如不遵守，而个人相互间惹起纷争时，当然得向法院诉请裁判，此时法院即应以民法为其裁判之准绳，于是民法亦为法官之裁判规范，故民法实兼具行为规范与裁判规范之双重性格。[③]

民法兼具行为规范与裁判规范的双重属性已成我国学理通说。[④] 尤其合同法作为维护交易程序的法律，旨在对当事人缔结合同的过程以及合同的具体内容加以引导，因而兼具行为规范与裁判规范的双重属性。但是，合同法分则关于典型合同的规定首先体现的是行为规范的指引作用。[⑤] 我国学理通说认为，合同法分则以任意性规范为主，允许当事人通过约定改变法律规定；即使少数强制性规范也主要是基于社会公共利益需要而设

---

① 参见周永坤：《法理学——全球视野》，法律出版社 2016 年版，第 121 ~123 页。

② 参见朱庆育：《民法总论》（第 2 版），北京大学出版社 2016 年版，第 60 页。

③ 郑玉波：《民法总则》，台北，三民书局 2013 年版，第 11 页。

④ 参见梁慧星：《民法总论》（第 5 版），法律出版社 2017 年版，第 36 页。

⑤ 参见韩世远：《合同法总论》，法律出版社 2018 年版，第 71 页。

计。[①] 尽管如此，《民法典》合同编仍在分则部分作出了明显强化，除买卖合同、租赁合同、融资租赁合同等典型合同的条文数量显著增加外，同时还增设了保证合同、保理合同、物业服务合同、合伙合同等合同类型。此种立法进展与《海商法》对于任意性规范的态度截然不同。同时值得注意的是，侵权法作为保护绝对权的法律，建立在处理违法行为或危险活动的前提之上，即通过归责原则、侵权责任构成要件、免责事由、赔偿范围等制度设计，提供司法活动确定侵权责任的裁判依据，因而虽为民法的重要分支却一般被认为以裁判规范为主。[②] 然而，现代侵权法呈现从裁判规范向行为规范转变的趋势，[③] 集中体现为侵权法的预防功能，[④] 即通过规定侵权行为应负的民事责任，引导人们正确行为、预防各类损害发生。[⑤]

《民法典》在整体上呈现的重视行为规范指引作用的立法理念，对于《海商法》修改的影响主要集中于各类海商海事合同的立法模式，尤其是对任意性规范功能的重新认识。任意性规范在类型上可以分为补充性规范和解释性规范：补充性规范是在当事人未就相关事项作出自主决定时，替代当事人自主决定的任意性规范，此类规范可以经由当事人特别约定而排除适用；解释性规范的目的则是详细说明当事人期待和表示的法律效果，以此消除意思表示不清楚或不精确的内容。[⑥] 据此前者可以弥补当事人约定的不足，后者则具有解释和推断当事人意思表示的法律效果。而且，法律调整包括事前调整和事后调整。除上述事后调整外，任意性规范的事前

---

① 参见王利明：《合同法研究》（第3卷），中国人民大学出版社2015年版，第15页。

② 参见李显冬：《侵权责任法》，北京大学出版社2014年版，第3页。

③ 参见王富友：《侵权行为——现代侵权法的核心范畴》，载《学习与探索》2013年第10期，第79页。

④ 此前《侵权责任法》第1条也明确规定预防并制裁侵权行为作为立法目的之一。

⑤ 参见杨立新：《侵权法论》，人民法院出版社2013年版，第12页。

⑥ 参见王轶：《论合同法上的任意性规范》，载《社会科学战线》2006年第5期，第229页。

调整功能亦显重要，也即法律的指引作用和预测作用。指引作用使法律可以通过规定人们在法律上的权利和义务，以及违反法律规定应当承担的责任，从而调整人们的行为，使法律后果成为人们行为时考虑的因素；预测作用则能促使人们根据法律确定自己的行为方向、方式、界限，合理地作出安排、采取措施。[①] 据此，任意性规范的事前调整功能可以在商事活动领域提高交易效率、降低交易成本、减少商事纠纷。因此，基于任意性规范作为法律的作用，《海商法》修改仍然应当重视任意性规范，充分发挥任意性规范的补充和解释功能，构建兼具合理性和实用性的租船合同、海上拖航合同、共同海损等以任意性规范为主的法律制度。

以共同海损制度为例，判断一项共同海损立法是否成功，标准应是此项立法能否满足共同海损理算的实际需要，即能否实际应用于共同海损理算。此亦《约克—安特卫普规则》本身虽无强制性的法律拘束力，却能得到国际航运界的普遍认可，继而成为海商法领域最为主要、典型的民间规则以及航运惯例的原因所在。否则，一项不能实际运用的共同海损立法，存在的意义几何便很值得怀疑。我国《海商法》第十章“共同海损”仅有11个条文，全文不足1600字，而且不少规定内容不够明确，较易引起歧义，无法满足共同海损实践的需要。例如，该法第194条规定：

船舶因发生意外、牺牲或者其他特殊情况而损坏时，为了安全完成本航程，驶入避难港口、避难地点或者驶回装货港口、装货地点进行必要的修理，在该港口或者地点额外停留期间所支付的港口费，船员工资、给养，船舶所消耗的燃料、物料，为修理而卸载、储存、重装或者搬移船上货物、燃料、物料以及其他财产所造成的损失、支付的费用，应当列入共同海损。

避难港费用是最为常见的共同海损费用类型，而该条规定过于简略，

---

① 参见张文显主编:《法理学》(第5版)，高等教育出版社2018年版，第78页。

对于许多应当列入共同海损的避难港费用均未规定。相较而言，《2016 年约克—安特卫普规则》规则 X “在避难港等地的费用”非常详尽。2018 年 11 月《海商法（修订征求意见稿)》第十一章“共同海损”虽然作了部分修改，但改动幅度较小，而且该章列出的修改要点仅有一条，即根据《2016 年约克—安特卫普规则》取消了共同海损费用的手续费；《海商法(修改送审稿)》第十章“共同海损”也无新增条文。因此，可以预见该章规定仍然无法实际用于共同海损理算，从而不符合当代海商法的自由价值对于任意性规范的需要。

除正确理解意思自治原则的内涵，并且改变任意性规范的立法理念外，《海商法》修改时还应从其他方面设定当代海商法的自由价值，至少包括：

1. 参考原《物权法》第 191 条，针对船舶抵押权规定第三人的涤除权；

2. 明确除针对“无效果，无报酬”原则的部分规定外，雇佣救助属于“海难救助”一章的适用范围，即当事人可以自行约定固定救助费率；

3. 基于保赔保险的发展要求，规定“海上保险合同”一章作为任意性规定适用于保赔保险，仅在保赔协会章程或保险条款未有规定时适用。

七、鼓励航运业发展价值

鼓励航运业发展是当代海商法的特有价值，也是海商法存在的重要目的之一。《海商法》修改无疑应当继续贯彻鼓励航运业发展的价值，重点在于因应《海商法》通过近 30 年来我国航运经济形势等各个方面的发展变化，调整承运人责任制度，继续给予承运人必要的特殊保护。具体而言，其中的焦点在于应否参照《鹿特丹规则》以及《汉堡规则》等国际海上货物运输立法的新近进展，废除航海过失免责、火灾过失免责等特殊的过失免责，从而通过实行完全的过错责任原则加重承运人责任。此一问题的解答应当基于我国国际航运产业的现实格局，进而考察完全过错责任原则等加重承运人责任的立法模式，是否符合我国的基本国情。

（一）我国国际航运产业的基本格局

我国是国际航运大国，但距离国际航运强国仍然存在差距：国际航运企业发展不平衡，少数大而强的企业与大量小而弱的企业并存。[①] 船队规模和结构不平衡由此成为目前我国国际航运业突出的问题之一，也正是大量小而弱的航运企业的存在在一定程度上制约了加重承运人责任的可行性。根据上海航运交易所2021 年4 月12 日发布的2020 年航运企业船舶运力排名信息，其中包含的“中国主要航运企业经营的国际航运船队规模”（具体可见表6－3），除中国远洋海运集团有限公司、招商局集团有限公司外，其他航运企业的船队和运力规模普遍较小，船舶数量均未超过100 艘，绝大多数运力未超过220 万载重吨。

排名第一的中国远洋海运集团有限公司运力为8977.0 万载重吨，而排名第二至第十的航运企业的运力总和为5647.4 万载重吨，仅为中远集团运力的62.91%。可见，我国船队的规模和结构并不平衡，虽然中国远洋海运集团有限公司、招商局集团有限公司等特大型航运企业的运力规模在全球范围内有很高的排名，但绝大多数航运企业的规模较小或者很小。2016 年中远集团与中海集团重组成立中国远洋海运集团有限公司后，此种情况进一步加剧。因此，我国目前虽然存在中国远洋海运集团有限公司等市场竞争力较强的航运企业，但我国航运企业总体上仍以中小型企业居多，此类企业在国际航运市场中的竞争力相对有限。此外，我国国际航运业还存在现代化程度不理想、经营管理水平不够高等问题。

---

① 参见胡正良等：《〈鹿特丹规则〉影响与对策研究》，北京大学出版社2014 年版，第261 页。

表6－3 我国主要航运企业经营的国际航运船队规模

排名	企业名称	船舶数量（艘）	船舶载重吨（万吨）
1	中国远洋海运集团有限公司	898	8977.0
2	招商局集团有限公司	256	3947.7
3	山东海运股份有限公司	48	697.2
4	海丰国际控股有限公司	97	219.5
5	青岛洲际之星船务有限公司	30	178.1
6	南京远洋运输股份有限公司	13	182.0
7	上海瑞宁航运有限公司	11	118.0
8	福建国航远洋运输（集团）股份有限公司	15	110.6
9	江苏远洋运输有限公司	26	98.7
10	福建省港口集团有限责任公司	19	95.6
平均		1413	14，624.4
合计		141.3	1462.4

资料来源：参见上海航运交易所：《关于对2020年航运企业船舶运力排名信息的公示》，载中华航运网，http：//info.chineseshipping.com.cn/cninfo/LawsRule/Notice/202104/t20210412_1351389.shtml。统计截至2020年12月31日。

（二）我国国际航运产业格局对于承运人责任制度的要求

以《鹿特丹规则》为典型的国际海运立法对于承运人义务和责任的加重，明显与我国中小型航运企业居多且竞争力相对较弱的实际格局存在矛盾，原因在于我国中小型航运企业很难满足此类立法要求的船舶技术、船舶经营管理、船员素质和管理的水平。承运人义务和责任的加重，将会直接影响我国在国际航运领域的国家利益，使我国航运企业在国际航运活动的竞争中居于不利地位。但是，也有观点对此持不同看法。例如，蒋跃川、于诗卉认为：

我国航运业中中小船东所占比例确实不小，有不少人认为《鹿特丹规则》对他们最为不利。但笔者想指出的是，在我国沿海从事货物运输的船东，绝大多数都是中小船东，而且我国沿海货物运输所适用的法规对承运人责任的规定比《鹿特丹规则》更为严格，也未见这些中小船东的经营就受到很大影响。在笔者的个人经验里，似乎还没有遇到或听闻哪一家中小船东是纯粹由于承担的货损赔偿责任过重而倒闭的，甚至也没有哪一家中小船东是纯粹由于遭遇某种法律风险而倒闭的。因此，所谓《鹿特丹规则》有可能会对我国中小船东构成严重不利的说法，似乎有些危言耸听了。①

上述观点恐怕过于乐观。无可否认，我国《民法典》和现已废止的《国内水路货物运输规则》对于我国沿海货物运输承运人采取的归责原则较之《鹿特丹规则》和《海商法》确实更为严格。《鹿特丹规则》《汉堡规则》对于承运人采取完全过错责任原则；《海牙—维斯比规则》《海商法》采取不完全过错责任原则，即在完全过错责任原则的基础上允许承运人享受航海过失免责以及火灾过失免责等特殊过失免责。相较而言，《民法典》和《国内水路货物运输规则》对于我国沿海货物运输承运人采取无过错责任原则，通常又被称为严格责任原则。《民法典》第832条规定："承运人对运输过程中货物的毁损、灭失承担赔偿责任。但是，承运人证明货物的毁损、灭失是因不可抗力、货物本身的自然性质或者合理损耗以及托运人、收货人的过错造成的，不承担赔偿责任。"除该条规定的免责事由，即使货物损害并非由承运人的过错造成，承运人仍应承担损害赔偿责任。基本原因在于《民法典》第三编"合同"规定的违约责任本就遵循无过错责任原则。此外，货物在运输过程中一直处于承运人的实际控制之下，并且运输过程情况复杂，规定过错责任在举证上存在困难，不利于保

① 参见蒋跃川、于诗卉：《对质疑的质疑——应如何评价〈鹿特丹规则〉》，载《清华法治论衡》2014年第2期，第84页。

护托运人、收货人的利益。[①] 《国内水路货物运输规则》第 48 条则将原《合同法》第 311 条规定的免责事由具化为 10 项。[②]

然而，问题的核心并非责任制度的严格与否，而在于严格的责任制度是否可能损害我国的整体经济利益。《海商法》第 4 条规定："中华人民共和国港口之间的海上运输和拖航，由悬挂中华人民共和国国旗的船舶经营。但是，法律、行政法规另有规定的除外。非经国务院交通主管部门批准，外国籍船舶不得经营中华人民共和国港口之间的海上运输和拖航。"该条通常被认为是关于沿海运输权的规定。作出此种规定的原因在于，一国的内河、沿海运输属于国内运输，涉及国家安全和经济命脉，因而也是国家主权的重要内容。作为一项传统的航运保护政策，世界上绝大多数国家均规定国内港口之间的运输专属本国船舶经营。[③] 虽然目前已有沿海捎带业务等特殊政策，但数年来取得的实际效果并不理想。不同于国际航运市场，我国沿海货物运输市场仍是一个相对封闭的市场，总体上仍限于我国航运企业之间的竞争。此种竞争无论结果如何，利益最终还将归于中国，因而基本无关我国国家经济主权，也就不会涉及我国的整体经济利益。

与此相反，《鹿特丹规则》规范的国际海上货物运输，广泛涉及我国船东与外国船东、货主之间的利益关系，因而承运人责任的加重将会直接

---

① 参见王利明主编：《中国民法典学者建议稿及立法理由·债法总则编、合同编》，法律出版社 2005 年版，第 534 页。

② 《国内水路货物运输规则》第 48 条规定："承运人对运输合同履行过程中货物的损坏、灭失或者迟延交付承担损害赔偿责任，但承运人证明货物的损坏、灭失或者迟延交付是由于下列原因造成的除外：（一）不可抗力；（二）货物的自然属性和潜在缺陷；（三）货物的自然减量和合理损耗；（四）包装不符合要求；（五）包装完好但货物与运单记载内容不符；（六）识别标志、储运指示标志不符合本规则第十八条、第十九条规定；（七）托运人申报的货物重量不准确；（八）托运人押运过程中的过错；（九）普通货物中夹带危险、流质、易腐货物；（十）托运人、收货人的其他过错。"

③ 参见交通部政策法规司、交通法律事务中心编：《〈中华人民共和国海商法〉条文释义》，人民交通出版社 1993 年版，第 3 页。

影响我国作为航运大国的国家整体经济利益。而且，中小型航运企业由于遭受法律风险而倒闭只是国家经济利益受损的极端情形，但显然不是唯一情形。《鹿特丹规则》构建的承运人责任制度以及批量合同、管辖权和仲裁等其他制度，都将增加航运企业包括保险费用成本和诉讼成本在内的多项运营成本，进一步削弱中小型航运企业在国际航运市场上本已较弱的竞争力，进而损害我国的整体经济利益。①

基于此，以《鹿特丹规则》为代表的加重承运人责任的海上货物运输立法与我国国家整体经济利益存在较为明显的矛盾。目前和今后一个时期其如在我国实施对于我国整体经济利益利少弊多，根本原因在于我国国际航运、国际贸易和其他相关行业生产力的整体发展水平无法满足此类立法要求的较高水平。② 而且，从比较法的立法趋势来看，虽然也有德国之类废除航海过失免责和火灾过失免责的立法例，③ 但更多的国家选择维持承运人的不完全过错责任制度。例如，日本2018年修改的《国际海上货物运输法》第3条第2款规定："前款规定不适用于由于船长、海员、引航员以及其他承运人的受雇人在驾驶或者管理船舶中的行为造成的损害，或者由于船上火灾（由于承运人的故意或者过失所造成的除外）造成的损害。"④ 韩国2007年修改后的《商法》第795条第2款也规定："关于因船长、海员、导船员及其他船舶使用人的航海或者与船舶的管理有关的行

---

① 参见孙思琪：《论当代海商法国家自主性与国际统一性之关系》，载梁慧星主编：《民商法论丛》第63卷，法律出版社2017年版，第421~423页。

② 参见胡正良等：《〈鹿特丹规则〉影响与对策研究》，北京大学出版社2014年版，第447页。

③ 德国2013年修改以前的《商法》第607条"对辅助人和船员的责任"第2款规定："损害是因驾驶船舶所发生的，或者是通过对船舶的其他操纵所发生的，或者是因火灾所发生，承运人仅对自己的过错负责人。主要为货物利益所采取的措施，不属于船舶操纵行为。"2013年修改时删除了该款规定。

④ 日本《国际海上货物运输法》第3条第1款规定："由于承运人本人或者其受雇人就货物的接收、装船、积载、运输、保管、卸载以及交付疏于注意造成货物灭失、损坏或者迟延交付的，承运人负赔偿责任。"参见《日本最新商法（有关运输/海商部分）和国际海上货物运输法》，张秀娟、李晓楠、梁赟译，载《中国海商法研究》2020年第1期，第71页。

为，或者火灾所引起的有关货物的损害，免除承运人的赔偿责任。但是，因承运人的故意或者过失所产生的火灾的情形除外。”①

综合考虑我国航运企业的基本情况以及主要海上贸易伙伴的立法态度，《海商法》修改仍应保留航海过失免责、火灾过失免责等特殊过失免责，也即承运人的不完全过错责任制度，以此设定当代海商法的鼓励航运业发展价值。2018 年 11 月《海商法（修订征求意见稿）》以及《海商法（修改送审稿）》均保留了航海过失免责和火灾过失免责。

① 韩国《商法》第 795 条第 1 款规定：“承运人若未能证明本人或者船员及其他船舶使用人未怠于货物的领取，装载，积载，运输，保管，卸货及交付，则应当承担因货物的灭失，毁损及迟延到达所发生的损害赔偿的责任。”

结　论

本书针对作为海商法基础理论重大命题的海商法价值理论进行了较为深入、系统的研究。具体而言，本书基于海商法和价值的概念，明确了海商法价值的存在形式，厘清了海商法价值与海商法作用、海商法基本原则等其他海商法基础理论命题的关系，进而在此基础上构建了由传统价值和新兴价值共同构成的当代海商法价值体系，提出公平、秩序、效率三项一般价值以及作为特有价值的鼓励航运业发展属于海商法的传统价值，安全、人权、自由三项一般价值属于海商法的新兴价值。同时，本书围绕海商法价值实现的障碍以及海商法的价值冲突详细分析了海商法的价值实现。此外，本书亦从法律价值的维度考察了我国《海商法》修改的必要性，以及该法修改对于当代海商法各项价值的应有设定。通过全文分析，可以得出以下结论。

一、海商法价值的概念

第一，海商法作为航运法律最为主要的分支，应当是指调整海事活动或称航运活动的私法，主要分为海上运输法、海商法、海上保险法三个部分，不包括航运经济法、航运行政法等公法内容。

第二，本书研究意义上的海商法价值主要是指目的价值，即海商法在当代实现社会调整的过程中能够增进和维护的价值，亦即海商法在发挥社会作用的过程中遵循的理念。

第三，海商法的价值根据表示方式不同可以分为明示和隐含两种存在形式，根据存在来源不同则可分为观念、理论和制度三种存在形式。

第四，海商法的价值与海商法的作用、基本原则等相关概念存在一定区别：海商法的作用是指海商法的客观影响力和效用，而海商法的价值却涉及主体对于法律意义的主观评价；海商法价值的功能主要在于指引、评判和整合，而海商法的基本原则可以直接作为裁判的依据。

二、海商法的价值体系

第一，法律的价值体系主要集中于自由、秩序、正义，同时涉及平等、人权、效率等其他价值，而商法的价值体系主要由公平、秩序、效率组成。不同商法分支基于自身具体调整对象的区别，价值体系有所不同。

第二，传统海商法的价值体系构成以商法的价值为基础，包括公平、秩序、效率三项一般价值，以及作为特有价值的鼓励航运业发展。

第三，海上相对风险的逐渐降低、海洋环境保护问题的提出和发展以及船员权益保障水平的不断提高，导致海商法的价值体系在当代发生演变，产生了安全、人权、自由等新兴价值，进而形成了以公平、秩序、效率、安全、人权、自由为一般价值，并以鼓励航运业发展为特有价值的当代海商法价值体系。

三、海商法的传统价值

海商法的传统价值是当代海商法价值体系的重要组成部分，包括公平、秩序、效率、鼓励航运业发展四项价值：

第一，海商法的公平价值既有普遍性又有特殊性，后者主要源于船货利益平衡对于实质公平的追求，具体表现在海上货物运输承运人的过失免责、船方的赔偿责任限制、共同海损等方面，并且在当代呈现承运人责任归责原则变化、船方赔偿责任限额的提高、共同海损分摊日趋困难等发展趋势。

第二，海商法的秩序价值重点在于维护航运经济秩序，具体体现在运输单证流转、船舶物权登记等方面。

第三，海商法的效率价值遵循商事法律对于效率的追求，重点表现为时效短期化、交易定型化、权利证券化三项特征。

第四，海商法的鼓励航运业发展价值作为海商法特有的价值目标，是指海商法律制度的规范设置以有利于航运产业的发展为基本倾向之一，除最为典型的承运人责任制度外，同时也体现在船舶优先权担保的海事请求项目、海难救助报酬和特别补偿的确定标准等方面。

四、海商法的新兴价值

海商法的新兴价值亦是当代海商法价值体系的组成部分，包括安全、人权、自由三项价值：

第一，安全作为海商法新兴价值的形成，本质上是受到当代海商法公私融合倾向影响的结果。海商法的安全价值包括维护海上航行安全和保护海洋环境安全两个方面，前者主要体现在残骸打捞清除、共同海损等制度，后者主要体现在船舶污染损害赔偿、海上货物运输、海难救助等领域。

第二，对于人身权的保护是民商事法律人权价值的集中体现，海商法的人权价值表现在船员权益保障和海上人身损害赔偿两个方面，后者涉及船舶优先权、海事诉讼时效、海上旅客运输合同等制度对于人身权的保护。

第三，海商法的自由价值遵循民商事法律自由价值的内涵，主要表现在合同自由、所有权自由、过错责任三个方面，并且对于当事人意思自治必要而合理的限制也是海商法自由价值的重要内涵之一。

五、海商法的价值实现

第一，海商法的价值实现是海商法的价值目标得以现实化、海商法价值研究发挥现实意义的过程。海商法的价值实现方式，重点在于海商法的制定与实施等专门方式的价值设定。

第二，海商法价值实现的障碍主要表现在法律制度的设置障碍和转换障碍两个方面，其中前者又包括制度内容矛盾和制度表述失误两种具体情形。

第三，海商法的价值冲突是海商法的各项价值目标之间互相矛盾而不尽协调的状态，突出表现为秩序与效率的冲突、自由与秩序的冲突以及鼓励航运业发展与公平的冲突。

第四，海商法与其他商法分支、民事法律、交叉法律领域等其他法律领域也存在价值冲突，例如，海商法在航运企业跨境破产、海运搬家合同、帆船运动碰撞事故等领域，分别与破产法、消费者保护法、体育法存在交集以及价值冲突。

六、《海商法》修改的法律价值维度

第一，立法是法律价值的主要实现方式之一，《海商法》修改也是当代海商法价值理论的实践过程。从法律价值的角度考察，《海商法》修改的必要性主要表现在五个方面：（1）该法不符合施行以来航运实践等方面的发展变化；（2）该法不适应制定时遵循的具体原则的内容变化；（3）该法缺失部分重要的海商法律制度；（4）该法与一般民事法律存在不协调；（5）该法自身部分内容存在不足与缺陷。

第二，《海商法》修改应当较好地设定当代海商法的各项价值：（1）公平价值要求提高各类赔偿责任限额，并且妥善处理国际与国内运输、船舶赔偿责任限额的关系；（2）秩序价值要求扩大《海商法》的适用范围至国内水路货物运输合同，创设港口货物作业合同法律制度，以及针对邮轮旅游的特殊性完善海上旅客运输合同制度；（3）效率价值要求创设电子运输记录规则，完善海事诉讼短期时效，根据标准格式合同以及民间规则的版本更新修改相关规定；（4）安全价值要求创设船舶污染损害赔偿法律制度，以及在其他相关制度中增加关于海洋环境保护的规定；（5）人权价值要求创设船员权益保障制度，明确海上旅客运输合同制度对于邮轮旅游的适用界限，以及增加规定人身损害赔偿的诉讼时效；（6）自由价值要求正确理解意思自治原则的内涵，同时改变基于意思自治原则产生的任意性规范的立法理念；（7）鼓励航运业发展价值要求针对我国国际航运产业的基本格局，维持承运人责任制度中航海过失免责、火灾过失免责等特殊过失免责，继续给予承运人必要的特殊保护。

《海商法》颁布以来，我国海商法理论研究已经有了长足的进步，不仅在东亚地区居于领先地位，更是在世界范围之内占有一席之地。但是，海商法基础理论的研究在我国仍未引起学界的重视，研究成果寥寥可数，纷繁复杂的具体海商法律制度似乎仍是学者偏好的研究对象。本书虽然构建了较为完整的海商法价值理论，而于海商法基础理论的研究也不过杯水车薪而已，若有管窥之效便已幸甚。目前《海商法》的修改工作已经启动，先后问世的三个正式草案均难称合格，其中不少问题本质上体现了对于海商法价值并不准确的把握。缺乏海商法基础理论的重要支撑，一部当代伟大法典的生成未必举步维艰，但难免困难重重。海商法基础理论始终将是海事立法以及海商法学科长久发展无法回避的根本问题。希望本书之研究能够在一定程度上引起学界对于海商法基础理论的关注，也为素来偏重航运实践的海商法研究提供一些未必只是纸上谈兵的理论基础。

主要参考文献

一、著作

（一）中文著作

［1］冯契：《认识世界和认识自己》，华东师范大学出版社 1996 年版。

［2］李德顺：《价值论》（第 3 版），中国人民大学出版社 2013 年版。

［3］卓泽渊：《法的价值论》（第 2 版），法律出版社 2006 年版。

［4］卓泽渊：《法的价值论》（第 3 版），法律出版社 2018 年版。

［5］卓泽渊：《法的价值总论》，人民出版社 2001 年版。

［6］乔克裕、黎晓平：《法律价值论》，中国政法大学出版社 1991 年版。

［7］严存生：《法的价值问题研究》，法律出版社 2011 年版。

［8］［英］彼得·斯坦、［英］约翰·香德：《西方社会的法律价值》，王献平译，中国法制出版社 2004 年版。

［9］张文显主编：《法理学》（第 5 版），高等教育出版社 2018 年版。

［10］周永坤：《法理学——全球视野》（第 4 版），法律出版社 2016 年版。

［11］朱庆育：《民法总论》（第 2 版），北京大学出版社 2016 年版。

［12］［德］本德·吕特斯、［德］阿斯特丽德·施塔德勒：《德国民法总论》，于馨淼、张姝译，法律出版社 2017 年版。

［13］［日］近江幸治：《民法讲义Ⅰ：民法总则》（第 6 版补订），渠涛等译，北京大学出版社 2015 年版。

［14］李宇：《民法总则要义：规范释论与判解集注》，法律出版社 2017 年版。

［15］徐国栋：《民法基本原则解释——成文法局限性之克服》（增订本），中国政法大学出版社 2001 年版。

［16］梁上上：《利益衡量论》（第 2 版），法律出版社 2016 年版。

［17］杨巍：《民法时效制度的理论反思与案例研究》，北京大学出版社 2015 年版。

［18］梁慧星：《民法解释学》，法律出版社 2015 年版。

［19］崔建远：《物权法》（第 3 版），中国人民大学出版社 2014 年版。

［20］崔建远：《物权法》（第 5 版），中国人民大学出版社 2021 年版。

［21］孙宪忠：《中国物权法总论》，法律出版社 2014 年版。

［22］韩世远：《合同法总论》，法律出版社 2018 年版。

［23］崔建远：《合同法总论》（上卷），中国人民大学出版社 2011 年版。

［24］［德］莱茵哈德·齐默曼：《德国新债法：历史与比较的视角》，韩光明译，法律出版社 2012 年版。

［25］王泽鉴：《人格权法：法释义学、比较法、案例研究》，北京大学出版社 2013 年版。

［26］程啸：《侵权责任法》（第 3 版），法律出版社 2021 年版。

［27］曾世雄：《损害赔偿法原理》，詹森林续著，台北，新学林出版股份有限公司 2005 年版。

［28］［日］吉村良一：《日本侵权行为法》，张挺译，中国人民大学

出版社 2013 年版。

［29］赵万一：《商法基本问题研究》，法律出版社 2013 年版。

［30］范健、王建文：《商法的价值、源流及本体》，中国人民大学出版社 2007 年版。

［31］施天涛：《商法学》，法律出版社 2018 年版。

［32］魏文翰：《海商法讲座》，法律出版社 1965 年版。

［33］魏文达：《海商法浅说》，武汉河运专科学校科技情报室 1983 年版。

［34］黄廷枢编：《海法》，大连海运学院 1963 年版。

［35］於世成、杨召南、汪淮江编著：《海商法》，法律出版社 1997 年版。

［36］郭瑜：《海商法教程》，北京大学出版社 2012 年版。

［37］司玉琢主编：《海商法》，法律出版社 2018 年版。

［38］张既义、司玉琢、尹东年、於世成编著：《海商法概论》，人民交通出版社 1983 版。

［39］傅廷中：《海商法》，法律出版社 2017 年版。

［40］桂裕编著：《海商法新论》，台北，正中书局 1974 年版。

［41］郑玉波：《海商法》，台北，三民书局 2008 年版。

［42］张新平：《海商法》，台北，五南图书出版股份有限公司 2016 年版。

［43］刘宗荣：《海商法》，台北，三民书局 2021 年版。

［44］杨仁寿：《最新海商法论》，台北，三民书局 2010 年版。

［45］［加］威廉·台特雷：《国际海商法》，张永坚等译，法律出版社 2005 年版。

［46］［日］中村真澄、［日］箱井崇史：《日本海商法》，张秀娟、李刚、朴鑫译，法律出版社 2015 年版。

［47］交通部政策法规司、交通部交通法律事务中心编：《〈海商法〉学习必读》，人民交通出版社 1993 年版。

［48］郭瑜：《海商法的精神——中国的实践和理论》，北京大学出版社 2005 年版。

［49］叶伟膺：《海天搏击四十年：海商法文集》，中国商务出版社 2012 年版。

［50］司玉琢、李志文主编：《中国海商法基本理论专题研究》，北京大学出版社 2009 年版。

［51］李天生：《船货利益平衡原则研究》，法律出版社 2012 年版。

［52］司玉琢主编：《国际海事立法趋势及对策研究》，法律出版社 2002 年版。

［53］李海：《船舶物权之研究》，法律出版社 2001 年版。

［54］张永坚：《国际海运公约》，法律出版社 2018 年版。

［55］马得懿：《海上货物运输法强制性体制论》，中国社会科学出版社 2010 年版。

［56］郭瑜：《提单法律制度研究》，北京大学出版社 1997 年版。

［57］孙思琪：《邮轮旅游法律要论》，法律出版社 2018 年版。

［58］胡正良主编：《海事法》，北京大学出版社 2016 年版。

［59］林源民：《船舶建造》，上海浦江教育出版社 2013 年版。

［60］於世成：《美国航运法研究》，北京大学出版社 2007 年版。

［61］王秀芬：《海运行政法》，北京师范大学出版社 2014 年版。

（二）外文著作

1. 英文著作

［62］Yvonne Baatz （ed.）, *Maritime Law*, Informa Law from Routledge, 2021.

［63］Simon Baughen, *Shipping Law*, Routledge, 2015.

［64］Dieter Schwampe, *Transport Law in Germany*, Wolters Kluwer, 2018.

［65］John F. Wilson, *Carriage of Goods by Sea*, Pearson, 2010.

［66］Francesco Berlingieri, *International Maritime Conventions（Volume I）: The Carriage of Goods and Passengers by Sea*, Informa Law from Routledge, 2014.

［67］Julian Cooke, Timothy Young, Michael Ashcroft, Andrew Taylor, John Kimball, David Martowski, LeRoy Lambert and Michael Sturley, *Voyage Charters*, Informa Law form Routledge, 2014.

［68］Comité Maritime International, *The Travaux Préparatoires of the Convention on Salvage* 1989, Comité Maritime International, 2003.

［69］F. D. Rose, *General Average: Law and Practice*, Informa Law from Routledge, 2018.

［70］Baris Soyer and Andrew Tettenborn, *Pollution at Sea: Law and Liability*, Informa Law form Routledge, 2012.

［71］Iain Goldrein, Matt Hannaford and Paul Turner, *Ship Sale and Purchase*, Informa Law from Routledge, 2012.

2. 日文著作

［72］内田貴『総則・物権総論（民法Ⅰ）』（東京大学出版会，2008年）。

［73］村田治美『体系海商法』（成山堂書店，2015年）。

［74］小林登『新海商法』（信山社，2021年）。

［75］中村眞澄＝箱井崇史『海商法』（成文堂，2013年）。

［76］箱井崇史『基本講義　現代海商法』（成文堂，2018年）。

［77］箱井崇史『基本講義　現代海商法』（成文堂，2021年）。

[78] 箱井崇史『船舶衝突法』(成文堂，2012 年)。

[79] 清河雅孝『海上物品運送法の基礎理論—責任法の生成と発展』(中央経済社，1991 年)。

[80] 志津田一彦『船舶先取特権の研究』(成文堂，2010 年)。

[81] 松井信憲 = 大野晃宏『平成 30 年商法改正』(商事法務，2018 年)。

3. 韩文著作

[82] 金仁顯 (2018),「海商法」，法文社。

[83] 金仁顯 (2012),「海商法研究」，三宇社。

[84] 金仁顯 (2008),「海商法研究Ⅱ」，三宇社。

[85] 金仁顯 (2015),「海商法研究Ⅲ」，法文社。

[86] 金仁顯 (2016),「船舶衝突法」，法文社。

[87] 崔鍾賢 (2014),「海商法詳論」，博英社。

二、论文

(一) 刊物论文

[88] 田喜清:《私法公法化问题研究》，载《政治与法律》2011 年第 11 期。

[89] 程啸:《论动产多重买卖中标的物所有权归属的确定标准——评最高法院买卖合同司法解释第 9、10 条》，载《清华法学》2012 年第 6 期。

[90] 王轶:《论合同法上的任意性规范》，载《社会科学战线》2006 年第 5 期。

[91] 王富友:《侵权行为——现代侵权法的核心范畴》，载《学习与探索》2013 年第 10 期。

[92] 胡鸿高:《商法价值论》，载《复旦学报 (社会科学版)》2002

年第 5 期。

［93］胡正良、孙思琪：《海商法基础理论的内涵、研究现状与研究意义》，载《中国海商法研究》2017 年第 1 期。

［94］张永坚：《法之家庭的游子——我国海商法研究的回归与发展》，载北京大学法学院海商法研究中心主办：《海商法研究》2001 年第 2 辑，法律出版社 2001 年版。

［95］司玉琢：《面向海洋世纪　确立海法研究体系》，载《中国社会科学报》2010 年 6 月 8 日。

［96］李天生：《初论海商法的基本原则》，载《河北学刊》2012 年第 6 期。

［97］陆佳微、胡正良：《论中国海商法的基本原则》，载上海海事大学海商法研究中心编：《海大法律评论 2005》，上海社会科学院出版社 2006 年版。

［98］何丽新、陈永灿：《海商法特性论》，载《中国海商法年刊》2008 年期。

［99］孙思琪：《论当代海商法国家自主性与国际统一性之关系》，载梁慧星主编：《民商法论丛》第 63 卷，法律出版社 2017 年版。

［100］黄裕凯：《海事限责公约 2012 年最新修正有感》，载《世新法学》第 6 卷第 2 期。

［101］胡正良：《论我国航运法的价值和基本原则》，载《大连海事大学学报（社会科学版）》2004 年第 2 期。

［102］王世涛：《海事行政法的困境与出路》，载《大连海事大学学报（社会科学版）》2007 年第 6 期。

［103］赵微：《海上刑法的理论定位和实践价值》，载《中国社会科学报》2010 年 9 月 7 日。

（二）学位论文

［104］王福友：《侵权行为法价值论》，吉林大学法学理论专业 2007 年博士学位论文。

［105］陶政：《商法价值研究》，西南政法大学民商法学专业 2008 年博士学位论文。

［106］胡正良：《中国航运法之研究》，大连海事大学国际法学专业 2003 年博士学位论文。

后　　记

博士学位论文完成两年多以后，回过头来进行全面的修改，重新进入法律价值的研究状态，确实是我此前的学术生涯未曾有过的经历。如今修改完成，我对海商法价值的研究也算告一段落。

2017 年 11 月，我与导师胡正良教授一同赴大连，参加《海商法》修改工作会议。我随身带了一本卓泽渊教授的《法的价值论》，准备用于会议期间打发时间。彼时该书第三版尚未出版，我带的是一本早先淘换来的第二版签名本。去程在机场等候期间，我向先生提出，希望以海商法的价值作为博士论文的选题。印象中先生似乎未就选题本身妥当与否与我多作讨论，而是直接开始交流具体的结构与论证。本书的主题就此确定。

次月完成开题答辩，此后我的研究重心完全转移至《邮轮旅游法律要论》一书的写作。2018 年 7 月该书交稿以后，方才正式开始写作博士学位论文。虽然该书篇幅达到五十万言，而且我自认研究内容确有一定创新，本应可以作为博士学位论文提交，但我始终认为该书无法达到博士学位论文应有的研究层次，即未能构建一种理论。所幸通过开题环节的准备，我对于当代海商法的价值体系已有较为明确的想法，因而后续的写作过程比较顺利，更多只是需要将此前思考的结果行诸文字而已。但是，直至 2019 年 2 月 28 日预答辩，不足八个月的写作时间仍显紧张。以至于在开始此次修改以前，我对于本书的最初文本一直保有粗糙而仓促的印象。当时提交答辩的论文版本没有致谢，也是由于时间原因，而我又不愿接受随手编出一些雷同且甜得发腻的感谢之词。

2021 年 5 月 28 日，吾儿驾临。不久进入暑假阶段，我开始着手本书的修改工作。太太和各位长辈承担了大量的家庭事务，使我得以保证学术写作的必要时间。在此期间我还需要完成两门新课的备课任务，即《班轮运输法律与实务》和《邮轮旅游法》，特别是撰写完整的课程讲义。逐字逐句重新审视自己的博士学位论文，意外对于其中的结构、论证乃至表述，总体上仍然感到比较满意。因此，此次修改仍然保持了论文原有的结构和主要内容，修改之处集中体现在以下三个方面：

一是完善表述，即按照我目前的写作习惯对于部分表述进行调整，包括修正了错字、漏字等各类手民误植之处，以及将此前一些间接引用的内容调整为直接引用，并更多以不同字体独立成段排版。

二是强化论证，即对原先论证较为薄弱的部分进行了补充，其中一定程度上也反映和吸收了论文完成后我的研究进展，较为典型的即是完善增设海上人身损害赔偿请求权特别诉讼时效的理论依据。

三是补写内容，主要体现在增加了“海商法与其他法律领域的价值冲突”一题，除在其他部分已有提及的海商法与破产法的冲突外，结合目前海事审判实践出现的新兴案型，以海运搬家合同为例专门讨论了海商法与消费者权益保护法的价值冲突。

如果问我对于目前成型的书稿是否存有遗憾，应是其中的论证仍然较多依赖具体的法律规范，即基于例证展开的分析占据了不小的篇幅。记得学生时代曾读陈兴良教授的《本体刑法学》一书，惊讶于作者竟能在一个近乎绝对强调罪刑法定的法律部门，写出一部完全不涉及法条的理论著作，而且内容涵盖刑法总论之首尾，篇幅达到七十余万言之巨。此种研究范式不仅需要能力，更需要难得的勇气。作者在题记中认为：

本书阐述的是一种自在于法条、超然于法条的法理，它不以法条为本位而以法理为本位，法理的逻辑演绎取代了法条的规范诠释。由此，刑法法理获得了某种理论上的自足性。这个意义上的刑法学，就是本书之所谓本体刑法学。①

不难发现我在本书以及此前其他论著中对于海商法基础理论的界定，也在很大程度上受此影响。作者在后记中进一步指出：

我认为过于浅显的法律评注性是一个根本性的缺陷。刑法教科书更重要的是阐述刑法法理，只有掌握了刑法法理，才能掌握刑法的分析工具，才能居高临下地俯视频繁变动的立法与司法。这是我现在对刑法教科书的一种感悟与体认，本书的写作就是以此为出发点的。因此，本体刑法学也可以说是刑法法理学，本书可以视为一本不以刑法条文为膜拜对象的刑法教科书。②

海商法因其鲜明的实践品格，完全脱离法条的理论研究既不可能，也无必要。但是，当前的海商法理论研究却又确实停留在“浅显的法律评注”层面，而法理研究的不足又使所谓的评注时常处于无法信赖的风险之中。法学界对于海商法的疏远，法学期刊对于海商法论文礼貌或不礼貌的拒绝，从正面看固然可以解读为敬而远之，但从反面检讨却未必不是对于吾侪粗鄙研究的不屑。可惜我一时已经技穷，只能将超越法条的机会，留待日后其他基础理论作品，继续探寻海商法法理的自足性。

2019 年 12 月入职至今，我的学术成果明显减少。尤其是与攻读博士学位期间一年发表十五篇以上论文的产量对比，截至我写此篇后记时，2021 年我仅有三篇论文见刊，而且其中只有一篇海商法论文，其余两篇均是我在简历中归入“业余从事”的研究成果，即体育法和非物质文化遗产保护。回想那时确是最好的时光，终日无事，只是写作而已。

---

① 陈兴良：《本体刑法学》，中国人民大学出版社 2011 年版，题记。

② 陈兴良：《本体刑法学》，中国人民大学出版社 2011 年版，第 769 页。

造成如今此种情状，除了创作精力随着年龄增长的正常下降，以及入职后事务性工作的影响外，两年间我的多数时间都用于教学方面，我也视之为教师的天职。高校教师无论科研能力如何出众，如果不能把课讲好，无法获得学生在课堂上的认可，甚至在主观上根本轻视教学，纵使巧舌如簧能够换来一时的欢声笑语，恐怕终究难以摆脱遭人白眼相加的境遇。张双棣教授曾经回忆王力先生的名言："大学教师要靠写书教学生，不能靠买书教学生。"两年来我陆续主讲了六门课程，同时合作讲授了两门课程，撰写的讲义合计近百万字。讲课的实际效果如何我并无把握，但学生应当能够实实在在看到我的态度。如今我准备新课的工作已经基本告一段落，接下来或许可以较为平衡地处理教学与科研的关系。

值得一提的是，本书交稿并通过中国法学会初审后，我又补写了关于海商法与体育法价值冲突的内容，篇幅万字有余。2021 年 11 月在集美大学参加学术会议，闲谈间安寿志律师提及一个帆船竞赛发生碰撞事故的案件，引起了我的兴趣。我自 2002 年开始练习空手道，迄今整整二十年。近年我却刻意与空手道界保持距离，理由之一当然是闲暇时间明显减少，但也因为体制介入以后无休无止的培训、考证、比赛，我确实不能适应，也不愿适应。我很怀念大家以前每天训练几小时的日子，没有目的，只是训练。彼时的空手道还是一门武道，而非生意。所幸 2016 年开始，我尝试利用自己作为练习者、指导者、裁判者积累的经验，业余做些体育法的研究，主要关注搏击运动的法律调整。目前保持平均每年发表一篇论文的频率，算是以另一种方式延续我对空手道项目的情感。但另一困扰又随之而生：我的两个研究领域——海商法与体育法，着实是风马牛不相及，完全无法联结。直至此次的案例出现，方才给了我多少实现此种联结的机会。同时也帮助本书对于海商法与其他法律领域价值冲突的论述，实现了较为完整而丰富的结构，即分别以航运企业跨境破产、海运搬家合同、帆船运动碰撞事故为例，阐述了海商法与破产法、消费者权益保护法、体育法的价值冲突，对应其他商法分支、民事法律、交叉法律领域三个层次。

本书既然是以我的博士学位论文为基础，首先应当感谢我的导师胡正良教授，以及参加预答辩和正式答辩的张永坚、於世成、蔡存强、林国龙、沙梅、王铁雄等诸位教授，特别是其中为本书作序的三位师长。

张永坚教授是我的师伯。预答辩期间原先邀请的答辩委员会主席因故无法参加，张老师毅然接受临时提出的邀请，从北京远赴上海主持我的论文答辩。更令我印象深刻的是张老师对于学术分歧的宽容和坦然。本书即有直接与其商榷的内容，但张老师并不以为忤逆，反而一再向我强调应当重视学术争鸣。

於世成教授曾是上海海事大学的党委书记、校长，但我与於老师的接触多在 2014 年他卸任以后，感受最深便是他的平易与认真。博士期间为我们上课，每次都有手写数页的备课笔记。特别是 2019 年下半年，我由于一些原因而迟迟无法入职，某次随於老师赴舟山调研，席间於老师竟数次主动起身向我敬酒，安慰我“肯定没问题的”。那个时刻师长的支持，足以令我终生不忘。

我对导师胡正良教授的感谢与感情，完全见于《胡师六十》一文。有道是“清者阅之以成圣，浊者见之以为淫”。我对先生“一日为师，终身为父”，我想他完全知晓的。如果有人偏好从阴暗的角度揣测和分析，那我想确实就应该将世界阴暗的一面留给他们享受。此外还需感谢殷骏、郑睿、石小东等上海海事大学法学院诸位师长多年的帮助。

感谢亲友们一直以来的支持与陪伴。太太和各位长辈分担了照顾孙恪成小朋友的诸多事务，保证了早先我反复担心的鸡飞狗跳的场面始终没有发生。特别是太太金怡雯三年前虽然为我的上一本个人专著题写了书名，但仅以不具名的形式出现在内封，此次却仍不计前嫌在遛娃间隙再次拨冗提笔。

本书之交稿，我自许的期望是能够作为自己重新回到集中研究与写作状态的转折。我还有不少酝酿已久的论文主题。两年间陆续攒成的三部教材书稿，即《海商法导论》《海上货物运输法教程》《邮轮旅游法教程》，也需要进一步的整理与修改。此外我还想写关于海事诉讼时效的专门著作。但是，如果问我下一阶段集中研究的主题是什么，我想是时候对于海商法基础理论进行整体的研究与阐释。想法太多，时间太少。我常想起1989年的《蝙蝠侠》，Jack Nicholson饰演的Joker，一边剪着照片一边说道："So much to do and so little time."如何能在纷杂的事务中咬紧牙关坚持下来，或许正是学术研究的关隘所在。

孙思琪

2021年9月28日

时值吾儿恪成年方四月

2022年2月25日补记

中国法学会后期资助项目文丛

BOOK SERIES FUNDED BY CHINA LAW SOCIETY

1. 《行政程序法典化研究》姜明安 等著
2. 《解读青年马克思的黑格尔法哲学批判》姚远 著
3. 《清代“杀一家三人”律、例辨析》吴杰 著
4. 《中央地方关系中的民主集中制研究》苗泳 著
5. 《证券内幕交易构成要件比较研究》曹理 著
6. 《欧洲婚姻财产法的未来》樊丽君 译
7. 《德国刑法教义学上的客观处罚条件》王钰 著
8. 《结果加重犯的基本原理与认定规则研究》邓毅丞 著
9. 《刑事诉讼中法院职权调查问题研究》林铁军 著
10. 《人民陪审员角色研究》刘方勇 著
11. 《非典型劳动者权益保护研究》班小辉 著
12. 《创新与反垄断——互联网企业滥用行为之法律规制研究》仲春 著
13. 《不得援引国家豁免的商业交易诉讼研究》纪林繁 著
14. 《国家侵权的国际私法问题研究》李华成 著

15.《法律的空间意象性》朱垭梁 著

16.《罗马体育法要论》赵毅 著

17.《〈大清律例〉律目研究》张田田 著

18.《陕派律学家事迹纪年考证》闫晓君 著

19.《论行政法上的意思表示——兼论行政行为构成中的意识要件》田勇军 著

20.《新农村建设中保障农民政治参与权利的制度创新研究》蔡振亚 王为东 著

21.《国家赔偿法研究述评》上官丕亮 主编

22.《个人信息与权利配置——个人信息自决权的反思和出路》刘金瑞 著

23.《从“大陆”走向“混合”的路易斯安那民法典》李宁 著

24.《防控网络恐怖活动立法研究》皮勇 著

25.《背信犯罪：当代社会的白领犯罪》刘荣 译

26.《刑事诉讼中的鉴定意见质证制度研究》王跃 著

27.《互联网规制的国际贸易法律问题研究》孙南翔 著

28.《相关市场界定研究——以技术许可协议为视角》周围 著

29.《外资并购国家安全审查制度的平衡机制研究》杨静 著

30.《司法改革背景下裁判文书说理繁简分流研究》罗灿 著

31.《当代中国法制的政治逻辑》瞿郑龙 著

32.《美国行政法规的司法审查研究》杨蕾 著

33.《非上市公司股份交易法律问题研究》黄爱学 著

34.《中国商事立法研究》张保红 著

35.《日本民事再审事由研究——以判例分析为中心》翟志文 著

36.《论民法教义体系与家庭法的对立与融合：现代家庭法的谱系生成》刘征峰 著

37.《香港与内地刑事法制冲突问题研究》马正楠 著

38.《刑事程序性法律后果研究》马永平 著

39.《抢劫罪量刑经验研究》赵学军 著

40.《生态安全义务履行与人的致灾性法律控制》王建平 著

41.《税法的分配功能研究》侯卓 著

42.《裁判结果透明化的制度审思和完善路径》胡玉明 著

43.《德国判例使用方法研究》高尚 著

44.《现代性视域下的法律数字研究》高一飞 著

45.《商周刑罚制度研究》魏晓立 著

46.《面向行政任务的听证程序构造》石肖雪 著

47.《我国物流法律私法体系之建构——以方法论为视角》张敏 著

48.《再保险法》杨帆 译

49.《金融稳定法论》袁达松 著

50.《中国民事检察监督制度的改革与完善研究》路志强 著

51. 《规范论在刑法解释中的作用》李世阳 著

52. 《北京市盗窃罪量刑实证研究——以2736份判决书为样本》董晓华 著

53. 《德国证据禁止规则研究——法典与判例的有效融合》张袁 著

54. 《中国主权观的演进与发展》杨永红 著

55. 《中国涉外商事仲裁裁决撤销：机制与实证》张春良 等著

56. 《国际投资背景下的跨国公司与人权保护》隽薪 著

57. 《法律解释权模式研究》徐凤 著

58. 《中国共产党党内法规理论逻辑研究》侯嘉斌 著

59. 《行政课予义务诉讼研究》胡煜 著

60. 《民法典体系化的哲学》许中缘 著

61. 《当代知识产权研究与实践的生态逻辑——基于马克思主义的反思》薛华 著

62. 《实现担保物权非讼程序研究》李林启 著

63. 《共同过失犯罪理论争鸣与探索》王东明 著

64. 《交通犯罪对策研究》杨宁 译

65. 《以审判为中心诉讼制度改革视野下的刑事诉讼法律关系研究》边慧亮 著

66. 《科学测谎之认知脑电的法庭证据适用原理和方法》刘洪广 著

67. 《金融科技监管法律制度构建研究》张永亮 著

68. 《生态利益的物权法表达》项波　孟春阳 著

69. 《亚投行技术援助机制构建研究》孟于群 著

70. 《海上人身伤亡赔偿法比较研究》刘焕省 著

71. 《涉外监护法律适用理论与实证研究》秦红嫚 著

72. 《当代海商法价值论》孙思琪 著